이나모리 가즈오의
교세라 필로소피

KYOCERA PHILOSOPHY
by Kazuo Inamori
Copyright © 2014 KYOCERA Corporation
All rights reserved.
No part of this book may be used or reproduced in any manner whatever
without written permission except in the case of brief quotations
embodied in critical articles or reviews.
Original Japanese edition published by Sunmark Publishing, Inc., Japan
Korean translation copyright © 2025 by Sam & Parkers Co., Ltd.
This edition is published by arrangement with Sunmark Publishing, Inc.
through BC Agency, Seoul

이 책의 한국어판 저작권은 BC에이전시를 통해
저작권자와 독점계약을 맺은 쌤앤파커스에 있습니다. 저작권법에 의해
한국 내에서 보호를 받는 저작물이므로 무단 전재와 복제를 금합니다.

이나모리 가즈오의
교세라 필로소피

경영의 신이 남긴
불변의 철학

이나모리 가즈오 지음
유윤한 옮김

차례

이 책을 읽는 독자에게 _ 9
교세라 필로소피의 탄생 _ 14

제1부 멋진 인생을 살아가는 법

― 1. 마음을 닦는다

우주의 의지와 조화를 이루는 마음 38 | 사랑, 정성, 조화로 마음을 가득 채운다 47 | 깨끗한 마음으로 소망을 그려본다 49 | 솔직한 마음을 품는다 53 | 항상 겸손해야 한다 57 | 감사하는 마음을 품는다 59 | 항상 밝게 살아간다 61

― 2. 더욱 좋은 일을 한다

동료를 위해 애쓴다 67 | 신뢰 관계를 쌓아간다 72 | 완전주의를 추구한다 75 | 성실하게 일에 몰두한다 84 | 작은 노력을 꾸준히 쌓아간다 90 | 열정이 저절로 샘솟는다 97 | 일을 좋아한다 101 | 세상사의 본질을 깨닫는다 106 | 소용돌이의 중심이 된다 113 | 솔선수범한다 115 | 스스로를 극단으로 내몬다 118 | 씨름은 씨름판 한가운데에서 해야 한다 126 | 진심을 담아 솔직하게 부딪치면 통한다 137 | 사심 없이 판단한다 141 | 균형 잡힌 인격을 갖춘다 143 | 경험으로 얻은 지식을 중시한다 146 | 항상 창조적으로 일한다 150

― 3. 바른 판단을 한다

이타심을 판단 기준으로 삼는다 165 | 대담함과 세심함을 겸비한다 178 | 집중하는 습관으로 판단력을 기른다 184 | 언제나 페어플레이 정신으로 임한다 190 | 공사 구별을 중요시한다 196

― 4. 새로운 일을 이루어낸다

잠재의식까지 스며드는 강하고 지속적인 소망을 품는다 205 | 인간의 무한한 가능성을 신뢰한다 215 | 도전 정신을 가진다 225 | 개척자가 된다 227 | 포기하고 싶을 때가 진정으로 시작할 때다 231 | 신념을 끝까지 지킨다 236 | 낙관적으로 구상하고 비관적으로 계획하고 다시 낙관적으로 실행한다 243

― 5. 역경을 이겨낸다

진정한 용기를 낸다 255 | 투쟁심을 불태운다 261 | 자신이 걸어갈 길을 스스로 개척한다 263 | 먼저 말하고 실천한다 266 | 보일 때까지 생각한다 269 | 성공할 때까지 포기하지 않는다 276

—— 6. 인생을 생각한다

인생·일의 결과 = 사고방식 × 열정 × 능력 283 | 하루하루를 진지하게 산다 302 | 마음에 그린 대로 이루어진다 304 | 미래를 꿈꾼다 310 | 동기가 선하고 사심이 없어야 한다 313 | 순수한 마음으로 인생길을 간다 316 | 작은 선행은 오히려 큰 악이 될 수 있다 320 | 반성하는 삶을 산다 325

제2부 경영의 마음가짐

마음을 기초로 경영한다 333 | 공명정대하게 이익을 추구한다 335 | 원리 원칙을 따른다 337 | 어떤 경우에도 고객 제일주의를 지킨다 339 | 대가족주의로 경영한다 340 | 철저하게 실력을 중시한다 342 | 파트너십을 중시한다 344 | 직원 모두 경영에 참여한다 347 | 나아갈 방향을 맞춘다 353 | 독창성을 중시한다 357 | 공명정대하고 투명하게 경영한다 369 | 목표를 높게 세운다 374

제3부 직원 모두가 경영자인 회사

가격 결정이 경영을 좌우한다 385 | 매출을 극대로, 경비를 극소로 414 | 매일 채산을 맞춘다 423 | 건전 자산의 원칙을 지킨다 427 | 능력을 미래진행형으로 본다 443 | 목표를 구성원 모두에게 철저하게 알린다 452

제4부 하루하루 일을 해나가는 자세

채산에 대한 인식을 높인다 457 | 절약을 가장 중시한다 463 | 필요할 때 필요한 만큼만 산다 469 | 철저하게 현장주의를 따른다 471 | 경험칙을 중시한다 478 | 멋지고 완벽한 제품을 만든다 479 | 제품의 이야기에 귀 기울인다 487 | 일대일대응 원칙을 지킨다 504 | 이중 확인 원칙을 지킨다 516 | 상황을 단순하게 파악한다 520

이 책을 읽는 독자에게

1959년, 내 기술을 높이 평가하고 지원을 아끼지 않았던 분들의 도움으로 '교세라(교토세라믹주식회사)'를 세웠다. 당시 자본금은 300만 엔(약 2,830만 원), 직원은 28명, 사옥은 빌린 건물이었다.

출발은 순탄하지 않았다. 처음부터 여러 가지 문제와 맞닥뜨렸고 그때마다 직원들은 내 결정을 기다렸다. 조금이라도 잘못 판단하면 회사가 무너지고 모두 길거리로 내쫓길 상황이었다. 사업 경험이 전혀 없었던 나는 날마다 머리를 감싸쥐고 고민해야 했다.

'어떻게 하면 바른 판단을 내려 회사를 발전시킬 수 있을까?'
머릿속에서는 늘 이 생각이 떠나지 않았다.

고민 끝에 '인간으로서 무엇이 바른가'를 스스로에게 묻고, 바른 길을 따라 꿋꿋하게 나가자고 결론 내렸다. 누구나 학창 시절 선생님과 부모님에게서 기본적인 윤리를 배웠을 것이다. 예를 들어 '지나치게 욕심부리지 마라' '다른 사람을 속이지 마라' '거짓말하지 마라'라는 말은 귀에 못이 박힐 정도로 자주 듣는다. 나는 이런 보편적인 윤리관을 기준으로 삼아 판단하기로 했다.

너무 단순해 보일 수도 있다. 하지만 세상사의 본질을 파악하고 바른 판단을 하는 데 이보다 더 좋은 기준도 없다. 보편적인 윤리야말로 하루하루의 생활에서 경영에 이르기까지 모든 인생사에서 지켜야 할 본연의 자세이자 원리 원칙이다.

이 원칙을 근거로 스스로에게 인간으로서 무엇이 바른가를 묻고 또 물었다. 진솔한 자세로 일과 경영에 임하면서 이 물음을 던지고 답을 구하다 보니 어느새 경영자로서 인생을 관통하는 '교세라 필로소피'가 완성되었다.

교세라 필로소피가 매 순간 명쾌한 판단 근거가 되어주었으므로 지난 반세기 동안 '교세라' 'KDDI' '일본항공JAL'을 크게 성장시킬 수 있었다. 인생의 막바지에 이른 지금도 여전히 행복으로 가득 찬 멋진 삶을 살고 있다(이 글을 쓴 2014년에 이나모리 가즈오는 82세였다 - 옮긴이). 이 모든 것이 삶의 고비마다 바른 판단을 하도록 이끌어준 교세라의 경영 철학 덕분이라고 생각한다.

교세라 필로소피의 덕을 본 것은 나뿐이 아니다. 《어떻게 살아야 하는가生き方》(다산북스, 2022)를 비롯해 내가 쓴 책을 읽은 많은 독자가 교세라 필로소피에 공감하며 '고통과 번민에서 벗어나 꿈과 희망을 가지게 되었습니다'라고 고백하는 편지를 수없이 보냈다.

교세라 필로소피는 '인간으로서 무엇이 바른가'를 바탕으로 하는 경영 철학이다. 처음에는 업종을 초월해 많은 기업에서 환영받았고 이제 수많은 사람을 행복으로 이끄는 정신적 양분이 되고 있다.

이 책은 교세라 직원들에게 나누어준 〈교세라 필로소피 수첩〉과 관련 있다. 수첩에 간략히 정리되어 있는 교세라 필로소피를 한 항목씩 자세히 설명해놓았기 때문이다. 또한 이 책은 세이와주쿠盛和塾(이나모리 가즈오가 차세대 경영자들에게 자신의 경영 철학과 경험을 전수하기 위해 1983년부터 2019년까지 운영한 일본 최고의 경영 아카데미 – 옮긴이)에서 젊은 경영자들에게 16회에 걸쳐 강연한 내용을 기록한 것이다.

처음에는 강연 기록을 편집해 교세라의 사내 교재로만 활용했다. 그런데 세이와주쿠 학생들이 이 소식을 듣고 자신들도 강연 원고를 읽을 수 있게 책으로 만들어주기를 원했다. 2009년 세이와주쿠 사무국은 학생들의 요청을 받아들여

'교세라 필로소피'라는 강연 제목 그대로 한 권의 책을 만들었다.

세이와주쿠의 학생들은 이 책을 읽고 "교세라 직원들이 배우는 경영과 삶의 올바른 태도를 우리도 배울 수 있었다"라고 말했다. 이들의 입소문을 통해 일반인들도 교세라 필로소피에 관심을 가지게 되었다. 관심이 커지면서 대중도 읽을 수 있는 책으로 출간해달라는 목소리가 점점 높아졌다.

교세라는 2014년 창립 55주년을 맞아 전환점을 돌았다. 이를 기념해 그동안 교세라의 보물로 여기며 세이와주쿠 외에는 공개하지 않았던 교세라 필로소피를 누구든 접할 수 있게 해주고 싶은 마음이 들었다.

그동안 너무도 많은 사람이 교세라 필로소피를 인생과 경영 현장에서 활용해보고 싶다고 간절하게 부탁했기 때문일 것이다.

이제 세상 사람들에게 우리의 경영 철학을 공개하려 한다. 이 책을 읽는 독자들에게 조금이라도 도움이 될 수 있다면 그것이야말로 교세라가 이만큼 성장할 수 있게 해준 사회에 대한 보답이 아닐까 한다.

이 책에는 내 사고방식과 삶의 태도가 어디에서 출발해 어떻게 성장해왔는지가 담겨 있다. 그런 의미에서 이 책은 80여 년의 내 인생과 경영 이력의 결정체라고 할 수 있다. 부디 비즈니스에 몸담은 사람들은 물론이고 학생, 선생님, 주부 등 일반 독자들에게도 이 책이 인생의 나아갈 길을 제시하는 나침반이 되기를 바란다. 또 이 책을 읽은 많은 독자가 경영에서 풍요로운 결실을 맺고 더없이 충실한 인생을 살게 되기를 진심으로 기원한다.

이나모리 가즈오

교세라 필로소피의 탄생

교세라 필로소피는 지금까지 교세라를 경영해오면서 쌓은 가치관이나 마음가짐을 정리한 것으로, 그동안 직원들과 함께 이것을 실천하려고 노력했다. 이런 노력이 오늘날 교세라를 세계적인 기업으로 성장시킨 비결이라고 생각한다.

이제 여기에서 그치지 않고 교세라 필로소피의 진수를 더 많은 사람과 나누고 싶어 교세라의 직원 교육용 교재인 〈교세라 필로소피 수첩〉을 기초로 자세한 이야기를 해나가려 한다.

교세라 필로소피에 대해

나는 가고시마현에서 태어나 가고시마대학교를 졸업하고 교토에 있는 파인세라믹 회사에 취직했다. 1955년 4월, 일본은 황폐해질 대로 황폐해진 상황에서 겨우 다시 일어서고 있었다.

내가 다니던 회사는 사회·경제적 혼란에서 벗어나지 못한 채 적자 행진을 계속했다. 첫 월급이 8,000엔이었던 것으로 기억한다. 지방대학을 나와 겨우 취직은 했지만 앞으로 인생이 어떻게 펼쳐질지 불안하던 시절이었다. 당시 회사에서 내가 맡은 일은 현재 교세라의 주력 제품인 파인세라믹 연구였다.

갓 대학을 졸업한 내가 혼자서 파인세라믹 연구를 해야 하는 상황이라 불안은 더욱 컸다. 여러모로 믿을 만한 구석이 없는 회사라는 생각이 들었다. 입사한 지 얼마 되지 않았는데 '이런 회사는 빨리 그만두고 더 좋은 곳으로 옮기자'라는 생각만 했다.

하지만 취직하기가 너무나도 어려운 시대였다. 대학교를 졸업해도 좋은 회사에 들어가기가 쉽지 않았고 나 역시 겨우 취직했기에 당장 회사를 그만두면 갈 곳이 없었다. 불만이 있더라도 묵묵히 일하는 수밖에 없었다.

회사에 들어와 처음 접한 세라믹 연구는 싫지 않았다. 아니, 오히려 청춘의 뜨거운 열정과 회사에 대한 불만을 쏟아부을 출구가 되었다. 회사에 대해 가장 싫었던 점은 월급을 몇 주씩이나 늦게 주는 것을 당연하게 여기는 태도였다. 하지만 어차피 다닐 회사라면 일일이 불평을 늘어놓아봤자 의미가 없다는 생각이 들었다.

대신 연구에 열정을 쏟으며 불만을 잊기로 했다. 그러자 신기하게도 연구가 순조롭게 진행되면서 큰 성과를 보이기 시작했다. 돌이켜보니 당시 복잡하고 갑갑한 현실로부터 도망치기 위해 필사적으로 연구에 매달렸던 것 같다.

사실 그토록 도망치고 싶었던 시간은 나름의 독자적인 인생관 혹은 철학을 만들어가는 소중한 기회였다. 모든 잡념을 버리고 하나의 연구에 몰두하는 동안 내면 깊은 곳에서는 삶에 대한 새로운 기준과 시각이 자리 잡았다. 그것을 기초로 교세라 필로소피를 완성했고, 그렇게 다듬어진 인생관이나 철학이 아주 중요하다고 믿었다.

27세에 회사를 그만두고 교세라를 세울 때도, 인생이든 교세라의 앞날이든 내가 마음에 품고 있는 사고방식, 인생관 혹은 철학에 따라 결정되는 것은 아닐까 생각했다.

경영자의 사고방식을 꾸준히 갈고닦아야 한다

겨우 27세 청년이 회사의 우두머리로 모든 직원을 끌고 가야 할 입장이 되었다. 내 편이 되어 함께 직장을 그만두고 온 동료 7명과 새로 채용한 직원들이 월급을 받아 생활할 수 있게 회사를 경영해야 했다.

나는 매일 어떻게 하면 직원들을 하나로 모아 잘 이끌고 갈 수 있을지 고민했다. 한낱 기술자에 지나지 않았던 내게는 정말 큰 문제였다. 우선 '나 자신부터 훌륭한 사고방식과 인생관을 가져야만 다른 사람들을 이끌 수 있을 것이다. 따라서 경영을 잘하려면 나 자신의 사고방식, 인생관, 철학부터 갈고 닦아야 한다'라는 생각이 들었다.

회사의 앞날뿐만 아니라 나의 인생 역시 어떤 사고방식이나 인생관 혹은 철학을 가지느냐에 따라 달라질 것이라는 생각도 들었다. 이때부터 교세라 필로소피를 중요하게 여기는 마음이 싹트고 있던 셈이다.

사고방식이 인생을 좌우한다

인생·일의 결과 = 사고방식 × 열정 × 능력

인생이나 일의 결과는 '사고방식 × 열정 × 능력'이라는 공식에 따라 결정된다고 생각한다. 나는 일류 대학이 아닌 지방

대학을 졸업했다. 능력 면에서는 결코 일류가 되지 못할 수도 있다. 하지만 그 누구에게도 지지 않을 만큼 열정을 가질 수 있다고 생각했다. 열정은 지금부터 내가 어떻게 마음먹느냐에 따라 달라질 수 있기 때문이다.

앞에서 언급한 공식에 따르면 능력과 열정을 서로 곱한다. 일류 대학을 나올 만큼 능력이 뛰어나지 않아도 큰 열정을 보이는 사람이라면 누구보다 많은 성과를 올릴 수 있다. 예를 들어 능력이 80인 사람이 열정 10을 가진다면 결과는 800이 된다. 한편 능력이 40밖에 안 되는 사람이 열정 90을 가진다면 결과는 3,600이 된다. 덧셈을 하면 그 차이가 얼마 안 되지만 곱셈을 하면 차이가 크게 벌어진다.

그런데 공식은 여기에서 끝나지 않는다. 사고방식을 곱해야만 경영 철학 혹은 인생관을 반영한 식이 완성된다. 사고방식의 범위는 -100에서 +100까지다. 극단적인 예지만 '세상은 어차피 모순투성이고 불공평하니, 다른 사람 것을 훔쳐서라도 잘 살자'라고 생각하면, 이것은 대표적인 마이너스 사고방식이다. 능력과 열정이 100씩 있다 해도 사고방식이 -10이면 그 결과가 -10만이 된다. 사고방식이 부정적이면 그 결과도 반드시 부정적이게 된다.

내가 이런 공식을 떠올리게 된 것은 주위 사람들을 관찰하며 다음과 같은 결론을 얻었기 때문이다. 세상에는 좋은 대학을 나오고 그다지 게으름을 피우지 않는데도 성과를 내지 못하거나 사업에 실패하는 사람이 종종 있다. 이런 사람은 사고방식이 부정적일 확률이 크다.

곱셈의 법칙에 따라 사고방식이 조금만 부정적으로 흘러가도 전체 결과는 부정적이게 되어버린다. 사고방식이 부정적이라 '인간성에 좀 문제가 있어'라는 말을 듣는 사람이 있다고 치자. 그의 인생 결산도 '좀' 부정적인 정도에서 그칠까? 내가 관찰한 바로는 그렇지 않았다. 곱셈의 법칙에 따라 전체 결과가 부정적이게 되고 만다.

한편 훌륭한 사업체를 이끄는 사람 중에는 '저 회사 사장은 학력도 보잘것없고 이렇다 할 교양도 없지만, 그래도 일은 정말 열심이고 사람이 얼마나 밝고 긍정적인지 몰라'라는 평가를 받는 경우가 많다. 왜 그런 것일까? 아무리 작은 능력이라도 열정과 긍정적인 사고방식이 곱해지면 큰 수확으로 이어지기 때문이다.

간혹 능력이나 열정에 비하면 사고방식은 사소한 문제라고 생각하는 사람도 있다. 하지만 나는 그렇지 않다고 본다. 사고방식이야말로 가장 중요한 요소라고 생각한다. 그래서 교세라 직원들에게도 훌륭한 사고방식을 가지고 인생의 길을 걸어야 한다고 강조해왔다.

반발 속에서도 교세라 필로소피를 퍼뜨리다

〈교세라 필로소피 수첩〉을 들여다보면 엄격하고 딱딱한 원리 원칙에 따라 지킬 것이 많은 생활을 강요하는 것처럼 느낄 수 있다. 1959년에 교세라를 창업할 때부터 지금까지 되풀이해온 '우리 회사는 이런 사고방식으로 회사를 경영하려고 한다. 따라서 여러분도 그 사고방식에 맞추어 살기를 바란다'라는 말을 고스란히 반영하기 때문이다.

교세라를 창업했을 당시 사회는 정치적 분쟁과 시위로 시끄러웠다. 이런 시대적 배경 속에서 금욕과 성실을 강조하며 엄격한 삶을 요구하는 교세라 필로소피는 별로 환영받지 못했다. 청년들 중에는 "왜 그런 사상을 강요받아야 하지? 교세라는 직원들의 생각까지 통제하는 건가? 어떤 사고방식을 가지든 개인의 자유 아닌가?"라고 불만을 터뜨리는 경우가 많았다.

맞는 말이다. 어떤 사상이나 사고방식을 가지든 그것은 개인의 자유다. 그런데 회사에서 '이런 사고방식으로 살아가자'라고 강요하니 직원들은 반발할 수밖에 없었을 것이다. 특히 배울 만큼 배웠다고 자부하는 대졸 직원의 반발이 심했다.

내 고민도 깊어졌다. 하지만 나는 결단을 내리고 교세라 필로소피에 동조하지 않는 직원들에게 말했다.

"자네의 생각과 내 생각이 다르네. 아무리 우수하고 일류 대학을 나온 사람이라 해도 생각이 맞지 않으면 어쩔 수가 없군. 내 생각을 따르기 어렵다면 다른 회사로 가도 좋네."

내 말을 듣고 회사를 그만두는 직원도 있었다. 그렇다고 해도 나는 흔들리지 않았다. 모든 직원이 교세라 필로소피를 공유하는 것이 무엇보다 중요하다고 생각했기 때문이다.

직원들은 사상, 철학, 사고방식을 통제하는 것에 반발하기 마련이다. 사실 나도 회사가 직원들에게 생각까지 가르치려는 것은 좀 심하지 않나 싶기도 했다. 하지만 이런 고민 속에서도 훌륭한 사고방식만큼 중요한 것이 없다는 결론을 내리고, 어떻게든 교세라 필로소피를 직원들의 마음에 심어주는 방향으로 나아가기로 했다.

목표가 다르면 오르는 산도 달라진다

교세라를 설립하고 한동안은 아무리 교세라 필로소피를 강조해도 세상이 알아주지 않던 때가 있었다. 당시 교토에 있던 '와코루Wacoal'라는 회사의 창업자는 쓰카모토 고이치 회장이었다. 그는 교토 경제계의 중진으로서 젊은 경영자들과 자주 술자리를 함께했다.

그날도 교토의 젊은 경영자들이 그와 함께 술을 마시고 있었다. 나는 자못 심각한 태도로 술을 한잔 마시면서 교세라 필로소피에 대해 이야기를 꺼냈다. 그러자 어느 경영자가 "이나모리 씨, 나는 그 생각에 동의하지 않습니다. 내 인생관은 좀 다릅니다"라고 대꾸했다.

그때였다. 언제나 그렇듯이 싱글싱글 웃으며 술을 마시던 쓰카모토 회장이 굉장히 무서운 표정으로 입을 열었다.

"자네, 지금 무슨 이야기를 하는 건가. 자네가 이나모리 군의 생각에 대해 '난 그렇게 생각하지 않아. 이렇게 생각하네'라고 말할 수 있는 레벨인가? 나도 이나모리 군에게는 경의를 표할 뿐 경영 철학에 대해서는 뭐라 말할 수 없는 입장이네. 그런데 자네가 이나모리 군에게 맞설 수 있다고 생각하는가?"

갑자기 꾸중을 들은 젊은 경영자는 이유를 납득하지 못해 잔뜩 성난 얼굴을 했다. 나도 그 당시에는 깜짝 놀랐지만 쓰카모토 회장이 무슨 말을 하려 했는지 나중에 이해했다. 그는 앞의 공식에 나오는 사고방식의 차이에 대해 이야기했던 것이다.

인생이라는 산을 오를 때 어느 산을 오르는지에 따라 준비 과정이 달라진다. 낮은 산을 오를 때에는 하이킹할 때처럼 가벼운 차림으로 나서도 된다. 하지만 겨울에 높은 산을 오른다면 방한 용구는 물론이고 비바크(등산을 할 때 텐트에서 자지 않고 동굴이나 바위, 큰 나무 등을 이용해 하룻밤 보내는 것 – 옮긴이)를 할 준비까지 해야 한다. 한층 더 나아가 에베레스트산에 오를 생각이라면 암벽등반 장비와 기술까지 갖추어야 한다.

마찬가지로 어떤 인생을 사는가에 따라 여러 가지 사고방식을 가질 수 있다. 쓰카모토 회장도 그런 점을 알고 다음과 같은 이야기를 하려 했던 것 같다.

"자네는 '나는 그렇게 생각하지 않아. 이렇게 생각하네'라고 말하며 이나모리 군에게 맞서고 있지만, 자네와 이나모리 군의 사고방식은 비교 자체가 불가능하네. 물론 자네가 교세라 정도의 기업을 경영하고 있다면 이야기는 달라지겠지. 하지만 자네는 아버지에게서 물려받은 사업을 2대째 하고 있고 경영 규모나 수익성 면에서 교세라에는 한참 뒤떨어지네. 따라서 경영에 임할 때 이나모리 군의 사고방식과 자네의 사고방식을 같은 선상에 놓고 비교할 수는 없네."

자신의 회사를 어디로 끌고 갈 것인가 혹은 인생의 목표를 어떻게 정할 것인가에 따라 목적 달성을 위해 필요한 사고방식은 달라진다. 더 높은 산에 오르거나, 더 충실한 인생을 살겠다고 생각한다면 사고방식도 그에 맞게 더 엄격하고 충실해야 한다. 목표를 어디에 두는지에 따라 사고방식도 달라져야 한다.

나는 교세라를 창립한 후부터 지금까지 줄곧 직원들에게 "약간은 금욕적이고 성실하며 엄격한 생활을 하자"라고 강조해왔다. 물론 반발하는 직원들도 있었다. 그때 그 직원들에게 "나는 이런 산을 오르려 하네. 그래서 그에 걸맞은 장비와 사고방식을 갖추어야 하네"라거나 "인생을 편하게 살고 싶다면 그렇게 하게. 하지만 우리 회사는 다르네. 이런 사고방식에 따라 생활하면서 그에 걸맞은 산에 오르려 하네"라고 말해주었더라면 더 쉽게 납득하지 않았을까? 하지만 아쉽게도 이 사실을 깨달은 것은 쓰카모토 회장과의 일이 있고 나서 한참 뒤였다.

교세라는 '세계 제일'을 목표로 했다

교세라는 자본금 300만 엔, 직원 28명으로 미야키전기라는 회사의 지원을 받아 설립했다. 처음에는 교토에 있는 미야키전기의 창고 건물을 빌려 1층은 공장으로, 2층은 사무실로 사용했다. 나는 이미 그때부터 직원들에게 목표를 확실히 제시하려고 노력했다.

"곧 교세라를 교토 제일 기업으로 만듭시다. 아니, 교토 제일을 넘어 일본 제일 기업으로 만듭시다. 아니, 일본 제일을 넘어 세라믹 업계에서 세계 제일의 기업으로 만듭시다."

겨우 30명 정도 되는 직원을 앞에 두고 매일 세계 제일의 회사를 만들자고 틈만 나면 얘기했다. 막연하기는 하지만 처음부터 '세계 제일 기업'이라는 높은 목표를 세우고 열심히 뛰어보겠다고 생각했던 셈이다. 그리고 이 목표를 이루기 위해 '올곧고 성실하게, 또 조금은 금욕적으로' 생활하겠다고 다짐했다. 이제 와 생각해보니 이런 사고방식이야말로 세계적인 기업으로 성장하는 데 필수 요소였다.

교세라를 창립하고 20여 년 정도 흐르자 일류 대학을 나온 신입 사원도 교세라 필로소피에 반발하지 않았다. '이런 사고방식 아래 하나가 되어 회사를 경영했더니 훌륭한 대기업으로 성장했다'라는 사실을 앞에 두고 반론을 펼치기 어려웠을 것이다.

회사는 리더의 그릇 크기만큼 성장한다

'인생·일의 결과 = 사고방식 × 열정 × 능력'이라는 공식에서 가장 중요한 것은 사고방식이다. 능력은 어느 정도 타고나야 하고, 노력한다 해도 비약적으로 발전하기 어렵다. 하지만 열정은 어디까지나 자신의 의지에 달려 있다.

내가 운영하는 경영 아카데미인 세이와주쿠 학생들에게 "누구에게도 지지 않을 만큼 노력하라"라고 자주 말한다. 이곳 학생들 중에는 가업을 물려받은 2대나 3대 경영자가 많다. 나는 그들에게 중요한 진리를 엄격하게 가르쳐주어야겠다고 마음먹었다. 부모의 말을 잘 듣지 않는 젊은이들도 세이와주쿠에서 배운 가르침은 잘 따르기 때문이다. 나는 그들에게 이렇게 말하고는 한다.

"여러분은 훌륭한 회사를 물려받았습니다. 누구에게도 지지 않을 만큼 노력하세요. 그래서 선대로부터 이어온 회사를 몇 배나 성장시키는 겁니다. 많은 사람이 이런 말을 들으면 '아니, 저는 이미 노력하고 있습니다'라고 합니다. 글쎄요, 여러분이 생각하기에만 그런 것 아닐까요? 정말 누구에게도 지지 않을 만큼 노력하고 있을까요?"

사실 누구에게도 지지 않을 만큼 노력한다는 것은 쉬운 일이 아니다. 그래서 덧붙여 말한다.

"주위를 둘러보세요. 여러분이 잘 때에도 누군가는 깨어서 열심히 노력하고 있습니다. 여러분도 이에 지지 않기 위해 노력에 노력을 더해야 합니다. 그 정도로 노력하지 않으면 어떤 일이든 잘해내기 어려운 법입니다."

누구에게도 지지 않는 노력이란 쉬지 않고 달려드는 열정을 말한다. 그리고 이런 열정은 본인이 마음먹기에 따라 얼마든지 달라질 수 있다.

물론 그 무엇보다 중요한 것은 사고방식이다. 특히 기업의 리더가 가진 인생관, 철학, 사고방식은 회사의 운명을 좌우한다. 결국 회사는 리더의 기량이나 인격만큼 성장한다. '게는 자신의 등딱지 크기만큼 구멍을 판다'라는 말이 있다. 회사도 리더의 기량이나 인격보다 크게 성장하기는 어렵다. 만일 회사를 성장시키고 자신의 인생을 더 높은 수준으로 끌어올리고 싶다면 인격을 갈고닦아 좋은 인품을 갖추는 일부터 해야 할 것이다.

〈교세라 필로소피 수첩〉에 대해

1994년 교세라에서는 창립 35주년을 기념해 〈교세라 필로소피 수첩〉을 만들었다. 직원들이 가지고 다니며 읽고 교세라 필로소피를 늘 실천할 수 있도록 소책자 형식으로 만든 것이다. 당시 교세라 사장이었던 이토 겐스케의 제안으로 만든 이 수첩의 첫머리에는 내가 쓴 다음과 같은 글이 실려 있다.

'교세라 필로소피'란

나는 지금부터 35년 전 주위 사람들의 따뜻한 도움을 받아 교세라를 세웠습니다. 초창기에는 충분한 자본금도 없고 멋진 사옥이나 기계도 없었습니다. 다만 가족처럼 마음으로 뭉쳐 고락을 함께하고 서로 도와줄 수 있는 동료들이 있었습니다. 그래서 나는 사람의 마음에 의지해 이 회사를 경영하기로 결심했습니다. 사람의 마음만큼 변하기 쉽고 의지하기 어려운 것도 없다고 흔히 말합니다. 하지만 나는 일단 신뢰로 묶이기만 하면 사람의 마음만큼 강한 것도 없다고 생각했습니다.

그런 마음을 기본으로 교세라를 경영하면서 여러 가지 어려운 상황을 만나 괴롭기도 했지만 잘 이겨내고 오늘에 이르렀습니다. 그 과정에서 일과 인생에 대해 자문자답하며 얻은 가치관이 바로 교세라 필로소피입니다.

교세라 필로소피는 실천을 통해 얻은 철학입니다. 그 바탕에는 '인간으로서 이런 태도로 살아가는 게 옳다'라는 생각이 깔려 있습니다. 그동안 나는 직원 여러분에게도 이런 삶의 태도를 따라 살아가면 모두 행복해지고 결국 회사가 번영한다는 사실을 언제나 강조했습니다.

나의 생각과 철학에 따라 직원 여러분 모두가 인간의 무한한 가능성을 믿고 노력을 계속해주었습니다. 오늘날 교세라가 발전한 것은 그 덕분이라고 생각합니다. 교세라가 언제까지나 훌륭한 회사로 존재하기 위해, 또 직원 한 사람 한 사람이 멋진 인생을 살아가기 위해 모두 함께 교세라 필로소피를 실천하며 익히는 것이 중요하다고 생각합니다. 여러분 모두 교세라 필로소피를 그 어느 때보다 진지하게 받아들여 자기 것으로 만들어가기를 진심으로 기원합니다.

중요한 것은 모두 함께 이 철학을 '공유'하는 것이다. 철학이든 경영 계획이든 직원 모두와 공유하며 그들의 동조와 응원을 얻어야만 효과를 볼 수 있기 때문이다.

교세라의 경영 이념

회사를 세우면 처음에는 '돈을 벌고 싶다'라는 생각을 하기 쉽다. 하지만 나는 그렇지 않았다. 교세라는 내가 세운 회사라기보다는 주변의 여러 사람이 만들어준 회사였다.

교세라를 창업할 때 내게는 1만 5,000엔밖에 없었다. 그조차 가족을 먹여 살리기 위해 필요한 돈이었기에 회사에는 한 푼도 내기 어려웠다. 300만 엔이라는 초기 자본금은 모두 내 기술을 믿고 투자해준 여러 지인의 도움으로 이루어졌다.

자금을 투자해준 사람들은 "교세라는 당신의 기술을 믿고 세운 회사입니다. 그 기술을 자본으로 환산해서 드리지요"라고 하면서 나를 대주주로 만들어주었다. 투자자들이 마음을 모은 덕분이었다. 교세라는 나 자신만의 힘으로 세운 회사도, 나 자신만의 돈벌이를 위해 세운 회사도 아니었다.

좀 더 자세히 말하면, 교세라는 '이나모리 가즈오의 기술을 널리 알리고 평가받기 위해' 만든 회사라는 성격이 짙었다. 내가 이전 회사에서 올린 연구 성과는 경영자의 충분한 이해를 받지 못해 저평가되고 있었다. 하지만 주위에서 교세라를 세워 그 기술을 세상에 널리 알리고 제대로 평가받아보자고 힘을 실어주었다.

회사를 세우고 3년 정도 지나자 직원 10명이 나를 찾아와 단체교섭을 하고 싶어 했다. 그들은 동료들의 사인을 받은 연판장을 보이며 말했다.

"신생 회사라 불안해서 견딜 수 없습니다. 연말 상여금은 얼마 정도 줄 건가요? 내년 승진은 어떻게 될 예정인가요? 앞으로 5년 정도 고용을 보장해주지 않으면 저희는 그만두려고요."

이 일을 계기로 나는 기술을 알리고 인정받겠다는 낭만적인 면을 버리고 회사의 목적이나 경영 이념에 대해 진지하게 생각하게 되었다.

그때 내가 정리한 경영 이념은 '모든 직원의 물질적·정신적 행복을 추구하는 동시에 사회와 인류의 발전에 공헌하겠다'였다. 다시 말해 이나모리 가즈오가 기술자나 대주주로 성공하는 것이 아니라 모든 직원의 물질적·정신적 행복을 추구하는 것을 목표로 한 것이다. 하지만 여기에서 그치면 오로지 직원의 행복만 추구하는 이기적인 회사가 될 수 있으므로 사회와 인류의 발전에 공헌한다는 것도 강조했다.

이런 과정을 거쳐 만든 〈교세라 필로소피 수첩〉에는 다음과 같은 내용이 실려 있다.

경영 이념으로 목소리 높여 주장하고 있듯이 교세라는 '모든 직원

의 물질적·정신적 행복을 추구하는 동시에 사회와 인류의 발전에 공헌'하는 것을 경영 목적으로 삼고 있습니다.

우리가 목표로 하는 물질적·정신적 행복이란 경제적인 안정과 풍요로움은 물론이고, 일하는 현장에서 자기실현을 이루는 것까지 포함합니다. 즉, 삶과 일의 보람을 느껴 정신적인 풍요로움까지 누리는 인생을 추구합니다.

우리는 항상 기술 연마를 게을리해서는 안 됩니다. 멋진 제품을 세상에 내놓는 것과 동시에 과학기술 발전에 공헌해야 합니다. 또 기업으로서도 높은 수익을 창출해 세금을 많이 냄으로써 공공복지 증진에 기여해야 합니다.

앞으로 이런 경영 목적을 이루어가기 위해 우리 스스로의 힘으로 교세라를 꾸준히 발전시켜 모든 직원이 미래를 안심하고 맡길 수 있는 회사를 만들어야겠습니다.

교세라 필로소피는 이를 위한 행동 지침이 되어야 하고, 직원 모두가 멋진 삶을 살기 위해 실천하며 몸에 익혀야 하는 사고방식의 기준이 되어야 합니다.

제1부

멋진 인생을
살아가는 법

1.
마음을 닦는다

인생의 목적은 마음을
훌륭하게 가꾸는 것이다

기업을 경영할 때 마음이야말로 가장 중요한 요소라고 생각한다. '사고방식×열정×능력'이라는 인생 방정식에서 마음은 사고방식에 해당한다. 열정도 마음에서 온다. 일이나 인생의 결과를 좌우하는 이 공식만 보아도 마음이 얼마나 중요한지 알 수 있다.

  나는 공과대학을 졸업한 이공계 사람이다. 대학에서는 유기화학, 특히 합성수지 등을 다루는 석유화학을 전공했다. 화학물질이 지구를 오염시키지만 그 덕분에 인류의 삶이 이토록 풍요로워진 것도 사실이다. 내가 화학을 공부한 이유는 새로운 물질을 만들어 세상을 좀 더 살기 좋게 만드는 기술자가 되고 싶었기 때문이다.

기술자가 되고 싶은 사람이라면 기술만능주의를 따르기 쉽다. 하지만 이상하게도 나는 어릴 때부터 기술이나 과학보다 마음이 중요하다고 생각했다. 그리고 사회에 나와서도 인생을 살아가는 데 마음처럼 중요한 것이 없다고 믿었다. 그래서 내가 하는 이야기에서는 언제나 마음이 가장 큰 비중을 차지한다.

1995년 야마구치대학교가 창립 50주년을 맞이했다. 당시 야마구치대학교의 학장은 교토대학교 명예교수이자 세계적 수학자 히로나카 헤이스케 교수가 맡고 있었다. 히로나카 교수는 나에게 야마구치대학교 창립 50주년 기념 강연을 의뢰했다.

강연을 앞두고 어떤 이야기를 하면 좋을까 고민하다 결국 인생의 의미에 대해 이야기하기로 했다. 인간으로 태어나 살아갈 때 인생의 목적이나 의미는 무엇일까 몇 개월에 걸쳐 생각해보았다. 그 결과 마음을 닦아 높은 경지에 이르는 것이야말로 인생의 참된 의미라는 생각이 들었다. 처음에는 '마음을 높은 수준에 이르게 한다' '마음을 훌륭하게 가꾼다' '마음을 순수하게 정화시킨다' '아름다운 마음씨를 가지도록 한다' 등으로 말을 바꾸어보기도 했다. 그러다 문득 이 모든 노력이 마음을 갈고닦는다는 뜻이고, 이것이 인생의 목적이 될 때 삶이 의미 있어진다는 진리를 차츰 깨달았다.

마음이 맑으면 인생길이 편안하다

왜 마음을 닦아 높은 경지에 이르는 것이 인생의 목적이 되어야 할까? 불교 경전에 따르면 석가모니가 다음과 같이 말했다고 한다.

이 세상은 마음이 끄는 대로 끌려가며 마음의 지배를 받는다. 어리석은 것에 홀려 정신을 차리지 못하는 마음은 괴로움으로 가득 찬 세상을 만든다.
만물은 마음을 따라가며 마음을 주인으로 삼아 마음으로 이루어진다. 더러워진 마음으로 말하고 행동하면 그 인생에 반드시 괴로움이 따른다. 이는 마치 짐수레가 소에게 끌려가는 것과 마찬가지다.
선한 마음으로 말하고 행동하면 그 인생에 즐거움이 따른다. 이는 그림자가 물체의 형상을 따라가는 것과 마찬가지다. 악한 행동을 하면 악함으로 보상받고 선한 행동을 하면 선함으로 보상받는다.
마음이 더러워지면 그에 따르는 길도 평탄하지 못하고 그런 길 위에서는 넘어질 수밖에 없다. 하지만 마음이 맑아지면 그에 따르는 길은 평탄하고 수월해진다.

몸과 마음을 깨끗하고 맑게 하는 것은 악마의 그물을 끊고 부처의 대지 위를 걷는 것과 같다. 마음이 고요한 사람은 평온함을 얻으리니 밤이나 낮이나 마음을 닦을 일이다.

마음이 탁하면 인생길이 평탄하지 않게 된다. 때문에 어쩔 수 없이 넘어지고 고통스러워할 일도 많아진다. 한편 마음이 맑고 깨끗하면 인생길도 평탄해져 평온하게 살아갈 수 있다. 이것이 석가모니가 마음에 대해 깨달은 진리다.

이 진리는 경영에서도 통한다. 경영자의 마음이 맑고 고요하면 경영 상태도 안정된다. 마음을 닦아 높은 경지로 끌어올린다는 것은 마음을 선한 방향으로 이끌고 간다거나 아름답게 가꾼다는 의미다. 이렇게 되면 마음 상태만 좋아지는 것이 아니라 인생이나 경영 전반의 문제가 호전된다.

우주의 의지와 조화를 이루는 마음

> 세상의 모든 현상을 보면 우주 만물의 생성, 생명의 탄생 그리고 진화 과정은 우연의 산물이 아니고 그 속에 필연성이 존재한다. 이 세상에는 모든 것을 진화·발전시켜가는 하나의 흐름이 있다. 이 흐름을 주도하는 것은 '우주의 의지'다.

> 우주의 의지는 사랑과 정성과 조화로 가득 차 있다. 우리 한 사람 한 사람의 생각이 내뿜는 에너지와 이 우주의 의지가 동조하는지, 반발하는지에 따라 그 사람의 운명이 결정된다.

앞에서 예로 든 석가모니의 가르침에도 '마음이 맑아지면 당신이 걷는 길도 평탄해진다'라는 내용이 있다. 하지만 논리적으로 따지기를 좋아하는 현대인은 이 말에 공감하기가 쉽지 않다. 나도 처음에는 잘 이해되지 않았다.

하지만 어떻게 살아야 할까를 곰곰이 생각하다 보니 어느 날 문득 하나의 생각이 깨달음처럼 찾아왔다. 우주에는 만물의 변화와 흐름을 주관하는 우주의 의지가 있지 않을까?

우리가 사는 태양계는 '우리 은하'에 속한다. 우리 은하 속에는 태양계와 비슷한 항성계가 몇천억 개 이상 있다. 그리고 우주 전체에는 우리 은하와 비슷한 규모의 은하가 셀 수 없을 만큼 많다.

이처럼 우주는 측정할 수 없을 정도로 크다. 그런데 현대 물리학자들의 이론에 따르면, 이처럼 광대한 우주도 처음에는 온도와 압력이 극도로 높고 아주 작은 소립자 덩어리였다고 한다. 이 덩어리가 대폭발을 일으켜 우주가 생겨났고, 우주는 지금도 그 폭발의 여파로 계속 팽창하고 있다. 이것이 바로 '빅뱅 이론'이다. 우주물리학자들은 관측 데이터를 바탕으로 이 이론이 옳다는 것을 증명해내고 있다.

거대한 우주가 아주 작은 하나의 소립자에서 출발했다는 것이 믿기지 않지만, 최첨단 물리학 이론으로 증명되고 있다. 그렇다면 이 사실을 바탕으로 우주는 '공空'에서 생겨났다고 할 수 있지 않을까?

불교에서는 '색즉시공色卽是空'이라 하여, 우리 눈에 보이는 모든 것이 사실은 전부 공하다고 가르친다. 현대 물리학 이론대로 극히 작은 하나의 소립자가 폭발해 광대한 우주가 생겨났다면, 원래 이 우주는 그런 입자조차 없는 '공의 세계'였다고 볼 수도 있다. 실제로 진공상태에서 우주가 생겨났다는 학설도 있다. 이때 진공이란 눈에 보이는 것은 아무것도 없지만 방대한 에너지를 포함한 상태를 말한다.

이쯤에서 잠깐 원자의 상태에 대해 생각해보자. 주기율표에 가장 먼저 나오면서 가장 질량이 작은 원자가 수소다. 수소 원자의 구조를 살펴보면 원자핵이 하나 있고 그 주위를 전자가 돌고 있다. 원자핵은 양성자와 중성자로 이루어지고, 중간자가 이들을 서로 붙잡아 주고 있다.

최신 대형 입자 가속기를 사용해 양성자를 빛에 가까운 속도로 충돌시키면, 이때 발생한 엄청난 에너지로부터 새로운 소립자들이 생성된다. 이를 통해 양성자, 중성자, 중간자는 여러 소립자가 결합해 만들어진 것임을 알 수 있다.

우주가 처음 생겨날 때 원래 있던 소립자가 결합해 양성자, 중성자, 중간자를 만들고, 그 가운데 중간자의 활동으로 양자와 중성자가 결합해 원자핵이 되었다. 그리고 원자핵 바깥쪽에서 돌아다니던 전자를 붙들어두었더니 수소 원자가 되었다.

원자끼리 결합하는 것을 '핵융합'이라고 하는데, 이 원리는 수소폭탄을 만드는 데도 쓰인다. 수소 원자들끼리 핵융합 반응을 일으키면 질량이 더 큰 새로운 원소가 생긴다. 주기율표에 따르면 현재 지구에는 약 100종이 넘는 원소가 있다. 하나의 소립자에서 출발해 단계별로 점점 더 많은 융합반응이 일어나면서 물질세계를 이루는 여러 종류의 원소가 생겨난 것이다.

나아가 각종 원자끼리 결합하면 분자가 되고, 분자끼리 결합하면 고분자가 된다. 그리고 고분자가 DNA라는 유전자 형태를 띠면 번식해 대를 이어갈 수 있는 생명체로 변한다. 지구에 나타난 최초의 생명체는 아메바와 비슷한 원생동물이었다. 그리고 이런 단순한 생명체가 진화해 인류와 같은 고도로 복잡한 생명체가 나타났다.

이 우주는 극히 작은 하나의 소립자에서 생겨났다. 그것이 한순간도 그대로 머물지 않고 변화와 결합을 거듭해 현재의 우주와 같은 모습이 되었다. 즉, 이 우주에는 한순간도 머물지 않고 진화의 세계로 이끄는 흐름이 있다. 나는 이런 흐름을 우주의 의지라고 부르고 싶다.

우주 공간에는 삼라만상 모든 것을 진화·발전시키는 방향으로 이끄는 흐름 혹은 의지가 두루 퍼져 있다. 따라서 '우리 회사는 더 이상 발전하지 않아도 돼'라고 생각해도, 우주의 흐름은 그렇게 되도록 가만두지 않는다. 마치 '어떤 회사라도 성장해야만 해'라고 말하려는 듯이 활동하는 모든 것을 진화·발전시키는 방향으로 이끌고 간다.

종교인들은 우주에 사랑이 충만하다고 말한다. 불교에서는 이와 관련해 '자비로운 마음이 세상에 널리 존재한다'라고 표현한다. 즉, 우주에는 진화·발전시키는 방향으로 만물을 끌고 가려는 의지가 있다.

앞에서 언급한 히로나카 헤이스케 교수와 권위 있는 우주물리학자인 교토대학교 사토 후미타카 교수로부터 우주의 생성에 대한 이야기를 들을 기회가 있었다.

"우주가 생성하고 발전하는 과정에 우주의 의지가 작용한다고 볼 수 있지 않을까요?"

나의 물음에 두 사람 모두 그렇게 생각할 수 있다고 동의했다. 히로나카나 사토 교수 같은 철저한 자연과학자들도 우주의 정신적이고 형이상학적인 측면을 인정한 셈이다.

사랑으로 가득 찬 마음을 품으면
인생과 경영의 앞길이 열린다

우주에 흐르는 의지란 세상 모든 것을 측은히 여기고, 사랑하며, 잘되게 해주려는 마음이다. 나 혼자만 잘되려는 마음과는 정반대라고 할 수 있다. 따라서 우리가 지녀야 할 마음도 우주에 존재하는 모든 것을 잘되게 해주려는 사랑의 흐름과 조화를 이루며 동조해야 한다.

기업 경영자 중에는 간혹 다른 사람을 밀치거나 다리를 잡아끌어서라도 돈을 벌려는 사람이 있다. 하지만 그런 마음으로는 우주의 의지와 조화를 이룰 수 없기 때문에 당연히 경영도 순조롭지 않을 것이다.

경영자의 마음이 사랑으로 가득 차 있다면 우주의 의지와 흐름을 같이하므로 경영 문제도 순조롭게 풀린다. 심지어 '우리 회사가 발전하지 않아도 좋아. 회사 규모가 커지지 않아도 좋아'라고 생각해도, 회사가 발전하고 커나가는 쪽으로 세상일이 돌아갈 것이다.

그런데 이처럼 사랑으로 가득 찬 마음을 가지려면 어떻게 해야 할까? 마음을 닦아 높은 경지에 이르는 과정이 필요하다. 물론 '자신의 입장은 생각하지 않고, 모두가 잘되는 쪽으로 나아가기만 하면 정말 회사 경영도 술술 풀릴까' 하는 의문이 들 것이다. 당연히 모두가 잘되게 한다고 해서 다른 사람들을 위한 일만 하면 된다는 뜻은 아니다.

우주의 모든 것은 한순간도 쉬지 않고 진화하고 발전한다. 무생물인 작은 소립자도, 아주 작은 미생물이나 식물도 결합이나 분열 반응 혹은 유전자를 퍼뜨리는 번식을 반복하며 필사적으로 살아남으려고 한다. 다른 존재를 잘되게 하기 전에 스스로 살아남으려고 노력하는 것이야말로 가장 기본적인 우주의 흐름이다.

경영자가 이 흐름과 조화를 이루려면 자신의 회사를 훌륭하게 키우겠다는 목표를 향해 누구에게도 지지 않을 만큼 노력해야 한다. 스스로 노력하지 않으면 아무도 도와주지 않을 것이라는 각오로 힘껏 일하는 것이 당연한 도리다.

상대편을 이기기 위해 열심히 일하는 것이 아니다. 스스로 살아가기 위해, 자신의 회사를 훌륭하게 키우기 위해 필사적으로 일하는 것이다. 여유가 있어 자신의 회사를 훌륭하게 키우는 동시에 다른 회사도 성장시킬 수 있다면 더 좋겠지만 우선 열심히 일해 자신의 회사부터 발전시키는 것이 가장 중요하다.

마음을 닦는 노력과 반성을 되풀이한다

'어떻게 하면 사랑이 넘치는 마음을 가질 수 있을까' 하는 것은 쉽지 않은 문제다. 나를 포함해 대부분의 사람이 늘 이런 마음을 가지기는 어렵다. 하지만 가져보자고 생각하는 것 자체가 중요하다. 마음의 중요함을 깨닫지 못하고, 마음을 갈고닦는 일에는 관심조차 없는 게 보통 사람들의 현실이다. 하지만 마음을 닦아 아름답게 가꾸겠다는 생각부터 해야 한다.

사실 그렇게 결심해도 인간이란 번뇌와 욕심으로 가득 찬 존재이기에 실천하기가 쉽지 않다. 그럴 때마다 잘되지 않더라도 '해야만 해'라고 생각하고 반성하는 과정이 필요하다. 반성이 있기 때문에 더 노력해보자는 마음도 생긴다. 반성하며 새롭게 결심하는 것이야말로 인생에서 더없이 중요한 일이다.

정말 마음이 아름다운 사람이란 깨달음을 얻어 득도한 사람일지도 모른다. 하지만 보통 사람들은 아무리 노력해도 그런 경지에 이르기 어렵다. 석가모니가 깨달음을 얻고 2,500여 년이 흐르는 동안 누구도 해탈의 경지에 이르지 못한 것을 보면 알 수 있다.

하지만 바로 그렇기 때문에 깨달음의 길을 탐구하기 위해 노력이라도 해야 한다는 생각이 든다. 스스로 마음을 갈고닦아 정화시키려고 노력하는 사람은 반드시 절에 들어가 도를 닦지 않아도 수행자라고 할 수 있다. 이런 사람에게 인생이란 그 자체가 마음을 아름답게 가꾸기 위한 도장이 된다.

나 자신도 이런 이야기를 할 때마다 더욱 마음을 갈고닦아야겠다고 생각한다. 누군가 내게 "당신의 마음은 어느 정도로 정화되었습니까?" 혹은 "마음을 닦아 어느 정도 높은 경지로 끌어올렸습니까?"라고 묻는다면, 대답하기에도 부끄러운 수준이라는 것 이외에는 할 말이 없다.

하지만 그렇기 때문에 더욱 이런 이야기를 하는 것이다. 이야기를 하면서 나 자신에게 '그런 너는 어떻지?'라고 자문하고 반성하기 때문이다. 반성하고 갈등하며 고치는 과정을 되풀이하다 보면 어느새 마음이 정화되고 고결한 삶을 살게 된다.

내 강의를 들은 세이와주쿠의 학생 하나가 이렇게 말했다.

"기업이 경영자의 그릇 이상으로 클 수 없다면 내 그릇을 더 키우고 볼 일입니다."

이때 경영자의 그릇이란 경영자의 마음이나 인격 혹은 사람됨을 뜻한다. 따라서 사람의 그릇을 키운다는 것은 마음을 정화시켜 높은 경지로 끌어올린다는 뜻이고, 마음을 키운다는 말이기도 하다.

석가모니는 "인생은 당신의 마음 그대로다"라고 말했다. 이 말을 경영에도 적용할 수 있다. 경영자가 인생이라는 도장에서 수행을 쌓으며 키워놓은 마음이 그대로 기업에 반영된다. 기업은 결코 경영자의 마음 이상으로 커나갈 수 없다.

사랑, 정성, 조화로 마음을 가득 채운다

> 인생과 일에서 멋진 결실을 거두려면 사고방식과 마음의 자세가 중요하다. 사람을 성공으로 이끄는 것은 사랑, 정성, 조화로 가득 찬 마음이다. 이런 마음은 인간의 순수한 영혼 깊은 곳에 자리 잡고 있다. '사랑'이란 다른 사람의 기쁨을 자신의 기쁨으로 아는 마음이고, '정성'이란 세상과 다른 사람들을 생각하는 마음이며, '조화'란 자신만이 아니라 주변 사람 모두가 행복하게 살아가기를 원하는 마음이다. 사랑, 정성, 조화를 존중하는 마음에서 시작된 생각이야말로 그 사람을 성공으로 이끄는 기반이 된다.

사랑, 정성, 조화로 가득 찬 마음! 나는 마음을 이런 상태로 유지해야 한다고 강조한다. 사랑, 정성, 조화는 우리가 본래부터 가지고 있는 근원적인 것이다. 나라는 존재는 육체만이 아니라 마음으로도 나타난다. 그 마음으로 여러 가지 생각을 하고 계획이나 소원을 떠올린다. 그리고 그런 생각이 시작되는 근원이 '영혼'이 아닐까 하고 생각한다.

'나는 누구인가?' 하고 묻는 것은 인간의 본질에 대해 묻는 것과 같다. 인도의 요가에서는 명상으로 자신의 근원을 깨달으려고 한다. 명상을 할 때 눈을 감고 만트라를 외우며 정신통일을 하면, 의식이 맑아지고 진정한 자아를 만나게 된다. 사람에 따라 이런 경지를 '진아眞我에 이르는' 체험 또는 '오로지 자신이 존재한다는 것만을 깨어 있는 의식으로 실감하는' 체험이라고 한다. 이 순간만큼은 그 외 모든 의식이 사라져버리기 때문에 그냥 존재한다고밖에 말할 수 없다고 한다.

불교에서는 '산천초목이 모두 부처님'이라고 가르친다. 예부터 어른들이 '쌀 한 알에도 부처님이 있다'라고 한 것도 이와 관련된 말이다. 이처럼 세상의 근원이나 본질에 관련된 표현은 많다. 하지만 그 어떤 경우든 인간의 본질은 사랑, 정성, 조화라는 세 가지 말로 바꾸어 표현할 수 있다. 미처 깨닫지 못했을지 모르지만 여러분 자체가 사랑, 정성, 조화로 가득 찬 존재다. 불교식으로 말하면 '당신이 부처님'이다.

그런데 우리는 영혼을 가진 동시에 육체도 가지고 있다. 육체를 유지하려면 음식물로 영양을 공급받아야 한다. 심지어 식량이 부족하면 다른 사람의 것을 빼앗더라도 자신의 육체를 지켜야겠다는 욕망을 품게 된다.

인간의 본질이란 사랑, 정성, 조화로 가득 찬 아름다운 것이다. 하지만 영혼은 육체를 걸치고 있기 때문에 처음에는 육체가 발산하는 욕망이 나오고 만다. 용기를 내서 영혼을 둘러싼 육체의 욕망을 누르고, 자신의 본질인 사랑, 정성, 조화가 나오도록 해야 한다. 자신의 마음을 사랑, 정성, 조화로 가득 찬 높은 경지로 끌어올리는 것이다. 더 나아가 모든 것을 살리고 싶어 하는 우주의 의지, 즉 우주의 마음과 조화를 이룰 수 있다.

깨끗한 마음으로 소망을 그려본다

> 깨끗한 마음으로 소망을 품지 않으면 멋진 성공도 없다. 아무리 강력한 소망이라도 사리사욕에서 시작되었다면 그 소망을 이룬다 해도 오래 지속되기 어렵다. 그 소망이 세상 돌아가는 이치를 거스르는 정도가 심할수록 사회와 마찰을 일으키고 결과적으로는 큰 실패로 이어진다. 성공을 지속시키기 위해서는 마음에 품은 소망과 정열이 깨끗해야 한다. 즉, 잠재의식에 침투시키는 소망의 질이 문제다. 만일 순수한 소망이라면 포기하지 않고 계속 노력하는 한 반드시 이루어지는 날이 있을 것이다.

"인생은 마음에 품은 생각대로 펼쳐진다"라는 석가모니의 말이 있다. 우리가 마음에 그리며 생각하는 것은 모두 현실에서 이루어진다는 뜻이다. 나도 이 말에 동의하지만 이처럼 증명하기 어려운 말도 없다. 아마 대부분의 사람이 '깨끗한 마음으로 소원한다고 해서 과연 회사 경영이 잘될까?' 하고 의문을 가질 것이다. 실제 경험을 떠올려보면 꼭 그런 것 같지 않고, 오히려 악한 마음을 품은 경영자의 기업이 성공하는 사례도 보이기 때문이다.

이렇다 보니 기업 경영에 대해서도 '마음에 품은 생각대로 결실을 거둔다'라는 말을 적용해야 할지 의문이 생길 것이다. 선한 마음에는 선, 악한 마음에는 악으로 대응되는 결과가 나타난다면 악이 활개치는 세상이 되지 않을 것이다. 그런데 아주 성실히 일하는데 인생이나 경영이 잘 풀리지 않는 사람이 있는가 하면, 악한 행동을 하는데 버젓이 성공하는 사람이 있다. 그렇기 때문에 "세상은 요지경이야. 불공평해"라고 말하며, 내가 주장하는 올곧고 성실한 사고방식을 누구도 중요하게 생각하지 않는다.

하지만 세상일은 철저히 인과응보의 법칙에 따른다. 실제로 지나온 인생이나 경영을 돌아보면 대개 마음에 품은 생각대로 실현되었다. 다만 시간이 오래 걸릴 뿐이다. 30년 정도 걸린다고 보면 된다.

어떤 생각을 품고 일주일, 1개월, 길어도 1년 정도 지나 결과가 나타나면, 누구든 마음가짐이나 사고방식을 소중히 여길 것이다. 하지만 30년이 지나야 결과가 나타날 수도 있고, 때에 따라서는 30년이 지났는데도 결과가 나오지 않을 수도 있고, 심지어 죽을 때까지 아무런 결과를 보지 못할 수도 있다. 이럴 경우 누구든 마음의 중요성을 소홀히 생각하기 쉽다.

1920년 영국 런던에서 영적인 현상을 믿는 사람들의 모임이 있었다. 이 중에는 죽은 사람의 영혼과 대화할 수 있는 사람이 있었다. 그가 정신을 집중하면 '실버 버치'라는 미국 인디언 영혼이 찾아와 말을 걸었다. 이 영혼이 들려주는 이야기를 묶은 책이 《실버 버치의 가르침》(정신세계사, 2020)이다. 이 책에서 인과응보에 대한 다음과 같은 이야기를 읽고 깜짝 놀랐다.

"현세에서 살아갈 때 생각하고 상상하고 행한 것이 좋은 것은 좋은 대로, 나쁜 것은 나쁜 대로 결실을 거둔다면 여러분은 믿기 어려우시지요? 아마 결과가 나오기까지 기간이 너무 길어서 그런 것일 수도 있습니다. 하지만 내가 있는 '저세상'까지 포함해서 본다면 분명 한 치의 오차도 없이 그에 상응하는 결과가 나옵니다."

즉, 육체를 가지고 살아가는 현세만이 아니라 죽은 뒤 가게 되는 저세상까지 생각한다면 멋지게 인과응보가 성립한다는 것이다.

깨끗하고 선한 마음이 아니더라도 소망은 이루어진다. 다른 사람을 괴롭히거나 동업자를 곤경에 빠뜨려도 회사를 발전시키고 싶다는 소망이 강하고 누구에게도 지지 않을 만큼 노력하면 결국 소망은 이루어진다. 극단적으로 말하자면, 욕망 덩어리이거나 지독한 수전노라도 성공할 수 있다. 하지만 이런 성공은 결코 오래 지속되지 않는다. 현세 너머 저세상까지 길게 봤을 때 나쁜 마음은 반드시 나쁜 것으로 보답받는다.

단, 노력하지 않는다면 어떤 소망도 이루기 어렵다. 예를 들어 마음이 깨끗하고 다른 사람을 위해 자비를 베풀며 여러모로 애쓰는 사람이 있다고 하자. 이 사람처럼 자신은 부자가 되지 않아도 좋고, 다른 사람을 위해 노력하는 인생을 살고 싶다고 생각하는 것도 훌륭하기는 하다. 하지만 자신의 회사를 성장시키고 싶다고 생각하면서도 다른 사람 일만 생각하고 애쓴다면 회사가 제대로 성장할 리 없다.

"다른 사람을 이롭게 하겠다는 생각으로 일하면 자신의 회사도 잘되는 법이라고 하지 않으셨습니까?"라고 불평하는 사람도 있다. 이런 사람은 중요한 사실을 잊고 있다. 자기 회사를 성장시키고 싶다면 우선 그 일을 위해 누구에게도 지지 않을 만큼 노력해야 소망이 이루어진다는 사실이다. 무슨 일이든 성공하려면 누구에게도 지지 않을 만큼 노력하는 과정이 반드시 따라야 한다. 물론 깨끗한 마음으로 노력해야 한다. 다른 사람을 곤경에 빠뜨리더라도 자기만 잘되면 좋다는 생각으로 노력하면 반드시 몰락할 것이다.

일본에서도 거품경제가 무너진 후 여러 가지 부정행위가 드러나면서 죗값을 치른 사람이 많았다. 거품경제로 호황을 누릴 때에는 나는 새도 떨어뜨릴 기세로 높은 빌딩을 짓고, 기세등등하게 번화가를 돌아다니며 하룻밤에도 몇천만 엔에 이르는 돈을 물 쓰듯 하던 사람들이 지금은 흔적도 없이 사라져버렸다.

경영자는 자신의 욕망만 채우려 해서는 안 된다. 경영자가 전 직원의 행복을 염두에 두고 바르게 행동하지 않으면 기업은 망한다. 그리고 회사에 몸 바쳐 일하던 직원들은 거리로 내쫓기는 신세가 된다. 경영자란 그런 일이 생기지 않도록 솔선수범해서 노력해야 하는 사람이다. 이런 사람들이 우리 회사를 훌륭하게 성장시키고 싶다는 소망을 품으면, 시간이 오래 걸리더라도 반드시 이루어질 것이다. 깨끗한 마음에서 비롯되었기 때문이다.

솔직한 마음을 품는다

솔직한 마음이란 자신의 부족함을 인정하고, 노력을 기울

> 이는 겸허한 자세다. 능력이 있거나, 기질이 강하거나, 자아
> 가 강한 사람은 종종 다른 사람의 의견을 들으려 하지 않는
> 다. 설령 듣는다 해도 곧 반발한다. 하지만 솔직한 마음으로
> 다른 사람의 의견을 듣고, 항상 반성하고, 자기 자신을 돌아
> 볼 수 있는 사람은 진정으로 성장한다. 이런 마음을 지닌 사
> 람 주위에는 비슷한 사람들이 모여들고 하는 일도 수월하
> 게 풀린다. 때로는 듣기 거북한 책망의 말을 자신을 성장시
> 킬 교훈으로 받아들이는 겸허한 자세가 필요하다.

'사랑, 정성, 조화로 가득 찬 마음을 기초로 한다' '깨끗한 마음으로 소망을 품어본다' '솔직한 마음을 품는다'에 이어 '항상 겸손해야 한다'라는 말을 나란히 늘어놓으면, 아름다운 어감의 단어들이 총동원되는 기분이다. '솔직한 마음을 품는다'라는 말은 온순하게 순종한다는 의미로 받아들이기 쉽지만, 반드시 그런 것만은 아니다.

어떤 관공서의 간부 모임에서 석가모니의 가르침에 대해 이야기한 적이 있었다. 지성인 집단인 만큼 더욱 마음가짐이 중요하다고 생각했다. 그러자 사무차관까지 지낸 한 관료가 질문을 했다.

"저는 얼마 전 미얀마에 다녀왔습니다. 미얀마는 멋진 불

교 국가입니다. 미얀마 국민은 밝고 유쾌한 얼굴이었습니다. 하지만 상상을 초월할 만큼 가난했습니다. 지금 이나모리 선생님은 '깨끗한 마음' '솔직한 마음' '만족할 줄 아는 마음' '감사하는 마음' '겸손한 마음' 등 불교의 가르침에 대해 말씀하고 계십니다. 하지만 너무나 가난한 생활을 하면서 그것에 만족하는 미얀마 사람들을 보니 저들이 과연 진정 행복할까 하는 의문이 들었습니다. 미얀마는 군사정권이 다스리는 독재국가나 마찬가지인 나라입니다. 그런 체제에 민중은 아무런 불만 없이 순종하고 있습니다. 지금 이나모리 선생님 말씀대로라면, 그런 체제에 대해서도 민중은 순종해야 합니까?"

무조건 순종하라는 이야기가 아니다. 석가모니는 불교의 가르침 중 첫 번째를 '정진'으로 꼽는다. 이는 수행을 하든, 일을 하든 열심히 정성을 다하라는 것이다. 무슨 일을 하든 정진을 가장 우선시해야 한다는 것이다.

하지만 자신의 욕망만을 좇아 정진하고 노력하여 찾아오는 성공은 오래갈 수 없다. 사람의 욕망에는 끝이 없다. 따라서 석가모니는 적당히 만족할 줄 아는 것이 중요하다고 가르쳤다. 세상을 좋게 만들기 위해 열심히 일하고 싶은 아름다운 마음에서 바라는 소망이라면 굳이 한도를 정할 필요는 없다. 단, 개인적인 욕망에 대해서는 적당히 억누르려는 노력이 필요하다.

만족을 안다는 것은 무조건 현실과 비굴하게 타협하며 만족한다는 것이 결코 아니다. 스스로의 욕망을 억누르기 위해 만족하려고 노력하라는 의미다.

솔직한 마음은 진보의 어머니

나는 솔직한 마음을 가지는 것이야말로 인생을 살아가는 데 무엇보다 소중하다고 생각한다. 세이와주쿠에 들어온 사람들은 모두 솔직한 마음을 지닌 것으로 보인다. 경영 철학처럼 아주 진지한 것을 공부하려는 사람들인 만큼 스스로의 부족함을 인정하는 솔직한 마음을 품고 있는 듯하다. 치우치고 비뚤어진 마음, 솔직하지 못한 마음을 지닌 사람이라면 처음부터 내 이야기를 들으려 하지 않았을 것이다.

솔직한 마음은 진보의 어머니다. 솔직하지 않은 사람은 성장하고 발전할 수 없다. 솔직한 마음을 강조한 사람으로는 마쓰시타 고노스케 회장이 있다. 마쓰시타 회장은 초등학교도 제대로 다니지 못했지만 마쓰시타전기산업(현 파나소닉)이라는 대기업을 만들었다. 이런 큰일을 이룰 수 있는 원동력은 바로 솔직한 마음이었다.

마쓰시타 회장은 일찍이 큰 성공을 거두었다. 만일 그때 오만해지거나 '난 훌륭해'라는 생각에 사로잡혀 있었다면 아마 지금까지 지속적인 성공을 거두기 어려웠을 것이다. 하지만 마쓰시타 회장은 나이를 많이 먹은 후에도 "나는 학문이 부족하다. 학교도 제대로 나오지 않았다"라고 말하며 귀동냥으로라도 다른 사람들에게 배우겠다는 자세를 변함없이 유지했다. 그는 다른 사람들의 의견을 들으며 늘 새로운 것을 배우고 이를 통해 진보·발전하는 인생을 살 수 있었다.

솔직한 마음이란 자신의 부족함을 인정하고 더더욱 노력하는 겸허한 자세다. 이런 자세야말로 성공의 열쇠다.

항상 겸손해야 한다

> 세상이 풍요로워지면서 자기중심적인 가치관을 가지고 자기주장만 내세우는 사람이 늘고 있다. 하지만 사람들이 저마다 그런 사고방식을 가지고 있으면 자아와 자아가 충돌하기만 할 뿐 팀워크가 필요한 일은 해내기 어렵다. 자신의 능력과 작은 성공을 내세워 오만불손해지면 주위 사람들의 협력을 얻기 어려울 뿐만 아니라 스스로의 성장에도 방해가 된다. 구성원들이 나아갈 방향을 정해 좋은 분위기를 유지하면서 가장 효율적인 방법으로 기업을 경영하려면 겸허

> 한 자세가 정말 중요하다. 구성원들 덕분에 자신도 존재한
> 다는 인식을 바탕으로 늘 겸손하게 생활해야 한다.

나는 겸손을 늘 강조한다. 솔직함과 동시에 겸손함도 학습의 원천이 된다.

중국 고전에 '겸손만이 복을 부른다'라는 말이 있다. 오만한 사람은 행운이나 행복을 얻을 수 없고, 겸손한 마음을 가진 사람만이 그것을 가질 수 있다는 뜻이다. 겸손하면 왠지 별 볼 일 없는 존재가 될까 봐 걱정하는 사람도 있겠지만 그것은 오해다. 원래 내세울 게 없는 사람이 젠체하거나 뽐내면서 자기를 드러내고 싶은 욕구에 사로잡힌다. 만일 겸손하게 행동했다가 무시당했다면 오히려 무시한 사람이 잘못한 것이다.

회사가 잘될수록 경영자는 겸손해야 한다. 중소기업을 경영하는 사람 중에도 회사의 수익이 좋아진다 싶으면 우쭐하며 뽐내는 사람이 많다. 그런 사람은 그 이상으로 발전하기 어렵다. 모처럼 하늘이 도와 수익이 늘고 기업이 커나간다 해도 겸손함을 잃고 오만하면 곧 적자로 돌아설 것이다. 따라서 늘 겸손을 잃지 말아야 한다는 사실을 가슴 깊이 새겨두기를 바란다.

기업 경영에서 중요한 것은 전 직원의 힘을 한데 모아 서로

마음 맞는 좋은 분위기에서 최대한 효율적으로 운영하는 것이다. 이를 위해서는 경영자 자신부터 겸손한 자세를 잃지 말아야 한다. 경영자가 앞장서서 좋은 사례를 보여주면 직원들도 그 뒤를 따를 것이다.

특히 간부에게는 늘 겸손하도록 강조해야 한다. 과장이나 부장이 으스대며 사원들 앞에서 잔뜩 목에 힘만 준 채 돌아다니면 팀워크는 결코 좋아질 수 없다. 이런 팀은 구성원의 힘이 한데 모이기는커녕 서로 소통이 되지 않아 실적을 내기 어렵다. 직급이 높아질수록 더욱 겸손하게 직원들 사이로 들어가 회사의 목표나 꿈에 대해 이야기해주며, 서로 화합하는 풍토를 만들려고 노력해야 한다. 경영자와 직원 모두 겸손한 자세를 지니면 직원들 사이의 유대 관계가 점점 더 긴밀해지고, 이를 바탕으로 기업은 성장할 것이다.

감사하는 마음을 품는다

> 직원끼리 화합하지 않으면 고객에게 감동을 주는 물건을 만들기 어렵다. 제품에는 그것을 만드는 사람의 마음이 반영되기 때문이다. 만일 직원 모두 자기만 챙기려는 이기적인 생각을 하면 화합하는 분위기가 사내에 자리 잡기 어렵다.

> 내가 오늘 이 자리에 있는 것, 그리고 마음껏 일할 수 있
> 는 것은 다른 사람들의 도움이 있었기 때문이다. 고객이나
> 거래처는 물론이고 가족, 직장 등 주위 사람들이 도와주었
> 기에 가능했지 결코 내 힘만으로 여기까지 온 것이 아니다.
> 이를 잊지 말고 항상 주위 사람들에게 감사하며 서로에게
> 믿을 수 있는 동료가 되어 일을 해나가야 한다.

서로 믿을 수 있는 동료가 되려면 항상 주위 사람들에게 감사하는 마음을 가져야 한다. 고객이나 거래처는 물론이고 직장 동료, 가족과 같은 주위 사람들의 도움이 있었기에 오늘 내가 이 자리까지 온 것이다. 따라서 주위 사람들에게 늘 감사하는 마음을 가져야 한다. 감사할 줄 아는 마음은 일뿐만 아니라 인생 전반에 걸쳐 아주 중요하다.

다음 페이지의 '여섯 가지 정진 방법'은 영혼을 성숙시키기 위한 정진 방법을 정리해본 것이다. 그 가운데에는 멋진 인생을 보내기 위해 필요한 요소로 '살아 있는 것에 감사한다'가 있다.

감사한다는 것은 구체적으로 어떤 마음가짐을 가리킬까? 먼저 다른 사람에 대해 스스로를 낮추는 마음이 되어야 감사함이 샘솟는다. 경제 불황 속에서도 기업이 망하지 않고 운영

되는 것은 직원들의 협력과 고객의 주문이 있기 때문이다. 특히 경영자들은 주위의 많은 사람 덕분에 오늘날의 자신이 있다는 마음으로 감사할 줄 알아야 한다.

불평불만과 푸념을 일삼는 사람의 앞날은 어둡다. 반면 감사하는 사람의 앞날은 밝다. 감사를 품는 것만으로도 마음이 아름다워지고, 그에 따라 운명이 밝게 열리기 때문이다. 감사하는 마음은 행운을 부르는 비결이다.

여섯 가지 정진 방법
1. 누구에게도 지지 않을 노력을 한다.
2. 겸허하고 교만하지 않게 행동한다.
3. 매일 반성한다.
4. 살아 있는 것에 감사한다.
5. 다른 사람들을 도와주며 선행을 쌓는다.
6. 감성적인 고민은 하지 않는다.

항상 밝게 살아간다

> 나는 지금까지 어떤 역경과 괴로움에 처하더라도 항상 밝은 기분으로 이상을 품고 희망의 끈을 놓지 않으면서 열심

히 노력했다. 그 결과 오늘날 교세라를 만들 수 있었다. 인생은 희망으로 가득 찬 멋진 선물이다. 그런 희망을 누리려면 '내게는 멋진 인생이 열린다'라고 자신에게 계속 속삭여야 한다.

불평불만을 일삼거나, 어둡고 우울한 기분에 젖어 있거나, 더 나아가 다른 사람에 대한 원망, 증오, 시기 같은 감정을 품어서는 안 된다. 이런 생각을 하는 것 자체가 인생을 어둡게 만들기 때문이다.

아주 단순한 일이지만, 미래에 대한 희망을 품고, 밝고 적극적으로 행동하는 것이 일과 인생을 밝혀주는 첫 번째 조건이다.

인생이 술술 풀리는 사람을 보면 반드시 밝은 마음을 가지고 있다. 마음이 어둡고 불평불만으로 가득 차 있으면 결코 인생이 밝아질 수 없다. 물론 누구에게도 지지 않을 노력을 하는 근성은 필요하다. 그리고 자신의 인생은 반드시 멋진 행운으로 가득 찰 것이라고 믿는 마음도 중요하다.

미래는 행운으로 가득 차 있고, 앞날에는 멋진 인생이 기다리고 있다는 생각부터 하라고 말하면 이렇게 반문하는 사람도 있을 것이다. "앞으로 무슨 일이 있을지도 모르는데 어떻게 낙관적으로만 생각할수 있습니까?"

 하지만 그렇지 않다. 누구나 멋진 인생을 살아갈 수 있다. 우선 좋은 일이 일어나리라고 믿는 자세부터 갖는 게 중요하다. 그리고 그 믿음을 이루기 위해 누구에게도 지지 않는 노력을 기울이면 반드시 밝은 앞날이 펼쳐질 것이다.

 중요한 것은 믿느냐, 믿지 않느냐다. 앞날이 밝게 펼쳐지리라 믿고서 고난과 역경에 무릎 꿇지 않고 미래를 그려나가야 한다. 어려운 현실 속에서도 좌절하려는 자신을 스스로 격려하며 밝게 행동해야 한다. 이것이 인생을 헤쳐나가는 가장 지혜로운 자세다.

세상사를 긍정적으로 받아들인다

살면서 어떤 일이든 긍정적으로 바라고 이면에 가려진 좋은 의미를 해석할 줄 아는 게 중요하다. 세상만사를 비관적으로 바라보며 나쁜 의미로만 해석하려 들면 그 인생은 어두워진다. 만일 상대가 자신에게 악의를 가지고 시비를 걸어와도 '저 사람 어리석군' 하는 정도로 비난하고 흘려버리면 된다. 그런 당신을 보고 '정말 대단한 바보군. 저런 일에도 화를 내지 않으면 어쩌겠다는 거야'라고 깔보는 사람이 있을지도 모른다. 하지만 그런 하찮고 악의에 가득 찬 비난은 신경 쓰지 말고 웃어넘기는 게 좋다.

사실 이렇게 말하는 나 자신도 그런 경지에 올랐다고는 말하기 어렵다. 누군가 나를 무시하거나 경멸하면 화가 난다. 하지만 그때마다 최대한 긍정적으로 받아들이려고 노력한다. '정말 불쌍한 사람이군. 마음이 가난하니까 저런 말을 하는 건지 몰라'라고 상대를 측은히 여기면서 화를 내지 않고 지나가려고 애쓴다. 항상 세상사를 좋은 쪽으로 해석하려는 자세가 필요하기 때문이다.

나는 어렸을 때 골목대장이었다. 고등학교를 졸업할 때까지도 싸움만 하고 돌아다니는 문제아였다. 지금이야 키가 큰 편이지만 고등학교 1학년 때까지만 해도 평균보다 조금 작았다. 그런데도 지기 싫어하는 성격이라서 싸움은 곧잘 했다. 싸우는 계기는 단순했다. 다른 학교 학생과 스쳐 지나가다가 눈이라도 마주치면 째려본다든가 하면서 시비를 걸었다.

가끔 건방져 보인다며 상대가 먼저 시비를 걸어오는 때도 있었다. 그런 말도 안 되는 하찮은 이유로 늘 싸움만 하다 보니 공부는 뒷전이었다. 중학교 3학년이 되어 어느 정도 철이 들자 '나는 왜 이렇게 싸움만 하고 돌아다닐까?' 하는 생각이 문득 들었다. 스스로가 한심하게 느껴졌다. 마침 인생의 의미에 대해 끊임없이 질문하는 사춘기에 접어드는 때였다.

내 안에서는 싸움만 하는 자신을 책망하는 또 하나의 자아가 생기고 있었다. 그 자아가 스스로에게 "너는 사소한 일로도 싸움을 벌여. 네 친구들을 좀 봐. 사소한 일은 그냥 웃어넘기잖아. 하지만 너는 그걸 빌미로 싸우기 시작해. 정말 한심하지 않니?"라고 물었다. 그러면 또 다른 자아가 지지 않고 맞섰다. "그런 친구들은 용기가 없기 때문이야. 화가 나도 비굴하게 억누르고 있을 뿐이야. 그래도 내게는 싸울 용기가 있어. 내가 더 나아."

결국 나는 고등학생이 되어서도 여전히 싸움만 하고 다녔다. 하지만 자신을 책망하는 새로운 자아도 여전히 내 안에서 목소리를 높이고 있었다. 나는 차츰차츰 그 목소리에 굴복해 싸움만 하는 것은 한심한 일이라고 생각하기 시작했다.

사소한 일에 화내지 말고, 상대가 악의를 가지고 퍼붓는 말에 웃어넘길 만큼 마음이 넓어져야겠다는 생각이 들었다. 철이 든 것이다. 그렇게 반성을 거듭한 후 어느 날부터인가 싸움을 뚝 끊어버렸다. 내 주위에서 일어나는 일은 모두 내 마음이 불러들인 것이다. 부정적이고 비뚤어진 마음으로 보내는 인생에는 당연히 어두운 날들이 펼쳐질 것이다. 그런 의미에서 세상사를 밝고 긍정적으로 바라보면서 하루하루를 보내는 것이 더없이 중요하다.

2.
더욱 좋은 일을 한다

동료를 위해 애쓴다

사람의 행동 중에서 가장 아름다운 것은 다른 사람을 위해 대가 없이 무언가를 하는 것이다. 사람은 누구나 자신의 일을 가장 우선시한다. 하지만 다른 사람에게 도움이 되고 기쁨을 주는 것을 최고의 행복으로 여기는 마음도 누구나 가지고 있다.

예전에 미국에서 비행기가 바다로 추락한 사고가 있었다. 한겨울이라 바닷물은 얼음물처럼 찼다. 한 남성이 구조될 순간에 옆에서 의식을 잃어가는 여성을 보고는 그녀에게 기회를 양보했다. 그리고 자신은 차가운 바닷속으로 사

> 라져갔다. 인간의 본성이란 이 정도로 아름답고 이타적일 수 있다.
>
> 우리가 동료를 위해 애쓰며 동지로서 끈끈한 유대를 맺는다면, 그들과 함께 얼마든지 멋진 집단을 만들어갈 수 있다.

나는 틈만 나면 "세상과 다른 사람을 위해 애쓰는 것이야말로 인간이 할 수 있는 최고의 행위"라고 말한다. 동료를 위해 애쓰는 것은 그보다 좁은 범위이지만, 이 역시 아름답고 고귀한 일이다. 세상을 위해, 다른 사람을 위해, 동료를 위해 애쓰는 일은 아름다운 마음을 행동으로 나타낸 것이다. 그런 행동을 함으로써 마음은 더욱 순수하고 아름다워진다. 인격을 높이기 위해 이타적인 행동만큼 중요한 일은 없다.

남에게 공덕을 베풀며 중생을 구제하기 위해 노력하는 행동을 불교에서는 '이타행利他行'이라고 한다. 불교에서는 이타적인 행동을 아주 소중하게 생각한다. 석가모니는 이타행을 쌓아가는 것이 깨달음에 이르는 길이라고 가르쳤다.

아메바 경영의 진수는 동료를 위해 일하는 것이다

동료를 위해 애쓰는 것은 교세라 '아메바 경영'의 기초다. 교세라는 초기부터 회사 경영 구조를 아메바라는 소집단으로 나누어 각각 독립채산으로 운영하고 있다.

이는 몇몇 간부만 기업 전체의 경영에 대해 생각하는 체제를 벗어나기 위해서다. 아메바 경영을 하면 직원들은 자신이 속한 집단의 채산을 맞추기 위해 고민할 수밖에 없다. 전 직원이 경영자 마인드를 가지고 회사 운영에 참여하도록 해 강한 기업으로 성장하려는 전략이다. 소집단들이 각각 하나의 회사처럼 독립채산으로 운영되기에 각 집단이 수익을 올리는지 그렇지 않은지, 쓸모없는 사업에 투자하는지 그렇지 않은지를 쉽게 파악할 수 있다. 이것이 아메바 경영의 핵심이다.

효율적인 경영을 목표로 사업별로 독립채산제를 실시하는 기업은 많다. 하지만 교세라는 그것을 더욱더 작은 소집단으로 나누고 있다. 사업별 독립채산제를 적용해나가면 문제가 생긴다. 바로 성과 배분이다. 예를 들어 몇 개 사업별로 독립채산제를 실시하면 한 사업에서는 이익을 남기고 또 다른 사업에서는 손해를 보는 일이 생긴다. 이처럼 사업별 수익에 불균형이 생기면 배분에 문제가 생긴다.

일반적으로는 수익을 많이 낸 사업 부문의 직원에게 상여금을 주거나 월급을 올려줄 것이다. 즉, 성과에 따라 수익을 배분한다. 미국에서는 대부분의 기업이 성과에 따라 수익을 배분한다. 예를 들어 업적이 좋은 사업 부서에서는 10개월 치 월급에 해당하는 상여금을 받지만, 업적이 나쁜 부서에서는 명절에 상여금을 구경하기조차 어려운 신세가 된다.

아메바 경영에 대해 많은 사람이 궁금해하는 것이 바로 수익 배분 문제다. 업적이 좋은 아메바에 월급을 올려주거나 상여금을 주지 않는 것을 많은 사람이 이상하게 생각한다. 교세라에서는 어떤 아메바가 회사를 이끄는 견인차 역할을 하며 동료를 위해 공헌했다 해도 월급이나 상여금 등 금전적으로 보상하지 않는다. 칭찬과 찬사가 있을 뿐이다.

많은 사람이 "그 정도로 직원들이 만족하나요?"라며 의아해한다. 하지만 나는 창업 초기부터 직원들에게 '대가를 바라지 않고 동료들을 위해 애쓰는 것이 인간으로서 가장 중요하다'라고 강조해왔다. 교세라 직원들은 자신이 속한 사업 부서가 이익을 냈다고 해서 상여금을 더 달라거나 월급을 올려 달라고 요구하는 일은 없다.

왜 금전이나 물질로 보상하지 않을까? 그 이유는 인간의 심리를 고려했기 때문이다. 수익을 많이 낸 부서에 상여금을 주거나 월급을 올려주었다고 치자. 어쩌면 사기가 높아지고 '더 높은 상여금을 받아야지' 혹은 '더 많은 월급을 받아야지' 하는 마음도 커질 것이다.

하지만 성과를 내지 못한 사업 부서 직원들은 그런 일을 목격하면서 더욱 의기소침해질 것이다. 한 부서는 점점 활기를 띠며 성과를 올리는 반면, 한 부서는 점점 침체의 늪으로 빠지고 만다. 이렇게 되면 회사 전체를 놓고 볼 때 바람직한 일이 아니다.

의기소침한 사업 부서에 "자네들도 열심히 해. 성과가 오르면 꼭 보상해줄 테니까"라고 격려해도 효과를 보기 어려울 수 있다. 사람은 1, 2년 정도 열심히 해보고 잘되지 않으면 점점 마음이 옹졸해지고 비뚤어지는 경향이 있기 때문이다.

게다가 지금 성과를 올리는 사업 부서도 언제까지 순풍에 돛 단 듯이 승승장구하리라는 보장은 없다. 어떤 부서든 언젠가는 성과가 떨어지는 경험을 하기 마련이다. 그럴 때 성과가 떨어졌으니 이번에는 상여금을 주지 않는다는 말을 들으면 어떻겠는가? 의기소침해질 것이 뻔하다. 동시에 갑자기 수입이 줄어 주택 대출 상환금을 갚을 수 없는 등 현실적인 문제가 생긴다. 이런 상황에 놓인 직원들은 자연스레 회사에 불만을 품게 된다.

한편에서는 언제나 적자를 기록하며 의기소침해하는 부서가 있는가 하면, 다른 한편에서는 회사를 이끌어가리라 기대되는 부서마저도 상황이 안 좋아지는 경우가 생길 수 있다. 이렇게 되면 직원들의 인간관계에도 문제가 생기고 회사 전체가 비참한 상황에 빠지기 쉽다. 회사의 업적에도 올라갔다 내려가는 변화가 늘 따르고, 사람의 마음도 항상 안정되어 있으라는 법은 없다.

열심히 노력해서 좋은 성과를 낸 부서는 칭찬해주고, 다른 부서의 직원들도 "자네들 덕분에 회사가 잘되어서 우리도 상여금을 받았어"라고 감사하는 분위기가 만들어져야 한다.

나는 이를 위해 좋은 성과에 대해 명예만 주는 형태를 취하고 있다. 이렇게 하는 또 하나의 중요한 이유는 성과를 냈든 못 냈든 전 직원이 다 함께 노력하고, 다 함께 물심양면으로 행복해지자고 생각하기 때문이다. 그래서 창업 초기부터 직원들에게 늘 '동료를 위해 애쓴다'라는 덕목의 중요성을 끊임없이 강조해왔다.

신뢰 관계를 쌓아간다

> 교세라는 창업 이래 직원들끼리 마음이 통하는 결속을 경영의 기반으로 삼고 있다. 서로 감사하고 성의를 다해 도우려는 마음으로 쌓은 신뢰 관계 위에서 일을 진행한다.
> 상사와 부하가 서로를 신뢰하면, 말하고 싶은 것을 감추지 않고 확실히 이야기할 수 있다. 이렇게 되면 일을 하다가

> 문제가 생겨도 누구든 쉽게 파악할 수 있어 부드럽게 해결
> 된다. 이런 신뢰 관계를 쌓으려면 평소 직원들이 서로에게
> 마음을 열고 긴밀한 유대 관계를 맺으려고 노력해야 한다.

교세라에서는 사내 행사나 회식을 중요하게 여긴다. 직원들끼리 신뢰 관계를 쌓기 위해 행사나 회식에는 누구도 예외 없이 참석하는 것을 철칙으로 삼는다.

1960년대에 들면서 회사가 점점 커지자 다른 일본 기업들처럼 '위로 여행' 제도를 도입했다. 전 직원이 함께 떠나는 이 여행은 〈교세라 필로소피 수첩〉 중 '대가족주의로 경영한다'라는 내용과 밀접한 관련이 있다. 전 사원이 온천 여행을 함께하면서 가족처럼 긴밀한 유대 관계를 쌓는 것이 이 여행의 목적이다.

당시에는 고등학교나 중학교를 졸업하고 갓 입사한 직원이 많았다. 하지만 그중에는 그들의 아버지 연배쯤 되는 직원들도 있었다. 위로 여행을 가겠다고 발표하면 몇몇 직원은 불평하기도 했다.

나는 그런 말을 하는 직원을 만나면 따끔하게 꾸짖었다. 전 직원이 위로 여행을 가는 것은 함께 놀기 위해서가 아니라, 직원들 간의 유대와 신뢰를 강화하기 위해서다. 상사와 부하

라는 단순한 관계에서 벗어나 같은 목표를 향해 나아가는 동지로서 관계를 튼튼히 하기 위해 마련한 여행이다. 하지만 이 여행을 단순히 놀이로만 생각하고 중요성을 이해하지 못하기 때문에 불평이 나오는 것이다.

긴밀한 유대는 서로를 아는 것에서부터

직원들 간에 긴밀한 유대 관계를 맺으려면 어떻게 해야 할까? 이 일의 시작과 끝은 '서로를 잘 아는 것'에 있다. 상사가 부하에 대해 잘 알고, 부하가 상사에 대해 잘 아는 것이 신뢰 관계를 쌓아가는 데 기초가 된다.

 신뢰 관계란 약속이나 계약이 있어야만 쌓아갈 수 있는 게 아니다. 그런 것 없이도 '서로 이야기를 나누거나 술을 마신다' '저 사람도 나를 알고 나도 저 사람을 안다'와 같은 단순한 경험을 공유하는 것이 신뢰 관계의 기본이 된다. 물론 서로를 존경하는 관계도 가능하지만, 회사에서 신뢰 관계의 시작이자 끝은 서로를 잘 아는 것이다. 그것만으로도 충분하다.

완전주의를 추구한다

> 90퍼센트까지만 완성하고서 '이 정도면 되겠지' 하고 타협하는 사람이 있다. 이런 사람은 완벽한 제품, 즉 '손이 베일 정도로 완성도가 높은 제품'은 도저히 만들 수 없다. 또 '틀리면 지우면 된다'라는 안이한 정신이 마음 깊은 곳에 자리 잡고 있는 한, 진정한 의미에서 자신뿐만 아니라 주위 사람들도 만족할 수 있는 성과를 낼 수 없다.
> 영업이든 제조든 마지막 1퍼센트의 노력을 게을리했기에 수주를 받지 못하거나 불량을 내는 경우가 있다. 노력이 더욱 많은 결실을 거두려면 언제나 완전주의를 추구하는 자세가 필요하다.

나는 젊었을 적부터 '언제나 완전주의를 추구한다'를 좌우명으로 삼았다. '언제나 완전주의를 추구한다' 혹은 '완벽해야 한다'는 나 자신의 성격에서 나왔지만, 동시에 제조업에 종사해온 경험에서 우러나온 것이기도 하다.

예를 들어 세라믹을 만들 때 우선 몇 종류의 원료를 섞은 뒤, 모양을 만드는 과정을 거쳐 고온에서 굽는다. 그다음 구워낸 것을 연마하거나 세라믹 한 면을 금속화시켜서 제품으로 완성하기까지 기나긴 공정을 거쳐야 한다. 그 과정에서 어느 한 단계라도 잘못되면 그때까지 애쓴 노력은 물거품이 되고 만다. 그동안 들어간 재료비, 가공비, 전기세 등을 모두 손해 보는 것이다.

제조 과정에서 소수점 아랫자리 퍼센트에 해당하는 실수가 생겨도 모두 헛것으로 돌아간다. 제조업에 종사하는 나 같은 사람은 이런 일을 수도 없이 겪는다. 일할 때에는 단 1초도 한눈팔지 말고 완벽함을 추구해야 한다. 이것이 장인 정신을 바탕으로 한 제조업의 세계이기도 하다.

세라믹 제조와 관련된 좀 더 구체적인 이야기를 해본다. 하나의 파인세라믹을 만들기 위해 수많은 원료를 섞는데, 이때 한 종류라도 잘못 집어넣거나 양 조절에 실패하면 전체가 엉망이 되어버린다. 또는 재료를 섞는 방법이 바르지 못해도 문제를 일으킨다.

내가 회사에서 여러 가지 실험을 하던 시절에 다음과 같은 일이 있었다. 실험실에서 원료로 쓰이는 미세한 가루를 섞을 때에는 '마노'라는 광물로 만든 막자와 막자사발을 쓴다. 보통 어떤 세라믹을 새롭게 만드는 실험을 할 때에는 막자사발에 계산한 분량대로 원료를 넣은 뒤 막자로 섞는다. 이때 막자와 막자사발 사이에 마찰이 일어나 마노를 이루는 성분인 실리카silica가 마모되면서 원료에 섞인다. 따라서 원료를 배합할 때에는 이런 일까지 예측해 계산해두어야 한다. 막자사발에서 원료를 섞는 시간이 길수록 원료가 고르게 혼합되지만, 마노에서 나오는 실리카의 양도 점점 많아지는 문제가 생긴다.

세라믹을 만들기 위해서는 보통 산화마그네슘과 산화칼슘으로 된 미세한 가루를 섞는다. 둘 다 밀가루처럼 고운 알갱이인데 색깔은 다르다. 처음에 이 둘을 섞으면 고르게 섞이지 않아 얼룩덜룩하지만, 막자로 열심히 갈아주면 하나의 색깔을 띠면서 고르게 혼합된다.

다만 액체와 달리 고체 알갱이들은 도대체 어느 정도로 완벽하게 섞여 있는지 알기 어렵다. 알갱이 지름이 1,000분의 1밀리미터 정도로 작아도, 현미경으로 보면 아직 고르게 섞이지 않은 상태다. 그렇다고 너무 오래 섞으면 막자사발에서 나오는 실리카 성분이 많아져 어느 정도에서 섞는 것을 멈추어야 할지도 문제가 된다.

막자사발로 섞든, '포트 밀pot mill'이라는 회전 기계로 섞든, 완전히 섞는다는 것은 어떤 시점을 가리키는 것일까? 아무리 오래 섞어도 완벽하게 섞는 것은 불가능하지 않을까? 도대체 어디까지 섞으면 좋을까? 마치 철학 문제 같다.

이렇다 보니 나는 가운이 더러워진 줄도 모른 채 열심히 막자사발에 담긴 원료를 섞으면서 '혼합 공정 하나도 큰일이구

나. 모든 과정이 제대로 진행되지 않으면 이상적인 제품을 만들 수 없어. 그렇다면 도대체 어떻게 해야 할까?' 하고 깊은 생각에 잠기게 되었다.

일을 할 때 완전주의를 추구하지 않아 어느 한 공정에서 실수하면 제품을 완성할 수 없고, 처음부터 다시 시작해야 한다. 이 때문에 납품이 늦어지면 회사에 큰 손해일 뿐만 아니라 고객에게도 피해를 준다. 회사 규모가 작아 전자 제품에 필요한 여러 가지 세라믹 부품만 생산할 때는 대부분 고객의 주문에 맞추어 일했다. 영업 직원이 고객을 찾아가 상담한 뒤 납기일을 결정하고 돌아온다. 고객은 우리가 만든 부품을 받아 제품을 언제까지 생산하겠다는 계획을 세우기 때문에 납기일을 정확히 지켜주어야 한다.

하지만 가끔은 납기일을 코앞에 두고 공정에 문제가 생겨 그동안 해온 일이 모두 물거품이 되는 경우도 있다. 가루 혼합부터 시작해 제품을 완성하는 데 15일이 걸리는데 납기일 직전에 실수를 했다면 어떻게 될까? 앞으로 최소 15일은 더 매달려야 제품이 완성된다는 뜻이다. 그렇다고 해서 고객에게 무작정 "15일만 더 기다려주십시오"라고 한다면 누가 쉽게 받아들이겠는가?

이런 경우 영업 직원은 "당신네 같은 허술한 회사에 일을 맡겼다가 우리까지 곤란하게 되었어요"라는 말과 함께 심한 비난을 받는다. 두 손으로 빌듯이 몇 번이고 사과해서 겨우 용서받아도 "두 번 다시는 거래하지 않겠어요"라는 폭탄선언을 피하기 어렵다.

사실 나도 이런 쓰라린 경험을 했기 때문에 사소한 실수도 큰 문제를 일으킬 수 있다는 사실을 깨달을 수 있었다. 이후 언제나 완전주의를 추구해야겠다고 결심했고, 그것을 교세라가 지향해야 할 목표로 삼아 지금까지 온 것이다.

지우개로 지우면 된다는 생각은 절대 금물

이 말은 제조업뿐만 아니라 다른 분야에도 해당되는 진리다. 회사 규모가 작았을 때 일이다. 당시 나는 경리부장을 괴롭히는 사람으로 통했다. 장부를 보고 조금이라도 이해되지 않는 일이 있으면 끈덕지게 질문을 했기 때문이다. 경리부장이 보기에 경리의 'ㄱ'자도 모르는 젊은 사장이 말이 많으니 표정에도 싫은 기색이 역력했다.

"장부에 적힌 이 돈은 어디 있습니까?"

내가 물었다.

"그런 돈 같은 건 없습니다."

그가 마지못해 대답했고, 이를 계기로 우리 두 사람 사이에 밀고 당기는 설전이 시작되었다.

내가 먼저 공격하기 시작했다.

"돈이 없다니, 대체 어디로 간 겁니까?"

"글쎄요, 조사해봐야 알 수 있는 문제라…."

"돈이 사라진 이유를 모른다니, 이러면 안 되는 거 아닙니까?"

"허, 그게 말입니다. 이만한 규모의 사업을 하다 보면 돈이 외상 매출금으로 묶이기도 하고, 재고 물품 대금으로 쌓이기도 하고, 제작 중인 물건 대금에 포함되기도 합니다. 여러 가지로 변하지요."

나는 그 정도 답변에 만족하지 않고 납득이 될 때까지 이것저것 캐물었다. 그러자 나를 깔보기만 하던 경리부장의 태도가 조금씩 바뀌기 시작했다. 결국 내 질문에 하나하나 대답하다가 숫자 표기에 오류가 있다는 사실이 드러났다.

"아까 말한 내용이랑 다르네요. 여기 이 숫자가 맞지 않아요"라고 말했더니 그도 "어?" 하며 깜짝 놀랐다. 그는 어떻게든 난처한 상황에서 벗어나고 싶었을 것이다. "죄송합니다"라고 하더니 갑자기 지우개를 가져와 그 숫자를 지우려고 했다.

나는 그런 상황을 납득할 수 없었다. 만일 제조 과정에서 이런 문제가 생겼다면, 그때까지 기울인 노력과 비용이 모두 물거품이 되는 순간이었다. 하지만 경리부장은 나중에 고칠 수 있게 연필로 계산해놓고, 틀리면 언제든 지우면 된다고 생각했다. 그런 사고방식으로 일하다 보니 늘 계산에 오류가 생겼던 것이다. 나는 그때 정말 크게 화를 냈다.

세상에는 지우개로 지울 수 없는 것이 훨씬 많다. 당장은 지워진다 해도, 한번 저지른 잘못은 이미 심각한 문제를 일으킬 가능성이 크다. 어떤 직종이든 잘못하면 고치면 된다는 느슨한 사고방식으로 일해서는 안 된다. 아무리 조그만 잘못도 돌이킬 수 없고 큰 문제를 일으킬 수 있다는 생각으로 하루하루 긴장하며 일해야 한다. 내가 언쟁을 벌였던 경리부장처럼 중간중간 틀려도 마지막에 숫자만 맞으면 된다는 생각을 해선 절대 안 된다. 그래서 나는 사무직 직원에게도 언제나 완전주의를 추구하도록 요구한다.

최고와 완벽

회사를 설립한 지 20년이 지날 때 일이다. 미국 휴스턴과 프랑스 파리에 본사를 둔 슐럼버거Schlumberger는 석유 관련 사업을 하는 거대 기업이다. 이 회사가 중점을 두는 분야 중에는 어느 정도 지층을 뚫고 내려가야 석유층에 도달할지를 전파로 알아내는 기술도 있다. 보통은 해상에 '리그'라는 구조물을 설치한 뒤 거대한 드릴로 무작정 해저 지층을 뚫고 들어가 석유를 채굴한다. 그런데 석유층에 도달한 순간 갑자기 많은 양의 석유가 뿜어져 올라오면 대형 화재로 이어지는 경우가 있다. 따라서 앞으로 몇십 미터만 더 파면 석유층에 도달할지, 가스층에 도달할지를 미리 알아두어야 한다. 이와 관련된 특수 기술을 가진 회사가 슐럼버거다.

당시 슐럼버거의 사장이었던 장 리바우는 평소 신문이나 잡지에서 내 인터뷰 기사를 읽고 관심을 가졌다. 그는 일본에 출장 올 일이 생기자 일부러 나를 만나러 교토까지 찾아왔다. 당시 나는 슐럼버거라는 회사에 대해 잘 알지 못했다. 그런데 그를 직접 만나보니 아주 훌륭하고 분명한 철학을 가진 사장이 이끄는 회사임을 금방 알 수 있었다.

장 리바우는 프랑스 명문가 출신으로, 아버지는 유명 은행의 행장이고 부인은 시인 타고르의 조카였다. 그 자신도 슐럼버거의 사장으로 초빙될 정도로 국제적인 인물이자 명망 높은 철학자였다. 한때 프랑스 정부 관료로 입각한다는 소문이 돌 만큼 정치적인 영향력도 큰 사람이었다.

이런 대단한 인물이 나를 직접 만나 경영 철학에 대해 이야기를 나누고 싶다고 교토까지 찾아왔다. 하룻밤 묵으며 그와 이야기를 나누다 보니 과연 세계적인 기업을 키워낼 만큼 그릇이 큰 사람이라는 사실을 알 수 있었다. 그의 인품에 큰 감동을 받았다.

그런데 그도 내게 감동받았다면서 미국 애리조나주 스카

츠데일에 있는 자신의 별장으로 초대했다. 그곳에서 슐럼버거와 교세라의 간부들을 모아 경영 철학에 대해 깊은 이야기를 나누고 싶다고 했다.

나는 그의 초청을 받아들여, 교세라의 간부 몇 명과 함께 스카츠데일로 갔다. 별장은 선인장이 자라는 사막 한가운데 세운 멋진 저택이었다. 첫날은 모두 함께 골프를 쳤고, 둘째 날은 밤을 새워가며 경영 철학에 대한 이야기를 나누었다.

슐럼버거의 좌우명은 '최선을 다한다'였다. 지금도 그렇지만 당시 러시아든 중국이든 어느 나라든 석유를 채굴하려면 이 회사의 기술이 필요하다는 말을 들을 만큼 뛰어난 회사가 바로 슐럼버거였다. 그런 회사에서 늘 최선을 다하라고 강조하며 최고를 추구하고 있었다. 한편 교세라는 언제나 완벽을 추구하는 회사였다.

토론에 부쳐진 것은 바로 그 문제였다. 슐럼버거는 최고를 노렸고 교세라는 완벽을 노렸다. 최고란 '다른 어떤 것보다 좋다' 혹은 '최고로 좋다'를 뜻한다. 하지만 나는 이렇게 반박했다.

"장인 정신이라는 관점에서 보자면, 아무리 최고로 좋은 제품이라 해도 흠이 조금이라도 생기면 쓸모없어집니다. 따라서 무엇이든 완벽하게 만들어야 합니다."

'최고 대 완벽'을 주제로 토의는 밤늦게까지 이어졌다. 결국 장 리바우 회장은 "맞습니다. 지금부터 우리 회사도 최고가 아니라 완벽을 추구하기로 해야겠습니다"라고 내 의견에 동의해주었다.

사실 완전주의라 해도 인간이 하는 일에는 한계가 있다. 그럼에도 언제나 그것을 추구한다는 자세로 노력하는 것이 중요하다.

성실하게 일에 몰두한다

> 열심히 일한다는 것은 근면하다는 것이고, 일에 대한 태도가 항상 성실하다는 것이다.
>
> 우리가 맛보는 진정한 기쁨은 일 속에 있다. 일이 아닌 놀이나 취미의 세계에서 기쁨을 찾으면 일시적으로 즐거울지 모르지만 진정한 기쁨을 맛보기는 어렵다. 일은 사람의 일생에서 가장 큰 비중을 차지한다. 따라서 일에서 충실감을 얻지 못하면 공허함을 느끼게 된다.
>
> 성실하게 일에 몰두해 무언가를 이루는 것이야말로 다른 어떤 것과도 바꿀 수 없는 기쁨을 맛보게 해준다.

나는 항상 직원들에게 성실하게 일에 몰두하라고 호소했다. 물론 동시에 누구에게도 지지 않을 만큼 노력하라는 것도 강조했다. 누구에게도 지지 않을 만큼 성실하게 열심히 노력하는 것이야말로 중요한 의미를 지닌다

성실하게 열심히 노력하는 것

불교에서 깨달음을 얻는다는 것은 마음을 닦아 인품을 개선한다는 것과 동의어다. 인품이 좋아지고 마음이 아름다워지는 단계를 거쳐 마지막에는 깨달음의 경지에 이르는 것이다. 석가모니는 깨달음을 얻기 위한 방법으로 정진을 가르쳤다.

정진한다는 것은 성실하게 열심히 노력한다는 뜻이다. 성실하게 열심히 일하면 우선은 그 결과로 보수가 따라온다. 뿐만 아니라 인품이 좋아지고, 인격이 높아지며, 마음이 아름다워지는 효과도 얻을 수 있다.

선종 불교에서는 수행 중인 승려들이 절의 법당은 물론이고 부엌이나 정원까지 두루두루 청소한다. 그들에게 이런 일은 상당히 비중 높은 수행이다. 마음을 한곳에 모아 성실하고 열심히 일하는 것을 좌선과 정신 수양을 통해 깨달음의 경지로 나아가려는 노력과 같은 것으로 보았기 때문이다.

어떤 일을 성실하게 열심히 한다는 것은 그 일에 몰두해 필

사적으로 노력한다는 의미다. 사람은 이런 과정을 거치면서 인격이 깊어지고 정신적인 수준이 높아진다.

일에 몰두하면서 인생은 더욱 풍요로워진다

무언가를 만들어내는 분야에는 명인이나 달인이 있다. 이런 사람들은 평생 한 가지 일에 몰두해 성실하게 열심히 노력했기에 최고의 경지에 이르렀다고 할 수 있다. 그냥 조금 노력하는 정도로는 그런 경지에 이를 수 없다.

  명인이나 달인은 능력만 뛰어난 것이 아니라 마음이나 정신 상태가 숭고한 경지에 이른 사람이다. 기능이 뛰어나 좋은 것을 만들 수 있는 것만으로는 명인이라고 하지 않는다. 기능은 물론 뛰어나야 하고, 명인이 만든 것에는 마음이 녹아들어 다른 사람을 감동시킬 만큼 영향력을 발산해야 한다. 그것이 바로 명인이나 달인의 경지다. 이들은 성실하게 열심히 온 마음을 쏟아부어야만 가능한 작품을 만들어낸다.

노동을 해야 진정한 인격이 완성된다

미국 국제전략문제연구소CSIS에서 '리더십, 창조성, 가치관'이라는 주제로 세미나가 열린 적이 있었다. 리더의 자세에 대해 토론하기 위해 마련된 세미나였다.

당시 소장이었던 애브셔는 전 북대서양조약기구NATO 대사를 역임한 사람으로, 내가 쓴 《새로운 일본 새로운 경영新しい日本 新しい経営》의 영문판인 《For People and For Profit》을 읽고 자극받아 이 세미나를 개최했다고 밝혔다. 나는 거기에서 이런 연설을 했다.

인간 사회에는 여러 집단이 있습니다. 작게는 마을, 학술 단체, 자원봉사 그룹 등이 있고, 크게는 수억 명에 이르는 인구를 가진 국가라는 집단이 있습니다. 이런 집단을 이끄는 중심적 인물을 '리더'라고 합니다.

역사를 돌아보면 어떤 리더가 이끄느냐에 따라 집단이 큰 발전을 이루기도 하고, 비극적인 운명을 맞이하기도 합니다. 우리의 운명이 우리가 속한 집단의 리더에 의해 좌우된다고 해도 지나친 말이 아닙니다.

중국 명나라 때 저명한 사상가인 여신오는 《신음어呻吟語》라는 책에서 리더의 자질에 대해 이렇게 말합니다.

"리더가 갖추어야 할 가장 중요한 자질은 사물을 깊이 생각하는 능력과 학식과 덕망이 두터운 인격이다."

여신오는 또 이렇게 말했습니다.

"머리 좋고 재능이 있으며 언변이 뛰어난 것은 세 번째로 중요한 자질에 지나지 않는다."

그런데 요즈음에는 동서양을 막론하고 여신오가 말하는 세 번째 자질, 즉 총명한 사람을 리더로 택하는 경우가 대부분입니다. 물론 이런 인재는 관리로서 뛰어난 능력을 발휘할지 모르지만, 리더에게 필요한 훌륭한 인품까지 갖추고 있을지는 의문입니다.

현대사회가 점점 황폐해지는 것도 리더 대부분이 세 번째 자질만 갖추고 있기 때문이라고 생각합니다. 좀 더 좋은 사회를 만들기 위해서는 여신오가 말한 첫 번째 자질, 즉 훌륭한 인품을 갖춘 사람을 리더로 세워야 합니다.

인격은 선천적으로 타고나는 것도, 영원불변한 것도 아닙니다. 인격은 시간의 흐름에 따라 끊임없이 변해갑니다. 물론 태어날 때부터 성품이 훌륭한 사람이 있는가 하면 그렇지 않은 사람도 있습니다. 하지만 훌륭한 성품을 타고난 사람도 평생 인격자로 살아가기는 쉽지 않습니다. 그 사람을 둘러싼 환경에 따라 시시각각 좋은 방향이나 나쁜 방향으로 인격이 변해가기 때문입니다.

아주 겸손하고 늘 열심히 노력하던 사람이 권력의 자리에 앉더니 돌변하는 경우를 종종 봅니다. 이런 사람들은 그동안 지켜오던 겸허함이나 절제를 버리고 오만방자한 처신으로 눈살을 찌푸리게 만듭니다. 이와 반대로 인생 전반부에는 세상과 틀어져 반사회적인 생활을 하던 사람이 어떤 일을 계기로 마음을 고쳐먹고, 여러 가지 고생을 이겨내며 성숙해져 훌륭한 인격자가 되기도 합니다. 인격은 변합니다. 따라서 리더를 뽑을 때 당시의 인격만 보고 판단하기는 어렵습니다.

그렇다면 우리는 어떤 방법으로 리더를 뽑아야 할까요? 이를 알기 위해 먼저 생각해보아야 할 것이 있습니다. 인격이란 어떻게 형성되고 어떻게 향상될까요?

오랜 관찰과 숙고 끝에 제가 내린 결론은 이렇습니다. 인격은 지식을 쌓는다고 향상되는 것이 아닙니다. 오히려 일상의 근면한 노동을 통해 인격을 닦을 수 있습니다. 즉, 성실하게 열심히 일하다 보면 하루하루를 살아갈 양식을 얻을 수 있는 것은 물론이고, 점점 더 훌륭한 인격을 갖추게 됩니다.

나는 이 연설에서 니노미야 손토쿠二宮尊德를 예로 들며 끝을 맺었다. 니노미야 손토쿠는 고아로 불우한 어린 시절을 보냈지만, 근면한 노동과 끊임없는 학습을 통해 위대한 사상가이자 경영자가 된 19세기 인물이다. 나는 옛날부터 자주 이렇게 말했다.

"오랫동안 지켜오던 겸허함이나 절제를 하루아침에 버리는 사람이 너무 많습니다. 아직 정의감에 넘치는 젊은 시절이야말로 바른 일을 행하며 확실하게 인격을 닦아야 하는 시기입니다."

젊을 때부터 고생을 이겨내면서 성실하게 열심히 일에 몰두하며 쌓아 올린 인격은 나이 들어 갑작스럽게 환경이 변해도 쉽게 무너지지 않는다. 미국 국제전략문제연구소에서 한 연설에서도 이런 과정을 거쳐 성숙한 인격자를 리더로 뽑아야 한다고 강조했다.

 인격이 높아지고 삶이 높은 경지에 이르기 위해서는 성실하게 열심히 일에 몰두하는 것만큼 중요한 것도 없다. 그래서 나는 늘 강조한다.

 "성실하게 모든 것을 걸고 열심히 일에 달려드세요."

작은 노력을 꾸준히 쌓아간다

> 큰 꿈을 갖는 것은 중요하다. 하지만 꿈이 크다고 해서 하루하루를 살아가기 위해 필요한 작고 사소해 보이는 일을 하지 않아도 된다는 것은 아니다. 매일매일 사소한 일들을 처리하면서 바쁘게 지내다 보면, 도대체 꿈은 언제 이루어질지 까마득하게 느껴지기도 한다. 많은 사람은 이 순간 꿈과 현실 사이의 거리가 너무 멀다고 고민한다.
>
> 하지만 어떤 분야에서든 멋진 결과를 거두려면 사소한 노력을 지루할 정도로 반복하는 과정이 필요하다. 내가 일하는 분야에서도 신제품을 개발할 때 기존 제품을 어떻게

> 개선해야 할지를 수도 없이 고민하고, 기초적인 실험과 자료 수집을 매일매일 반복해야 한다. 뿐만 아니라 발품을 팔아 시장조사를 하고 주문을 얻어내는 일까지 해야 한다.
> 위대한 일은 그냥 이루어지지 않는다. 사소한 노력을 한 걸음 한 걸음 쌓아나가는 과정이 있어야만 이루어진다는 사실을 잊어서는 안 된다.

나는 작은 노력을 꾸준히 더해가는 것을 정말 중요하게 생각한다. 아무리 위대한 일이라도 작고 사소한 노력을 한 걸음 한 걸음 더해가지 않으면 이루기 어렵다. 우리가 살면서 어떤 목표를 이루려고 할 때 제트기처럼 재빨리 그 목표로 데려가 줄 수단은 어디에도 없다. 지루해 보일지라도 작은 노력으로 한 걸음 한 걸음 나아가야 한다.

하지만 이런 사실을 알고 있다 해도 막상 현장에서는 다른 생각을 하게 된다. 예를 들어 '회사를 키우고 싶은데, 지금처럼 사소한 일을 또박또박 한다고 해서 크게 성공할 수 있을까? 이 정도로 해서 과연 우리나라에서 제일 잘나가는 회사가 될 수 있을까?'라고 초조한 마음을 품게 된다. 그리고 어느새 자신이 세운 꿈과 현실 사이에 괴리를 느끼고 괴로워한다.

나도 한때 그런 고민을 했다. 회사를 훌륭하게 키우고 싶은

데, 매일 작고 사소한 일을 반복하며 눈앞의 문제만 해결하고 있었다. 내일도 그다음 날도 이런 식으로 보낸다면 회사가 크게 성장할 리 없다는 생각에 사로잡혀 괴로워했다.

그것은 마치 소원을 빌며 돌탑을 쌓을 때 누군가 방해하며 허물더라도 돌 하나하나를 끊임없이 쌓는 것과 같다. 신기하게도 지루하기까지 한 그 일을 꾹 참고 반복하다 보면 어느새 주위에 사람들이 모여든다. 동료와 부하들이 와서 돌을 하나씩 보태며 쌓는다. 시간이 조금 더 지나면 그들의 부하나 동료들도 와서 함께 돌을 쌓기 시작한다. 각자 하나씩 돌을 쌓으며 작은 노력을 보태는 것은 마찬가지인데 동시에 100명, 아니 1,000명이 쌓는 것과 같은 효과를 내기에 이른다.

회사가 성장하는 과정도 이와 같았다. 작고 사소한 노력을 함께해주는 동료들이 늘어나면서 어느 순간부터 회사가 빠른 성장세를 보이기 시작했다.

한 사람이 해낼 수 있는 일은 별것 아닌 경우가 많다. 하지만 많은 사람이 한마음으로 달려들면, 그런 노력이 끊임없이 반복되면 머지않아 위대한 일을 이룰 수 있다. 나는 다행히 이런 진리를 깨달았다.

독창적인 궁리가 더해지면 지루할 틈이 없다

사소한 노력을 매일 반복하다 보면 지루하고 하기 싫을 때도 있다. 이때 생각해낸 방법이 '독창적인 궁리 거듭하기'다.

독창적인 궁리라면 어렵게 들릴지 모르지만 오늘보다는 내일, 내일보다는 모레가 더 좋아지게 하는 길을 모색하는 것이다. 같은 돌을 쌓더라도 수레에 싣고 와 쌓는 방법도 있고, 여러 사람이 자유롭게 가져와서 쌓는 방법도 있다. 오늘 이런 방법으로 돌을 쌓았다면 내일은 능률을 올리기 위해 어떤 방법으로 하면 좋을까를 독창적으로 파고들며 궁리해보라. 나는 이 일을 오랫동안 계속해왔다.

독창적으로 궁리하며 일을 하다 보면 사소하고 단순한 일도 점점 능률이 오르기 때문에 재미가 붙는다. 그리고 이런 궁리는 사소한 일을 반복할 때 느끼는 지루함을 없애는 차원을 넘어 큰 도약의 계기가 된다.

교세라는 다양한 첨단 기술을 가지고 있다. 하지만 창업 당시부터 매진했던 주요 업종인 세라믹에 대해 처음부터 고도의 기술을 가지고 있지는 않았다. 또, 예전에 교세라는 통신 기기를 만드는 회사가 아니었다. 하지만 지금은 자체 기술을 개발해 일본에서 최상위에 드는 휴대용 통신 단말기 생산 업체가 되었다.

태양전지나 재결정 보석 분야에 이르기까지 폭넓게 첨단

기술을 확립해나갈 때도 처음부터 그 분야의 우수한 기술자를 확보하고 있었던 것은 아니다. 다만 창업 후 오늘에 이르기까지 매일매일 조금씩 개선하고 개량하는 작업을 꾸준히 하다 보니 어느새 다양한 첨단 기술을 갖추게 되었다. 직원들이 날마다 조금씩이라도 나아지려고 궁리하고 노력하면서 작은 업적을 쌓다 보니 교세라의 다양한 첨단 기술이 탄생할 수 있는 튼튼한 기반이 닦였다.

독창적인 궁리는 중소기업을 대기업으로 만든다

부모에게서 물려받거나 자신이 창업한 사업을 운영하는 중소기업 경영자가 있다고 하자. 지금 이 사람은 큰 고민에 빠졌다. 자신의 사업체에 장래성이 없어 보여 무언가 새로운 사업에 도전하고 싶기 때문이다. 그런데 문제는 그럴 만한 기술도 없고 인재를 끌어올 자금도 없다. 결국 이루기 힘든 꿈을 꾸고 있는 것일 뿐, 이 혼돈과 갈등에서 벗어날 방법이 보이지 않는다.

나도 교세라를 창업할 때 비슷한 고민을 했다. 당시 교세라는 이제 막 창업한 벤처기업으로, 꿈은 크지만 현실적인 회사 규모는 영세했다. 인재를 뽑고 싶어도 좋은 대학교를 나온 일류 기술자들은 아무도 오려고 하지 않았다.

'우리 회사에서 당신의 기술을 살려보고 싶다'라고 부탁해도 모두 대기업으로 가버렸다. 그러다 보니 '아무래도 내가 꾸는 꿈은 그림의 떡인가 봐. 쉽지 않아'라고 생각하게 되었다. 하지만 꼭 그런 것만은 아니었다.

섬유 제조업을 하는 경영자가 있다고 하자. 유명 브랜드에서 하청을 받아 옷 만드는 일을 30여 명의 직원과 함께하고 있다. 30여 대의 재봉틀을 나란히 놓고 직원들이 옷을 완성하면 한 장당 얼마씩 가공비를 계산해주는 영세 업체다.

회사 규모가 영세하다고 해서 늘 같은 일만 하라는 법은 없다. 단춧구멍 하나를 뚫을 때에도 얼마든지 독창적인 궁리를 할 수 있다. 지금까지는 이런 방식으로 재봉틀 박음질을 했다면 다음부터는 색다른 방법을 시도해보는 것이다.

새로운 일에 도전하다 보면 반드시 막다른 골목에서 '어쩌면 좋지?' 하고 고민하는 순간이 있다. 그럴 때엔 동업자나 선배에게 "단춧구멍 뚫는 데 문제가 생겼어요. 좋은 방법이 없을까요?"라고 묻게 된다. 친구들을 만나도 같은 질문을 한다. 만일 이와 관련된 분야를 전공한 스승이 있다면 그를 찾아가 묻기도 할 것이다.

이처럼 여러 사람에게 묻다 보면 "아, 그 문제라면 섬유 관련 분야는 아니지만 ○○을 찾아가면 도움을 받을 수 있을 거야" 하고 가르쳐주는 사람이 생긴다. 소개를 받아 ○○을 찾아가면, 전혀 다른 업종인데 생각하지도 않은 방법으로 그 일을 하고 있는 것을 본다. 그러면 "아, 이런 방법도 있었구나!" 하고 감탄하며 돌아와 자신의 작업 현장에 새롭게 익힌 방법을 도입해 개선해나갈 수 있다.

이런 노력을 더해가다 보면 다양한 봉제 기술을 터득한 전문가가 될 수 있다. 기존에는 대기업에서 옷본과 천을 공급받아 재단과 봉제를 해주고 대금을 받는 단순한 일만 할 수 있었지만, 이제는 그 차원을 넘어설 역량을 갖춘 것이다.

봉제 기술에 자신감이 생기면 부드러운 천만 재봉틀로 박는 단계를 넘어 강력한 공업용 재봉틀을 도입해 가죽점퍼도 만들 수 있게 된다. 그러다가 우연히 "전투복처럼 아주 질긴 천으로 만들어야 할 것 같다"라는 말을 들으면 "우리 공장에선 가능합니다" 하고 나서서 주문을 받아올 수 있다.

새로운 기술을 배워 자기 것으로 만드는 일을 계속 해나가다 보면 어느새 다양한 기술에 능통한 독보적인 전문가가 될 수 있다. 대학 같은 제도 교육 안에서보다는 현장의 대가 밑에서 보고 들으며 배울 때 기술은 더 발전한다. 대학은커녕 고등학교도 겨우 졸업한 경영자라 해도, 그런 노력을 계속하다 보면 반드시 성장한다. 교세라야말로 그렇게 발전한 기업이다.

독창적인 궁리와 노력 끝에 성공한 사례로 파나소닉의 창업주인 마쓰시타 고노스케 회장을 들 수 있다. 그는 초등학교도 제대로 졸업하지 못한 나이에 견습 점원으로 일을 시작했다. 그러면서 오로지 귀동냥으로만 지식을 늘려갔다. 어떻게 가능했을까? 바로 독창적인 궁리가 있었기 때문이다. 그는 늘 '왜?'라는 질문을 던지고 스스로 독창적인 답을 찾는 과정을 게을리하지 않았다. 마쓰시타 회장의 이런 노력 덕분에 마쓰시타전기산업은 파나소닉이라는 대기업으로 성장할 수 있었다.

하루하루를 살아가며 사소한 노력을 더해가는 것은 정말 중요하다. 그 속에서 독창적인 궁리를 계속해 개량하고 개선하는 작업을 이어가는 것이야말로 중소기업이 대기업으로 성장하는 단 하나의 비결이다.

열정이 저절로 샘솟는다

> 불에 타는 성질에 따라 사물을 분류해보자. 불을 가까이하면 쉽게 타오르는 가연성 물질, 불을 가까이해도 타지 않는 불연성 물질, 저절로 활활 타오르는 자연성 물질, 이렇게 세 부류로 나뉠 것이다. 그렇다면 사람도 같은 기준으로 나눌 수 있지 않을까?

> 무언가를 이루려는 사람에게는 저절로 타오르는 정열이 필요하다. 올림픽대회는 자신이 좋아하는 분야에서 금메달을 따기 위해 땀 흘리며 연습하는 사람들의 무대다. 미래의 가능성을 향해 청춘의 열정을 바쳐 운동하는 국가대표 선수들은 저절로 활활 타오르는 자연성 인간에 속한다.
> 열정이 저절로 솟으려면 자신이 하고 있는 일을 좋아하는 동시에 명확한 목표를 가지고 있어야 한다.

경영자, 회사의 우두머리는 회사를 어떻게 끌고 가야 하는지에 대한 생각을 한순간도 잊지 않는다. 불황이라면 더욱 열정적으로 온 힘을 다해 회사 일에 매달린다. 그리고 부하 직원들에게 "이봐, 지금 수주량이 줄고 있으니 이러이러한 노력을 기울여줘. 내가 일일이 말하지 않아도 그 정도는 알아서 하라고"라고 꾸짖으며 화를 내기도 한다.

그런데 이럴 때면 아주 냉정하고 담담한 얼굴로 열정을 전혀 보여주지 않는 사람이 한두 명은 꼭 있다. 질타하는 사람의 활활 타오르는 열정마저 식혀버릴 듯이 냉담한 사람들이다. 어떤 조직이든 이런 사람은 반드시 있기 마련이다. 경영자에겐 아주 싫은 존재다. 특히 중소기업이라면 이런 사람이 1명만 있어도 회사 전체 분위기가 침체되고 만다.

나는 이와 관련해 이렇게 이야기한다.

"그런 사람은 회사에 남아 있을 필요가 없다. 만일 회사를 성장시키고 싶다면 내가 가까이 가지 않아도 이미 스스로의 열정으로 불타는 자연성 인간이어야 한다. 아니면 적어도 내가 가까이 가면 함께 타오를 수 있는 가연성 인간이 되어야 한다."

경영자에게 가장 골치 아픈 사람은 열정이 조금도 없는 불연성 인간이다. 교세라는 타지 않는 세라믹 제품을 만들기 때문에 가끔 직원들끼리 농담으로 "우리 회사엔 진짜 타지 않는 녀석들밖에 없잖아"라고 불평한다.

물론 회사에 스스로의 열정으로 타오르는 사람이 많으면 그처럼 좋은 현상도 없다. 하지만 현실적으로 그런 경우는 흔치 않다. 무슨 일을 하든 열정으로 불타오르는 사람이 몇 명이나 있는가에 따라 회사의 운명이 갈린다. 따라서 어떻게 하면 직원들을 열정이 저절로 솟는 사람으로 키울까 하는 것이 경영의 성패를 좌우한다.

즐거움과 책임감이 열정을 부른다

어떻게 하면 열정이 저절로 솟는 사람을 만들 수 있을까? 이 문제는 다음에 이어질 일을 좋아하는 사람과 관련 있다. 스스로의 열정으로 타오르는 사람은 다른 사람의 지시나 명령을 받고 일하지 않는다. 그런 말을 듣기 전에 먼저 적극적으로 나서서 일하려는 열정으로 가득 차 있기 때문이다.

열정으로 타오르는 사람을 채용하고 싶다면 가장 먼저 그 사람의 성격부터 보아야 한다. 이런 사람은 무엇보다 지기 싫어하는 성격, 즉 승부욕을 갖고 있다. 그리고 어떤 일에든 적극적이어야 한다. 승부욕과 적극성을 갖춘 사람이 일을 좋아하면 저절로 열정이 솟구친다. 따라서 이런 성격을 지닌 사람을 채용해 자신이 하는 일을 좋아하게 만들어야 한다.

열정이 절로 솟아나는 사람이 되도록 하는 방법이 한 가지 더 있다. 바로 책임감과 사명감을 가지도록 하는 것이다. 세이와주쿠에서 공부하는 경영자들도 처음부터 열정이 저절로 솟는 자연성 인간은 아니었을 것이다. 대부분 부모님에게 사업을 물려받고 '이제 내가 우리 회사를 지켜야 해'라는 사명감과 책임감을 느꼈을 것이다. 그리고 이 때문에 사업에 대한 열정이 솟구쳤을 것이다. 사명감이나 책임감도 내면에 열정이 타오르게 만드는 중요한 요인이다.

다시 말해 승부욕이 있고 적극적인 사람이 일을 좋아하게 만들면 확실하게 열정이 저절로 솟는 인간이 된다. 하지만 승부욕이 있거나, 적극적이지 않아도 성실하고 침착한 사람이라면 실망하지 않아도 된다. 그에게 책임감과 사명감을 느끼게 만들면 된다. 마음이 약하고 자기가 먼저 나서는 것을 싫어하는 사람이라도 책임감을 느끼며 서너 명의 부하를 거느리면 얼마든지 달라진다. 특히 "자네가 이 부분은 알아서 진행하게"라고 사명감을 느끼게 해주면, 스스로 '잘해봐야지' 하고 달려드는 열정을 보일 것이다.

일을 좋아한다

> 큰일을 이루기 위해서는 큰 에너지가 필요하다. 이 에너지는 스스로를 격려하며 타오를 수 있는 열정이 있어야 생긴다. 따라서 저절로 열정이 솟구치게 하는 가장 좋은 방법은 자기가 하는 일을 좋아하는 것이다. 어떤 일이든 온 힘을 다해 이루어내면 성취감과 자신감이 생기고, 또 다른 일에 도전해보고 싶은 의욕도 느낀다. 이런 과정이 반복되면 일 자체가 더욱 좋아진다. 일이 좋아지면, 아무리 힘들게 노력해야 하는 순간이 찾아와도 고통스럽게 느끼지 않고 큰 성과를 이룰 수 있다.

1999년 3월, 나는 교세라에서 두 번째로 오래된 가고시마

센다이 공장을 찾아갔다. 직원 수백 명에게 '멋진 인생길을 걷기 위한 다섯 가지 비결'에 대해 이야기하기 위해서였다.

"이제 교세라는 창립 40주년을 맞이하는데, 그동안 멋진 길을 걸어왔다고 생각합니다. 하지만 여기에서 만족하지 않고, 이 자리에 있는 모든 직원의 삶이 멋진 인생이 되기를 바랍니다. 이를 위해선 마음에 새겨야 할 것이 있습니다."

그러면서 다섯 가지 비결을 꼽아보았다. 그중 첫 번째가 '일을 좋아하는 것'이다. 이것은 내가 살면서 몸으로 터득한 진리 중 진리다. 대학을 졸업한 후 회사에 들어와 일을 좋아하고 즐기게 되었기 때문에 오늘날의 내가 있다고 뼈저리게 느끼기 때문이다. 일을 좋아한다는 것은 일뿐만 아니라 인생 전반에 걸쳐 정말 중요하다.

내가 대학을 졸업하던 해인 1955년은 한국전쟁이 끝난 여파로 일본까지 불황에 허덕이던 때였다. 취업난도 심각했다. 하지만 스승님의 도움으로 전기절연 용품을 만드는 쇼후공업주식회사에 들어갈 수 있었다. 이 회사는 경영 상태가 나빠 전후 10년 동안 적자에 시달리다가 은행 관리에 들어간 상태였다. 월급이 몇 주 늦는 것은 예사였고, 실적도 나쁜 데다 노동쟁의도 끊이지 않았다. 직원 기숙사도 형편없었다. 바닥이 닳아서 너덜너덜했다.

이렇다 보니 입사 초기부터 회사에 대한 불만이 아주 컸다.

스승님의 도움을 받아 간신히 들어간 회사이니 감사해야 마땅하겠지만, 늘 회사에 대한 불평불만을 입에 달고 지내는 처지가 되고 말았다.

대졸 입사 동기는 모두 5명이었는데, 모이기만 하면 "이렇게 형편없는 회사인 줄은 상상도 못 했어"라고 불평하기에 바빴다. 그리고 정작 그만두면 갈 곳도 없으면서 "빨리 그만두자"라고 저마다 입을 모으며 "누가 가장 먼저 그만둘까?"를 묻는 것이 반복되는 일과였다. 결코 일을 좋아할 수 없는 하루하루를 보내고 있었다.

그러던 중 한 사람 두 사람 차례로 그만두고, 결국 교토대학교를 나온 규슈 지방 출신 남자 직원 2명과 나만 남게 되었다. 그런데 이 두 사람이 어느 날 이야기 끝에 "군대에라도 가자" 하고 결론을 내렸다. 그들은 망설이지 않고 자위대 간부후보생 시험을 보러 갔다. 하지만 나는 고향에 부탁한 호적초본이 제때 도착하지 않아 입대 지원조차 못 했다. 결국 두 사람은 합격해 간부후보생학교에 들어갔고 나만 덩그러니 회사에 남았다. 동료들은 "이나모리, 힘내"라는 말을 남기고 신이 나서 떠났고, 나는 불평을 털어놓을 친구 하나 없는 신세가 되고 말았다.

하루는 일할 기분이 나지 않아 축 늘어져 있는데, 어린 시절 싸움꾼으로 통했던 오기가 발동했다. 일단 싸움이 시작되면 절대 지지 않으려 했던 나였다.

'불평해봤자 좋을 게 뭐야. 어차피 내 회사인데 누워서 침 뱉기지. 이왕 이렇게 된 거 일이나 열심히 하자. 누구에게도 지지 않을 실력을 갖추고 말 테야.'

나는 각오를 다지며 기분을 새롭게 했다. 그리고 그날부터 파인세라믹 연구에 미친 듯이 몰두했다. 신기하게도 전혀 기대하지 못했던 좋은 결과가 하나둘 나오기 시작했다. 나는 원래 대학에서 유기화학, 특히 석유화학과 플라스틱에 대해 공부했다. 파인세라믹에 대해서는 취직 전에 벼락치기로 잠깐 공부한 것이 전부였다.

하지만 연구에 몰두하면서 좋은 결과가 나오자 파인세라믹 분야가 점점 재미있어졌다. 재미가 붙자 몰입도가 높아졌고, 몰입도가 높아지자 더욱 좋은 결과가 나왔다. 그렇게 1년이 흘러갔고 드디어 일본 최초로 고주파 절연물을 합성하는 데 성공했다.

나중에 알았지만, 고주파 절연물은 미국 GE에서 나보다 1년 앞서 합성에 성공한 소재였다. 하지만 일본에서도 GE와는 다른 독자적인 방법으로 합성에 성공했기 때문에 침체된 산업계엔 희망의 빛줄기 같은 효과가 있었다. 주위에서 많은 칭찬을 해주었고 나는 더욱더 자신감이 붙었다. 그때부터 내 인생은 순조롭게 돌아가기 시작했다.

지금 돌아보니 회사가 좋아진 것과 일이 좋아진 것이 오늘날의 나를 만드는 데 가장 크게 기여했다.

좋아하는 일에 따르는 고통은 싫지 않다

무언가가 좋아지면 그것을 위해 치르는 고통은 고통으로 느껴지지 않는다. 하지만 무언가가 싫어지면 사소한 고통도 참을 수 없다. 나는 연구에 몰두한 뒤 기숙사에 있던 가재도구를 연구실로 옮겨 왔다. 그리고 아예 그곳에서 먹고 자며 생활했다. 하지만 그런 생활이 조금도 고통스럽지 않고 오히려 너무 재미있었다.

'반해서 다니면 천 리 길도 한걸음에'라는 말이 있다. 좋아하는 사람을 만나러 갈 때에는 천 리 길도 한걸음에 달려가듯이 느껴진다는 말이다.

교세라를 창립하고 나서는 아침부터 밤늦게까지 더욱 일에 몰두했다. 당시 주변 사람들이 내 아내에게 질린 표정으로 "남편 분은 도대체 집에 언제 들어오세요?"라고 자주 물었다고 한다. 고향에 계신 부모님도 편지를 보낼 때마다 "그렇게 일만 하다가는 몸을 해친다"라고 걱정하셨다. 다른 사람들이 보기에 당시 나는 걱정스러울 정도로 일만 하는 사람이었던 것 같다. 하지만 정작 나는 좋아서 하는 일이기에 별로 피곤한 줄도, 힘든 줄도 모르고 지냈다.

'좋아하는 일은 잘하기 마련이다'라는 속담이 있다. 맞는 말이다. 일을 좋아하는 것이야말로 그 일에 누구보다 더 빨리 능숙해지고, 더 잘할 수 있게 되는 비결이다. 그리고 이것은 큰일을 이루기 위한 가장 중요한 요소이기도 하다.

세상사의 본질을 깨닫는다

> 우리는 어떤 한 가지를 깊이 연구하고 끝까지 파헤치는 과정을 통해 진리라든가 세상사의 본질에 눈뜨게 된다. 깊이 연구하고 끝까지 파헤친다는 것은 그것에 마음과 영혼을 바쳐 핵심을 파악한다는 의미이기도 하다. 한 가지를 깊이 파고들어 핵심을 알게 될 때 신기하게도 세상사 만물이 돌아가는 본질을 깨닫는 순간이 찾아온다.
>
> 하찮아 보이는 일이라도 주어진 일을 천직이라 생각하고 몸과 마음을 다해 달려들어보라. 끊임없는 노력을 계속하다 보면 반드시 진리와 만나게 된다.
>
> 일단 세상사의 본질을 이루는 진리를 알면, 어떤 일에서도 자신의 힘과 능력을 자유롭게 발휘할 수 있는 경지에 오를 수 있다.

앞에서 '완전주의를 추구한다' '성실하게 일에 몰두한다' '작은 노력을 꾸준히 쌓아간다'에 대해 이야기했다. 사실 이 세 가지만 매일매일 실천해도 세상사의 본질을 깨닫는 경지에 오를 수 있다.

언제나 완전주의를 추구하며 일에 몰두해보라. 그렇게 3년을 보내고, 5년을 보내며 열심히 일하다 보면 어느새 10년은 훌쩍 지나간다. 그리고 이런 시간 뒤에는 일의 능숙함만이 아니라 세상사의 본질에 대해 깨닫게 된다. 이 깨달음은 스님이 오랫동안 좌선 수행을 하며 얻는 것과 별반 차이가 없다고 생각한다.

스님들은 좌선 수행을 할 때 날마다 가부좌를 틀고 앉아 명상만 하지 않는다. 스스로 밥도 짓고, 설거지도 하고, 목욕물도 데우고, 청소도 한다. 심지어 농사를 지어 자기 먹을 것은 스스로 마련한다. 이 모든 행위를 명상만큼이나 중요한 수행으로 여긴다. '하나의 일에 몰두하는 것' 자체가 수행이기 때문이다.

밥을 지을 때에도 잡념을 버리고 몰두해 몇 년이고 정진하다 보면 깨달음의 순간에 이르도록 도와주는 좋은 수행이 된다. 1년 내내 아침부터 밤까지 달마대사처럼 좌선만 해야 깨달음에 이르는 것은 아니다.

나도 파인세라믹 연구에 몰두하고 회사 경영에 전심전력

하면서 어느새 세상사의 핵심 비슷한 것을 깨닫는 듯한 기분이 든다. 하나의 일에 몰두하는 수행이 가져온 결과다.

예전에 텔레비전에서 어떤 도편수를 보고 감동받은 적이 있다. 60~70대로 보이는 그는 왕궁과 신사를 짓는 일에 평생을 바쳐온 사람이었다. 그런 사람이 철학과 교수와 이야기를 나누는데, 상대를 쩔쩔매게 만들 정도로 깊이 있고 멋진 말로 또박또박 응수하고 있었다.

우리가 보통 '한 가지 재주가 뛰어나다'라고 할 때, 과연 그 사람은 재주만 뛰어난 것일까? 결코 그렇지 않다고 생각한다. 내가 텔레비전에서 본 도편수처럼 '목수로서 자기가 하는 일에 온 삶을 바치는' 경우도 마찬가지다. 그는 평생 대패질로 나무를 깎아 멋진 건물을 지었을 뿐만 아니라 자신의 인간성도 깎고 다듬었을 것이다. 그 과정에서 세상사의 본질을 꿰뚫어 보는 안목을 갖추었을 것이다. 즉, 끊임없는 노력으로 한 가지 재주에 통달한 사람은 결국 세상사의 본질에도 통달하게 된다.

일에 몰두하면 인격이 완성된다

세상사의 본질에 통달한 사람은 품격도 다르다. 이런 사람은 수준 높은 교육을 받지 않았다 해도 훌륭한 인격을 갖고 있다.

앞에서도 언급했듯이 나는 미국 국제전략문제연구소에서 강연 의뢰를 받고 워싱턴에 간 적이 있다. 당시 미국은 클린턴 대통령의 성추문으로 시끄러웠다. 지각 있는 사람들 사이에서는 한 나라를 대표하는 대통령의 리더십에 의문이 제기되었다. 그리고 리더의 조건에 대한 관심도 높아졌다.

국제전략문제연구소의 초청을 받는 결정적인 계기가 된 내 책《새로운 일본 새로운 경영》에는 '리더의 자세'라는 제목 아래 리더가 갖추어야 할 자격 몇 가지가 언급된다. 하지만 강연에서는 이 내용에 대해 말하지 않고 '인격이 훌륭하기 때문에 리더가 될 자격이 있다'라는 인격론을 강조했다. 더불어 그런 인격이 어떻게 만들어지는지에 대해서도 말했다.

인격에 대해 생각할 때 가장 주의해야 할 점은 인격은 변하지 않는다는 편견을 버리는 것이다. 우리는 좋은 인격을 타고날 수도 있고, 별로 좋지 않은 인격을 타고날 수도 있다. 어쨌든 그보다 중요한 사실은 우리가 어떤 환경에서 어떻게 살아가는지에 따라 인격이 변해간다는 사실이다.

아무리 성실하고 겸손한 사람이라도 리더가 되어 주위에서 추어올려주면 거만해지는 경우가 많다. 반대로 젊었을 때는 방탕하게 살며 주위 사람들을 힘들게 하던 사람이 나이가 들며 성숙해져 잘못을 깨닫고 인격자가 되는 경우도 많다. 이처럼 사람의 인격은 환경이나 상황에 따라 변할 가능성이 크다.

그렇다면 변함없이 훌륭한 인격을 갖추기는 어려울까? 국제전략문제연구소의 연설에서 이와 관련된 예로 우치무라 간조의 책 《대표적 일본인代表的日本人》에 나온 니노미야 손토쿠를 언급했다.

니노미야 손토쿠는 아주 어릴 때 서당에서 글을 좀 배웠을 뿐 이렇다 할 교육도 받지 못한 채 새벽부터 밤늦게까지 오로지 농사에만 몰두하며 지냈다. 성실하게 한 가지 일에 온 힘을 쏟다 보니 농촌 경영에 도가 트였고, 수완을 발휘해 각지의 황무지를 개척하고 가난한 농촌을 재건하는 데도 크게 성공했다. 일본 각지의 영주들이 그를 데려가고 싶어 했고 결국 에도막부의 초빙까지 받았다. 유명한 기독교 사상가인 우치무라 간조는 당시 상황에 대해 다음과 같이 묘사했다.

"가난한 가정에서 태어나 교육도 받지 못하고 교양도 없는 일개 농민이었던 손토쿠가 사무라이와 마찬가지로 옷을 갖추어 입고 성으로 들어갔다. 그리고 무장들의 대열에 함께 올라 이야기를 나누었는데, 행동거지나 이야기 내용이나 어느 것 하나 훌륭하지 않은 것이 없었다."

손토쿠의 삶을 통해 알 수 있듯이, 교육을 많이 받아 머릿속에 지식을 가득 채워야만 인격이 완성되는 것은 아니다. 오히려 사사로운 욕심을 버리고 한 가지 일에 전력하고 노력하는 과정에서 높은 인격이 서서히 갖춰진다. 이렇게 갖추어진 인격은 상황이 변한다 해도 쉽게 흔들리지 않는다.

나는 당시 국제전략문제연구소 연설에서 "일에 몰두하는 과정에서 인격을 완성한 사람을 조직의 리더로 삼아야 합니다. 그렇게 하면 집단이 불행에 빠지는 일은 없을 겁니다"라고 마무리했다.

한 가지 일에 깊이 파고들다 보면
만사의 이치를 깨닫는다

나는 지금도 많은 사람이 모인 자리에 불려 가 강연을 한다. 하지만 내가 그런 자격을 갖추기 위해 특별한 교육을 받거나 공부한 적은 없다. 지난 40여 년 동안 해온 것이라면 세라믹을 연구하고 제조해서 판매한 일과 회사를 경영한 것이 전부다. 하지만 한 가지 일에 깊이 파고들다 보면 그 일뿐만 아니라 세상사의 본질을 알고 만사의 이치를 깨닫게 된다.

나는 워싱턴을 주름잡는 학자와 관료, 미국 최고 지성들 앞에서 강연을 할 만큼 대단한 사람이 아니다. 일본 지방 도시 교토에서 그다지 화려할 것도 없는 세라믹 연구만 40여 년 동안 쉬지 않고 해온 사람일 뿐이다. 하지만 그 과정에서 깨달은 삶의 진리는 미국의 중심에서도 통했다. 한 가지 일에 깊이 파고들다 보면 만사의 이치를 깨닫는다는 것이 바로 이런 경우라고 생각한다.

일본에서도 종종 경제 관련 단체에 나가 강연할 때가 있다. 그때마다 경제에 대해 깊이 있게 공부한 적도 없는 내 말을 모두 귀 기울여 들으며 존중해준다. 내게 특별한 권위가 있어서 그러는 것 같지는 않다. 다만 평생 한 가지 일에 몰두하며 노력해온 사람이 하는 말이니 조금이라도 진리를 담고 있지 않을까 해서 존중해주는 듯하다.

경영자라 해도 집안의 가업을 물려받은 경우도 있고 자수성가한 경우도 있다. 업종도 운수업, 제조업, 소매업 등 다양하다. 하지만 그 어떤 경우에도 중요한 자세는 '여기에서 끝내고 싶진 않아. 앞으로 인생을 걸고 좀 더 많은 것을 해보고 싶어'라고 생각하며, 창의적인 궁리를 더해가는 것이다. 그렇게 하면 오늘보다 나은 내일, 내일보다 나은 모레가 펼쳐질 것이다. 물론 누구에게도 지지 않을 만큼 끊임없이 기울이는 노력이 필수적으로 따라야 한다.

소용돌이의 중심이 된다

> 무슨 일이든 혼자서 할 수는 없다. 특히 회사에서 하는 일은 상사, 부하를 비롯해 주위 사람들이 모두 협력해야 한다. 이때 중요한 것은 스스로 일을 찾아 해나가기 시작하고, 주위 사람들이 하나둘 협력하도록 해야 한다는 사실이다. 이를 한마디로 표현하면 '소용돌이의 중심이 되어 일한다'라고 할 수 있다. 회사에서는 늘 이곳저곳에서 일의 소용돌이가 생긴다. 문득 정신을 차려보면 다른 사람이 소용돌이의 중심에 있고, 나는 그 주위를 도느라 일의 진정한 기쁨을 맛보지 못하는 경우가 많다. 항상 내가 소용돌이의 중심이 되어 적극적으로 주변 사람들을 끌어들여 일을 해나가야 한다.

나는 직원들에게 소용돌이의 중심이 되라고 강조한다. 예를 들어 '직원 교육에 힘을 쏟아 직원의 질을 높여야 하지 않을까?'와 같은 의견이 사내에서 제기되었다고 하자. 그런데 이 일을 총무부에서 맡아야 할지, 인사부에서 맡아야 할지 경계가 모호할 때가 있다. 특히 회사가 작으면 총무, 영업 등 각 부서가 여러 가지 일을 겸해서 한다.

이럴 경우 "모두 일 끝나고 잠깐 모여봐. 사장님이 전부터 직원 교육을 실시해 직원의 질을 높이라고 하시는데, 어떤 교육이 좋을지 의논해보자고"라고 먼저 말을 꺼내고 일을 추진하려는 사람이 필요하다. 이런 일에 반드시 나이 많은 베테랑 직원이 나서야 한다고 생각할 필요는 없다. 젊은 직원도 선배들을 모아 충분히 해나갈 수 있다.

적극적으로 일을 찾아서 해나가는 사람 주위로 동료들이 모여드는 법이다. 하나의 주제와 관련된 일을 찾아서 해나가기 시작하면 그 주위로 하나의 소용돌이가 일어난다. 이런 소용돌이가 곳곳에서 일어나는 곳이야말로 활기 넘치는 회사라고 할 수 있다.

나는 소용돌이의 중심이 되지 못하는 베테랑 직원을 보면 자주 격려하며 따끔한 충고도 잊지 않는다.

"멍청하게 있으면 부하나 후배가 일을 도맡아 해버리고 자넨 그 주위를 뱅글뱅글 돌게 된단 말이야. 자네가 중심이 되어 주위 사람들을 끌어들여 이용하라고."

소용돌이의 힘을 이용하면, 명령을 내려 사람을 움직이려 애쓰지 않아도 된다. 문제를 제기하고 일을 추진하면 사람들이 그 주위로 모여들어 자연스럽게 소용돌이를 일으킨다. 회사가 잘되려면 사내에 이런 분위기가 자연스럽게 스며들어 있어야 한다.

예를 들어 '올해에는 매출을 두 배로 끌어올린다'라는 주제가 있다고 하자. 갓 입사한 젊은 사원이 과장을 찾아와 이렇게 말한다.

"사장님이 매출을 두 배로 끌어올리라고 하시는데, 어떻게 하면 좋을지 모여서 검토해보는 게 좋지 않을까요?"

이런 사람은 비록 신입 사원이라 해도 어떤 주제에 대해 먼저 말을 꺼내고 적극적으로 달려들었기 때문에 리더로서 자격이 있다. 그저 윗사람에게 잘 보이려는 것이 아니라 분명한 목적의식을 가지고 행동했다면 소용돌이의 중심이 되어 일을 추진할 자질이 충분하기 때문이다. 회사가 성장하려면 이처럼 소용돌이의 중심이 되는 직원이 많아야 한다. 그래서 나는 직원들에게 기회가 있을 때마다 "소용돌이를 만드는 사람이 되라. 그런 사람이 많은 기업만이 발전할 수 있다"라고 호소한다.

솔선수범한다

> 일할 때 부하나 주위 사람의 협력을 얻으려면 솔선수범해야 한다. 다른 사람들이 모두 싫어하는 일에도 먼저 달려드는 자세가 필요하다. 아무리 좋은 말을 많이 해도 행동이 따르지 않으면 다른 사람의 마음을 움직일 수 없다. 다른 사람

들이 자신에게 해주었으면 하는 행동을 자신이 먼저 하면 주위 사람들도 따르기 마련이다.

솔선수범하기 위해서는 용기와 신념이 필요하다. 항상 솔선수범을 염두에 두고 실행해나가다 보면 자신의 인격도 향상된다. 윗사람은 물론이고 아랫사람까지 전 직원이 솔선수범하는 직장 풍토를 만들어가야 한다.

리더는 최전선에서 일해야 한다. 늘 '뒷모습으로 부하를 교육하는 자가 리더다'라고 생각하며, 최전선에서 일하려고 노력해왔다. 하지만 리더가 늘 선두에서 앞장서는 것은 무리라고 생각하는 사람들도 있다. 실제로 대부분 전쟁 때 최전선에서 보병과 함께 고생하는 사람은 하사관급 군인이고, 가장 높은 대장은 후방에서 지휘한다.

최고의 리더는 어디에 있어야 할까? 나는 회사를 창립한 초기부터 늘 이 문제에 대해 생각했다. '리더는 대세를 잘못 읽으면 안 된다'라고 말하는 리더십 이론들이 있다. 회사에서는 기술, 제조, 영업은 물론이고 경영, 교육, 인사, 총무에 이르기까지 광범위한 영역을 아울러 보며, 모든 일에 적합한 지시를 내리는 것이 리더가 할 일이다. 이를 위해서는 전체를 내려다볼 수 있는 높은 위치에 서서 지휘하는 것이 바람직할 수도 있다. 실제로 그렇게 하는 경영자도 많은 것으로 알고 있다. 하지만 내 생각은 좀 다르다.

전쟁 영화를 보면 거의 매번 나오는 장면이 있다. 최전선에서 병사들이 참호를 파고 흙모래가 섞인 비가 억수같이 쏟아지는 가운데 기어가고 있다. 설상가상으로 빗속에 적들이 퍼붓는 총탄이 섞여 쏟아지자 병사들은 필사적으로 방어전을 펼친다. 혼신을 다해 싸우는 병사들 속에는 그들과 운명을 함께하고 있는 지휘관의 모습도 보인다. 최전선 참호에서 흙탕물을 마시면서 쓰러지는 부하를 부축하고 격려하며, 생명의 위험도 무릅쓰는 지휘관을 보고 '정말 훌륭한 리더'라고 평가하는 사람도 있을 것이다.

물론 지휘관이 위험을 무릅쓰고 하나의 전선을 지키는 동안 다른 중요한 전선을 적에게 빼앗길지도 모른다. 만일 이런 불행이 부대가 전멸하는 패배로 이어지면 다음과 같은 비난을 피하기 어려울 것이다.

"바보 같은 지휘관이 멋진 척하면서 최전선에 나선 것은 잘못이다. 용감하다는 칭찬에 취해 전방에서 싸우다가 전체적인 전세를 읽어내지 못했고, 결국 부대가 전멸하고 말았다."

하지만 후방에서 머물던 지휘관도 패배하면 이런 비난을 피하기 어려울 것이다.

"최전선에선 탄약이 떨어지면 백병전으로 싸운다. 적군과 아군이 뒤엉켜 피투성이가 되어 총검으로 승부를 가르는 처참한 싸움이 된다. 그런데 그런 처절함을 모르고 후방에서 담담하게 전황을 보고 있으니, 아무리 긴박한 보고가 있어도 실감하기 어렵다. 그러다 보니 전세를 잘못 읽고 패배하는 것이다."

한동안 리더가 최전선에 머물러야 할지, 후방에 머물러야 할지를 놓고 진지하게 고민했다. 결국 양쪽 모두 진리라는 결론을 내렸다. 후방에 머물며 전군을 한눈에 통찰하고 지휘하는 것도 정답이요, 최전선에서 부하들과 함께 사선을 넘나들며 그들을 격려하는 것도 정답이다. 다만 어느 한쪽으로 극단적으로 쏠리는 일은 없어야겠다.

스스로를 극단으로 내몬다

> 곤란한 상황을 만나도 결코 도망쳐서는 안 된다. 어려운 상황에 부딪쳐 괴로워 발버둥질하는 가운데에서도 '어떻게든 이겨내야지' 하고 절박한 마음을 먹어야 한다. 무심코 지나치던 현상 속에서 갑자기 해결의 실마리가 보일 것이다.
>
> '화재 현장의 괴력'이라는 말이 있다. 위급한 상황에서는

> 누구나 평소 볼 수 없었던 힘을 발휘한다는 뜻이다. 궁지에 몰리더라도 도망가지 않고 진지하게 맞서면, 평소에는 생각지도 못한 힘을 발휘할 수 있다.
>
> 사람은 원래 편안한 상태에 머물고 싶어 하는 경향이 있다. 이제 더 이상 피할 곳이 없다는 생각이 들 정도의 극단으로 스스로를 내몰아보라. 자신도 놀랄 정도로 능력을 발휘하며 성과를 거둘 것이다.

스스로를 극단으로 내모는 전략은 불황일 때 특히 효과가 있다. 나는 항상 어떤 문제를 해결할 때 스스로를 위기에 몰아넣으려는 마음가짐을 가진다. 힘겨운 현실로부터 도망가지 않고 문제에 정면으로 맞서기 위해 스스로를 어려운 상황 속으로 몰아넣는다.

입사 초기에 연구를 하다 겪은 일이 있다. 계속 밤을 새며 연구해도 기대한 결과가 나오지 않아 괴로울 때였다. 몸과 마음이 모두 괴로운 가운데 발버둥질한다는 말이 딱 어울리는 상황이었다. 하지만 나는 포기해선 안 된다는 생각이 들었다. 오히려 스스로를 궁지로 몰아넣다시피 하고 밤낮없이 실험을 계속했다.

그러자 어느 순간 궁지에 몰린 쥐가 고양이에게 덤비듯 강력한 힘이 솟구쳤다. 정신이 번쩍 들었다. 그때까지 쌓인 긴장이 확 풀어지는 느낌이 들면서 문제 해결에 대한 힌트가 보였다. 그 힌트를 바탕으로 실험을 다시 시작했고 결국 원하는 결과를 얻을 수 있었다.

당시 나는 교토의 쇼후공업주식회사에서 파인세라믹을 연구하고 있었다. 명문대 출신의 뛰어난 직원도 아니었고, 특히 세라믹 분야에 대한 충분한 전문 지식을 갖추고 있지 못했다. 대학에서 중점적으로 공부한 분야는 유기화학이었고, 그중에서도 합성수지 분야에 관심이 많아 졸업논문 주제도 그것으로 할 예정이었다.

하지만 취업난 속에서 무기화학 분야 일자리를 겨우 구했기 때문에 급하게 논문 주제도 무기화학으로 바꾸고 벼락치기 공부를 했다. 물론 공대생으로서 필수인 무기화학 수업을 듣고 학점을 이수하긴 했다. 하지만 워낙 관심이 없는 분야라 대충 공부해서 아는 것이 별로 없었다.

더 이상 물러설 곳이 없다는 필사적인 마음으로 밤낮없이 연구에 몰두했더니 서서히 변화가 보였다. 연구가 재미있었고, 그런 만큼 더욱 연구에 몰두하는 선순환이 인생의 흐름을 지배하기 시작했다. 그리고 새로운 파인세라믹을 합성하는 데 성공했다. 이 제품은 곧 내가 다니는 회사의 주요 상품이 되었고 나중에 교세라를 창업할 때에도 마찬가지였다.

세라믹에 대한 전문적인 공부도 하지 않은 내가 그런 신소재를 개발한 것은 아주 이례적인 일이었다. 무슨 일이 있어도 해내고야 말겠다는 의지로 스스로를 일에 미친 세계로 내몰았기에 가능했을 것이다. 궁지에 내몰리다 못해 응어리질 대로 응어리진 긴장이 폭발하겠다 싶다가, 모든 것이 녹아내리는 순간이 찾아왔다. 바로 그 순간 문제를 해결할 수 있는 힌트가 보였다.

〈교세라 필로소피 수첩〉 중에도 '스스로를 궁지로 몰아넣어 필사적으로 임하면 어느 순간 신의 계시 같은 것이 찾아온다'라는 표현이 있다. 물론 개발에 대한 힌트를 떠올린 사람은 어디까지나 자기 자신이다. 하지만 고생하는 나의 모습을 지켜보던 신이 애처로운 나머지 선물로 준 것이 바로 그 힌트가 아니었을까 하는 생각이 든다. 그래서 직원들에게도 늘 "신이 도움의 손길을 뻗고 싶을 정도로 한결같이 노력하세요. 그러면 반드시 신의 계시가 찾아올 것입니다"라고 말한다.

**여유로울 때 떠오른 아이디어는
즉흥적인 착상에 지나지 않는다**

대학 시절 졸업논문을 지도해주셨던 은사와 관련된 이야기가 있다. 세라믹 회사에 겨우 취업이 결정되자 무기화학을 벼락치기로 공부해야 할 상황이 되었다. 당시 무기화학 교수님은 사람 좋기로 소문난 분이었고, 술을 워낙 좋아해 소주가 없으면 실험실의 에탄올을 물에 섞어 마신다는 소문이 날 정도였다. 술에 많이 취한 날에는 학생들을 집으로 데려가 늦은 밤인데도 사모님에게 소주를 사 오게 했다. 학생들과 밤새도록 마시기 위해서였다. 천진난만할 정도로 순수한 교수님을 학생들은 무척 좋아했다.

졸업 후 몇 년인가 지난 어느 날, 나는 오랜만에 모교를 찾아갔다. 그즈음 나는 교세라를 창업하고 연구와 회사 경영에 몰두하느라 바쁘게 지내고 있었다. 몇 년 만에 교수님과 술을 마시며 나의 근황에 대해 말씀드렸다. 그러자 교수님은 걱정스럽게 말씀하셨다.

"이나모리 군, 그런 상태로는 몸이 견디질 못해. 사람은 여유가 있어야 좋은 아이디어도 떠오르는 법이야. 자넨 연구하고 개발하는 사람 아닌가. 계속 좋은 아이디어를 떠올려야 하는데 그렇게까지 빠듯하게 일에만 몰두하면 곤란하네."

하지만 나는 반론을 펼쳤다.

"교수님, 제 생각은 조금 다릅니다. 멋진 아이디어가 번득이는 순간은 궁지에 몰려 절박한 심정으로 연구할 때 찾아옵니다. 여유가 없으면 아이디어도 떠오르지 않는다고 말씀하시지만, 여유 있을 때 떠오른 생각은 단순하고 즉흥적인 착상일 뿐입니다. 그 정도 생각으로는 일이 술술 풀리는 데 도움이 되지 않습니다. 하물며 최첨단 연구에는 전혀 도움이 되지 않습니다."

교수님에게는 좀 미안한 이야기이지만, 학술 연구에 종사하는 사람은 '목숨을 바쳐서라도 연구를 계속 밀고 나가겠다'라는 절박한 생각을 품는 경우가 드물다. 하지만 노벨상을 받을 정도로 큰 결과물을 얻는 과학자·기술자들은 극도로 절박한 상황까지 자신을 내몰며 연구한 사람이 많다. 그래서 "정말 위대한 성과를 남기려면 편안한 상황에서는 안 됩니다"라고 주장했던 것이다.

스스로를 극단으로 내몰면
불가능하다고 생각했던 일도 가능해진다

'스스로를 극단으로 내모는 것'과 관련해 이야기를 더 해보고 싶다. 어떤 일에 대해 스스로를 극단으로 내몬다는 것은 그만큼 집중한다는 뜻이다. 다른 것들은 일절 보이지 않고 한 가지 일에만 몰두하는 상태를 말한다.

'화재 현장의 괴력'도 이와 관련된 말이다. 마을에 불이 나 어느 젊은 여성의 집으로 옮겨붙으려 하고 있다. 여성은 자신의 집에 불이 붙기 전에 가재도구를 하나라도 더 꺼내려고 필사적이다. 마른 몸으로 무거운 것도 척척 들고 나온다. 심지어 몇 칸짜리 나무 서랍장도 혼자서 끌고 나온다. 화재가 진압된 후 여성은 아까 꺼낸 가재도구를 다시 안으로 들여놓기 시작한다. 가지고 나올 때엔 몰랐는데 보통 무거운 게 아니다. 특히 서랍장은 꼼짝도 하지 않는다. 아무리 용을 써봐도 혼자 힘으로는 도저히 들 수 없다. 여성은 자신이 어떻게 이처럼 무거운 것을 끌고 나왔는지 신기할 따름이다. 우리 주변에는 이와 비슷한 사례가 많다. 정신을 집중하면 육체적이고 물리적인 영역에서 큰 에너지가 발생한다.

최면술도 이와 관련이 있다. 젊은 여성에게 최면을 걸고 손을 깍지 끼워놓은 뒤 "당신의 손은 강철처럼 강합니다. 무엇이 매달려서 흔들어도 깍지를 풀 수 없습니다"라고 암시한다. 그러면 정말 아무리 거대한 남자가 매달려 흔들어도 깍지는 풀리지 않는다.

평소라면 깍지 낀 손에 남자를 매달고 서 있는 것조차 쉽지 않을 것이다. 하지만 최면을 통해 정신 집중이 되면 놀라운 힘이 생긴다. 최면이든 화재 현장이든 이런 괴력은 모두 같은 원리에서 나온다. 자신을 절박한 상황으로 몰고 가 정신 집중이 되면 번득이는 영감을 얻을 수 있고 상상하지도 못한 힘을 발휘할 수 있다.

'스스로를 극단으로 내몰아 연구에 몰두한다'에는 또 다른 의미가 있다. 최대한 자신을 내몰아 '더 이상은 할 수 없어' 하고 고백하는 경지까지 가면 최선을 다했다는 자부심이 생긴다. 이런 자부심 뒤에는 하늘에 맡기는 수밖에 없다는 자세로 모든 것을 내려놓는 마음이 따라온다.

보통 불황이 닥치면 주변 회사들이 하나둘 도산하고 자신의 회사도 수주가 줄기 시작한다. 하지만 그런 상황에서도 최선을 다해 일에 몰두했다면 마음이 쉽게 불안해지지 않는다. 나도 불황이 닥쳤을 때 '최선을 다해 할 수 있는 것은 다했다. 이제 하늘에 맡겨야 한다. 이렇게까지 했는데도 망한다면 할 수 없다. 그건 내 잘못이 아니다'라고 생각했다. 그만큼 전심전력을 다해 일에 몰두했다는 이야기다.

어중간하게 노력하면 회사가 망하고 '아, 그때 좀 더 노력했어야 했는데' 하며 후회할 것이다. 인생을 살면서 하지 말아야 할 것이 이런 후회다. 많은 사람이 어중간하게 노력하기 때문에 "어음이 부도났다" "자금이 바닥났다" "파산할 것 같다" "아아, 그때 이렇게 했더라면 좋았을걸" 하고 후회하거나 마음고생하는 처지가 된다. 최악의 경우 마음의 병이 육체의 병으로 바뀌고 결국 사망에 이르기도 한다.

온 힘을 다해 노력한 뒤 "할 수 있는 것은 다했다"라고 말할 정도의 경지에 이르면 그 뒤에는 하늘에 맡기면 된다. 일단은 삶과 죽음을 초월해 마음의 편안함을 얻는 안심입명安心立命에 이를 때까지 스스로를 극단으로 내몰며 일하는 자세가 필요하다.

씨름은 씨름판 한가운데에서 해야 한다

> 씨름판 한가운데를 경계선으로 여기고 밖으로 한 걸음도 물러설 수 없다는 생각으로 일하라는 의미다.
>
> 예를 들어 고객이 원하는 날짜에 맞추어 제품을 완성해야 한다고 하자. 그럴 때 납기일보다 며칠 앞선 날짜를 제품 완성일로 정하고, 이날을 씨름판 경계선이라고 생각해보라. 씨름에서는 씨름판 경계선 밖으로 밀려나면 바로 지는 것이다. 씨름 선수가 지지 않으려고 혼신을 다하듯이 우리는 완성일을 지키기 위해 온 힘을 다해야 할 것이다. 이렇게 되면 설령 중간에 예기치 않은 일이 생겨도 납기일까지는 어느 정도 여유가 있다. 따라서 충분히 대응할 수 있고 고객에게 피해를 주는 일도 없을 것이다. 씨름판 한가운데를 경계선이라고 생각하는 것은 항상 안전판을 마련해두고 확실하게 일을 진행하기 위한 마음가짐이다.

모토로라에서 휴대용 통신 단말기 제조를 담당하는 젊은 사업부장과 이야기를 나눌 기회가 있었다. 그때 그가 들려준 한마디가 나를 아주 놀랍고 기쁘게 했다. 그는 아주 자랑스럽게 "우리 부서의 모토는 '씨름은 씨름판 한가운데서 하라'입니다"라고 말했다.

내가 씨름은 씨름판 한가운데에서 해야 한다는 진리를 깨달은 것은 사업을 시작하고 얼마 지나지 않아서였다. 영세기업을 경영하는 사람들은 판매 대금 회수가 늦어지거나 어음 결제일이 가까워지면 자금 압박에 시달린다. 그래서 밤중에 친구를 찾아가 "50만 엔만 빌려주면 안 되겠나? 내일 중으로 어음을 결제하지 않으면 부도나게 생겼어"라고 하소연한다. 또는 돈을 빌려보겠다고 은행에 찾아가 고개를 숙이며 사정하기도 한다. 하지만 돈을 빌려주는 곳은 없고 어음 결제 시간은 점점 다가온다. 다행히 사방팔방으로 뛰어다닌 끝에 간신히 돈을 구해 부도를 막는다.

대부분의 경영자는 이렇게 부도를 막고 나면 무언가 큰일을 해낸 사람처럼 뿌듯해한다. 하지만 경영자가 어음을 제때 결제하는 것은 당연한 일이고, 그런 일을 했다고 특별히 유능한 것은 아니다. 그런데도 자신이 제법 뛰어난 사업가라도 되는 것처럼 행동하는 사람은 꼴불견이다. 나는 이런 사람에게 다음과 같이 묻고 싶다.

"어음 결제일은 정해져 있고, 그 전에 돈을 준비해야 한다는 것은 삼척동자도 아는 사실이다. 그런데 왜 시간이 촉박해지니까 여기저기 애타게 알아보고 다니는 건가?"

그러면 아마도 "돈을 미리 빌리려고 했지만 그쪽에 사정이 생겨 그렇게 하지 못했다"라는 등 변명을 할 것이다. 하지만 이것도 이상하다고 생각한다. 어차피 마감에 촉박하여 돈을 빌릴 수 있다면, 더 빨리 준비하는 것도 가능하지 않았을까? 자금 문제만이 아니라 제품의 납기일도 같은 시각으로 바라볼 수 있다.

나는 씨름을 예로 들며 자주 다음과 같은 이야기를 한다.

"씨름판 경계선 쪽으로 질질 밀려가던 선수가 갑자기 용을 쓰며 상대방을 씨름판 밖으로 던져버리는 경우가 있습니다. 하지만 그 정도로 힘이 센데 왜 씨름판 경계선으로 아슬아슬하게 밀려갔는지 의문입니다. 그렇게 되면 괜히 이겨놓고도 발이 씨름판을 벗어나 무효라느니 무효가 아니라느니 하는 판정 시비에 휘말리지 않습니까? 항상 씨름판 한가운데 있을 때 큰 기술을 걸겠다는 태도로 살아야 합니다."

씨름은 씨름판 한가운데에서 해야 한다는 것은 여유가 있을 때 전력을 다한다는 말이다. 사업을 하다 보면 실적이 점점 나빠져 이대로는 더 이상 안 되겠다 싶은 순간이 찾아올 수도 있다. 그래서 무언가 다른 일을 해보아야겠다는 생각이 들어 정신을 차리면, 이미 자금 사정도 좋지 않고 체력도 바닥나 어떻게 손써볼 수 없는 지경인 경우가 많다. 사업이 순조롭게 돌아갈 때에는 안심하고 있다가 나빠지고 나서야 무언가를 하려 들면 이미 늦은 것이다.

큰 기술을 걸려거든 모든 상황이 좋을 때 시작하라는 것이 진리의 핵심이다.

만점을 원하면 미리 앞당겨 공부해야 한다

어린 시절 나는 천하의 개구쟁이로 공부는 별로 하지 않았다. 물론 초등학교에 입학했을 때에는 부모님이 놀랄 정도로 성적이 좋아 "이 녀석, 크게 되겠어" 하고 기대를 한 몸에 받기도 했다. 하지만 학교생활에 어느 정도 익숙해지고 친구가 많아지자 공부를 등한시하기 시작했다. 졸업할 때 성적표를 보면 '매우 잘함'은 아예 없고 '잘함'도 드물다. 그런데도 욕심은 있어 가고시마에서 가장 명문인 중학교에 입학하고 싶었다. 담임선생님은 "네 성적으론 무리야"라고 반대했지만, 나는 억지를 부려 기어이 시험을 보았다. 결과는 예상대로 불합격이었다. 당시 입시에 제출한 생활기록부 사본에는 '행동이 아주 불량함'이라는 평가도 있어 더욱 합격하기 힘들었을 것이다. 결국 집에서 가까운 중학교에 입학했지만 역시 놀기만

할 뿐 공부는 뒷전이었다.

고등학교 1학년 때 일이었다. 학교에서 돌아오는 길에 운동장 한구석에서 책을 읽고 있는 친구를 발견했다. 친구가 읽는 책은 〈형설시대螢雪時代〉라는 제목의 잡지였다.

"만화책인 줄 알았는데, 어려운 책을 읽고 있구나. 무슨 책이냐?"

"이 책이 뭔지 정말 모르냐? 이건 대학 입시생을 위한 잡지잖아. 나 대학 갈 거다."

나는 고등학교를 졸업하면 고향에 있는 은행에 취직하려고 마음먹고 있던 터였다. 그래서 대학에 가겠다는 친구의 말을 듣자 놀라웠고, 대학이라는 미지의 세계에 대한 호기심이 일었다.

"야, 나도 그 책 좀 보자. 빌려주라."

"안 돼, 인마. 이거 방금 나온 최신호야. 나도 아직 덜 봤어."

그렇다고 포기할 내가 아니었다.

"지난달이나 지지난달 것도 상관없으니까 좀 빌려줘."

친구도 더 이상 거절하지 못하고 집에 모아둔 과월호 잡지들을 빌려주었다. 그 책들을 집에 가지고 와서 읽는데, 갑자기 눈이 확 트이는 기분이 들었다. 마침 진로에 대해 고민하기 시작하는 시기여서 그랬을지도 모른다. 어쨌든 그때까지는 싸움을 얼마나 잘하는지, 야구를 얼마나 잘하는지가 내 가치판단의 기준이었다. 하지만 입시생 잡지를 읽은 뒤부터는 성적이 나쁜 것을 부끄러워하게 되었다.

제대로 공부하기 시작한 것은 고등학교 2학년 1학기가 지나면서부터였다. 그때까지는 공부를 거의 하지 않았기 때문에 수학, 물리, 화학 등을 중학교 1학년 과정부터 다시 시작해야 했다. 특별히 머리가 좋은 것도 아니어서 노력에 노력을 거듭해 극복하는 수밖에 없었다.

노력한 보람이 있어서인지 다행히 대학교에 합격했다. 보통은 대학교에 들어가기 위해 고등학교 시절에 열심히 공부해도 막상 대학생이 되면 해방감을 느끼며 노는 데 열중하는 경우가 많다. 하지만 나는 노는 데 쓸 돈이 없고, 이미 너무 놀아서 오히려 지식에 굶주린 상태였기 때문에 대학에 들어가자 더 열심히 공부했다.

신발도 변변치 않아 나막신을 신고 학교에 가서 수업을 듣고, 돌아오는 길에 공립 도서관에 들러 밤늦게까지 공부했다. 중고등학교 시절에 공부를 너무 하지 않아서 항상 다른 학생들보다 뒤처져 있었다. 그래서 뒤처진 부분을 따라잡아야겠다는 마음으로 '공붓벌레'라는 별명이 붙을 만큼 온종일 공부만 하며 보냈다.

시험 기간이 되면 몇 주 전에 시험 범위가 발표되었다. 그때부터 시험 범위에 해당하는 내용을 공부하되, 어떤 질문이

나오더라도 다 맞힐 만큼 철저하게 공부해두면 시험 성적은 잘 나온다. 나는 시험 보기 일주일 전쯤이면 어떤 문제가 출제되더라도 맞힐 수 있을 정도까지 공부를 해두었다.

여러분도 학창 시절을 한번 돌아보라. 대체로 시험공부는 계획대로 진행되지 않기 마련이다. 중간에 친구가 "같이 영화 보러 가자"라고 하면 '시험 때문에 우정을 버릴 순 없지' 하면서 따라나서고, 집에서도 형제들이 방해하면 함께 어울려 놀게 된다. 갖가지 방해에 휘둘리면서 '공부해야 해' 하고 생각만 하는 사이에 시험은 코앞으로 다가오고 만다.

"시간이 없어서 시험 범위를 다 읽어보지도 못했어. 제발 내가 공부한 데서만 나와야 할텐데…"

시험 기간만 되면 이런 말을 하는 친구가 한두 명은 꼭 있다. 물론 나도 고등학교 때 처음으로 공부를 시작할 무렵에는 그랬다. 그런데 시험문제가 자기가 공부한 부분에서만 나올 리는 없지 않은가?

언젠가부터 시험을 코앞에 두고 공부하지 않은 것을 후회하는 내가 너무 싫어졌다. 몇 번의 실패 끝에 근본 원인이 무엇일까 고민했고, 드디어 중요한 사실을 깨달았다.

우리는 보통 시험 날짜가 발표되면 어떻게 공부할지 계획을 세운다. 대부분은 시험 전날까지 공부를 마치면 된다는 생각으로 일정을 빡빡하게 잡는다. 하지만 반드시 중간에 문제가 생기고, 공부가 예상대로 되지 않아 시험 직전에는 항상 시간에 쫓긴다. 그래서 나는 결심했다.

'공부 일정을 미리 당겨서 짜면 중간에 문제가 생겨도 시험 보는 날까지 전부 마칠 수 있을 거야.'

대학에 들어와선 늦어도 시험 보기 일주일 전이면 모든 공부를 마치도록 계획을 짰다. 나는 어렸을 때 결핵을 앓아 호흡기가 약했다. 감기가 걸렸다 하면 금세 폐렴으로 번지고 고열에 시달렸다. 시험 직전에도 몇 번이나 감기에 걸려 열이 펄펄 끓는 가운데 자리에서 일어나지 못한 적도 있었다. 다음 날 열이 내리지도 않은 상태에서 시험을 보았는데, 다행히 일주일 전에 공부를 다 해놓았기 때문에 만점을 놓친 적이 거의 없었다.

어떤 일을 하든 문제가 생겨도 대처할 여유가 있을 정도로 미리 준비를 해두어야 한다. 나는 대학 시절부터 이 말을 염두에 두고, 경계선까지 아슬아슬하게 밀려나기 전에 전력을 다하려고 노력했다.

공붓벌레에게 인간미를 가르쳐준 친구

아슬아슬하게 밀려나기 전에 전력을 다한다는 생각으로 공부만 하다 보니 대학 시절 내 별명은 공붓벌레였다. 공붓벌레들이 주의해야 할 점에 대해 잠깐 이야기하려 한다. 공붓벌레들의 가장 큰 문제점은 인간미를 잃어버리기 쉽다는 것이다.

교토에서 대학 동창회가 열린 적이 있다. 내가 졸업한 가고시마대학교 공학부에는 화학, 전기, 기계, 건축을 전공하는 4개 학과가 있다. 하지만 공학부를 통틀어 한 학년 학생이 60~70명밖에 되지 않기 때문에 과가 달라도 서로 잘 모이고 사이도 좋았다.

그날 모인 동창 중에는 나와 마찬가지로 화학과를 나와 종합상사에 취직한 뒤 계속 전자 제품과 관련된 일을 하는 친구가 있었다. 그 친구와 술잔을 기울이다 보니 문득 대학 시절 추억이 떠올랐다.

그는 나보다 한 살 많았다. 원래는 선배이지만 낙제해서 나와 같은 학년이 된 처지였다. 공부보다는 노는 것을 좋아하고, 학교보다는 파친코에 가는 것을 더 좋아하는 친구였다. 당시 나는 파친코에는 발도 들여놓은 적 없는 공붓벌레였고 학교와 도서관만 오갔다. 그 모습을 보다 못한 친구가 하루는 내게 물었다.

"가즈오, 너 파친코에 가본 적 있어?"

"아니."

"잘됐다. 그럼 오늘 나랑 한번 가보자."

그는 가고시마에서 가장 번화가에 있는 파친코로 나를 끌고 갔다. 그리고 100엔인지 200엔인지 확실히 기억나지 않지만 "너도 해봐"라고 하면서 돈을 주었다. 당시 파친코는 구슬을 하나하나 넣어 수동으로 때리는 것이었다.

솔직히 말해 나는 파친코에 가고 싶지 않았다. 친구가 함께 가자고 했을 때에도 '그렇게 노니까 낙제나 하지'라고 생각하며, 약간 무시하는 시선으로 바라보았다. 하지만 자꾸 권하자 거절하지 못하고 따라나서고 말았다.

빨리 돌아가서 공부하고 싶다는 마음으로 했더니 구슬은 우왕좌왕 엉뚱한 곳으로 갔다. 나는 금세 게임에서 졌다. 친구는 게임이 잘되어 구슬을 많이 따고 있었다. 나는 그 모습을 잠시 지켜보다가 분위기도 너무 소란스럽고 재미도 없어서 "졌으니까 그만 갈게"라고 말하고는 돌아와버렸다.

며칠 후 그 친구가 또다시 파친코에 가자고 권했다. 싫으면서도 친구가 권하니까 또 따라갔다. 역시 금방 졌고 친구 어깨를 두드리며 "갈게"라고 말한 뒤 먼저 돌아왔다. 세 번째 따라갔을 때에도 "먼저 갈게" 하고 나오려고 했는데 친구가 불러 세웠다.

"가즈오, 잠깐만. 금방 끝날 것 같으니까 기다려." 그때 또 다른 친구가 게임에서 졌는지 자리에서 벌떡 일어섰다. 키가 크고 별명이 '짱뚱어'인 이 친구 역시 공부 안 하고 놀기로 소문이 자자했다. 짱뚱어가 우리 쪽으로 다가와 내 옆에 섰다.

아마 당시 내 얼굴에는 싫은 표정이 역력했을 것이다.

  친구는 그날 딴 경품을 돈으로 바꾼 뒤 짱뚱어와 나를 옆에 있는 큰 식당으로 데려갔다. 크다고는 해도 1940년대 후반이니 지금 보면 판잣집 같은 식당이었다. 이 식당은 사리를 2개나 넣어주는 것으로 유명한 '깜짝 우동'을 파는 소문난 맛집이었다. 친구는 짱뚱어와 내게 깜짝 우동을 사주었다.

  친구는 콩 한 쪽도 나눠 먹으려는 마음으로 파친코에서 딴 돈을 짱뚱어와 내게 쓰고 있었다. 머리를 한 대 내려치는 것 같은 충격을 받았다. 매일 학교와 도서관밖에 오갈 줄 모르는 나를 파친코에 데려와 자기 돈을 써가며 견문을 넓혀주는 것도 모자라, 파친코에서 딴 돈으로 내게 음식까지 대접할 줄은 생각지도 못했다. 그때까지만 해도 낙제생이라고 은근히 경멸했던 친구가 순식간에 큰사람으로 보였다.

  그런 친구에 비하면 나는 소인배 같았다. 돈까지 대주면서 즐거움을 맛보이고 싶어 하는 친구에게 고맙다는 인사 한마디 없이 게임에 지자마자 돌아갔던 일들이 부끄럽게 느껴졌다. 스스로가 너무 그릇이 작고 덜된 인간 같았다.

  그 후 대학교 4학년 때 그 친구와 미야자키현에 있는 공장으로 1개월 동안 실습을 나갔다. 연구실에서 모르는 것이 생기면 내가 그에게 가르쳐주었지만, 그 밖에 다른 직원들과 어울리거나 노는 법에 대해서는 오히려 친구에게 많은 것을 배웠다. 친구는 어른스럽게 처신하며 직원들과도 스스럼없이 잘 어울렸다. 나는 그런 친구 뒤에서 주뼛주뼛 따라다니며 '아, 이럴 땐 이런 인사말을 하는구나'라고 감탄하며 배울 뿐이었다. 그런 추억을 동창회 자리에서 얘기하며 마지막에 한마디 덧붙였다.

"지금 내가 여기저기 다니며 '인간 본연의 자세'에 대해 강연할 때에도, 자네한테 배운 것이 피가 되고 살이 되고 있어."

친구는 그 말을 듣고 기뻐하며 큰 웃음을 터뜨렸다.

미리미리 준비하는 공붓벌레의 자세에 대해 이야기하다가 주제가 엉뚱한 곳으로 흘러가버렸다. 완벽하게 미리 준비하는 삶을 사는 사람은 자칫 인간미를 잃기 쉬우므로 주의하라는 의도에서 잠깐 다른 이야기를 한 것이다.

진심을 담아 솔직하게 부딪치면 통한다

> 어떤 일을 책임감 있게 완수하려면 그 일에 관계된 사람들끼리 결점이나 문제점을 망설이지 말고 지적해줄 수 있어야 한다. 무슨 일이든 적당히 끝내지 말고 끊임없이 '무엇이 바른가'를 물으며 진지하게 토론해야 한다. 결점이나 문제점을 알면서도 상대방이 기분 나빠할까 봐 지적하지 않고

> 적당히 넘어가려는 것은 잘못이다.
> 때로는 열띤 토론을 벌이더라도 용기를 가지고 서로의 진실된 생각을 주장하는 것이 중요하다. 이런 과정에서 서로 참된 의미의 신뢰를 쌓고, 좀 더 일을 잘할 수 있다.

문제를 해결하려면 "당신이 하고 있는 방법 중 이런 문제가 보입니다. 아무래도 이렇게 고쳐야 할 것 같습니다"라고 진심을 담아 서슴없이 이야기해야 한다. 하지만 상사에게 그런 식으로 말하면 관계가 나빠지고 나중에 문제가 될 거라고 생각해 침묵하고 만다. 동료들에게도 직설적인 말투를 사용하면 사이가 틀어질까 봐 본심을 숨기고 이야기한다. 이처럼 무슨 일이든 온건하게 처리하는 것은 처세술의 하나다.

기업은 다르다. 본심을 숨긴 온건한 말투와 어중간한 상식만으로는 일을 잘할 수 없다. 서로 진심을 담아 솔직하게 부딪치며 잘못된 것은 바로 지적해야 한다. 하지만 현실적으로는 대부분 본심을 감춘 채 적당히 일을 진행한다. 이런 사람들은 '지금까지 하던 대로 하면 돼. 혁신적인 방법이니 뭐니 해서 일을 복잡하게 만들 필요는 없어'라고 생각한다.

대기업처럼 큰 조직에서는 사교성 좋고, 입에 발린 말을 잘하며, 무사안일주의에 젖어 겉보기에만 그럴듯하게 일하는 사람이 성공하기도 한다. 하지만 매일이 전쟁터인 중소기업에서는 겉으로만 보기 좋게 대충 처리해서는 일이 제대로 돌아가지 않는다. 회사가 성장하려면 직원들끼리 진심을 담아 솔직하게 부딪치기를 마다해선 안 된다. 안타깝게도 이것이 생각처럼 그리 쉬운 일은 아니다.

예를 들어 내가 "교세라 필로소피의 근간에는 '인간으로서 무엇이 바른가'가 있고, 이것을 관철해나가는 것이 중요합니다"라고 말하면 모두 "알겠습니다"라고 맞장구를 친다. 하지만 그렇다고 직원 모두가 바른 것을 위해 진심으로 부딪치며 일하지는 않는다. 많은 사람이 주위에 신경 쓴 나머지, 바른 것을 위해 나서야 할 때에도 '내가 이런 말을 하면 시끄러워질지 몰라' 하며 망설인다.

확실한 증거는 없지만 어딘지 좀 이상한 동료를 발견했을 때에도 마찬가지다. 한두 번도 아니고 자꾸 눈에 거슬리는데, 막상 상사에게 말하고 싶지는 않다. 다른 사람들 눈에 고자질하는 것처럼 보일까 겁나기 때문이다. 혹시라도 상사에게 잘 보이려고 동료를 고자질했다는 말을 들을까 걱정하면서, 이상한 행동을 보고도 못 본 척한다. 그런 행동 때문에 문제가 아주 심각해지지 않는 이상 앞으로도 계속 모른 척할 작정이다.

또 하나의 예를 들어보겠다. 인품도 훌륭하고 능력도 뛰어난 상사가 일에 너무 열중한 나머지 건강이 나빠져 회사에 나오지 않는 날이 잦았다. 원칙대로라면 쉬는 동안 업무를 볼 수 없기 때문에 그를 대행해야 하는 직속 부하 직원이 회사에 이런 상황을 보고해야 한다. 하지만 그럴 경우 잦은 결근이 인사고과에 반영돼 승진 심사에서 탈락하거나 명예퇴직 대상이 될 수도 있다. 부하 직원은 지금까지 회사를 위해 애쓰다 몸까지 상한 상사가 불쌍해서 그의 잦은 결근을 숨겨주었다. 하지만 나중에 그 일로 사업부 전체에 심각한 피해를 끼치는 일이 발생할 수도 있다.

사태가 심각해지기 전에 솔직하고 진정성 있는 마음으로 문제에 부딪치는 자세가 필요하다. 설령 격렬한 토론을 벌이더라도 진실을 드러내는 일을 피해서는 안 된다.

단, 진심을 담아 솔직하게 토론할 때에도 지켜야 할 규칙이 있다. 무엇보다 상대의 약점을 들추는 등의 발언을 해서는 안 된다. 설령 그것이 사실이라 해도 절대 금기 사항이다. 반드시 모두를 위해 좋은 일인가를 자문하며 진심을 담아 건설적이고 긍정적인 토론을 해야 한다. 그런 토론이라면 반드시 창조적인 결론을 낳을 것이다.

사심 없이 판단한다

> 무엇인가를 판단할 때에는 조금이라도 사심이 들어가면 판단력이 흐려진다. 그 결과 일을 그르치고 잘못된 방향으로 나아가게 된다. 사람은 자칫하면 자신에게 유리한 쪽으로 생각이 기울기 쉽다. 서로를 배려하지 않고 나만 앞세우면 주위의 협력을 얻기 어려워 일도 순조롭게 진행되지 않는다. 그런 사고방식은 집단의 도덕관념과 활동력을 떨어뜨린다.
>
> 우리는 평소 자기만 좋으면 된다는 이기심을 억누르고 '인간으로서 바른가, 사심은 들어가 있지 않은가'를 항상 자문자답하면서 판단하는 습관을 길러야 한다.

'사심 없이 판단한다'는 '자신을 생각하지 않는다' 혹은 더 나아가 '자신을 희생한다'라는 뜻이다. 내가 전기통신 사업에 뛰어들어 '다이니덴덴(현 KDDI)'을 설립할 무렵, 매일 자기 전에 스스로에게 묻곤 했다. '동기가 선하고 사심이 없었는가?'

이때부터 스스로를 엄하게 추궁하는 버릇이 생겼다. 나 자신에게만 유리한 판단보다는 객관적으로 바른 판단을 하려고 노력했다. 이런 노력은 어떤 일이든 성공적으로 완수하려 할 때 꼭 필요하다. 하지만 사람은 무슨 생각을 하든 자신의 입장부터 생각하게 된다. 인간에게는 스스로를 지키려는 본능이 있기 때문이다.

우리가 어떤 생각을 할 때 '자, 이제부터 생각을 해보자' 하고 결심부터 하는 경우는 거의 없다. 대부분 어떤 일이 일어나면 직감적으로 판단하고 순간적으로 생각한다. 일단은 본능 차원에서 생각이 시작된다. 이때 본능이란 자기 입장을 생각해 자기에게 유리한 쪽으로 판단하는 것이다.

하지만 사물이나 상황에 대해 판단할 때에는 일단 자신은 제쳐두고 객관적으로 생각해야 한다. 경영자도 마찬가지다. 늘 자신의 회사를 우선시하기 마련이지만, 어떤 상황을 판단해야 할 때에는 냉철하고 객관적일 수 있도록 노력해야 한다. 사심 없이 자신의 회사는 제쳐둘 수 있는 도량을 갖추어야 한다.

문제가 좀처럼 해결되지 않을 때에는 손해를 보고 싶지 않아 자기 입장만 생각하다 보니 상대방의 의도와 엇갈리는 것은 아닌지 돌아보라. 일단 자신의 입장을 제쳐두고 객관적으로 상황을 돌아보면 상대방과 자신이 둘 다 기뻐할 수 있는 해결책이 눈에 들어올지도 모른다. 부디 어떤 일에 대해 판단할 때에는 사심 없이 생각하는 습관을 기르기 바란다.

사심 없이 판단하려면 어떻게 해야 할까? 어떤 일에 대해 판단하고 결정하기에 앞서 잠시 심호흡을 크게 하라. 그리고 '자신의 입장을 제쳐두고 생각해보라'라는 말을 떠올려보라. 나도 상대방도 아닌 제3자의 눈으로 상황을 객관적으로 들여다보고 판단하라. 분명히 나와 상대방 모두에게 이로운 최고의 해결책이 생각날 것이다.

한 회사의 리더라면 당장 자기 자신이나 회사에만 이익이 되는 것에 눈이 멀어 사심으로 가득 차선 안 된다. 그럴 경우 반드시 잘못된 판단을 하고, 그것이 화근이 되어 회사의 장래가 어두워질 것이다. 경영자에겐 사심 없는 판단만큼 중요한 것도 없다.

균형 잡힌 인격을 갖춘다

> 균형 잡힌 인격이란 무엇일까? 어떤 일에든 '왜?'라는 질문을 던지고, 그에 대해 철저히 파고들어 논리적으로 답할 만큼 합리적이어야 한다. 동시에 누구라도 좋아할 만한 원만한 인간성을 갖추고 있어야 한다.
>
> 아무리 뛰어난 분석력을 갖추고 합리적으로 행동하는 똑똑한 사람이라도, 그것만으로는 주위 사람들의 협력을 얻

> 을 수 없다. 반대로 주위로부터 좋은 사람이라는 말을 듣는다고 해서 일도 확실하게 잘하리라는 보장은 없다.
>
> 우리가 훌륭한 일을 하려면 과학자다운 합리성과 함께 '이 사람을 위해서라면 해주고 싶어'라는 마음이 우러나게 만드는 인격을 갖추어야 한다.

균형 잡힌 인격이란 과학적인 합리성과 풍부한 인간성을 고루 갖추고 있어 어느 한쪽으로도 기울지 않는 것이다. 나는 화학을 전공했고 세라믹 연구에 사로잡혀 지냈기 때문에 아무래도 무엇이든 과학적이고 합리적인 시각으로 바라보는 습관이 있다. 때문에 무슨 일이든 이치를 따지며, 과학적이고 합리적으로 일을 해나가려고 한다.

앞서 얘기했듯 대학 시절 공붓벌레였던 나는 인간미가 부족했는데, 인간성 좋은 친구와 어울리며 많은 것을 배울 수 있었다. 그때 과학적이고 합리적인 사고방식도 중요하지만 인간미 넘치는 좋은 인격을 갖추는 것도 필요하다는 사실을 깨달았다. 특히 경영자는 양쪽을 모두 갖고 있어야 한다.

예전에 영업부 직원이 외근을 돌고 와서 보고할 때 일이다. 직원이 "아, 이 일은 뭐라고 설명하기가 어렵습니다. 도대체 어찌 된 일인지 이유를 모르겠습니다"라고 말했다. 나는 모르겠다는 말만 되풀이하며 자초지종을 논리적으로 설명하지 못하는 그를 따끔하게 야단쳤다.

나는 형이상학적이고 정신적인 분야에 관심이 많다. 좌선 수행도 몇 년간 했고, 논리적으로 설명할 수 없는 마음의 세계도 인정한다. 하지만 회사 경영이나 연구 개발 분야에서 애매모호한 발언을 하는 것은 결코 용납하지 않는다. 기업 활동에서 모든 사항은 정확한 원인과 결과로 증명되어야 하고, 이유를 알 수 없는 현상이 있어서는 안 되기 때문이다. 그래서 회의에서 '이유를 알 수 없는 사안'을 이야기하는 직원이 있으면 결코 그냥 넘어가지 않았다. "그게 무슨 멍청한 소리야! 과학적으로 분명하게 증명해야지"라고 하거나 "논리적으로 이해할 수 있게 다시 설명해봐"라고 호통쳤다.

과학적으로 사고하는 사람들은 논리적으로 납득이 되지 않는 일은 결코 용납하지 않는다. 특히 사후 세계라든가 과학적으로 증명할 수 없는 신과 같은 존재는 절대 믿지 않는다.

하지만 나는 그렇지 않다. 회사에서 일을 하고 연구에 몰두할 때에는 합리적인 것을 추구하고, 불가사의한 현상은 용납하지 않는다. 그래도 사생활로 돌아오면 신비로운 마음의 세계를 존중한다. 단, 서로 극과 극을 치닫는 합리주의와 신비주의 혹은 물질적인 과학 세계와 정신적인 형이상학 세계가 서로 균형을 이루도록 늘 조심한다.

간혹 형이상학적이고 종교적인 세계에 빠져 그것을 경영의 세계로까지 끌어들이는 사람이 있다. 이윤을 남겨야 하는 사업의 세계에서 극단적인 박애주의를 실천하려는 사람도 있다. 참으로 어처구니없는 경우다. 물론 훌륭한 경영자에게는 이타적인 마음이 필요하다고 강조하기는 했다. 하지만 이타주의도 합리주의와 균형을 이루어 경영에 피해를 주지 않아야 제 역할을 다할 수 있다.

경영자라면 삶의 균형을 맞출 줄 알아야 한다. 예를 들어 사업의 세계에서는 철저한 합리주의자로 살아가고, 그 외 사생활에서는 인간미 넘치는 로맨티시스트나 형이상학적인 철학자로 살아보는 것이다. 폭넓게 균형 잡힌 삶을 살 수 없다면 일류 경영자가 되기는 힘들다.

경험으로 얻은 지식을 중시한다

> '안다'와 '할 수 있다'는 완전히 다른 차원의 문제다. 예를 들어 세라믹을 고온에서 구워 완성할 때의 수축률만 해도 그렇다. 문헌에서 얻은 지식에 기초해 같은 조건에서 구워내도 막상 결과는 다르게 나온다.
>
> 경험으로 확인되거나 보강되지 않는 지식에는 한계가 있

> 다. 경영이든 관리 부문이든 마찬가지다. 경험이 뒷받침된
> 튼튼한 기반이 닦여 있어야만 그 위에서 제대로 된 지식과
> 논리가 만들어질 수 있다.

　다른 사람이나 책을 통해 배운 것보다 경험을 통해 스스로 터득해서 얻은 지식을 나는 더 중시한다.

　연구실에서 세라믹을 시험 삼아 만들 때 가장 먼저 하는 일은 문헌을 참고해 재료를 섞는 것이다. 보통은 교반기로 휘저어 재료가 균일하게 섞이면 일정한 모양을 만든 뒤 고온에서 굽는다. 그런데 문헌에 적힌 대로 정확히 재료를 섞고 정확한 온도와 시간을 맞추어 구워내도 결과가 다르게 나오는 경우가 많다.

　가장 큰 원인은 재료를 섞을 때 얼마나 오랫동안 고르게 섞는지에 따라 마지막으로 얻는 혼합물의 성격이 달라지는 것이다. 기체나 액체의 혼합물은 분자 수준에서 관찰해도 서로 다른 물질이 고르게 잘 섞여 있다.

　하지만 고체 알갱이들은 완전히 고르게 섞기가 어렵다. 책에는 고체를 어떤 비율로 섞어야 할지는 나와 있지만 얼마나 오래 휘저어 섞어야 하는지는 나와 있지 않다. 섞어놓은 재료 혼합물을 일정한 모양으로 굳힐 때에도 마찬가지다. 어떤 문

헌에도 압력을 얼마나 오래 가해야 하는지에 대해선 자세히 나와 있지 않다. 그런데 실제 개발 현장에서는 혼합물을 얼마나 딱딱하게 굳혔는지에 따라 굽고 난 뒤 만들어지는 제품의 성질이 변한다.

  형태가 잡힌 혼합물을 고온에서 구울 때도 이와 같다. 문헌에는 어느 정도 온도에서 구워야 하는지에 대해서만 나와 있다. 그런데 처음부터 높은 온도로 달군 화로에 갑자기 혼합물을 집어넣으면 깨지고 만다. 처음엔 낮은 온도에서 굽기 시작해 차츰 온도를 높여가야 한다. 그런데 이때 온도를 몇 도씩 어느 정도 속도로 높여가야 할지에 대해선 어떤 문헌에도 나와 있지 않다. 몇 번이고 실험을 되풀이하며 스스로 터득해가는 수밖에 없다.

  공과대학을 나온 사람이라면 책이나 문헌 자료의 설명쯤은 충분히 이해한다. 따라서 '이 세라믹은 이런 재료를 섞어 형체를 만들고, 이 정도 온도에서 구우면 된다'라고 설명하는 것은 쉽다. 하지만 자신이 설명한 대로 제품을 쉽게 만들어낼 수 있는 경우는 드물다. 아는 것과 실천하는 것은 별개의 문제이기 때문이다.

  경영자도 새로운 분야로 영역을 넓힐 때에는 그 분야를 잘 아는 사람을 고용하려고 한다. 하지만 아무리 전문가라고 해도 그저 '지식'으로 알고 있는 것과 '경험'으로 체득한 것이 있으므로, 그가 하는 말을 구분해서 들어야 한다.

대학에서 세라믹에 대해 공부했어도 실제로 만들어본 적이 없다면, 그것을 응용한 신제품을 개발하는 것은 무리다. 지식을 아는 것과 그것을 응용한 물건을 직접 만들어내는 것은 다른 차원의 문제이기 때문이다.

또 다른 예를 들어보겠다. 대학에서 마케팅을 전공한 신입 사원이 시장의 유통 이론에 대해 거침없이 얘기하며 "사장님, 이 문제에 대해선 이런 방법이 좋겠습니다" 하고 의견을 내놓는다. 마케팅을 전문적으로 공부해본 적 없는 경영자는 "음, 정말 그러면 되겠군" 하며 감동하는 경우도 있다. 하지만 막상 그 사원에게 "자, 그럼 지금부터 자네가 말한 대로 직접 해보게"라고 요구하면 결과는 엄청난 실망으로 이어질 수 있다. 물건을 직접 팔아본 적도, 다른 사람에게 고개를 숙여본 적도 없는 신입 사원이 현장에서 마케팅 실적을 올릴 수 있을 리 없다.

요즈음 신입 사원은 이론에만 강한 사람이 많다. 그들 스스로는 자신이 알고 있는 지식을 실천할 능력이 있다고 생각하지만 대부분 착각에 지나지 않는다. 이런 사람들에게는 실천을 통해 이론을 보강할 기회를 주어야 한다. "자네가 그렇게 하면 팔린다고 했으니까 직접 한번 해보게. 자네 말이 맞다는 것을 증명하게"라고 하면서 실천을 통해 경험하도록 만들어야 한다. 그러면 신입 사원은 현장 경험을 통해 이론을 확인하고 보강하면서 더 큰일을 이룰 수 있는 사람으로 성장할 것이다. 호랑이가 날개를 단 것과 같은 효과를 보게 된다.

컨설턴트에게서 경영 노하우를 배울 때에도 마찬가지다. 무엇보다 중요하게 생각해야 할 점은 그 컨설턴트에게 실적이 있는가다. 실적이 없는 컨설턴트의 조언은 별 의미가 없다. 어쩌면 이론에만 밝은 컨설턴트보다 세이와주쿠에서 강의를 듣는 경영자들이 더 나을지도 모른다. 실적을 내는 경영자는 경영 이론을 실천할 능력이 있다는 것을 증명하는 셈이기 때문이다.

실적 하나 없이 이론만 늘어놓는 컨설턴트에게 돈을 내고 가르침을 받는 것만큼 어리석은 일도 없다. 자문을 구하려면 반드시 실적이 있는 사람을 찾아가야 한다. 겉만 번지르르한 말을 늘어놓는 사람이 아니라, 이론대로 해본 뒤 경험을 통해 지식을 쌓아온 사람의 이야기가 많은 도움이 될 것이다.

항상 창조적으로 일한다

> 자신에게 주어진 일에 인생을 걸고 열심히 하는 것도 중요하지만 그게 전부는 아니다. 매일 전심전력으로 일에 몰두

> 하면서도 항상 이대로 좋을까 하고 자문하며 반성해야 한
> 다. 또 어제와 같은 상태가 매일 반복되지 않도록 꾸준히 개
> 선하고 개량해나가야 한다.
>
> 　매일 '이대로 좋은가'와 '왜?'라고 자문하며 어제보다 나
> 은 오늘, 오늘보다 나은 내일을 추구해라. 주어진 일에 대해
> 끊임없이 개선하고 개량하는 작업이 이루어질 것이다. 이
> 렇게 항상 창조적으로 일하는 자세는 큰 발전으로 가는 길
> 을 열어줄 것이다.

　항상 창조적으로 일하는 것은 교세라를 창립하고 나서 지금까지 유지해온 자세다. 기업 경영자 중에는 부모님에게 사업을 물려받은 사람이 있는가 하면, 스스로 새로운 사업을 시작한 사람도 있을 것이다. 어느 쪽이든 눈부신 발전을 이루며 막대한 매출을 올리는 기업을 보면 부러울 것이다.

　하지만 대부분은 '우리 회사도 저렇게 되었으면 좋겠어. 그러기 위해선 앞으로 성장 가능성이 크다는 정보 통신 기술 사업에 뛰어들어야 하는 것 아닐까? 하지만 우리 회사엔 인재도 자본도 기술도 없어. 어차피 되지도 않는 이야기야'라고 생각하는 듯하다. 새로운 사업에 뛰어들고 싶은 마음은 굴뚝같지만 조건이 갖추어지지 않았기 때문에 중소기업에 머물

수밖에 없다고 생각하는 것이다.

나는 대학 졸업 후 세라믹 관련 회사에 입사해 그곳에서 파인세라믹 제조 기술을 배웠다. 그리고 얼마 지나지 않아 독자적인 나만의 기술을 개발했고, 여러 지인의 도움을 받아 교세라를 창립했다. 초기에 교세라는 기술 수준도 낮고 회사 규모도 작았다. 하지만 1999년에는 그룹 전체 매출이 7,000억 엔을 넘는 대기업으로 성장했다. 1984년에 새롭게 시작한 통신 사업체인 다이니덴덴의 매출 1조 2,000억 엔까지 더하면 교세라는 약 2조 엔에 이르는 매출을 자랑하는 거대 기업이다.

하지만 나도 처음부터 새로운 기술과 사업 아이디어가 샘솟는 창의적인 사람은 아니었다. 오늘날 교세라가 손대는 사업 분야 중에는 나 자신도 잘 알지 못하는 것도 많다. 대부분 직원들의 기술력과 노력이 이루어낸 결과물이다.

오랫동안 기술계에 몸담아와서 그런지 몰라도 같은 일을 매일 반복하는 것은 도무지 성에 차지 않는다. 때문에 '어제보다는 오늘, 오늘보다는 내일, 내일보다는 모레'라는 생각으로 매일 연구를 게을리하지 않으려고 노력했다. 늘 '왜 이렇게 될까' '좀 더 좋은 방법은 없을까'와 같은 질문을 스스로에게 던졌고 직원들에겐 다음과 같이 호소했다.

"청소 하나를 하더라도 오늘은 여기서부터 했다면 내일은 저기서부터 해보아야 합니다. 또는 새로운 도구를 쓰거나 하는 식으로 여러 가지 새로운 방법을 시도해볼 수 있습니다. 매일매일 똑같은 방법으로 하는 게 아니라 어떻게 하면 좀 더 효율적이고 효과적으로 할 수 있을까를 고민하며 생각을 짜내야 합니다. 청소뿐 아니라 일에 대해서도 이런 자세로 달려드는 게 중요합니다."

나도 사회에 나와 지금까지 그런 식으로 창의적인 연구를 거듭하는 길을 걸어왔다. 늘 다니던 길, 이미 익숙해진 길은 결코 걷지 않으려고 했다. 또 한 번도 뒤로 후퇴하지 않았고 앞으로만 계속 나아가려고 했다. 지금 걷고 있는 길도 전혀 새로운 길이고, 여전히 앞만 바라보며 계속 나아가려고 노력한다.

파나소닉 창업자 마쓰시타 고노스케 회장도 늘 새로운 것을 시험하며 앞으로 나아간 사람이다. 마쓰시타 회장은 초등학교도 졸업하지 못하고 견습 점원으로 시작했지만, 나중에는 마쓰시타전기산업이라는 대기업을 일구어냈다. 정식 학교교육도 제대로 받지 못하고 가난했던 그가 세계적인 전자 제품 회사를 키워낸 비결은 무엇일까? 우수한 부하 직원들을 거느리며 그들에게 모든 것을 맡겼기 때문은 아니다. 오히려 마쓰시타 회장은 기술에 대해 높은 수준의 지식을 가지고 있어 전문 지식을 갖춘 부하 직원들을 서슴없이 질타하고 격려했다.

마쓰시타 회장은 "전 배움이 짧아서…"라는 말을 자주 했다고 한다. 그리고 항상 주위 사람들에게서 지혜를 배우려는 자세를 가졌다. 귀동냥으로 배운 지혜를 쌓아갔고, 그것을 바탕으로 창조적인 일을 생각해냈다. 그가 하는 말은 박사 학위를 가진 우수한 기술자가 하는 말보다 영향력이 더 컸다. 마쓰시타 회장 스스로 창의적인 연구를 거듭하며 늘 새로운 것을 만들려는 자세로 살아왔기 때문이다.

　창조적으로 일한다는 것은 어제보다는 오늘, 오늘보다는 내일, 내일보다는 모레가 더 나아야 한다는 생각으로 매일매일 작은 것 하나라도 개선하려는 자세다. 앞에서 언급한 청소의 예를 다시 들자면, 창조적인 사람은 '대걸레보다 효율적으로 청소할 수 있는 도구는 없을까?'라고 생각하다가 다음과 같은 의견을 제시할 것이다.

　"사장님, 새로운 청소기를 사주시지 않겠습니까? 그것이 있으면 대걸레질을 할 때보다 훨씬 능률이 올라 저 혼자 청소해도 될 것 같습니다. 당장 청소기를 사는 비용이 많이 들지만 1년을 놓고 계산해보면 인건비를 절약할 수 있으니 그게 훨씬 더 이익입니다."

　이런 의견을 제시할 정도의 직원이라면 창의적인 연구를 거듭한 끝에 다음과 같은 이야기도 할 수 있을 것이다.

　"직원을 고용해 빌딩 청소 사업을 시작해보고 싶습니다.

독립해서 창업해보고 싶습니다."

지금까지 수많은 궁리 끝에 여러 가지 독자적인 청소 노하우를 터득했기 때문에 사업을 시작하는 것도 무리는 아니다.

창의적인 궁리를 통해 매일매일 일으킨 변화는 아주 사소한 것일 수 있다. 하지만 이런 노력이 3년 정도 계속되다 보면 모두가 신기하게 생각할 정도로 큰 변화를 낳는 밑거름이 된다. "청소 담당 직원이 잘나가는 빌딩 청소 회사 사장이 됐어. 그 회사 청소 기술이 최고래"라는 말을 들을 정도로 성장하고 발전할 수 있다.

중소기업 경영자들과 이야기를 나눌 때가 있다. 그때마다 "교세라는 고도의 기술을 가지고 있으니 정말 부럽습니다. 어디서 그런 기술을 배워 오나요? 그 비결을 배우고 싶습니다"라는 말을 듣는다. 이렇게 묻는 사람은 회사를 발전시킬 수 있는 획기적인 기술을 어딘가에서 배워 오거나 전수받으면 된다고 생각하는 듯하다.

하지만 대부분은 그렇지 않다. 자금이 많은 회사라면 몇천억 엔을 들여서라도 기술을 사 오면 된다. 하지만 매일 신기술이 쏟아지는 현대사회에서 그런 방법으로 투자하다가는 회사를 성장시키기는커녕 퇴보하고 말 것이다. 대부분 성장하는 회사들은 매일 연구에 연구를 거듭해 자체적으로 신기술을 개발한다.

멋진 신기술은 어느 날 갑자기 연구자들에게 선물처럼 주어지지 않는다. 매일 '이 정도로 회사를 성장시킬 무언가를 만들 수 있을까' 하는 생각이 들 만큼 사소해 보이는 노력을 몇 년이고 계속하는 과정이 필요하다. 그렇게 노력의 시간이 더해지다 보면 어느새 새로운 기술이 쌓여 제품 개발로 이어진다.

저질 탄광을 보물 창고로 바꾸는 창의적 사고

나는 직원들에게 늘 강조한다.

"모두 매일 창의적인 연구를 거듭해야 합니다. 학력이나 전문 지식을 떠나 창의적인 연구를 계속하는 것만이 회사를 발전시키는 원동력입니다."

그리고 그때마다 3M의 창업에 얽힌 이야기를 들려준다. 3M의 창업주는 상당한 수완가였다. 아직 회사가 중소기업이었을 때 회사를 더 키우겠다는 생각으로 광산에 투자했다. 질 좋은 광물이 많다는 친구의 말을 듣고 비싼 값을 치렀다.

하지만 실제로 채굴을 해보니 광산에서 나오는 것은 질이 낮은 부스러기 광물뿐이었다. 고민 끝에 전문가를 불러 자문을 구했더니 쓸모없는 광산이라는 진단이 나왔다. 막대한 자금 손실과 친구에 대한 배신감으로 좌절의 문턱에 선 창업주는 보통 사람들과 다른 길을 선택함으로써 비범함을 보이기 시작했다.

광산에서 나오는 부스러기 광물은 주로 석영이었다. 그는 이 광물로 무엇을 하면 좋을까 궁리했다. 고민 끝에 광물을 체로 걸러 알갱이 크기가 작은 것부터 큰 것까지 분류해보았다. 그리고 종이 몇 장을 펼치고 접착제를 바른 뒤 광석 알갱이들을 크기별로 각각 다른 종이 위에 뿌렸다. 접착제가 마르자 알갱이들이 종이 위에 달라붙어 완전히 새로운 종이가 되었다.

그는 이 종이로 무엇을 할까 궁리하다가 낡은 냄비 바닥을 닦아보았다. 그러자 거뭇하게 눌어붙은 때가 떨어져나가면서 냄비 바닥이 깨끗해졌다. 특히 크기가 작은 알갱이를 붙인 종이로 닦은 금속에서 더 고운 빛이 났다. 그는 '이거 재미있군. 상품이 되겠어' 하며 쾌재를 불렀다. 이른바 '샌드페이퍼'라고 불리는 상품이 탄생하는 순간이었다.

하지만 싸고 얇은 종이를 사용했기에 조금만 문지르면 금방 찢어지는 단점이 있었다. 그는 이 문제를 해결하기 위해 종이 전문가를 찾아가 자문을 구했다. 전문가는 "아, 그런 문제라면 이런 종이를 사용해보면 어떻겠습니까? 접착제도 이런 것으로 바꿔보는 게 좋지 않을까요?" 하고 의견을 내놓았다. 그는 의견을 받아들여 샌드페이퍼를 좀 더 튼튼하고 질 좋은 제품으로 만들어냈다.

드디어 광석 알갱이의 크기와 종류가 다양하게 구분된 질 좋은 샌드페이퍼가 대량생산되어 큰 인기를 끌었다. 하지만 3M의 창업주는 이 정도에서 만족하지 않았다. 항상 그의 머릿속에는 좀 더 좋은 물건을 만들고 싶다는 생각이 가득했다. 그래서 이번에는 접착제로 눈길을 돌렸다. 접착력이 너무 약하면 샌드페이퍼의 광물 알갱이가 쉽게 떨어지는 문제가 있었다. 접착력이 너무 강해도 문제였다. 마모된 광물 알갱이들이 적절하게 떨어져 나가야 새로운 광물 알갱이가 올라오는데, 그렇지 못하기 때문이다. 그래서 다시 전문가를 찾아다니며 접착제에 대한 자문을 구했고, 더 좋은 종이도 직접 찾아 나섰다.

이 과정을 통해 3M은 접착제에 대한 독자적인 기술을 쌓았다. 그리고 직원들이 수집해 오는 정보를 통해 어디에도 붙을 수 있는 테이프에 대한 수요가 크다는 사실을 알 수 있었다. 곧 테이프를 개발하기 시작했고, 오늘날 '스카치테이프'라고 불리는 제품이 탄생했다.

3M은 그 후로도 쉬지 않고, 전기 코드를 감으면 절연되는 테이프를 개발했다. 이 제품 역시 폭발적인 인기를 끌며 날개 돋친 듯 팔려나갔다. 그다음에는 의료용 테이프 개발에 뛰어들어 외과 수술 후 상처를 보호하는 제품까지 만들었다.

기술 발전과 함께 새로운 전자 제품이 연달아 개발되면서 3M도 새로운 시장을 발견했다. 녹음기에 쓰일 녹음용 테이프가 필요해진 것이다. 이 테이프는 합성수지로 만든 테이프에 접착제를 바르고 그 위에 산화철 가루를 고르게 입혀 굳힌 것이다. 당시 3M은 접착제 위에 산화철을 고르게 입히는 기술을 갖고 있었기에 녹음용 테이프 개발에도 앞장섰다. 처음에는 샌드페이퍼를 만드는 기술로 시작해 점점 다양한 기술 개발에 뛰어들어 사업을 다각화한 좋은 예다.

친구에게 속아 폐광이나 마찬가지인 광산을 샀다는 사실을 알았을 때 보통 사람이라면 충격받은 나머지 쓰러졌을지도 모른다. 하지만 3M의 창업주는 실망과 좌절에 빠져 있는 대신, 쓸모없어 보이는 광물 부스러기들을 보면서 '이것을 어떻게든 이용할 수 없을까?' 하고 창조적으로 궁리하기 시작했다. 그 결과 끊임없는 기술 개발에 뛰어들어 3M을 생활과 산업 곳곳에 필요한 수많은 제품을 생산하는 대기업으로 성장시켰다.

크게 성장한 기업은 이처럼 창조적인 개발 과정을 끊임없이 반복하면서 발전해왔다. 결코 처음부터 전 세계 시장을 지배할 만큼 특별한 기술을 갖추고 있었던 것이 아니다.

창조적으로 일해야 성장할 수 있다

나는 경영자들에게 창조적으로 일하라고 호소한다. 경영자가 얼마나 깊이 생각하며 창조적으로 일하는지에 따라 회사의 운명이 바뀌기 때문이다. 간혹 교세라가 특별한 회사라고 생각하는 사람도 있는 듯하다. 하지만 그 어떤 경영자라도 자신의 회사를 교세라처럼 특별하게 만들 수 있다.

교세라는 창업 당시 절연재인 'U자 켈시마'를 만들어 마쓰시타전기산업에 납품하고 있었다. 당시 마쓰시타전기산업은 네덜란드 필립스사의 기술을 도입해 텔레비전 브라운관을 만들기 시작했다. 내가 개발한 U자 켈시마는 그 브라운관에 들어가는 부품이었다.

교세라는 U자 켈시마에 이어 '캐소드 튜브'도 개발했다. 텔레비전의 작동 원리는 전자총으로 전자를 쏘면, 이 전자가 브라운관에 발린 형광 물질에 부딪쳐 빛을 내며 영상을 만드는 것이다. 이때 전자를 방출하려면 브라운관의 음극인 캐소드를 가열해야 한다. 초기에 생산된 텔레비전은 전원을 켜도 화면에 바로 영상이 나오지 않아 기다려야 했다. 캐소드가 가열되어 전자가 방출되기까지 시간이 걸리기 때문이었다.

캐소드를 가열할 때에는 고압 전류가 흐르기 때문에 절연재를 쓰지 않으면 상당히 위험하다. 교세라에서는 이를 위해 아주 얇으면서도 절연성이 높은 캐소드 튜브를 개발했다. 그리고 이 제품도 마쓰시타전기산업에 납품하게 되었다. U자 켈시마와 캐소드 튜브는 브라운관의 핵심 부품이었기에 꾸준히 팔렸고, 교세라가 안정된 조건에서 성장할 수 있는 기반이 되어주었다.

단일 제품을 대량으로 납품하면서 이익이 나기 시작하자 자연스럽게 두 가지 의문이 생겼다. 하나는 '다른 고객은 없는가'였고 또 다른 하나는 '현재 잘 팔리는 제품을 또 다른 제품으로 응용할 수 없는가'였다.

그때 머릿속에 '브라운관 시장은 앞으로 계속 넓어질 거야. 그렇다면 지금 만드는 절연 제품을 도시바나 히타치에 납품할 수 있게 될지 몰라. 회사가 성장하려면 그런 좋은 기회를 놓칠 수 없지'라는 생각이 스쳤다. 동시에 '브라운관은 진공관의 일종이야. 그렇다면 브라운관에 사용하는 절연재를 라디오의 진공관에도 쓸 수 있을 거야'라는 생각도 들었다. 내 예상은 모두 들어맞았고 교세라의 판매 시장은 더욱 넓어졌다.

만일 당시 교세라가 마쓰시타전기산업에 부품을 안정적으로 납품해 이익을 내는 데에만 만족했다면 어떻게 되었을까? 얼마 지나지 않아 라디오 진공관은 모두 트랜지스터로 대치되어 시장에서 사라졌다. 브라운관은 아직 남아 있었지만 절연재를 따로 쓰지 않고 부품에 직접 절연 재료를 코팅하는 방식으로 바뀌었다. 그 결과 그토록 어렵게 개발했던 U자 켈시마와 캐소드 튜브도 필요 없게 되었다. 자칫 잘못했더라면 지금쯤 "아, 그때가 좋았어"라고 옛날을 그리워하며, 뒤늦게 다른 업종에 뛰어들려고 우왕좌왕하는 회사가 되었을지도 모른다.

당시 나는 어떻게든 더 많은 주문을 받으려고 모든 가능성을 열어두고 늘 궁리를 거듭했다. 진공관에 쓰일 절연재를 생각해낸 다음에는 '세라믹이 반드시 전자 제품에만 쓰이라는 법은 없지' 하면서 다른 분야로 눈을 돌렸다. 세라믹은 고온에 강하고, 다이아몬드 다음으로 단단하며, 잘 마모되지 않는 특성이 있다. 그렇다면 '마모가 심하게 일어나 문제가 되는 곳에 세라믹을 쓰면 좋지 않을까' 하는 생각이 들었다. 곧 잘 마모되지 않는 부품이 필요한 회사부터 찾기 시작했다.

당시는 섬유 업계에 나일론 같은 화학섬유가 등장하던 때였다. 나일론 실은 질기고, 제조 공정에서 실이 기계 속을 지나가는 속도도 아주 빠르다. 따라서 실이 지나가는 부분에 사용되는 금속이 금세 마모되는 문제가 있었다. 나는 금속 대신 세라믹을 사용하면 이 문제가 해결되리라는 생각이 들었다. 그래서 개발하기 시작했고, 드디어 섬유 제조 기계에도 세라믹 부품이 들어가게 되었다. 하지만 여기서 만족하지 않았다. 세라믹 부품이 필요한 산업 분야가 또 어디 없을까 하고 끊임없이 궁리했다.

궁리를 거듭한 끝에 새롭게 발견한 것은 당시 미국 시장을 개척한 트랜지스터였다. 나는 트랜지스터의 헤더 부분을 세라믹으로 만드는 일에 도전했다. 고도로 정밀한 기술이 요구되는 작업이었지만 우여곡절 끝에 성공적으로 그 일을 해냈다. 그 결과 진공관이 세계 시장에서 사라지자, 그 대신 사용되는 거의 모든 트랜지스터에 교세라의 세라믹 부품이 들어갔다. 그리고 곧 트랜지스터를 대신해 널리 쓰이게 되는 IC(집적회로)의 시대가 찾아왔을 때에는 세라믹 IC 패키지도 개발했다.

지금까지 말한 다양한 분야에 대해 처음부터 전문 지식이나 기술을 가지고 있었던 것은 아니었다. 트랜지스터 시대가 찾아와 진공관이 사라지리라는 것을 미리 알고 있었던 것은 더더욱 아니었다. 현상에 만족하지 않고 끊임없이 창의적으로 연구하다 보니 새로운 분야가 눈에 들어왔고, 그때마다 과감하게 도전했을 뿐이다. 교세라는 이런 자세를 변함없이 유지한 끝에 얻은 결과물이다.

항상 창의적으로 일하는 자세야말로 중소기업에서 중견기업으로, 중견기업에서 대기업으로 나아가기 위해 가장 필요한 기본 조건이다.

3.
바른 판단을 한다

이타심을 판단 기준으로 삼는다

우리 마음속에는 나만 좋으면 된다는 이기심과 나를 희생해서라도 다른 사람을 돕겠다는 이타심이 공존한다. 이기심으로 판단해 일을 추진하면 다른 사람의 협력을 얻기 어렵다. 또 자기부터 잘되고 보자는 이기적인 생각을 하면 시야가 좁아져 판단을 그르치고 만다.

반면에 이타심으로 판단해 일을 추진하면 주위에서도 기꺼이 협력해주려고 한다. 또 다른 사람을 고려하는 과정에서 시야가 넓어져 좀 더 지혜로운 판단을 한다.

크고 좋은 일을 이루려면 자기중심의 사고를 버려야 한

> 다. 그리고 주위를 배려하는 이타심을 판단 기준으로 삼는 습관을 길러야 한다.

경영자에게는 판단할 일이 많다. 직원들에게 여러 가지 지시를 내려야 하고, 그들이 상담을 원하면 고민거리를 들어주고 적절한 해결책도 제시해야 한다. 꼭 경영자가 아니더라도 누구나 하루하루를 살아가면서 많은 판단을 한다. 이때 대부분은 직감적으로 판단을 내린다. 특별한 훈련을 받지 않은 사람이라면, 직감이란 곧 본능을 의미하는 경우가 많다.

본능은 우리의 마음을 이루는 바탕이다. 스스로의 육체를 지키고 만족시키는 것을 최우선으로 여기는 욕구이기도 하다. 그래서 본능을 따르면 자신에게만 유리한 쪽으로 생각하고 행동하게 된다. 이것은 다른 사람이 잘되도록 배려하는 이타심과 정반대인 마음인데, 반드시 나쁜 것도 좋은 것도 아니다. 육체를 지닌 스스로의 존재를 지킬 수 있게 신이 선물한 마음일 뿐이다.

인간은 어떤 일에 대해 생각할 때 본능적으로 자신을 중심에 두고 판단한다. 예를 들어 '나에게 유리한가, 그렇지 않은가?' 혹은 '우리 회사에게 이익이 될 것인가, 그렇지 않은가?'와 같은 생각을 한다. 대부분 경영자들도 이런 본능적인 판단에서 벗어나기 어렵다. 하지만 이런 판단은 자신에게는 유리할지 모르나 주위 사람들에게 폐를 끼칠 수 있다.

극단적인 예를 들면, 장사할 때 상대가 시세를 모르는 것 같으면 비싼 값을 부르는 사람이 있다. 상대는 큰 손해를 보더라도 나만 좋으면 된다는 생각으로 비싼 값에 팔아버리려는 것이다. 그리고 "본인이 좋아서 산다고 했으니 된 거 아닌가?" 하고 어처구니없는 변명을 한다.

본능에 따라서만 판단하면 이처럼 다른 사람에게 손해를 끼치거나 큰 문제를 일으키기 쉽다. 하지만 이타심으로 판단하면 다른 사람부터 생각하게 된다. 그래서 상대가 시세를 잘 모르고 비싼 값을 치르려고 하면 '이대로 받으면 돈을 벌지 몰라도 너무 큰 손해를 입히게 돼'라고 생각할 것이다. 그리고 "그렇게까지 비싼 값을 치르지 않아도 됩니다. 합리적인 가격을 제시해드리지요" 하면서 양심을 지켜 장사를 한다. 처음에는 다른 사람을 배려하는 이런 행동이 내게 오히려 손해처럼 보일 수 있다. 하지만 길게 보면 결국 상대방의 신뢰를 얻어 서로에게 좋은 결과를 불러올 것이다.

다른 사람을 배려해서 판단한다

〈교세라 필로소피 수첩〉에서 이타심에 대해 자신을 희생해서라도 다른 사람에게 이로운 일을 하려는 마음이라고 설명했다. 이타심은 단지 경영자에게만 필요한 것이 아니라 정치나 교육을 비롯한 모든 삶의 현장에서 중요한 판단 기준이 될 수 있다.

그렇기는 해도 완전히 이타심으로만 판단한다는 것은 깨달음을 얻은 사람이나 할 수 있는 일이다. 이타심의 최고 경지는 깨달음의 경지와도 통한다. 늘 "이타심으로 판단하세요"라고 이야기하는 나조차도 그런 경지에 이르려면 한참 멀었다.

사람이 높은 수준의 판단 기준을 가지면 세상만사 돌아가는 이치가 한눈에 보인다고 한다. 사람들은 골치 아픈 문제가 생기면 정신적 수준이 높은 사람을 찾아가 상담을 받는다. 그러면 그들은 "그것은 해도 괜찮다"라거나 "해선 안 된다"라고 확실하게 결론을 내려준다. 정신적인 수준이 높은 사람은 높은 곳에서 내려다보듯 현실을 한눈에 통찰하고 판단할 수 있기 때문이다.

유감스럽지만 우리 주변에는 나만 잘되면 된다는 본능에 충실한 사람이 너무 많다. 이 사람들은 이기느냐 지느냐, 빼앗느냐 빼앗기느냐, 돈을 버느냐 손해를 보느냐를 두고 치열한 싸움을 벌이며 하루하루를 살아간다. 코앞에 닥친 위험이나 큰 손해도 모른 채 그저 눈앞의 이익을 챙기기에만 바쁘다.

하지만 정신적인 수준이 높아 이타심으로 가득한 사람은 좀 더 높은 곳에서 세상을 내려다보며 산다. 그래서 보통 사람들이 당장 손해 보지 않으려고 아웅다웅 다투다가 막다른 길로 잘못 접어드는 것을 한눈에 알 수 있다.

하지만 "그 길로 조금만 더 가면 시궁창에 빠질 것이다"라고 일러줘도 소용없는 경우가 많다. 이타심으로 바른 판단을 하는 사람의 눈에는 한눈에 들어오는 위험이 이기심으로 눈이 먼 사람에게는 전혀 보이지 않기 때문이다. 오히려 자신은 바른 판단을 한다고 착각한다. 그리고 '저쪽의 울퉁불퉁한 길보다는 이 길이 편하지' 하며 계속 달려가다가 결국 시궁창 속에 풍덩 빠지고 만다. 욕심으로 눈이 먼 사람에게는 뻔한 위험도 보이지 않으니 안타까울 따름이다.

보통 사람들이 항상 이타심으로 판단하기란 쉽지 않다. 당장 자신이 손해 볼 것 같으면 어떻게 해서든 그 상황을 피해 이익을 볼 수 있을지부터 생각한다. 다른 사람의 이익은 그다음 문제다. 심지어 다른 사람이 손해를 보더라도 내 이익부터 챙기고 싶어진다. 지금부터는 이런 본능적인 차원을 벗어나 다른 사람을 먼저 배려하는 사람이 되기 위한 비결을 하나 소개할까 한다.

예를 들어 어떤 물건을 살까 말까, 팔까 말까, 혹은 다른 사람에게 부탁받은 것을 할까 말까 고민하고 있다고 하자. 보통은 순간적으로 판단해 즉흥적으로 대답하는 경우가 많다. 특별히 자기 수양을 하지 않은 사람은 이때 자기 이익부터 지키려는 생각에 사로잡힌다. 따라서 그런 생각에 강력하게 지배당하기 전에 심호흡부터 크게 하라. 그리고 '이타심으로 판단하라'라는 말을 떠올려보라. 아니면 머릿속으로 스스로에게 이렇게 타일러도 좋다.

'잠깐 기다려. 내게 이익이 될까 말까를 생각하지 말고 상대방에게 무엇이 좋을지부터 배려해보자.'

심호흡을 하며 이런 생각을 하면 본능에 지배당하며 성급하게 결론 내리기 전에 한 걸음 쉬어가는 시간을 가질 수 있다. 그리고 최대한 상대방에게도 좋고 자신에게도 좋은 방법이 떠오르면 그때 결론을 내리면 된다.

판단을 내리기 전에 이런 식으로 쉬는 시간을 갖지 않으면 상대방에게 불이익을 주기 쉽다. 어느새 본능에 휩쓸려 자기 자신만 생각하기 때문이다. 따라서 사고 과정이라는 커다란 회로 속에 심호흡을 하며 쉬어가는 시간을 반드시 넣어두어야 한다. 그렇게 하면 특별히 자기 수양을 하지 않은 보통 사람도 바른 판단을 내릴 수 있다.

이타심이란 무엇인지에 대해 좀 더 이야기해본다. '이타'란 다른 사람을 기쁘게 해주고 돕는 것이다. 석가모니의 전생에 대한 일화 중에는 굶어 죽는 호랑이 모자에게 자신의 몸을 먹이로 던져주었다는 이야기도 전해온다. 자신을 희생해 남을 돕는 이타적인 행위의 극단적인 예다. 이처럼 이타심을 강조하는 이야기를 늘어놓으면 다음과 같은 질문을 던지는 사람도 있다.

"듣기 좋고 허울 좋은 말만 하시는군요. 10퍼센트 이상 남기지 않으면 돈을 버는 기업이라고 할 수 없다고 하셨던 것 같은데요. 돈을 번다는 것은 자기 이익을 추구한다는 뜻입니다. 그런데 이제 와서 다른 사람의 이익부터 고려하라고 하시니 모순이 심하군요. 정말 다른 사람에게 이익과 도움을 주고 싶다면 경영에서도 10퍼센트나 이익을 남겨선 안 되는 것 아닙니까?"

앞에서 자기 목숨까지 내놓는 이타심의 궁극적인 예를 들긴 했지만, 그런 삶을 살면 목숨이 몇 개여도 모자랄 것이다. 보통 사람들은 이런 궁극적인 이타심을 추구한다는 것 자체가 불가능하다. 따라서 이타심을 좀 더 다른 시각으로 바라보며 이해해야 할 것이다.

누구나 이 세상에서 단 한 번뿐인 인생을 살아가고 있다. 생명이 있는 모든 것은 마찬가지다. 따라서 이 세상에 존재하는 모든 것이 서로 공생하고 공존할 수 있어야 한다. 나도 살고 남도 살아야 한다. 더 나아가 지구에 있는 모든 것이 함께 살아갈 수 있어야 한다.

이타심은 서로서로 공존할 수 있도록 배려하는 마음이다. 그런 의미에서 내가 경영하는 기업이 건강하게 살아남기 위해 10퍼센트의 이익을 유지하려고 노력하는 것은 이타심과 모순되지 않는다.

큰 선행과 작은 선행

상대방을 배려할 때 무엇이 가장 선한 것인가를 잘 생각해보아야 한다. 예를 들어 도산 직전에 있는 거래처가 "사실은 돈이 없습니다. 외상으로 안 될까요?"라거나 "어음으로 해도 될까요?"라고 부탁한다고 치자. 업계에는 그 회사가 다음 달이면 부도날 것이라는 소문이 돌고 있어 어음으로 받아두면 큰 손해를 볼 가능성이 크다. 하지만 상대는 어떻게든 어음 결제 약속을 지킬 테니 물건을 달라고 사정한다. 이런 경우 물건을 팔아야 할까, 아니면 거절해야 할까?

이타심으로 판단하자면 상대방을 전적으로 배려해 물건을 팔아야 한다. 하지만 그럴 경우 외상으로 준 물건 대금을 받지 못해 큰 손해를 볼 게 뻔하다. 대부분의 사람은 '어떻게 하면 좋을까? 이타심과 사업 경영은 원래부터 모순되는 것 아닐까?'라고 생각하며 갈등할 것이다.

이때 큰 선행과 작은 선행이라는 판단 기준을 사용하면 바른 결정을 할 수 있다. 예를 들어 자녀가 너무 귀여운 나머지 무엇이든 제멋대로 하도록 놓아두는 부모가 있다. 하지만 그런 부모 밑에서 자란 아이는 결국 예절을 모르는 이기적인 어른이 되고 만다. 이런 사람은 어디를 가도 환영받지 못하고 불행한 삶을 살 것이다. 부모가 당장 아이를 기쁘게 해주려다 오히려 아이를 망쳐버린 경우다.

상대방에게 지금 당장 이익이 되는 것만 해주는 선행이 나중에 그 사람에게 큰 불행을 안기는 나쁜 결과로 이어질 수 있다. 그래서 '작은 선행은 큰 악과 닮았다'라는 말이 생긴 것이다. 사소한 선행을 베푼 것이 오히려 나중에 커다란 악이 된다는 뜻이다.

한때 베스트셀러로 화제를 모았던 《오체 불만족》이라는 책을 쓴 오토다케 히로타다는 태어나면서부터 팔다리가 없는 장애인이었다. 보통 이럴 경우 '아무 죄도 없는 내가 왜 이런 불행을 당해야만 해?'라고 생각하며 부모나 세상을 원망할 것이다.

하지만 그는 장애가 있는 자신의 처지에 신경 쓰지 않았고 밝은 모습도 잃지 않았다. 자신이 세상에 태어난 이유는 팔다리가 없는 사람만이 할 수 있는 무언가를 위해서라고 생각했기 때문이다. 결국 그는 누구보다 열심히 공부해 명문대를 졸업하고, 탐방 기자이자 아이들에게 희망을 주는 교사로서 보람 있는 삶을 살게 되었다. 뿐만 아니라 그가 쓴 책은 전 세계 많은 독자에게 희망을 주었다.

몸은 장애의 한계 속에 갇혔어도 세상을 향해 긍정적으로 마음을 여는 순간 불행에서 벗어나 행복으로 나아갈 수 있다는 사실을 그는 확실하게 보여주었다.

부모에게 자식처럼 귀하고 소중한 존재도 없다. 특히 오토다케 히로타다의 부모는 심각한 장애가 있는 아들을 기쁘게 해줄 수 있다면 어떤 응석도 받아주고 싶었을 것이다. 하지만 그의 부모는 팔다리가 모두 없는 아들이 겪는 어려움을 지켜보면서도 결코 대신 해주지 않았다. 당장 힘들더라도 무엇이든 혼자 해내도록 늘 따뜻하게 격려했다. 덕분에 그는 모든 일을 비장애인과 비슷하게 해낼 수 있는 어른으로 성장했다. 이것이 바로 작은 선행을 버리고 노력한 끝에 이룬 큰 선행의 성과라고 할 수 있다. 아마 오토다케 히로타다의 부모는 이런 비난도 들었을 것이다. "아직 어린 아이에게, 그것도 손도 발도 없는 아이에게 저렇게 차갑게 굴다니… 피도 눈물도 없군."

하지만 얼핏 비정해 보이는 그들의 행동에는 큰 선행이 숨어 있었다. 바로 아들을 훌륭한 어른으로 키우려는 부모의 지혜로운 사랑이다. '큰 선행은 비정함과 닮았다'라는 말을 떠올리게 만드는 좋은 사례라 할 수 있다.

언젠가 개발도상국 지원 광고에서 '우리는 가난한 나라에 물고기를 주지 않습니다. 단지 물고기 잡는 법을 가르쳐줄 뿐입니다'라는 문구를 발견했다. 맞는 말이다. 물고기를 주면 당장 한 끼의 배고픔은 해결할 수 있다. 하지만 남는 게 없고, 상대방에게 얻어먹는 버릇만 키워줄 뿐이다. 따라서 당장 먹을 것을 주기보다는 물고기 잡는 법을 가르쳐주어야 한다. 물고기 잡는 법을 알면 필요할 때엔 언제든 스스로 배고픔을 해결할 수 있다. 지금 당장 먹을 것을 주지 않는다 해도 스스로 굶주림을 해결할 수 있는 능력을 키워주는 배려가 바로 큰 선행이다.

물고기나 돈을 주는 것은 작은 선행에 지나지 않으며 결국 자기 힘으로 살아갈 수 없는 사람으로 키우는 커다란 악이 될 수 있다. 그런 의미에서 최근엔 자선사업 단체들도 어려운 사람에게 정말 도움이 되는 길을 찾아주려고 노력한다. 여러분도 이타심으로 어떤 일을 할 때에는 작은 선행과 큰 선행에 대해 충분히 생각하고 판단하기를 바란다.

이타심으로 판단하면 진실이 보인다

거품경제가 꺼지고 금융기관을 비롯한 많은 기업이 경영난에 빠졌다. 이들 대부분은 경제가 호황일 때 땅이나 주식에 투자했다가 큰 손해를 봤다. 비록 거품이지만 경기가 좋았을 때에는 땅이나 주식으로 하루아침에 몇 배의 수익을 올리는 사람이 많았다. 간혹 "우리 회사는 그런 투자를 하지 않았습니다"라고 말하는 경우도 있다. 하지만 단지 자금에 여유가 없어서 그랬던 것은 아닐까? 돈만 있었더라면 값이 오를 것 같은 주식이나 땅에 투자하고도 남았을 회사도 많다. 그랬더라면 지금쯤 거품경제의 소멸과 함께 망했을 것이다.

당시 내게도 좋은 투자 정보가 있다면서 찾아오는 사람이 끊이지 않았다. 하지만 그때마다 단호히 거절했다.

"쉽게 돈을 번다는 건 말도 안 된다고 생각합니다. 설사 가능하다고 해도 뭔가 이상합니다. 순리에 맞지 않군요. 땀 흘리지 않고 쉽게 돈을 벌 수 있다면, 땀 흘려 일하는 사람은 바보가 되는 이상한 세상이 되고 말 겁니다. 그런 세상을 만드는 데 일조하고 싶지 않습니다. 그렇게 되면 내 인생도 엉망이 될 테니까요."

아무리 돈을 많이 벌게 해준다는 투자 정보가 있어도 땀 흘려 일한 대가가 아니라면 거들떠보지 않았다. '노력 없이 큰돈을 벌려고 욕심 내는 것부터 이상하다. 모두 그런 마음으로 살아간다면 사회 전체가 이상해질 것이다'라는 생각이 확고했기 때문이다.

앞에서 말했듯이 이타심으로 판단하면 나 자신의 이익만

이 아니라 주변 사람들의 형편도 고려하게 된다. 시야가 넓어지기 때문에 더 나아가 사회 전체에 끼칠 영향까지 생각하게 된다. 무엇보다 좋은 점은, 대박 날 투자 정보가 있다면서 허황된 길로 끌고 가는 사람들의 속셈을 볼 수 있는 눈이 생긴다는 것이다. 그들은 대부분 자기만 돈 벌면 된다는 생각으로 다른 사람에게 피해를 주든 말든 상관하지 않고 날뛰는 부류다. 이타심은 이런 사람들을 멀리할 수 있는 능력을 키워 준다.

이기심에 눈이 먼 사람들의 행동 패턴을 정리해보면 이런 식이다. 혼자서 제멋대로 달려가다가 기둥에 부딪쳐 혹이 생긴다. 그 자리에 반창고를 붙이고 다른 방향으로 냅다 달리기 시작한다. '저리로 갔다간 넘어질 텐데'라고 생각하며 지켜보고 있으면 정말 돌부리에 걸려 넘어져 또 상처를 입는다. 전부 자기가 하고 싶은 대로 달리다가 다쳤으면서 "저기 재수 없게 나무 기둥이 있었어" 혹은 "하필이면 길바닥에 돌이 있을 게 뭐야"라고 남 탓만 한다. 그리고 제멋대로 달린 스스로에겐 조금도 잘못이 없다고 생각하며 불평만 늘어놓는다. "이렇게 열심히 노력하는데도 되는 일이 없어. 세상은 너무 불공평해." 하지만 그에게 닥친 불행은 욕심에 눈이 먼 자신이 스스로 불러들인 것이다. 자신의 이익만 챙기려는 사고방식은 만사를 꼬이게 만드는 출발점이다.

이타심으로 판단하면 욕심에 눈이 머는 일을 피할 수 있다. 다른 사람들이 아무리 수상쩍은 정보를 가져와 부추겨도 그 이면의 진실을 볼 수 있는 능력이 생긴다. 따라서 어떤 일을 판단할 때 가장 중요하게 생각해야 할 요소는 이타심이다.

여러분은 자신만 좋으면 된다는 생각으로 장사를 하지 않기를 바란다. 거래하기에 앞서 상대방의 입장을 배려하고 주위 사람들에게 끼칠 영향도 잠시 생각해보라. 더 나아가 '모두에게 과연 좋은 일일까?'라는 질문에도 흔쾌히 '네'라고 답할 수 있을 때 거래하겠다는 마음가짐을 가져보자.

대담함과 세심함을 겸비한다

> 대담함과 세심함은 서로 모순된다. 하지만 이 둘을 모두 갖고 있어야 무슨 일이든 완전하게 해낼 수 있다. 둘을 모두 갖고 있어야 한다는 것은 둘 사이에서 어중간하게 중용의 길을 걷는다는 의미가 아니다. 마치 천을 짤 때 씨실과 날실이 필요한 것처럼 각자의 특징을 잘 살려 어우러지게 해야 한다. 세로로 내려오는 날실이 대담함이라면 가로로 질러가는 씨실은 세심함이라 할 수 있다. 서로 상반된 방향의 두 요소를 교차시켜 만나게 하면 아름다운 천이 완성된다. 일

을 할 때에도 대담함은 추진력을 주고, 세심함은 작은 것까지 챙기면서 실패를 막을 수 있게 해준다.

처음부터 이 두 요소를 완벽하게 겸비한 사람은 없다. 여러 가지 일을 해나가면서 두 가지 모두를 갖추려고 노력하다 보면 차츰 대담하면서도 섬세한 사람으로 변해가는 법이다.

경영자로서 어떤 일을 판단할 때 대담한 결단을 내려야 할 때가 있는가 하면, 돌다리도 두드리고 건널 정도로 세심하게 굴어야 할 때도 있다. 즉, 경영자는 대담함과 세심함을 모두 갖고 있어야 한다.

대담함과 세심함은 천을 짤 때 필요한 씨실과 날실처럼 어느 하나만 있어서는 의미가 없다. 그렇다고 대담함과 세심함 사이에 어중간하게 있어야 한다는 의미는 더더욱 아니다. 경영자나 리더라면 무서울 정도의 대담함과 감질날 정도의 세심함이라는 양극단을 모두 고르게 갖추고 있어야 한다.

이런 양극단이 거액 투자를 하는 대담함과 아주 적은 액수의 투자를 망설이다 포기하는 세심함만을 가리키는 것은 아니다. 때로는 인사 문제에도 적용할 수 있다. 예를 들어 많은 직원을 가족처럼 따뜻하게 끌어안으면서도 전체를 위해 몇몇 직원을 비정하게 해고하는 양극단을 보여주어야 할 때도 있다. 또는 늘 이론에 밝고 합리적이면서도 한편으로는 인간적이고 감정적인 면을 보여주는 것이 될 수도 있다.

대담함과 세심함, 온정과 비정함, 합리성과 인간적인 면모가 한 사람의 내면에서 씨실과 날실처럼 어우러져 있어야 한다. 그리고 대담함이 필요할 때와 세심함이 필요할 때를 구분해 그때마다 필요한 카드를 적절하게 내밀 줄 알아야 한다. 상황을 잘 판단하고, 그 상황에 맞추어 필요한 면을 보여줄 수 있는 능력이 있어야 하는 것이다.

사람에게는 온정이 넘치는 면이 있는가 하면 차갑고 냉정한 면도 있다. 평소에는 직원을 소중히 여기며 따뜻하게 대하던 경영자도 제멋대로이고 사고뭉치이고 게으른 직원에게는 가차 없이 해고 명령을 내린다. 이때 경영자 스스로 '항상 직원을 소중히 여긴다고 말해놓고선 갑자기 해고하다니… 난 정말 종잡을 수 없는 인간이야'라고 생각하며 혼란에 빠질 수도 있다.

경영을 하다 보면 이처럼 양극단에 있는 성질이 번갈아 나오는 법이다. '난 이중인격자가 아닐까?' 하는 의문이 생길 수 있지만 걱정하지 않아도 된다. 그런 이중적인 면이 없다면 제대로 된 경영을 할 수 없다.

"우리 사장은 사람이 너무 좋아"라는 평가를 받는 회사는 대개 경영 상태가 좋지 않다. 항상 누구에게나 좋도록 일 처리를 하면 사업이 제대로 굴러가지 않기 때문이다. 물론 "우리 사장은 정말 냉혹하고 나쁜 사람이야. 돈 앞에서는 피도 눈물도 없어"라는 평가만 들어서도 안 된다. 경영자는 사람이 너무 좋아도 안 되고 너무 나빠도 안 된다. 따뜻함과 냉혹함을 두루 갖춘 사람이어야 한다.

이 말은 자칫 모순처럼 들릴 수도 있다. 하지만 이를 모순이라 생각하지 말고 자신의 특성으로 만들어가야 한다. 위인들의 전기를 읽어보면 큰일을 이루어낸 사람은 양극단에 있는 특성을 모두 갖춘 경우가 많다는 것을 알 수 있다.

나도 모순된 면을 가지고 있다. '요전에 그렇게 대담했던 나와 지금 이렇게 기가 죽어 움츠리는 나, 이 중에서 진정한 나는 어느 쪽일까?'라고 고민했던 적이 한두 번이 아니다. 평소에는 누구보다 부하 직원을 아끼지만 때에 따라 읍참마속泣斬馬謖의 심정으로 직원을 해고하기도 한다. 그럴 때마다 마음속에서 떨치기 어려운 갈등이 시작된다.

'그 정도 잘못으로 해고까지 했어야 했나? 너무하지 않나?'라는 생각과 '당장은 작은 실수처럼 보여도 그대로 두면 조직 전체가 무너질 수 있어. 과감히 단죄해야 해'라는 생각이 부딪친다. 어느 쪽이 진정한 나 자신에게서 나온 것인지 스스로도 믿을 수 없게 된다. 그렇다고 이런 고충을 아랫사람에게 털어놓으면 경영자로서 신용을 잃을까봐 홀로 번민하는 나날을 보낸 적이 많았다.

그런데 미국 작가 F. 스콧 피츠제럴드의 글을 읽고 그런 갈등과 번민에서 조금은 자유로워졌다. 내게 큰 위로와 용기를 주었던 그의 말이다.

"최고 일류 지성이란 양극단의 사고방식을 동시에 가지고, 그 둘이 정상적으로 기능하도록 하는 사람이다."

최고의 지성인이라면 대담해야 할 때에는 대담하고, 세심해야 할 때에는 세심해야 한다. 피츠제럴드 식으로 표현하면 양극단의 특성이 모두 필요할 경우 적절히 기능할 수 있어야 한다. 피츠제럴드의 글을 읽은 뒤부터 '정반대의 성질을 모두 가지고 있어도 문제는 아니구나. 오히려 필요한 일이구나' 하고 안심하게 되었다.

양극단의 능력이 필요한 중소기업 경영자

지금까지 나는 대담함과 세심함, 온정과 냉정, 합리성과 인간미처럼 양극단의 특성을 겸비하고 필요할 때 각자 적절히 기능하도록 해야 한다고 강조했다. 그런데 이것이 얼마나 어려운 일인지에 대해서도 잠깐 이야기하려 한다.

혼다기술연구소(혼다자동차)의 성공은 천재적인 기술자 혼다 소이치로와 재무에 탁월한 능력을 가진 후지사와 다케오라는 뛰어난 리더들이 있었기에 가능했다. 마찬가지로 마쓰시타전기산업의 성공 뒤에는 마쓰시타 고노스케 회장과 그의 최측근인 다카하시 아라타로가 있다. 또한 소니의 성공 뒤에는 기술자인 이부카 마사루와 경영에 뛰어난 모리타 아키오가 함께 있었다.

이는 한 사람이 양극단의 성질을 모두 겸비하기 어렵기 때문에 자신의 부족함을 채워줄 동반자나 참모가 필요함을 보여주는 좋은 예다. 하지만 중소기업 경영자에겐 그런 참모를 찾는 것이 어려운 일이다. 늘 자금이나 인재 부족에 시달리고, 어렵게 인재를 찾아낸다 해도 데려오기가 정말 힘들다. 어쩔 수 없이 중소기업 경영자 스스로 상호 모순되는 양극단의 성질을 겸비해 각각 적절하게 기능하도록 해야 한다.

이런 말을 들으면 '경영자로서 그다지 큰 능력이 없다고 생각하는데, 양극단을 겸비하는 높은 수준에까지 이르러야 한다고? 산 너머 산이군' 하고 생각하는 사람도 있을 것이다. 하지만 희망을 포기하지 않고 필사적으로 노력하면 불가능한 일은 없다. 양극단을 겸비하는 일이 아무리 어렵게 보여도 회사를 발전시키려면 눈물을 삼키면서라도 해나가야 한다. 나도 그런 능력을 갖추고자 오늘날까지 노력에 노력을 거듭해왔다. 어떤 단체의 리더든 양극단의 능력을 갖추어야 한다는 사실을 명심하고, 이를 위해 끊임없이 노력해야 한다.

집중하는 습관으로 판단력을 기른다

> 목적을 가지고 진지하게 의식을 집중하는 것을 '유의주의 有意注意'라고 한다. 우리는 언제 어디서 무슨 일을 하든지 의식을 집중해서 달려들어야 한다. 처음엔 집중이 잘되지 않고 어렵게 느껴질지 몰라도, 매일 의식적으로 노력하다 보면 어느새 습관으로 자리 잡게 된다.
>
> 이런 습관이 몸에 배면 어떤 상황에 처하더라도 지금 눈앞에서 벌어지는 상황에 의식을 집중할 수 있는 기본 능력이 생긴다. 상황에 의식을 집중할 수 있으면, 어떤 일을 당해도 핵심을 즉시 파악할 수 있기 때문에 해결책도 빨리 찾아낼 수 있다. 아무 생각 없이 하루하루를 보내지 말고, 작고 사소한 일에도 진지하게 주의를 집중하는 유의주의를 습관으로 삼아야 한다.

유의주의란 의도적으로 의식하고 집중한다는 뜻이다. 즉, 어떤 일에 대해 능동적으로 마음을 기울이는 것이다. 이에 반대되는 행동은 무의주의無意注意다. 예를 들어 우리는 어딘가에서 소리가 나면 반사적으로 그쪽을 바라보며 주의를 기울인다. 이처럼 자신의 의도와는 상관없이 주의를 기울이는 것을 무의주의라고 한다.

우리가 지향해야 할 바는 이런 무의주의가 아니라 유의주의다. 무슨 일에든 자발적으로 의식을 집중하려고 노력해야 한다. 세상에는 두세 명의 직원을 두고 경영하는 작은 기업이 있는가 하면, 몇만 명에 이르는 직원을 거느리는 대기업도 있다. 기업의 규모에 따라 어떤 사건이 끼치는 영향도 달라진다. 대기업에는 아무런 영향도 끼치지 않는 사소한 일이 중소기업에는 운명을 가를 정도의 충격을 안겨줄 수도 있다.

그런데도 중소기업 경영자 중에는 사소해 보이는 일에 주의를 기울이지 않고 그냥 흘려보내는 사람이 많다. 별로 중요하지 않다고 생각하기 때문이다. 작은 일에는 그다지 신경 쓰지 않고 무시하는 경영자를 많이 보았다.

교세라를 창립하고 기술 담당 이사로 일하면서 내게는 큰 걱정거리가 하나 생겼다. '훌륭한 경영자나 리더는 재빨리 바른 판단을 할 능력이 있어야 해. 그렇지 않으면 그를 믿고 따르는 사람들이 위험해져. 앞으로 회사 규모가 커지면 직원이 몇천 명도 넘을 거야. 어떻게 하면 바른 판단을 해서 그 사람들의 생활을 지켜줄 수 있을까?'

걱정과 함께 고민도 늘어갔다. '언제 어디서든 재빨리 바른 판단을 하려면 예리한 감각과 뛰어난 능력을 타고나야 하는 것 아닐까? 그렇다면 나처럼 별로 뛰어나지 않은 사람은 아무리 노력해도 바른 판단을 할 수 없는 것인가?'

이런 생각으로 한참 동안 괴로워하던 끝에 바른 판단을 내리기 위해 할 수 있는 일은 무엇일까부터 생각해보았다. 그래서 내린 결론은 아무리 간단하게 생각할 수 있는 일이라도 진지하게 주의를 기울여 생각해보자는 것이었다. 그 후부터는 아무리 사소한 일이라도 의식을 집중해 진지하게 생각하려고 노력했다. 그런 자세는 지금까지도 여전히 유효하다.

내가 존경하는 나카무라 덴푸 선생님은 일본의 성자라고 불리는 철학가였다. 이분도 살아 계실 때 "유의주의로 인생을 살지 않으면 별 의미가 없다"라고 가르쳤다. 그리고 "날이 설 정도로 예민한 감각으로 신속하게 판단하려면, 아무리 사소한 일이라도 항상 진지하게 생각하는 습관을 들여야 한다"라고 강조했다.

하지만 일반적으로 많은 경영자가 그다지 중요하지 않은 문제에 대해선 "이 정도면 괜찮겠지" 하며 간단히 다루거나, 심지어 "자네가 알아서 해" 하며 직원에게 판단을 맡겨버린다. 평소 이런 식으로 일하면 회사에 갑자기 치명적인 위기가 닥쳤을 때 정확한 판단을 내리기 어렵다. 1분 1초를 다투는 위기 속에서 '자, 진지하게 생각해보자'라고 마음먹어도, 그런 습관이 몸에 배지 않았기 때문에 가벼운 생각만 떠오를 뿐이다. 이런 생각은 문제를 해결하는 데 도움이 되기는커녕 불안과 혼란만 부추긴다.

한편 아무리 사소한 일이라도 진지하게 생각하고 다루는 습관이 몸에 밴 사람은 감각이 예민하게 다듬어져 있기 때문에 어떤 상황에서도 신속하게 판단할 수 있다. 그래서 문제를 듣는 순간 '아, 이렇게 하면 좋겠다' 하고 금방 해결책이 떠오른다. 과거에 비슷한 일을 경험했기 때문에 기억을 떠올려 도움을 받는 것이 아니다. 평소 진지하게 의식을 집중하고 생각하는 훈련을 했기에 두뇌 회전이 빨라져 가능한 일이다.

어떤 문제가 생겼을 때 재빨리 최선의 해결책을 떠올릴 수 있는 능력은 지능이 높고 낮은 것과는 크게 상관없다. 지능이 높은 사람도 상황을 잘못 판단해 하루아침에 밑바닥까지 추락하는 사례가 얼마나 많은가. 정확하게 상황을 판단해 문제를 해결하는 능력은 평소에 의식을 집중해 진지하게 사고하는 훈련이 얼마나 되어 있는지에 따라 크게 달라진다.

나도 처음에는 두뇌 회전이 느리고 의식을 집중하는 데도 서툴러 많이 헤맸다. 하지만 10년이고 20년이고 쉬지 않고 노력하다 보니 이제 경영은 물론이고 세상사의 본질을 어느 정도 꿰뚫어 보는 총명함을 발휘하게 되었다. 이렇게 되기까지 가장 큰 비결은 유의주의로 판단력을 갈고닦는 것이었다.

아무리 시간이 없어도 의식을 집중한다

나는 평소 너무 바쁘다. 회사 간부가 "30분 정도라도 좋으니 말씀드리고 싶은 게 있습니다"라고 해도, 한 달이나 심할 경우 두 달 전에 미리 약속을 잡아놓지 않으면 안 된다. 이렇다 보니 하루 일정을 살펴보면, 어떤 사람과 10분 이야기를 나누고 나서 또 다른 사람과 10분 이야기를 나누는 식으로 짜여 있다.

　이처럼 촘촘한 스케줄을 소화하다 보면 지금 이야기한 내용이 그대로 머릿속에 남아 있는 상태에서 다음 사람을 만나 새로운 이야기를 하게 된다. 최대한 지금 나누고 있는 대화에 집중하려고 하지만 앞에서 했던 이야기의 여운이 남아 효율성이 떨어진다. 그래서 언제부터인가 다음 사람과 만나기 전에 방금 했던 이야기 내용을 머릿속에서 전부 지워버리고 있다. 그리고 새로운 이야기를 집중해서 들은 뒤 결론을 내고 다시 머릿속에서 지우는 과정을 아슬아슬한 곡예를 하듯이 매일 되풀이한다.

　아침부터 밤까지 진지하게 생각하고 지우는 과정을 수도 없이 되풀이하다 보면 하루를 마무리할 때에는 녹초가 된다.

심한 운동을 한 것도 아닌데, 진지하게 생각한다는 자체만으로도 몹시 지친다. 생각한다는 것은 그 정도로 엄청난 에너지를 소모하는 일이다.

잠깐이라도 좋으니 이야기를 나누고 싶어 하는 회사 간부 중에는 이런 사람도 있다. 우연히 복도에서 마주치면 큰 행운이라도 만난 사람처럼 절대 놓치지 않으려는 기세로 다가온다. 그리고 "이전에 말씀드린 일 때문입니다만…" 하고 말을 꺼낸다. 나도 그 간부를 만날 시간을 따로 내기 어렵기 때문에 들어준다. 하지만 다음 스케줄에 마음이 가 있기 때문에 유의주의를 실천하며 대화에 집중한다고 보기 어렵다.

그럴 때에는 대부분 건성으로 대답하고 만다. 이런 태도 때문에 결국 큰 문제가 생기는 경우가 가끔 있다. 간부는 분명 내게 승인을 받았다고 하지만 나는 전혀 기억이 나지 않는다. "그런가? 전혀 생각나지 않는데…"라고 말하면 간부는 "제가 말씀드렸을 때 회장님도 분명히 좋다고 하셨습니다" 하고 대꾸한다. 그래서 어찌 된 일인지 자세히 들어보면 회사 복도에서 나눈 이야기를 말하는 것이다.

젊었을 때부터 유의주의를 강조하며 살아왔지만, 복도에서라도 이야기를 나누려는 부하 직원이 안되어 보여 대꾸를 해준 것이 화근이었다. 건성으로 이야기를 듣고 대답했기 때문에 올바른 판단에서 벗어나기 쉽다. 결국 그 직원은 복도에서 스치며 한 말을 승낙으로 받아들여 일을 추진했다가 큰 실패를 불러들였다.

그와 비슷한 일이 몇 번 있고 난 뒤부터 복도에서는 절대로 상담하지 않는다. 직원들에겐 "상담이라면 내 방이든 다른 사무실 한구석이든 집중할 수 있는 곳에서 합시다"라고 말한다. 이야기를 들을 때에는 의식을 집중해야 한다. 다른 일을 하면서 이야기를 듣고 가볍게 판단하면 반드시 일을 그르친다. 이것은 회사의 규모에 상관없이 경영자가 절대로 해서는 안 될 일이다. 지금부터라도 늦지 않았으니 유의주의라는 습관이 몸에 배도록 노력해야 한다. 그렇게 하면 반드시 판단력도 예리하게 다듬어질 것이다.

경영자는 자신의 판단에 10명이 되든 100명이 되든 전 직원과 회사의 운명이 달려 있다는 사실을 한시도 잊지 않기를 바란다. 아주 작은 일이라도 집중해서 생각한 뒤 판단하는 습관을 길러야만 막중한 책임을 감당할 수 있다.

언제나 페어플레이 정신으로 임한다

> 교세라는 페어플레이 정신에 따라 정정당당하게 경영하는 것을 원칙으로 삼는다. 돈을 벌기 위해서라면 무엇이든 좋

다든가, 약간이라면 법을 위반하거나 숫자를 조작해도 좋다는 생각은 절대 용납하지 않는다.

우리가 반칙이나 조작이 없는 정정당당한 승부에 감동받는 이유는 바로 페어플레이 정신 때문이다. 스포츠뿐만 아니라 경영 현장에서도 페어플레이 정신은 중요하다. 누구라도 부정을 저지르는 것을 보면 정정당당하게 하라고 지적할 줄 알아야 한다. 직원 한 사람 한 사람이 페어플레이 정신을 지키는 운동선수처럼 일하면서 엄정한 심판의 안목도 갖출 때 늘 활기 넘치는 직장을 만들 수 있다.

교세라 필로소피의 내용은 '인간으로서 무엇이 바른가'를 깊이 생각하고 정리한 것이다. 따라서 그 밑바탕에는 인간으로서 바른 것을 수행한다는 정신이 깔려 있다.

페어플레이 정신은 교세라 필로소피의 일부라기보다는 그 자체라고도 할 수 있다. 공정함을 존중하고 바른 것을 바르게 행하고자 하는 것이기 때문이다. 페어플레이 정신이야말로 기업에서 지켜야 할 규율의 가장 중심에 있어야 할 항목이다. 기업에서는 페어플레이 정신에 따라 사장에서 직원에 이르기까지 부정부패를 저지르지 않는 공정한 풍토를 만들어야 한다.

이를 위해 가장 먼저 할 일은 페어플레이 정신이 사내 문화 속으로 깊이 뿌리내리게 하는 것이다. 대부분 "정정당당하게 바른 일을 해나가자"라고 하면, 그 순간에는 "과연 맞는 말이다"라고 동의한다. 하지만 시간이 조금 지나면 그런 기분도 점점 흐려진다. 때마침 노력하지 않고도 큰돈이 생길 만한 정보를 얻거나 제안을 받으면 마음이 흔들린다. '약간은 괜찮겠지' 하고 방심하기 때문이다.

증권회사 간부와 회사 차원에서 저지르는 불법행위에 대해 깊이 있는 대화를 나눈 적이 있었다. 증권회사가 투자자의 손실을 보전해주는 행위는 불법이다. 주식시장의 공정한 거래 질서를 해칠 수 있기 때문이다. 하지만 증권회사 입장에서는 거액을 투자한 고객의 주식에서 큰 손실이 나면 심한 압박을 받는다. 대부분 크게 오를 것이라는 직원들의 권유를 받고 투자하기 때문이다.

일본에서 거품경제가 꺼진 이후 증권회사 고객의 손실은 어느 때보다 컸다. 증권회사는 경영에 큰 영향력을 끼치는 거액 투자 고객의 손실을 비밀리에 보전해주었다. 그리고 나중에 이것이 발각되어 사회적으로 큰 문제를 일으켰다.

사실 이와 같은 증권회사의 도덕성 붕괴 현상은 외국에서도 종종 볼 수 있다. 정부 기관이 투자한 자금에서 약정보다 이익이 더 많이 나자 그것으로 일부 고객의 손실을 보전해준 증권회사가 있어 큰 문제가 되기도 한다. 주식뿐만 아니라 채권에서도 가격을 조작한 부정 거래가 있을 정도라니 기업의 도덕성이 바닥까지 떨어졌다고 볼 수 있다.

이런 부정행위를 저지르는 증권회사는 어쨌든 고객의 손해를 막아주었기 때문에 점점 더 거래가 늘어 발전할 것이다. 그리고 이를 본 다른 회사도 '우리라고 저런 방법을 쓰지 말라는 법 있나?' 하면서 따라 한다.

금액의 많고 적음을 떠나 이런 부정행위는 공정한 거래의 기본 규칙을 지키지 않는다는 데 문제가 있다. 규칙을 '조금' 어겼다고 해서 죄질이 가벼워지는 것은 아니다. 어떤 사소한 부정행위도 저지르지 않는 것 자체가 기본 규칙이기 때문이다.

이런 이야기를 들을 때에는 모두 다시는 부정을 저지르지 않을 것처럼 결의에 찬 표정을 짓는다. 하지만 세상에는 유혹이 너무 많고 어느새 판단력도 흐려져 공정한 길에서 자기도 모르게 벗어나게 된다.

따라서 공정함을 존중하는 정신을 기업이 지켜야 할 규율의 중심에 두고, 결코 부정을 용납하지 않는다는 것을 회사 안팎에 널리 알려야 한다. 그리고 구체적으로 어떤 일을 해서는 안 되는지 세세하게 정해두어야 한다.

또 한 가지 중요한 사실은, 누구든 사내에서 부정이나 부패가 벌어지는 현장을 보면 정정당당하게 지적할 수 있어야 한다는 것이다. 신입 사원이라 해도 "지금 사내에서 이런 일이 벌어지고 있는데, 잘못된 것 아닙니까?"라고 당당하게 말할 수 있는 분위기를 만들어야 한다. 잘못을 지적하면 나중에 상사가 화내거나 골탕이라도 먹일까 봐 모른 척하다가는 더 큰 문제로 곪아 터질 것이다. 지위의 높고 낮음에 관계없이 전 직원이 엄정한 심판의 눈을 가지고 회사를 공정하게 지켜나가는 분위기가 되어야 한다.

건설적인 제안을 할 수 있는 기업 풍토를 만든다

회사는 사람들이 모인 집단이다 보니 다른 사람을 욕하는 경우를 종종 보게 된다. 좋지 않은 일인 줄 알면서도 자신의 정당성을 주장하거나 좀 더 잘나 보이기 위해 동료나 상사의 욕을 하는 것 같다.

때로는 상대가 잘못을 저지르지 않았는데도 근거 없는 이야기를 퍼뜨려 궁지로 몰아넣는 사람도 있다. 착한 사람만 있으면 좋겠지만 세상에는 이런 악질 인간도 있는 법이다.

다행히 우리 사회에는 다른 사람을 욕하면 오히려 자신의 인격이 추해 보일까 걱정하는 부류가 더 많다. 그래서인지 사내에서 부정을 저지르는 사람을 발견해도 못 본 척하고 넘어가려는 경향이 강하다.

그 결과 누구도 지적하지 않는 틈을 타 회사 여기저기에서 부정이 퍼진다. 원래 부정이 한번 허락되면 다른 사람들도 "아, 저래도 되는구나" 하면서 따라 한다. 그러는 사이 회사의 도덕성은 바닥으로 추락하고 만다.

부정행위는 주변이나 아랫사람에게는 잘 보인다. 하지만 윗사람에게는 들키지 않으려고 각별히 조심하기 때문에 눈에 잘 띄지 않는다. 따라서 윗사람이 알 정도가 되면 이미 부패가 상당히 진행된 후인 경우가 많다. 이런 일을 막으려면 아랫사람이라도 부정을 지적할 수 있는 사내 규칙을 만들어 모순이나 부정행위를 발견한 사람은 누구라도 지적할 수 있어야 한다. 그렇지 않으면 아무리 강조해도 실제로는 어딘가에서 계속 부정이 벌어질 것이다.

그런데 부정행위에 대한 고발이 정확한 사실인지, 단순히 사람을 궁지로 몰아넣는 것인지를 알아낼 방법은 없을까? 가장 좋은 방법은 어떤 직원이 상사의 부정행위를 지적할 때 개인적인 비난이나 중상에 지나지 않는지, 혹은 한 사람의 직원으로서 건설적인 제안을 하는지를 따져보는 것이다. "○○부장님은 정말 인간성이 최악입니다"라고 단순히 비방하는 것이 아니라 "○○부장님에게는 이런 문제가 있습니다. 이 일이 계속되면 회사에 심각한 영향을 끼칠 것으로 생각됩니다.

빨리 바로잡아야 한다고 생각합니다"라고 한다면 반드시 그 말에 귀를 기울여야 한다.

지금까지 한 이야기를 다시 한번 정리해보겠다. 첫째, 누구라도 부정을 지적할 수 있는 사내 분위기를 만들어야 한다. 둘째, 단순히 회사나 상사에 대한 비방을 늘어놓거나 중상모략하는 일은 없어야 한다. 셋째, 부정행위나 문제점을 발견하고 건설적인 관점에서 정확하게 지적한다면, 아무리 말단 직원의 의견이라도 환영하며 받아들여야 한다.

그리고 상사도 항상 그런 지적에 마음을 열고 있어야 한다. 많은 기업이 이 세 가지 조건을 충족하는 분위기를 만들기 위해 꾸준히 노력하기를 바란다.

공사 구별을 중요시한다

> 일을 할 때에는 공사의 구별이 확실해야 한다. 근무시간에 사적인 일을 하거나 업무상 지위를 이용해 거래처의 접대를 받는 일은 엄하게 금해야 한다. 이를 위해 근무시간 중 사적인 전화 사용을 금지하거나 업무상 받은 물품을 전 직원이 나누어 가지게 하는 것 등을 할 수 있다. 아무리 작은 일이라도 공사를 혼동하면 도덕성이 무너져 회사가 피해를

> 입는다.
>
> 공사를 철저하게 구별하는 습관이 몸에 배도록 해, 일상의 작은 일에도 마음이 느슨해지지 않도록 스스로를 다스려야 한다.

나는 회사를 창립할 때부터 공사 구별에 대해서는 엄하게 이야기해왔다. 교세라에서는 근무 중에는 사적인 전화를 받지도, 걸지도 못한다. 회사로 걸려온 개인 전화를 받는 것도, 거꾸로 개인 전화를 거는 것도 사적인 일에 회사 전화를 사용하는 것이므로 금지해야 한다.

회사란 유의주의의 자세로 집중해서 일해야 하는 장소다. 그런 곳에서 친구에게 걸려온 전화를 받으면서 "일요일에 어디로 놀러 갈래?" 하고 희희낙락거리는 직원들이 있다. 일은 제쳐두고 주말에 노는 데만 온통 마음이 간다. 근무시간은 집중해서 필사적으로 일해야 하는 시간인데 그러고 있으면 회사나 개인의 발전에 있어 큰 손해다. 일을 할 때 공사 구별에 대해서는 확실하고 엄하게 다뤄야 한다.

이처럼 공사 구별을 확실하게 따지는 이유가 또 있다. '하나를 보면 열을 알 수 있다'라는 말도 있듯이, 한 가지를 허락하고 나면 그 후 공사를 혼동하는 일이 수없이 일어나기 때문이다.

　예를 들어 업무상 생기는 부수입이 그런 종류의 대표적인 문제다. 이것은 자신의 업무상 지위를 이용해 금품을 챙기는 행위와 관련 있다. 어떤 일을 외주처로 발주하는 입장에 있는 직원에게 흔히 이런 일이 생긴다. 외주처나 납품업자들이 명절이면 외주 담당 직원에게 선물을 보내거나 심한 경우 뇌물을 바치기도 한다. 선물을 해서라도 좋은 인상을 남겨 거래 관계를 유지하고 싶은 그들의 마음은 어찌 보면 당연한 심리다. 따라서 발주자가 그런 마음을 철저히 무시하면서 과자나 과일 한 상자까지 거절하기는 어렵다.

　문제는 처음엔 과자 한 상자로 출발한 뇌물이 점점 커져 마침내 고가의 선물을 주고받는 지경에 이르는 경우가 허다하다는 것이다. 이런 식으로 뇌물을 받는 데 익숙해지면 습관으로 굳어져 인간성까지 비루해지고 만다. 결국 회사 안에서 비루한 인간을 키우고 있는 셈이 된다.

　가장 수준 낮은 부류가 이런 비루한 인간이다. 작가 시로야마 사부로가 쓴 《거칠고 촌스럽지만 비루하지는 않다粗にして野だが卑ではない》라는 작품이 있다. 아무리 예의범절을 모르는 무식한 촌사람도 비루한 사람보다는 낫다는 뉘앙스를 풍긴다. 이처럼 가장 저속한 부류인 비루한 인간이 회사 안에서 자라는 것을 절대로 허락해서는 안 된다. 이를 위해서는 지나

치게 엄격할 정도로 공사 구별을 확실히 하는 사내 분위기를 만들어야 한다.

그래서 난 업무상 알고 지내는 사람들이 보내온 명절 선물은 회사 전체가 나누어 가지는 것을 원칙으로 한다. 그리고 직원 개인이 선물을 받아 챙기는 일은 없도록 강력하게 금지한다.

아무리 가벼운 선물이라도 거절하는 게 원칙이다. 하지만 상대방이 진심을 담아 보내온 작은 선물까지 전부 거절하면 지나치게 모난 행위로 서로의 관계를 껄끄럽게 만들 수 있다. 그럴 경우 아주 고가의 선물이 아니라면 받아서 전 직원이 나누어 가지는 방향으로 처리하는 게 좋다. 이렇게라도 하지 않으면 회사의 도덕성은 금방 무너지고 말 것이다.

내가 경영자로 지낸 시간이 어느덧 50년이 넘었다. 그 사이에 뼈저리게 느낀 사실은 기업의 도덕성을 지키기 위해서는 아무리 엄격하게 굴어도 지나치지 않다는 것이다. 인간은 자신의 이익을 위해 업무상의 지위쯤은 얼마든지 이용할 수 있다는 것을 증명하는 사례를 너무도 많이 보았다.

한번은 이런 일도 있었다. 미국에서 교세라 제품을 판매하려면, 이것을 팔아줄 판매업자나 대리점과 거래 계약을 맺어야 한다. 교세라 제품을 팔면 사업을 키울 수 있는 게 확실하기 때문에 대리점들은 서로 계약을 맺고 싶어 했다.

그런데 한 영업부장이 "어떤 대리점과 계약을 맺을지는 내가 정한다. 우리 제품을 팔고 싶으면 내게 어느 정도 리베이트를 제공해야 한다"라고 요구하면서 뇌물을 받았던 일이 있었다. 그 일이 발각되자마자 나는 그를 해고했다.

아무리 사소한 것이라도 뇌물을 받는 부정행위는 결코 용납되어선 안 된다. 평소 작은 부정을 눈감아주다 보면 부정행위가 점점 더 심해져 결국 큰 죄를 저지르게 된다. 회사 안에서 그런 범죄가 자라고, 직원을 비루한 인간으로 만드는 일은 처음부터 싹을 잘라야 한다.

회사 입장을 이용해 개인적 이득을 취하는 것은 동료에 대한 배임 행위다. 때문에 마음을 기초로 한 경영을 중요하게 여기며 동료로서 연대를 소중히 하는 교세라에서는 이런 공사 구별을 아주 소중히 생각한다.

회사용 차에도 공사 구별이 필요하다

규모가 큰 회사에서는 임원들의 출퇴근을 위해 회사 전용차와 기사가 배당된다. 교세라에서는 나는 물론이고 사장, 부사장, 전무에게도 회사 차를 준다. 임원이 회사에서 일하는 동안에는 차도 기사도 대기하며 기다리는데, 그 사이 회사에서 다른 일로 차가 필요하면 잠깐씩 그 차를 쓴다.

예전에 관료 출신의 한 임원이 교세라에 온 지 얼마 안 되어 일어난 일이다. 임원이 퇴근 시간이 되어 집에 가려는데 차가 없었다. '임원들은 으레 늦게 퇴근하니까…'라고 생각한 영업부장이 잠깐 그 차를 가지고 나간 것이었다. 그 임원은 다른 직원에게 "퇴근해야 하는데, 왜 차가 없지? 누가 끌고 나간 거야?"라고 물었다. "영업부장님이 외근 나갈 때 잠시 쓰겠다고 하셨습니다"라는 대답이 돌아오자 그는 불같이 화를 냈다. "영업부장 따위가 내 차를 끌고 나갔단 말이야?"라고 소리를 질렀고 직원은 크게 당황했다.

나는 이 일을 보고받고 그 임원을 불러 말했다.

"당신이 임원이라 회사에서 차를 내준 게 아닙니다. 임원이 되면 하루 종일 많은 일에 대해 진지하게 생각해야 합니다. 아침저녁으로 출퇴근할 때마다 택시를 탈까, 전철을 탈까 하면서 쓸데없는 일에 신경 쓰기보다는 그 사이에 업무에 대해 더 고민하라는 의미로 차와 기사를 내준 겁니다. 그런데 퇴근 시간이 되자마자 집에 가려는데 마침 영업부장이 일하느라 차를 쓴다고 해서 심하게 화를 냈단 말입니까? 회사에서 차를 내준 의미를 잘못 알고 있는 것 같군요."

회사에서 임원에게 차와 기사를 내주는 이유에 대해 잠시 생각해보자. 어떤 사람들은 '임원이니까' 혹은 '부사장이니까'라고 하면서 그것을 당연한 권리로 여긴다. 하지만 꼭 그런 이유로 차를 내주는 것은 아니다. '이 사람은 회사에서 중요한 인물이니까 출퇴근할 때라도 일에 대해서만 진지하게 생각하도록 하자'라고 격려하는 차원에서 차를 내주는 것이다.

월급을 받는 경영자는 회사에서 차가 나오면 자신의 지위가 아주 높아진 듯한 느낌을 받는다. 출퇴근 때 집 앞에 차가 도착하면 자신은 물론 부인까지 기분이 좋아진다. 가끔 부인도 사적인 일에 그 차를 이용한다. 하지만 나는 그것 역시 자신의 업무상 지위를 이용해 얻는 이익이라고 생각한다. 교세라 창립 초기에 나는 기사는커녕 직접 스쿠터를 몰고 다녔다. 물론 곧 자동차로 바꾸기는 했지만 여전히 직접 운전했다. 그런데 운전하면서 업무와 관련된 생각에 빠지다 보니 위험천만한 일이 한두 가지가 아니었다. 이대로는 도저히 안 되겠다는 생각이 들어 운송 회사에 근무하던 사람을 기사로 채용했다.

나는 아내에게도 "이 차는 내가 일에 집중할 수 있도록 회사가 내준 것이야. 당신은 회사 일과는 관계없는 사람이니 타지 않는 게 좋겠어"라고 말해두었다. 아내도 "당연히 그래야지요"라고 대답했고, 실제로 단 한 번도 그 차를 타지 않았다.

회사가 안정되어 어느 정도 규모가 커졌을 때였다. 아침에 출근하려는데 아내도 마침 볼일이 있어 집을 나서고 있었다.

집에서 500미터쯤 떨어진 지하철역으로 가는 길이라고 했다. "가는 길이니 차에 타요. 중간에 내려주지"라고 했더니 아내는 "그럴 순 없지요"라며 거절했다. 예전부터 나랑 약속한 일이니 당연히 타서는 안 된다고 생각하는 듯했다. "어차피 가는 길이니 타요"라고 다시 한번 권했지만 아내는 "아니요. 걸어갈게요"라면서 한사코 타려 하지 않았다. 아내의 의지가 너무 확고했기에 나도 더 이상 권하지 않았다. 당시에는 '어차피 가는 길인데 그냥 좀 타지' 하고 생각했지만, 역시 공사 구별을 확실히 했던 것은 잘한 일이라는 생각이 든다.

중소기업을 운영하는 사장은 회사가 100퍼센트 자신의 것이라고 생각하는 경우가 있다. 이런 상황에서는 회사 것과 자신의 것이 구분되지 않는다. 사옥과 주거지가 같은 경우도 많고, 경영자의 아내가 직원들의 밥을 짓거나 같이 일을 하기도 한다.

이렇다 보니 필요할 때 회사 차를 쓰는 것이 당연한 일로 여겨질 수 있다. 물론 아내가 직원으로 일하거나 회계를 맡고 있다면 그 정도는 허락될 수 있다. 하지만 회사가 커져 장외시장에 등록되면 경영자의 아내가 예전처럼 회사 차를 사적으로 이용하는 일은 없어야 한다. 회사 경영이 느슨해진 것처럼 보이기 때문이다. 회사 경영 질서를 바로 세우는 데 공사 구별처럼 중요한 것이 없음을 늘 명심해야 한다.

4.
새로운 일을 이루어낸다

잠재의식까지 스며드는
강하고 지속적인 소망을 품는다

높은 목표를 달성하려면 먼저 '이렇게 하고 싶다'라는 강하고 지속적인 소망부터 품어야 한다. 제품 개발이든, 생산성 향상이든, 고객의 주문을 더 많이 확보하는 일이든 어떤 과제에 대해서도 이루어내겠다는 생각을 마음속으로 강렬하게 품어야 한다. 순수하고 강렬한 소망을 잘 때나 깨어 있을 때나 깊이 생각하고 거듭 생각하면 잠재의식까지 스며들게 된다. 이런 상태가 되면 평소 깨어서 활동할 때 나 자신의 의식과는 다른 잠재의식이 활동하기 시작한다. 이 의식은

> 잠자고 있을 때에도 내면 깊은 곳에서부터 강력한 힘을 발휘해 삶을 소망이 이루어지는 방향으로 끌고 간다.

강하고 지속적인 소망을 품는 것이란 '인생을 이렇게 살고 싶다' 혹은 '회사를 이렇게 만들고 싶다'라는 생각을 강력하고 지속적으로 하는 것이다. 이런 노력이 없다면 소망은 잠재의식까지 뚫고 내려가 스며들 수 없다.

그런데 잠재의식이란 무엇일까? 내 나름대로 설명해볼까 한다. 우리가 깨어서 활동할 때 사용하는 것은 표면의식이다. 누구나 운전을 처음 배울 때에는 '왼손으로 핸들을 잡고, 왼발로 클러치를 밟고, 오른손으로 기어를 바꾸고…' 하는 식으로 설명을 듣는다. 강사가 "자, 한번 해보세요"라고 하면 대충 배운 상태로는 손발이 제각각으로 움직인다.

사람에 따라서는 몇 번이나 설명을 들어도 헤매는 바람에 강사에게 잘못을 계속 지적당하기도 한다. 이럴 때 회사의 사장이나 교수 같은 사람들은 평소 다른 사람들 위에서 지시만 하다가 젊은 강사에게 무시당하는 것 같아 화가 치민다. 하지만 운전은 여전히 생각대로 되지 않는다. 많은 사람이 이와 비슷한 경험을 했을 것이다. 이런 일이 생기는 가장 큰 이유는 잠재의식이 아니라 표면의식으로 운전을 하기 때문이다.

어쨌든 강사의 지적을 받으며 연습을 반복하다 보면 어느새 운전에 익숙해져 면허를 따게 된다. 그리고 실제로 운전을 하다 보면 일일이 '액셀을 밟을까? 브레이크를 밟을까?' 생각하지 않아도 되는 경지에 이른다. 위험하다 싶으면 벌써 브레이크를 밟고 있고, 좁은 길에서 반대 방향으로 가는 차와 마주쳐도 곡예를 하듯이 멋지게 빠져나가고 있다.

길의 폭이 몇 미터인지, 옆 차선의 차와 부딪치지 않으려면 몇 센티미터 정도 남겨놓고 길가로 붙어야 하는지 계산하지 않아도 어느새 무리 없이 잘 가고 있다. 가끔은 회사 일만 생각하다 문득 정신을 차려보면 자기도 모르는 사이에 이미 몇 백 미터나 달리고 있는 경우도 있다. 모두 표면의식이 아니라 잠재의식으로 운전했을 때 일어난 일이다.

제조 현장에서도 이와 비슷한 일이 많다. 입사해서 제조 라인에 새롭게 배속되면 숙련되기까지는 어느 정도 시간이 걸린다. 처음엔 부품 하나하나를 어디에 어떻게 끼워야 할지를 표면의식으로 외우는 일부터 해야 한다.

고등학교를 졸업하고 처음 제조 라인에 배치된 신입 사원은 부품 하나를 끼울 때마다 일일이 신경 쓰다 보니 머리도 아프고, 어깨도 뭉치고, 눈도 피곤하다. 그래서 1개월만 겨우 채우고 그만두는 사람들도 있다. 하지만 3개월 정도만 지나면 일이 손에 익어 한결 편해진다. 처음엔 '이렇게 해야 한다.

저렇게 해야 한다'라고 생각하면서 작업을 하다 보니 무척 피곤했다. 하지만 점점 익숙해지면 앞에서 예로 들었던 운전처럼 저절로 손이 움직이므로 특별히 피곤하지도, 어깨가 뭉치지도 않는다.

아무리 기예가 뛰어난 목수도 처음 대패질과 톱질을 배울 때에는 표면의식으로 기술을 기억한다. 끊임없는 연습 끝에 익숙해질 때까지는 상당히 힘들고 피곤한 시간이 계속된다. 하지만 그 기술이 잠재의식까지 스며들면 일이 훨씬 쉽고 재미있게 느껴진다.

사람이 태어나 죽을 때까지 고민하고 상상하고 경험한 모든 일은 잠재의식에 쌓인다고 한다. 잠재의식의 용량은 지금 이 순간 사용하고 있는 표면의식의 몇십 배라고 한다. 가끔 우리는 위험한 일을 당하거나 병이 위독해 죽음의 문턱에 서게 되었을 때 눈앞에 살아오며 겪은 일이 파노라마처럼 펼쳐지는 경험을 한다는 이야기를 듣는다.

등산을 하다가 발이 미끄러져 몇백 미터 아래로 굴러떨어지게 되었을 때 그 사이에 지난날이 한꺼번에 떠올랐다는 이야기가 있다. 불과 몇 초 사이에 인생에서 겪은 일이 주마등처럼 스쳐 지나간다는 이야기는 임사 체험의 일종으로 학계에서 보고되고 있다.

표면의식에서는 생각나지 않았던 어렸을 적 일이 한순간

에 영화처럼 뇌리를 스치는 이유는 무엇일까? 생명의 위기를 헤쳐가기 위해 잠재의식에 쌓여 있던 경험이나 지식을 최대한 동원해 도움을 받기 위한 것일지도 모른다.

잠재의식이 영감을 불러일으킨다

잠재의식을 일상적으로 사용할 수 있게 되려면 원하는 것을 강하고 지속적으로 의식해서 외울 정도가 되어야 한다. 즉, 여러 번 반복해서 잠재의식에 스며들도록 해야 한다.

사업에서도 잠재의식을 활용하면 멋진 성과를 올릴 수 있다. 예를 들어 '회사를 발전시키고 싶다' 같은 생각을 매일 반복해보라. 그런 생각이 잠재의식까지 스며들면 생각지도 않은 순간에 찌릿한 영감을 얻을 것이다.

발명왕 에디슨도 천재란 1퍼센트의 영감과 99퍼센트의 노력으로 이루어진다고 했다. 매일 실험실에서 땀 흘리며 노력하다 보면, 그런 노력이 잠재의식까지 스며들어 어느 순간 갑자기 영감이 떠오른다는 것이다.

일이나 경영에 대해 밤이나 낮이나 유의주의로 진지하게 생각하면 뜻밖의 장면에서 잠재의식을 발휘해 멋진 아이디어를 얻을 수 있다. 그때 얻은 영감은 문제의 핵심을 꿰뚫기에 그것을 단번에 해결해줄 수 있는 경우가 많다.

젊었을 때부터 밤에 자다가 갑자기 깨어 무언가를 생각해 내는 일이 종종 있었다. 그럴 때마다 머리맡에 놓아둔 메모지에 그 내용을 적어두었다가 아침에 회사에 가져가서 실행에 옮겼다. 이렇게 자다가 불현듯 얻은 영감이 실제로 문제를 해결하는 데 도움을 준 적이 한두 번이 아니었다.

하고 있는 사업에서 앞서가는 것만으로는 불안해, 사업을 다각화하여 기술 수준을 끌어올리고 싶은 마음이 항상 있었다. 하지만 특별히 많은 경험을 쌓은 것도, 깊이 있는 공부를 했거나 첨단 기술을 배운 적이 있는 것도 아니었다. 새로운 기술 개발이나 사업 다각화는 쉽지 않은 일이었다. 그럼에도 새로운 분야를 개척하지 않으면 회사의 미래는 어두워질 것이 분명했다. 매일매일 진지한 고민이 이어졌다.

그런데 해결책은 뜻밖의 순간에 찾아왔다. 모임에서 사람들과 어울려 술을 마실 때였다. 내가 먼저 물었다.

"지금 어떤 일을 하고 계십니까?"

"이런 기술을 사용해 이런 일을 하고 있습니다."

그가 말한 일은 때마침 내가 손대고 싶어 하던 분야였다.

"어떤 일인지 좀 더 자세히 들려주시겠습니까?"

"사실 전 이러이러한 식으로 일을 진행하고 싶은데, 지금 우리 회사에선 잘 안 되고 있어요."

상대가 불평하자 나는 기회를 놓칠세라 얼른 한마디 던

졌다.

"우리 회사가 아직 작지만 그 기술을 잘 살릴 수 있는 여건은 된다고 봅니다. 우리와 같이 한번 일해보겠습니까?"

이런 만남을 단순히 우연으로 생각할 수도 있다. 하지만 간절히 원할 때마다 기적처럼 찾아오는 우연이 되풀이되다 보면, 그 뒤에 작용하는 어떤 힘이 있지 않을까 생각한다. 그래서 잠재의식까지 스며든 절실한 소망이 삶을 주도하며 힘을 발휘한다는 결론을 내렸다.

경영자도 사람이다 보니 전지전능할 수는 없다. 나도 교세라를 경영하면서 회사가 벌이는 모든 사업에 직접 관여하고 진행할 수는 없다. 하지만 내가 '이런 일을 하고 싶다'라고 잠재의식에 스며들 정도로 강력하게 소망하면 어느새 그 분야의 전문가를 만나 도움을 받게 된다. 지금 내 밑에서 일하는 우수한 직원 중에도 그런 식으로 교세라를 위해 일하기 시작해 회사가 성장하는 데 밑거름이 되어준 사람이 많다. 잠재의식이 힘을 발휘할 정도로 강렬한 소망을 품지 않으면 꼭 필요한 인재가 눈앞에 있는데도 놓쳐버릴 수 있다.

이런 잠재의식의 활용이 어렵게 느껴지면, 그냥 '원하는 것을 계속 생각하는 것'이라고 이해하면 된다. 그리고 그것을 실천하면 된다.

강하고 지속적인 소망은 반드시 실현된다

대졸 직원은 논리가 통하지 않으면 납득하지 않는다. 따라서 강하고 지속적인 소망이 얼마나 필요한지를 이야기하면 그런 주장을 펼치는 논리적인 근거를 듣고 싶어 하는 경우가 많다.

강렬한 소망이 왜 반드시 실현되는지를 논리적으로 설명하기는 어렵다. 하지만 강하고 지속적인 소망이 실현되는 사례는 너무도 많다. 세계적으로 성공한 많은 사람이 '마음에 그린 대로 된다'라는 사실을 그들의 삶으로 증언하고 있다. 그들의 자서전이나 성공담을 읽으면 마음에 강하게 품어온 소망대로 삶이 완성되는 과정을 볼 수 있다.

불교에서도 '당신 주변에서 일어난 일은 모두 당신의 마음 그대로다'라고 가르친다. 구체적으로는 '지금 당신이 불행하고 회사 경영도 어려운 형편에 놓여 있다면 모두 당신의 상념, 즉 당신의 생각이 그렇게 만든 것이다'라고 이야기한다.

강하고 지속적인 생각은 반드시 실현된다. 어쩌면 보편적인 진리라고 할 수 있다. 잠재의식을 사용하고 안 하고는 그 과정 중 하나에 지나지 않을 뿐이다. 무슨 일이 있어도 하고 싶다는 강하고 지속적인 소망은 반드시 이루어진다.

그런데 많은 사람이 이 진리를 믿지 않는 듯하다. 대부분은 '생각하는 것쯤이야 간단하지…' 하면서 성공한 사람들의 흉내를 조금 내보다가 실패하고 만다. 아무리 강렬한 소망이어도 지속적일 때 효과가 있다. 3일 정도 그런 소망을 품어본다고 해서 당장 달라지는 것은 없다.

그렇다면 1년 정도면 효과가 나타날까? 1년 정도로도 아무런 변화가 없을지 모른다. 물론 사람에 따라서 1년 만에 소망을 이루는 경우도 있다. 지난 1년 동안 그만큼 강렬하게 소망했기에 가능했을 것이다. 얼마나 강렬하게 소망하는가는 얼마나 끈질기게 소망하는가만큼이나 중요한 문제다.

소망이 이루어지는 데는 '1+1=2'처럼 명확하게 딱 떨어지는 법칙이 없다. 따라서 지속적으로 소망하면 이루어진다고 해도 당장 믿고 받아들이기가 어렵다. 하지만 실제로 강하고 지속적인 소망을 품고 있다가 한 번이라도 이루어본 사람은 다를 것이다. 거꾸로 말하면 지금 성공하지 못한 사람은 제대로 소망을 품어보지 못한 사람이다. 믿을 수 없기 때문에 강렬한 소망을 품지도, 목표를 실현하지도 못하는 것이다.

나는 "아무리 괴로운 상황에 처해도 자신의 인생과 회사의 장래를 비관적으로 보지 마라"라고 자주 이야기한다. 지금 당장 아무리 괴롭고 고통스러워도 '내 인생은 분명 장밋빛이다. 밝게 피어날 것이다' 혹은 '우리 회사는 이제부터 발전하기 시작할 것이다'라고 믿어야 한다.

건강 문제도 마찬가지다. 지금 많이 아프다고 미래를 비관적으로 바라보면 나을 것도 낫지 않는다. 누구나 죽는 게 사람의 운명이다. 어찌 보면 죽음이란 크게 비관할 일도, 겁낼 일도 아니다. 그러니 당장 아프다고 미래를 어둡게만 바라보며 좌절하지 말고, '꼭 나을 거야'라고 스스로에게 계속 속삭이며 밝은 미래가 올 것이라고 믿어본다. 살아 있는 동안 최대한 긍정적으로 밝게 지내다가 병세가 악화되어 죽는다면 그 또한 어쩔 수 없는 것이다. 그렇게 끝나도록 정해져 있기 때문이다.

나카무라 덴푸 선생님은 이를 다음과 같이 단적으로 표현하고 있다. 이 말은 내가 교세라의 슬로건으로 삼고, 세이와주쿠의 모임에서도 소개한 적 있다.

"새로운 계획의 성취는 결코 흔들리거나 꺾이지 않는 단 하나의 마음으로 이루어진다. 한결같은 마음으로 꿈꾸며 당당하고 품위 있게 한길로만 걸어라."

모든 경영자는 회사를 멋지게 키워내고 싶다는 소망을 품는다. 그런데 그것의 성취는 흔들리거나 꺾이지 않는 단 하나의 마음에 달려 있다. 즉, 어떤 곤경에 빠지더라도 초심을 잃지 않고 노력하는 자세가 필요하다. 그 자세를 한마디로 표현한 것이 방금 인용한 나카무라 선생의 말씀 이다.

어떤 어려움에도 꺾이지 않는, 바위라도 뚫을 듯한 한결같은 마음으로 이루어내고야 말겠다는 순수한 생각을 계속하는 것이 바로 성공의 비결이다.

인간의 무한한 가능성을 신뢰한다

> 새로운 것을 이루어낼 수 있는 사람은 자신의 가능성을 믿을 수 있는 사람이다. 현재 능력만 가지고 '할 수 있다, 할 수 없다'를 판단해버리면 새롭거나 곤란한 일에는 아예 도전하지 못할 때가 많다. 인간의 능력은 노력을 계속하는 한 끝없이 성장할 여지가 있다.
>
> 무언가를 시작하려 할 때에는 먼저 인간의 능력이 무한하다는 사실을 믿어야 한다. 그리고 무슨 일이 있어도 이루어내겠다는 강렬한 소망을 품어야 한다. 아무것도 없는 상태에서 출발한 내가 교세라 같은 세계 최고 기업을 키워낸 것만 봐도 인간의 능력이 얼마나 무한하게 성장할 수 있는지 알 수 있다. 항상 자신이 가진 무한한 가능성을 믿고 용기를 내서 도전하는 자세가 중요하다.

인간의 무한한 가능성을 추구한다는 것은 곧 그것을 믿는다는 말이다. 따라서 나는 자신 있게 '인간은 누구라도 무한한 능력을 가지고 있다'라고 주장할 수 있고, 또 그렇게 해야 한다고 믿는다.

많은 사람이 내 주장에 찬성하지 않을 수 있다. 자신은 그다지 우수하지 않다고 믿는 사람이 많기 때문이다. 예를 들어 학창 시절 하루가 멀다 하고 준비물을 빼먹어 꾸중을 밥 먹듯이 듣거나 찍은 게 다 틀려서 빵점을 맞아본 사람이라면, 자신에게 대단한 능력이 있다고 믿기 어려울 것이다. 하지만 나는 그런 사람일수록 더욱 자신에게 무한한 능력이 있다고 믿어보라고 권하고 싶다.

이제까지 자신이 무능력하다고 생각해왔다면, 내 말을 듣고 갑자기 인간은 무한한 가능성이 있다고 믿기 어려울 것이다. 당장 그렇게 믿을 수 있다면 생각이 얕고 어딘지 허술한 구석이 있는 사람일 것이다. 하지만 나는 오히려 그런 허술한 사람이 되라고 말해주고 싶다.

우리가 '능력 있는 사람'이라고 할 때 능력이란 머리가 좋고 나쁜 것만이 아니라 신체적 능력 등 그 사람과 관련된 모든 것을 포함한다. 즉, 이 사회에서 살아나가기 위한 모든 능력을 가리킨다. 예를 들어 실생활에서는 건강한 것도 능력 중 하나다. "나는 큰 병을 앓은 적도 없고 감기에 절대 걸리지 않는다. 한마디로 건강 체질이다"라고 할 수 있다면 매일 병을 달고 사는 사람에 비해 능력이 크다고 할 수 있다.

능력이 무한하다는 말이 너무 거창하다면 '능력은 무한히 진보한다'라고 바꾸어 말할 수도 있다. 매일 운동하면 몸이 튼튼해지듯이 매일 공부하면 실력이 는다. 어떤 능력이든 노력에 따라 커질 수 있다. 능력이 진보 상태에 있지 않다는 것은 그만큼 노력을 기울이며 갈고닦지 않는다는 뜻이다. 지금부터라도 노력하면 능력은 얼마든 커질 수 있다. 그러기 위해서는 다음과 같이 생각하는 것이 중요하다.

'내게는 무한한 능력이 있다. 그런 능력을 펼쳐 보일 수 없었던 이유는 지금까지 능력을 향상시키려고 노력하지 않았기 때문이다. 지금부터는 노력해보자.'

새로운 일을 이루려면 '인간의 무한한 가능성을 추구한다' 또는 '인간의 무한한 능력을 신뢰한다'라는 마음가짐으로 꾸준히 노력해야 한다. 능력을 갈고닦아 발전시키기 위해서는 작은 노력을 꾸준히 더해가는 방법밖에 없다. 〈교세라 필로소피 수첩〉에서도 '작은 노력을 꾸준히 더해간다'라는 항목은 아예 따로 강조한다. 능력을 끝없이 발전시키는 데 이만큼 중요한 비결도 없기 때문이다.

이와 함께 또 한 가지 중요한 비결은 항상 창의적으로 일하는 것이다. 이것도 〈교세라 필로소피 수첩〉에 다음과 같은 항목으로 정리되어 있다. '오늘보다는 내일이, 내일보다는 모레가 더 좋아지도록 항상 창의적으로 궁리한다.' 이것은 내가 직원들에게 늘 강조하는 업무 태도다. 어떤 분야에서든 큰일을 이루려 한다면, 또 자신의 능력을 향상하려 한다면 반드시 지켜야 할 자세이기도 하다.

이런 자세에 대해 더 구체적으로 설명하자면, 우선 '나는 무한한 능력을 숨기고 있다'라고 믿어야 한다. 그리고 능력을 갈고닦기 위해 매일 사소한 노력을 더하며 창의적인 궁리를 계속해가야 한다.

자신의 무한한 능력을 믿는다는 것은 예를 들면 다음과 같은 것이다. 불황이 최고조일 때 한 경영자가 영업부장에게 "주문이 너무 적으니 많이 받아올 수 있도록 더 열심히 해봐!"라고 다그쳤다고 하자. 그러면 영업부장은 현재 불황이 얼마나 심각한지, 그런 가운데 주문을 받기가 얼마나 어려운지 구구절절 변명하기 시작할 것이다.

특히 "우리 회사뿐만 아니라 다른 업체들도 고전을 면치 못하고 있습니다. 그 정도로 지금 심각한 상황입니다"라고 하면 '그래, 이렇게 불황이 심할 때 주문을 받아오는 건 쉬운 일이 아니야. 내가 너무 무리한 요구를 하며 다그치는 건 아닐까?'라는 생각이 든다. 그리고 더 다그치려던 마음이 누그러진다. 이런 사례는 영업 활동에서만 볼 수 있는 게 아니다. 가끔 다음과 같은 말을 하는 경영자를 본다.

"지금 하는 일만으로도 앞으로 회사 경영이 잘될까요? 시대가 점점 변하고 있는데, 아버지가 하던 분야에만 매달리다가는 경영이 악화할까 걱정입니다. 지금 신문이나 잡지에서 특집으로 다루는 혁신 분야에 한번 뛰어들어보고 싶습니다.

하지만 제게는 능력도 기술도 자본도 없습니다. 어차피 무리겠지요?"

할 수 없는 이유를 잔뜩 늘어놓으며 간단히 포기해버리려고 한다. 이런 자세로는 될 일도 안 되는 법이다. 인간에게는 무한한 가능성이 있다는 것을 믿고 '어떻게든 되겠지'라는 생각으로 가능성을 추구해야 한다. 물론 말처럼 쉬운 일은 아니지만 '어려우니까 안 될 거야' 하고 포기하는 일만은 하지 말아야 한다. 억지로라도 '어떻게든 할 수 있지 않을까'라고 생각하고 작은 노력을 꾸준히 더해가야 한다.

자벌레가 나뭇가지 위를 기어가듯이 느리게 보일지라도 진보란 원래 그런 작은 노력에서 시작된다. 이것이 내가 가장 하고 싶은 말이다.

교세라 필로소피가 성공의 원천이다

나는 대학에서 유기화학을 전공했다. 특히 석유화학에 관심이 있어서 공부할 때에도 그 방면으로만 파고들었다. 세라믹은 무기화학 중에서도 결정 광물학 범주에 들어가는데, 이상하게도 이 분야가 싫었다. 내게 전혀 맞지 않다고 생각할 정도였다.

그런데 막상 졸업을 앞두고 보니 내가 좋아하는 유기화학 분야에는 일자리가 전혀 없었다. 그러다 우연히 스승님의 소개로 세라믹 제조 회사에 덜컥 취직이 되었다. 물론 당시 난 세라믹에 대해 제대로 공부한 우수한 기술자가 아니었다. 그런 내가 전문적으로 공부하지도 않은 분야에서 누구보다 열심히 노력한 끝에 오늘날의 교세라를 키우게 되었다.

당시 '내가 좋아하는 유기화학이라면 당장 두각을 드러내 보일 텐데… 제대로 공부해본 적도 없는 세라믹 연구라니… 어느 세월에 제대로 빛을 내겠어?'라고 생각하며 노력을 게을리했다면 지금쯤 전혀 다른 삶을 살고 있을 것이다.

어쩌다 잘하지 못하는 분야로 들어왔지만 필사적으로 공부하고 노력해서 능력을 향상시키기로 마음먹었기 때문에 뜻하지 않은 길을 찾게 되었다. 새로운 길 위에선 과거에 쌓아온 지식과 실적에 연연하지 않았다. 실력도 지식도 부족하지만 어떻게든, 무엇이든 해보자는 마음가짐으로 달려들어 노력에 노력을 거듭했다. 그러자 차츰 연구에 능숙해지고 회사에서도 두각을 드러내기 시작했다. 세라믹 연구에 몰두할수록 그 분야에 대한 지식과 경험이 깊어졌다. 몇 년이 지나자 세계 누구에게도 뒤지지 않는다는 자신감이 생겼고 더욱 연구에 힘쓰게 되었다.

그다음으로 나는 세라믹과는 전혀 관련이 없는 전기통신 사업에 도전했다. 어찌 보면 무모한 일이었다. 이 분야는 이미 NTT(일본전신전화주식회사)라는 대기업이 독점하고 있었기 때문이다. NTT의 연구소에서는 수많은 인재가 막강한 자금을 지원받으며 연구하고 있었다. 그런 거대 기업에 일개 세라믹 제조 회사가 도전장을 내민 상황이었다. 누구라도 의문을 던질 만했다. 다른 기업들도 '한번 해볼까' 하다가도 NTT의 지배력이 워낙 강해 모두 포기하고 물러난 터였다.

내가 자신의 능력을 믿고 필사적으로 달려들지 않았다면 통신사업은 돈키호테의 허황된 도전같이 되었을지도 모른다. 당시 새로운 사업에 도전하는 내게 "바보 아니야? 자살하는 꼴이군"이라는 말까지 들릴 정도였다. 하지만 나는 어떻게든 될 것이라는 막연한 믿음이 아니라 '노력하면 반드시 길이 열린다'라는 강한 믿음으로 시작한 일이었기에 조금도 흔들리지 않았다.

당시 강한 믿음의 근거는 내게 교세라 필로소피가 있다는 사실이었다. 가끔 평론가나 저널리스트 중에 핵심을 잘못 짚은 평가를 내리는 사람들이 있었다. 그들은 "교세라가 이만큼 발전한 것은 때를 잘 만났기 때문이다"라고 말한다. 이 말은 파인세라믹 시대가 찾아왔는데, 마침 내가 그것을 다루고 있어서 크게 성공했다는 뜻이다. 하지만 파인세라믹 시대를 연 사람이 바로 나 자신이라고 자부한다. 첨단 제품에 쓰일 만한 파인세라믹을 개발한 사람도, 파인세라믹 부품을 쓰는 제품이 많이 늘어난 시대를 연 사람도 나였다.

나는 세라믹이나 재료과학과 관련된 세계적인 학회에서 여러 번 상을 받았다. 평소 국제 학회에 얼굴을 내민 적도, 이렇다 할 논문을 발표한 적도 없지만 학회가 주는 최고상도 받았다. 상을 주는 취지는 파인세라믹 시대를 개척해 새로운 가능성을 넓히고, 신소재로 뜨거운 주목을 받게 했으며, 젊은 과학자들이 이 분야로 새로운 연구를 위해 모여들게 했다는 것이었다.

자동차 엔진에 파인세라믹을 사용하리라고는 아무도 생각하지 못하던 시절이 있었다. 하지만 내가 파인세라믹으로 우수한 엔진 부품을 만들자 사람들은 그때부터 자동차 엔진에는 당연히 파인세라믹이 쓰이는 것으로 여기기 시작했다. 물론 그 일로 많은 상을 받았다.

이처럼 나는 스스로 파인세라믹 붐을 일으켰다고 자부한다. 하지만 아직도 많은 사람이 파인세라믹 붐이 먼저 일어났고 내가 거기에 올라타 성공했다고 평가한다. 이 자리를 빌려 분명히 밝혀두고 싶다. 내 성공은 시류에 올라타 쉽게 얻은 것이 아니다. 오히려 그런 시류를 만들어내기 위해 끊임없이 궁리하고 밤낮으로 노력한 결과다.

직원들에게 다음과 같이 말한 적이 있다.

"여러분도 잘 모르고 있는 부분이 있습니다. 파인세라믹

붐은 다른 누구도 아닌 우리가 스스로 일으켜온 것입니다. 하지만 처음부터 우리에게 그런 기술이 있었던 것은 아닙니다. 처음엔 교세라 필로소피밖에 없었습니다. 교세라 필로소피에 깃든 정신이야말로 오늘날의 우리를 만든 원천입니다."

마음이 만사의 근원이라는 말이다. 씨앗에서 나무가 자라 사방팔방으로 가지를 펼치듯, 마음에서 모든 것이 생겨난다. 회사 창립 때부터 변변치 않아도 교세라 필로소피를 만들어 마음가짐부터 확실히 해왔다. 그 철학을 바탕으로 노력을 거듭해 파인세라믹 기술을 꽃피워 교세라를 성공 가도에 올릴 수 있었다.

다이니덴덴을 창업할 때에도 교세라 필로소피를 유일한 무기로 삼아 과감하게 나섰다. 당시 교세라 간부들에게 다음과 같은 말을 했던 것으로 기억한다.

"내게는 전기나 통신에 대한 지식도 기술도 없습니다. 이런 내가 전기통신 분야에 뛰어들어 성공하면 교세라 필로소피가 옳다는 것을 증명할 겁니다. 이것이야말로 꼭 해보고 싶은 일입니다."

정말 교세라 필로소피만으로 그런 큰일을 이루어낼 수 있을까? 다이니덴덴은 마음이 얼마나 중요한가를 증명하기 위한 내 인생의 후반을 건 도전이었다. 창업 당시 나는 막 50세를 지나고 있었다. 결코 젊다고는 할 수 없는 나이였지만 그렇기 때문에 더욱 사업에 성공해 인간의 무한한 가능성을 보여주고 싶었다. 인간이 스스로의 능력을 믿고 필사적으로 노력하면 못 할 일이 없다는 사실을 세상에 보여주고 싶었다.

항상 창조적으로 일하며 작은 노력을 쌓아가면 능력은 얼마든지 향상할 수 있다고 앞에서 말했다. 평소 의욕이 넘치는 사람에게서만 이런 자세를 볼 수 있다. 잘되지 않으면 어쩌나 하고 앞날을 비관적으로 보려는 사람에게는 불가능한 일이다. 반대로 모든 일을 긍정적으로 밝게 보며 무엇이든 하려고 드는 사람은 당장 성과가 보이지 않아도 꾸준히 작은 노력을 더해갈 수 있는 힘이 있다. 경영에 적용해보자면, 부모에게 물려받은 사업이니 그냥 해나가는 사람보다는 항상 호기심을 가지고 새로운 일을 생각해내며 실행하기를 즐기는 사람 앞에 무한한 가능성이 열린다.

다이니덴덴 창업 시에도 직원들에게 비장한 마음만 불어넣으려고 하지는 않았다. 오히려 '우리에게는 교세라 필로소피가 있다. 그 철학에 따르며 꾸준히 노력하면 반드시 길이 열릴 것이다'라고 낙천적으로 생각하도록 격려했다. 비장감만으로는 의욕이 꺾이기 쉽기 때문에 낙천적인 마음이 필요하다. 이런 자세도 인간의 무한한 가능성을 신뢰하기를 실천하는 하나의 방법이다.

도전 정신을 가진다

> 사람은 대부분 변화를 싫어하고 현상을 유지하려고 한다. 하지만 새로운 일이나 어려운 일에 도전하지 않고 현상에 만족하려는 것은 이미 퇴보하기 시작했다는 의미다. 반면에 도전한다는 것은 높은 목표를 설정하고 현상을 부정하면서 새로운 것을 창출해나간다는 의미다.
>
> 도전을 위해서는 뒷받침이 필요하다. 곤경을 피하지 않고 맞서는 용기, 어떤 수고도 마다하지 않는 인내, 꾸준한 노력이 뒤따라주어야 한다.
>
> 교세라가 늘 성장하는 회사로 발전할 수 있었던 것도 다들 안 된다고 말리는 어려운 것들을 기어이 만들어내는 도전을 계속해왔기 때문이다.

우리가 자주 사용하는 '도전'이라는 말은 기본적으로 '싸움을 건다'라는 뜻을 포함하고 있다. 무언가에 도전하자는 말은 얼핏 듣기에는 멋지다. 하지만 여기엔 격투기에서 볼 수 있는 투쟁심이 동반된다는 사실을 잊어서는 안 된다. 투쟁과도 같은 도전을 잘 치러내려면 뒷받침되어야 할 것이 있다. 바로 곤경에 맞서는 용기, 어떤 수고도 참아내는 인내, 꾸준한 노력이다.

거꾸로 말하면 용기, 인내, 노력이 부족한 사람은 아직 제대로 도전할 자세가 갖추어져 있지 않다고 보아야 한다. 이런 준비가 되지 않은 사람이 경솔하게 도전하면 어이없는 큰 실패를 할 수 있다.

아무리 용기 있게 도전한 사람이라도 장벽에 부딪치면 주저앉기 쉽다. 이럴 땐 그것을 뛰어넘기 위해 끈질긴 노력을 기울일 수 있어야 한다. 그런 사람만이 도전의 열매를 맛볼 수 있다. 따라서 수많은 도전을 해야 하는 경영자는 남들보다 갑절은 더 큰 인내심을 가져야 하고, 누구보다 지독한 노력가여야만 한다.

지금까지는 도전을 투쟁에 빗대어 설명했는데, 이제부터는 도전이 가진 야만적인 특성에 대해 알아보려 한다. 문명의 흥망성쇠를 중심으로 인류 역사를 되돌아보면 야만인이 문명인을 습격해 지배한 사례가 여럿 있다. 게르만 민족이 세계 최고의 문명을 자랑하는 로마제국을 침략해 지배했고, 몽골도 문명이 훨씬 앞선 유럽까지 지배하며 영토를 넓혔다. 상식적으로 문명인과 야만인이 대립하면 지식이 풍부한 문명인이 이길 것 같지만 실제로는 그렇지 않을 때가 많다. 지독한 투쟁심으로 똘똘 뭉쳐 달려드는 야만인의 기세에 문명인이 무릎 꿇기 때문이다.

새로운 무엇인가를 이루려면 '무슨 일이 있어도 이것만은 해내고야 말겠다'라는 야만인에 가까운 투쟁심이 필요하다. 그렇지 않으면 어떤 도전도 공허한 울림만 남기고 제대로 열매를 맺지 못할 것이다.

개척자가 된다

> 교세라의 역사는 남들이 하지 않은 일을 하면서 남들이 가지 않은 곳으로 나아가 새로운 길을 닦는 과정이었다. 누구도 손대지 않은 새로운 분야를 개척하는 것은 쉬운 일이 아니다. 항해도나 나침반도 없이 대항해에 나서는 것과 같아 의지할 데라곤 자기 자신밖에 없는 경우가 대부분이다.
>
> 무언가를 개척해나갈 때에는 말할 수 없는 수고로움과 고통이 따른다. 하지만 막상 원하던 것을 이루었을 때의 기쁨 역시 말할 수 없이 크다. 항상 남들이 가지 않는 길로 나아가 새로운 것을 개척해야만 큰 발전이 있는 법이다. 회사 규모가 아무리 커진다 해도 계속 발전하려면 미래에 대한 꿈을 그리며 강렬한 소망을 품은 개척자의 자세를 유지해야 한다.

나는 항상 어두운 망망대해에서 지도 한 장 없이 배를 모는 기분으로 회사를 경영해왔다. 누구도 가지 않은 새로운 길을 개척하다 보니 어쩔 수 없는 일이었다. 새로운 길에는 아무도 손대지 않은 큰 열매가 기다리고 있음을 알기에 경영뿐만 아니라 인생에서도 늘 새로운 길을 걷고자 했다.

대학 졸업 후 마땅한 일자리를 구하지 못하다가 결국 좋아하지 않는 분야인 세라믹 제조 회사에 취직했다는 이야기는 이미 여러 번 했다. 당시 세라믹에 대한 지식도 빈약했고, 그렇다고 주변에 궁금한 것을 물어볼 만한 전문가도 없었다. 결국 혼자서 어둡고 낯선 길을 개척하듯이 더듬더듬 한 걸음씩 나아가야 했다. 그런 내 모습을 비유하자면 다음과 같은 장면으로 표현할 수 있다.

'길이라고 할 수도 없는 논두렁을 걷고 있다. 발밑은 온통 진창이고 조금만 미끄러져도 논의 물웅덩이로 발이 쑥쑥 빠진다. 갑자기 개구리나 뱀이 튀어나오면 놀라서 뒤로 나자빠지기도 하면서 한 걸음씩 더디게 나아간다. 문득 옆을 보니 깨끗이 닦인 포장도로가 있고, 그 위를 자동차와 사람들이 다니고 있다. 당장이라도 그 길을 걷는다면 확실히 편하고 즐거울 것이다.'

포장도로는 전문가가 가르쳐주는 길이자 많은 사람이 다니는 길이다. 다시 앞의 장면으로 돌아가보자.

'하지만 나는 포장도로를 걸으려 하지 않는다. 포장도로에선 모두 구두를 신고 멋지게 걷고 있지만 나는 지금 맨발로 진창길을 걷고 있다. 어차피 맨발이라 여름날 뜨거운 포장도로를 걷기는 힘들다. 차라리 진창길이 더 낫다. 게다가 나는 연구 개발자다. 늘 무언가 새로운 것을 발견하고 만들어내야 하는데, 사람이 많이 다니는 길에는 아무것도 남아 있지 않다. 하지만 진창길에서는 개구리나 뱀도 만나고 새로운 것을 발견할 수도 있다. 발이 진흙투성이가 될지라도 난 사람들이 다니지 않는 이 진창길을 갈 것이다.'

이런 이미지를 처음 머릿속에 그리기 시작한 것은 대학을 졸업한 후 2, 3년이 지난 뒤부터였다. 파인세라믹 연구에 매진하면서 '평생 길이 아닌 길을 걸을 것이다. 당연히 그래야 마땅하다'라고 생각하게 되었기 때문이다. 그때부터 내가 가는 길은 도로표지판도 없는 진창길이었고 항해도와 나침반도 없는 망망대해였다.

교세라 필로소피를 유일무이한 나침반 삼아 걷다

'진창길에서 미끄러져 진흙투성이가 되어 걷고 있는데, 개울이 눈앞을 가로막았다. 개울이 얼마나 깊은지는 잘 모르겠다. 그냥 건너려다가는 빠질 수도 있다. 그래도 개울을 건너 곧바

로 나아가볼까? 아니면 개울가를 따라 왼쪽이나 오른쪽으로 꺾어볼까?'

길을 가다 보면 이처럼 어려운 판단을 해야 하는 상황과 마주하게 된다. 사람들이 다니던 길이라면 이정표라도 있을 것이다. 하지만 누구도 가지 않았던 길에 그런 것은 전혀 눈에 띄지 않는다. 무엇이든 상황을 보아가며 스스로 생각하고 판단해야 한다.

기술을 개발하는 사람에게도 길이 막힌 듯 느껴지는 순간이 찾아온다. 어디로 가야 할지 도무지 알 수 없게 되면 주위 전문가들에게 물어본다. 하지만 그들이 가르쳐준 대로 따라 하는 것은 이미 사람들이 다니고 있는 길을 걷는 것이다. 만약 그런 길이 재미없다고 생각한다면 스스로 다른 길을 개척해야 한다. 그럴 때 나는 나만의 길 안내자이자 나침반으로 교세라 필로소피에 의지한다. 이상하게 들릴지 모르지만, 교세라 필로소피는 세상만사를 헤쳐나가는 데 나침반이 될 수 있다.

나는 자주 '인간으로서 무엇이 바른가'를 추구하는 것이 교세라의 출발점이라고 말한다. 따라서 기술 개발에서도 인간으로서 무엇이 선이고 이타인가를 반드시 생각해야 한다.

예를 들어 단지 편하기 때문에 어떤 것을 연구 주제로 선정한다면 이기적인 판단이다. 하지만 이 연구가 사회에 도움이 된다는 생각으로 어려운 주제에 과감히 도전했다면 이타적인 판단이다. 이처럼 '선인지 악인지' 혹은 '이기적인지 이타적인지'를 기준으로 경영이나 연구 개발과 관련된 모든 것을 판단하는 것이 나의 원칙이다. 즉, 교세라 필로소피에 따라 모든 판단을 하려고 노력했고, 그런 판단에는 오류가 없었다.

  마음을 가라앉히고 순수하게 자신이 나아갈 방향을 생각해보라. 사람으로서 무엇이 바른가를 가장 우선시하며 판단을 내려보라. 그리고 그 판단대로 실천하며 살아보라. 이런 삶은 너무 엄격하고 어려워 보일지 모른다. 하지만 습관이 되면 직감이 예민해지고, 그 덕분에 언제든 바른 판단을 내리고 실천할 수 있다. 내가 항해도나 나침반도 없이 망망대해 같은 인생길을 성공적으로 헤쳐나갈 수 있었던 것도 이렇게 예민하게 다듬어진 직감과 판단 덕분이었다.

포기하고 싶을 때가 진정으로 시작할 때다

> 어떤 일을 이루어갈 때 재능이나 능력보다 열정, 열의, 집념이 필요하다. 투견처럼 한번 물면 놓지 않는 근성이 필요하다. 그리고 더 이상 못 하겠다 싶을 때가 진정 시작해야 할 때임을 알아야 한다.

강한 열의와 열정이 있다면 밤이나 낮이나 잘 때나 깨어 있을 때나 이루려는 일에 대해 계속 생각하게 된다. 그러는 사이에 소망은 잠재의식까지 스며들고, 자기도 모르는 사이에 잠재의식이 힘을 발휘해 그것을 실현하는 쪽으로 몸이 움직이고 삶을 주도하기 시작한다. 훌륭하고 멋진 일을 이루기 위해서는 타오르는 열정과 열의를 가지고 끝까지 포기하지 않고 버티는 자세가 필요하다. 포기하고 싶을 때가 진정으로 시작할 때이기 때문이다.

어느 기업에서 연구 개발자 200여 명을 앞에 두고 강연을 한 적이 있다. 그 기업은 첨단 기술을 갖고 있었고, 연구 개발자도 박사 학위를 가진 사람이 대부분이었다. 강연을 마치고 나니 질문이 들어왔다.

"교세라의 연구 개발 성공률은 어느 정도입니까?"

"교세라에서 연구하기 시작한 것은 모두 잘되고 있습니다. 모두 성공입니다."

"어떻게 그게 가능합니까? 기술 수준이 높다는 회사도 성공률이 40~50퍼센트에 불과합니다. 그런데 교세라에선 전부 성공한다니 말이 안 되지 않습니까?"

"글쎄요. 교세라에선 무슨 일이 있어도 될 때까지 하기 때문에 결국 모두 성공합니다."

순식간에 강연장은 웃음바다가 되었다.

그렇다. 교세라에서는 더 이상 못 하겠다 싶을 때가 진정으로 시작해야 할 때라는 생각으로 일한다. 따라서 포기하는 일은 거의 없다. 연구도 일단 시작하면 성공할 때까지 밀고 나가는 게 원칙이다.

물론 사람이 하는 일이니 100퍼센트 성공이라고 할 수는 없다. 교세라의 연구 주제 중에서도 두세 개는 도중에 그만두었다. 사업 중에서도 최선을 다했지만 도저히 안 되겠다 싶어 도중에 그만둔 것도 있다. 하지만 더 이상 못 하겠다 싶을 때가 진정으로 시작해야 할 때라는 게 내 신조이기 때문에 연구개발이든 경영이든 끝까지 포기하지 않으려고 늘 최선을 다한다.

여유가 있기 때문에 버틸 수 있다

경영을 할 때에도 보통 사람이라면 포기할 일을 버티고 버텨서 성공하는 자세가 필요하다. 하지만 대부분 대기업은 끝까지 버티려 하지 않는다. 잘되지도 않는 일에 계속 자금을 대기 어렵다고 판단하기 때문이다. 어쩌면 성공할 때까지 계속한다는 것은 그만큼 금전적인 여유가 있다는 의미일 수도 있다. 즉, 더 이상 못 하겠다 싶을 때가 진정으로 시작해야 할 때라고 말할 수 있으려면 처음부터 여유 있는 경영 상태여야 한다는 이야기다.

앞서 말한 것처럼 씨름판 한가운데에 있으면 경계선으로 밀려날 때까지 어느 정도 여유가 있다. 따라서 그 사이에 버티며 승리의 기회를 엿볼 수 있다.

그런데 일반적으로 더 이상 못 하겠다 싶어지면 더 이상 손을 쓸 수 없는 경우가 많다. 이미 씨름판 경계선으로 밀려났기 때문이다. 좀 더 힘을 내야지 하는 순간에 이미 경계선 밖으로 벗어나서 지고 만다. 하지만 교세라의 경영 원칙은 씨름판 한가운데 있을 때 필사적으로 달려들어 경계선까지 밀려나는 법이 없도록 하는 것이다. 따라서 더 이상 못 하겠다 싶을 때에도 아직 손쓸 여유가 많다.

부모에게서 물려받은 사업과 자신이 새로 시작한 사업 모두를 경영하는 사업가가 있다고 치자. 그런데 신규 사업이 적자를 내거나 몇 년 해보아도 신통한 성과를 내지 못하고 있다. 그래서 정리해버릴까 하는데, 본업에서 충분한 이익을 내고 있다면 문제는 달라진다. 더 버텨볼 여지가 있기 때문이다. 하지만 이제 막 창업을 한 사람에게는 그렇게 믿을 만한 구석이 있을 리 없다. 내가 교세라를 창업했을 때를 돌아보아도 그런 여유라고는 눈곱만큼도 없었다.

7명의 동료가 뭉쳐서 교세라를 세운 목적은 '이나모리 가즈오의 기술을 세상에 널리 알리자'였다. 그전 회사에서 나는 연구를 방해하는 간부와 갈등을 겪었고, 학회에서도 지방대학 출신에다 도산 직전의 회사에 다닌다는 이유로 무시당하며 새 기술에 대한 논문을 제대로 평가받지 못했다. 그래서 내 기술을 높이 평가한 동료들이 모여 새로운 회사를 만들어 이나모리 가즈오의 기술을 널리 알리는 발판으로 삼겠다고 나선 것이다.

당시 동료들은 "회사가 어려워지면 막노동을 해서라도 이나모리의 연구비를 대주자. 분명히 몇 년 정도 고생하면 멋진 결과물을 들고 나와 제대로 평가받을 거야"라는 말까지 했다. 즉, 더 이상 안 되겠다 싶을 때에도 얼마든지 새로운 각오로 시작할 준비가 되어 있었다.

직원들이 하나둘 나가기 시작하고 자본이 바닥나 경영이 어려워지면 '이제 못 해 먹겠다'라고 생각하면서 포기하려는 경영자들이 있다. 그들 중에는 이렇게 말하는 사람도 있을 것이다.

"차도 사채업자들이 가져가버리고 남은 것이라고는 빚과 직원뿐이다. 이젠 더 이상 못하겠다."

나는 이렇게 말해주고 싶다.

"자동차가 없으면 자전거가 있지 않습니까? 자전거 살 돈도 없다면 동네에 버려진 자전거라도 주워 타면 되지 않을까요?"

사람은 일이 잘 풀리지 않으면 스스로 한계를 짓는 경우가 많다. '차가 없으면 사업을 할 수 없다' '자본금 100만 엔이 없으면 불가능하다'라는 식으로 선을 그어버린다. 하지만 나는 무일푼인 상태라도 노력하면 안 되는 게 없다고 믿는다.

물론 앞에서 '씨름은 씨름판 한가운데에서 한다'라는 항목을 예로 들며 항상 여유가 있어야 한다고 강조하기는 했다. 하지만 여유가 없는 빈주먹이라 해도 얼마든지 필사적인 노력은 할 수 있다. "빚쟁이들이 생명까지 가져가진 않아. 내겐 아직 일할 수 있는 몸이 남아 있어" 하면서 포기하지 않고 버틸 수 있다. 물론 어떤 일을 하든 경계선으로 밀리기 전에 힘을 쏟을 수 있도록 항상 여유를 확보해두어야 한다. 하지만 어쩌다 경계선으로 밀려났다면 빈주먹으로 포기하지 않고 버티면서 노력을 계속하는 배짱도 필요하다.

신념을 끝까지 지킨다

> 인생을 살다 보면 여러 가지 장애를 만난다. 그리고 이것을 어떻게 뛰어넘느냐에 따라 결과가 크게 달라진다. 무언가

> 새로운 일을 시작할 때도 반대 의견을 비롯한 여러 장애와 부딪치게 된다. 이때 금방 포기해버리는 사람이 있는가 하면, 높은 이상이 뒷받침하는 신념을 가지고 장애를 뛰어넘는 사람이 있다. 큰일을 해낸 사람은 당연히 후자에 속한다. 이들은 장애를 정면으로 돌파해야 할 시련으로 받아들인다. 그리고 자신의 신념을 높이 쳐들고 당당하게 헤쳐나간다. 신념을 끝까지 지키려면 큰 용기가 필요하다. 신념이 없다면 혁신적이고 창조적인 일을 이룰 수 없을 것이다.

 기업을 경영하는 사람들은 자신들을 경멸하며 비판하는 말을 종종 듣게 된다. 그런 말에는 대부분 '당신들은 어차피 이익을 추구하는 비루한 무리다'라는 속뜻이 담겨 있다. 경영자가 지독한 수전노이고 단지 돈을 벌기 위해서 사업을 한다면 그런 말을 듣는 게 당연하다고 생각한다.

 돈을 많이 벌어서 좀 더 호화롭게 살아보고 싶어 사업을 하는 경영자가 있다. 이 사람은 사업에서 어떤 장애에 부딪치면 다음과 같은 고민에 빠질 것이다.

 '이 장애를 넘어서면 조금 더 이익이 날지도 모르겠지만 내가 입게 될 손해도 클 거야. 그렇다면 이익은 줄어도 이 문제를 피해 가는 게 좋지 않을까?'

결국 이 사람은 장애를 피하는 쪽을 선택했을 것이다. 보통 사업을 할 때 판단 기준은 자신의 이해득실에 있기 때문이다. 이런 판단 기준이라면 다른 사람에게 피해를 입히거나 불법을 저지르더라도 자신의 이익만 추구할 것이다. 결국 사람들에게 경멸당할 만한 방법으로 경영하는 꼴이 되고 만다.

하지만 어떤 신념에 근거해 사업을 하는 경영자는 다르다. 편하고 쉽게 자신의 이익을 추구하기보다는 어렵고 힘들더라도 신념을 지키는 길을 선택하기 때문이다. 바로 이런 이유 때문에 높은 이상을 담은 경영 이념이 필요하다. 교세라는 '인간으로서 무엇이 바른가를 끝까지 추구하고, 그 결과 사업을 번영시켜 직원들을 행복하게 하면서 사회에도 공헌한다'라는 경영 이념을 가지고 있다. 경영자의 신념이기도 한 이런 가치관을 좇다 보면 결코 안이한 길로 빠지지 않는다.

인간이란 참 재미있는 존재다. 어떤 어려움을 만나더라도 신념만 있으면 스스로를 격려하며 무너지지 않고 나아갈 수 있다. 따라서 중요한 것은 그럴 만한 신념이 있는가다.

종교가 있는 사람에게 가장 중요한 신념은 신앙일 것이다. 에도시대에는 기독교에 대한 탄압이 심했다. 숨은 기독교인을 찾아내기 위해 예수의 그림이나 십자가를 밟고 지나가게 하는 방법까지 썼다. 물론 진정으로 신앙을 지키려 했던 사람들은 십자가를 밟고 지나가지 않고 순교하는 길을 택했다. 이 사실만 보아도 신념이 인간을 얼마나 강하게 만드는지 알 수 있다. 신념을 지키기 위해서라면 목숨까지 버리기 때문이다.

일본에서 하층 무사들이 메이지유신이라는 혁명을 일으켰을 때도 신념이 필요했다. 유신은 성공했지만 구지배층의 반발을 누르고 나라 전체를 개혁하는 것은 쉬운 일이 아니었다. '메이지유신은 결국 사리사욕을 채우기 위한 전쟁이 아닌가? 하급 무사들이 구지배층의 권력을 빼앗아 천하를 자기 것으로 만들려는 속셈이 아닌가?'라는 말이 돌면, 유신을 지지하는 세력은 결속력을 잃고 전쟁에서 질 수도 있었다. 그래서 1,000년을 이어온 천황 가문의 권력을 복구한다는 대의명분을 내세웠다.

리더만큼 진정한 용기가 필요한 사람도 없다

직원이 10명이나 20명쯤 되는 중소기업이라도 그들의 생활을 책임져야 한다는 의미에서 경영자의 책임감은 무겁다. 불황과 고용 불안이 계속되는 요즘 시대에는 직원의 생활을 책임지는 것만으로도 사회에 공헌한다고 보아야 할 것이다.

게다가 경영자는 자신과 직원들을 위협하는 존재와도 맞서 싸워야 한다. 어릴 때에는 누가 조금이라도 괴롭히면 울음을 터뜨리는 울보였어도 부모의 사업을 물려받아 직원들을 책임지는 입장이 되면 배짱 있게 행동해야 한다. 물론 속으로야 두려워도 '내가 도망가면 회사가 위태롭고 직원들은 거리로 내몰리게 된다'라는 생각을 하면 용기가 생긴다. 이것이 바로 리더의 진정한 용기다. 진정한 용기란 대의명분이나 신념이 없는 사람은 내기 어렵고, 자신에게 돌아올 이익만을 따지는 사람에게선 더더욱 찾아보기 어려운 것이다.

나는 아무런 기술도 없는 상태에서 전기통신 사업에 뛰어들었다. 다이니덴덴을 창업했을 때 나를 기다리고 있던 것은 산더미처럼 쌓인 문제들이었다. 그 많은 장애물에 걸려 넘어지지 않고 사업을 성공으로 이끌 수 있었던 가장 큰 이유는 신념을 끝까지 지킨다는 자세 덕분이었다.

당시 나를 전기통신 사업에 뛰어들게 만든 신념은 다음과 같은 것이었다. 'NTT의 독점 때문에 국민은 너무 비싼 통신 요금을 내고 있다. 세계 어디를 보아도 일본처럼 통신 요금이 비싼 나라는 드물다. 이렇게까지 비쌀 이유가 없지 않은가? 내가 이 분야에 뛰어들어 통신 요금을 내려보겠다. 전 국민을 위해 반드시 이 사업에서 성공하고야 말겠다.'

이런 신념이 있었기에 NTT나 재계에서 압력이 들어와도 '이 정도로 질 내가 아니다'라는 배짱으로 버틸 수 있었다. 단순한 사업 욕심이나 명예욕으로 전기통신 분야에 뛰어들었다면 압력에 정면으로 맞서지 않고 타협했을지도 모른다. 하지만 내게는 통신 요금을 낮추어 국민의 부담을 덜어주겠다는 신념이 있었기에 용기를 내어 정면으로 맞설 수 있었다.

경영자에게는 용기, 인내, 노력이 필요하다. 이 중에서도 용기는 정말 중요하다. '건전한 정신은 건전한 육체에 깃든다'라는 말처럼, 용기도 어떤 의미에서는 육체의 강인함과 비례한다. 어린 시절부터 싸움에서 밥 먹듯이 이길 정도로 힘이 센 사람이라면 자신감과 용기가 몸에 배어 있을 것이다. 하지만 보통 사람이라면 누구든 싸움을 두려워하기 마련이다.

하지만 핑계를 대며 꽁무니를 빼기만 하는 사람은 경영자나 리더로서 자격이 부족하다. 설령 몸이 약하고 힘도 없고, 게다가 싸워본 경험이 없어도 신념만 있으면 배짱이 생긴다. 이를 위해서라도 당장 회사가 지향할 훌륭한 경영 이념을 만들고, 그것을 평생 지켜야 할 신념으로 삼는 것이 무엇보다 중요하다.

사무엘 울만의 〈청춘〉

지금까지 내가 한 이야기를 고스란히 담은 시가 있어 소개한다. 다음은 사무엘 울만이 쓴 〈청춘〉이다.

청춘

청춘이란 인생의 한 시기가 아니라 마음가짐을 말하는 것이다

뛰어난 창조력, 강인한 의지, 불타는 열정, 두려움을 물리치는 용기, 안이함을 뿌리치는 모험심, 이런 마음을 청춘이라 한다

나이를 먹는다고 누구나 늙지는 않는다

이상을 잃어버릴 때 비로소 늙는 것이다

세월은 피부를 주름지게 하지만, 열정의 상실은 영혼을 주름지게 한다

근심, 의심, 불안, 두려움, 실망은 기나긴 세월처럼 사람을 늙게 만들고 생기 있는 영혼을 한낱 먼지로 사라지게 한다

일흔이든 열여섯이든 누구나 가슴속에 품고 있는 것은 무엇일까

경이로움을 사모하고 하늘에 반짝이는 별과 별처럼 반짝이는 것들을 우러르는 마음

어려움에 도전하려는 용기

아이처럼 왕성한 탐구심과 인생에 대한 기쁨과 흥미

우리는 신념과 함께 젊어지고, 의혹과 함께 늙어간다

확신과 함께 젊어지고, 공포와 함께 늙어간다

희망과 함께 젊어지고, 실망과 함께 늙어간다

대지로부터, 신으로부터, 사람으로부터

아름다움과 희열, 용기와 강렬한 영감을 받는 한

젊음은 사라지지 않는다

영감이 끊어지고, 비탄의 눈이 마음 깊은 곳에 쌓이고 쌓여
두꺼운 얼음이 되어 마음을 가두면
이때부터 사람은 완전히 늙어갈지니
오로지 신의 동정을 구하는 수밖에 길이 없을 것이다.

이 시에서 말하듯 청춘이란 어떤 기간이나 나이가 아니라 마음가짐에 따라 결정된다. 부디 이 말을 잊지 말고, 용기와 이상을 품고 자신이 하는 일에 청춘을 바치는 삶을 살기를 바란다.

낙관적으로 구상하고 비관적으로 계획하고
다시 낙관적으로 실행한다

> 새로운 일을 이루려면 먼저 '이렇게 해야지' 하는 꿈과 희망을 가지고 낙관적으로 목표를 설정하는 게 무엇보다 중요하다. 우리는 누구나 무한한 능력을 가지고 태어났다는 사실을 믿는 것이다. 그리고 그 능력을 끌어내기 위해 스스로에게 '반드시 잘될 거야'라고 계속 속삭이면서 분발하게 만들어야 한다.

> 하지만 구체적인 계획을 세울 때에는 무슨 일이 있어도 해내야 한다는 강한 의지를 가지고 비관적인 자세로 돌아서야 한다. 그래야만 일어날 수 있는 모든 문제를 상상하고, 그에 대한 대책을 미리 궁리해볼 수 있기 때문이다.
> 계획을 다 세우고 실행 단계로 넘어갈 때에는 '반드시 잘될 거야'라는 자신감을 가지고 다시 낙관적인 자세로 돌아와야 한다. 그리고 이때부터는 당당하고 밝은 자세로 일을 해나가면 된다.

매일매일 새로운 하루여야 한다. 어제보다는 오늘, 오늘보다는 내일이 더 나아야 한다. 이를 위해 나는 매일 새로운 것을 생각해내려 노력했고, 그러다 보니 창조적인 사고가 습관으로 몸에 배었다. 그 덕분에 새로운 기술을 계속 개발할 수 있었고 교세라는 오늘날의 대기업으로 성장할 수 있었다. 지금에 와서 돌아보니 창업 당시 '다음엔 이런 일을 하고 싶다' '이런 신제품을 개발하고 싶다' '이런 마케팅을 시도해보고 싶다'와 같은 생각이 항상 머릿속에서 꼬리를 물고 있었다.

그러다가 이제까지 해보지 않았던 참신한 아이디어가 떠오르면 간부들을 모아놓고 "이런 생각이 떠올랐는데 어떤가?"라고 의견을 물었다. 간부는 당연히 회사 안에서도 우수한 인재로 인정받는 사람이다. 물론 초기 교세라는 뛰어난 인재들이 오고 싶어 할 정도로 대단한 기업은 아니었다. 하지만 간부 자리에 오를 정도면 모두 좋은 학교를 나온 영리한 사람들이었다.

이들은 내가 "이런 일을 하려는데 어떻게 생각하는가?"라고 정열적으로 이야기하면 하나같이 냉담한 표정으로 조용히 듣고 있었다. 모두 속으로는 '또 자기 분수를 모르고 들떠 있군. 자금도 기술도 없으면서 터무니없는 소리만 하고 있어'라고 생각하는 듯한 얼굴을 하고서 말이다. 그래도 나는 개의치 않고 "좋은 생각 같지 않나?" 하면서 상대가 동의할 때까지 열정적으로 설명했다.

그랬더니 그때까지 조용히 듣고 있던 한 사람이 입을 열었다. 이 정도까지 말했으면 내 뜻을 알아들었겠지 싶어 잔뜩 기대하며 귀를 기울였지만, 정작 그가 내뱉는 말은 그런 기대를 산산이 부수었다.

"아까부터 계속 말씀드리려고 했는데 사장님이 너무 열심히 설명하셔서 참고 있었습니다. 사장님이 말씀하신 그 일이 얼마나 무모한 일인지 아십니까? 그건 법으로 금지되어 있기 때문에 할 수 없는 일입니다."

나야 법률 전문가가 아니다 보니 당장 하고 싶은 일에만 초점을 맞추어 열심히 떠들었던 것이다. 부하 직원이 그렇게 말하니 깜짝 놀랄 수밖에 없었다. 결국 그 일은 추진하지 않기로 했는데, 이와 비슷한 일이 한두 번이 아니었다.

처음에는 머리 좋은 부하 직원을 옆에 거느리며 브레인으로 활용하면 좋겠다고 생각했다. 하지만 언젠가부터 '이건 좀 아닌데…' 하는 생각이 들었다. 그래서 새로운 사업에 대한 이야기를 시작할 때는 그런 부류의 직원을 부르지 않기로 했다.

대신에 좀 덜렁거리면서 잘 생각해보지도 않고 "사장님, 그거 좋은데요" 하면서 맞장구를 쳐줄 사람들을 불러 이야기를 나누었다. 그런 부류의 직원들은 내 말을 듣는 대로 곧 아는 척을 하며 "그거 재미있겠습니다. 해보지요" 하고 달려들기 때문에 처음 사업 구상을 하는 입장에선 많은 힘이 된다. 좀 터무니없이 들릴지 몰라도 어떤 일을 처음으로 구상하고 추진하려면 무모할 정도로 낙관적인 태도가 중요하다.

내가 아직 젊고 한창 건방진 나이였을 때 어느 대기업에서 연구자 200여 명을 앞에 두고 강연을 한 적이 있었다. 그때 다음과 같은 말을 해서 강연장 분위기가 싸늘해진 적이 있다.

"영리하고 머리 좋은 사람들만 모이면 혁신적인 일을 추진하기 어렵습니다. 그 일이 얼마나 어려운지를 이미 훤히 꿰뚫고 있어 결국 포기하고 말기 때문입니다. 어떤 일이든 직접 해보지 않으면 성공도 없습니다. 성공을 하든 실패를 하든 우선은 시작을 해야 무엇이든 이루어지는 법입니다. 따라서 새로운 일을 시작할 때에는 영리한 사람들만 있어서는 곤란합니다."

아무래도 대부분 머리 좋은 지식인인 청중들은 내 말을 듣고 마음이 불편해졌을 것이다. 게다가 나는 이런 말도 덧붙였다.

"좋은 대학을 나오지 못했어도 다른 사람의 기분을 잘 맞춰주는 사람들과 새로운 사업을 구상하는 것이 가장 좋습니다."

이 말은 머리는 좋지 않아도 성격이 밝은 직원이 "아, 좋은데요" 하면서 맞장구를 쳐주면 사업을 구상하는 사람에게는 힘이 된다는 뜻이다. 새로운 일을 이루는 데에는 여러 가지 문제가 따를 것이다. 하지만 어쨌든 '할 수 있다'라는 마음부터 먹어야 무슨 일이든 시작되는 법이다. 따라서 우선은 어려운 문제점에 대해선 고려하지 말고 낙관적으로 생각하는 것이 중요하다.

계획을 세울 때에는 치밀하고 부정적으로

초기 교세라에는 기술도 없고 좋은 설비도 없었다. 그럼에도 고객에게는 "뭐든지 할 수 있습니다" 하고 큰소리를 쳤다.

"우리에겐 멋진 기술이 있습니다. 새로운 진공관에 필요한 절연 재료는 무엇이든 만들 수 있습니다."

"좋은 기술을 가진 회사에서도 못한 일을 정말 자네 회사에서 할 수 있단 말인가?"

"물론입니다. 그 분야가 저희의 장점입니다."

전부 거짓말이다. 설비도 기술도 부족한데 무엇이든 만들 수 있을 리 없지 않은가? 그런데도 할 수 있다고 말하고 주문을 받아와선, 맞장구를 잘 쳐주는 직원들을 모아놓고 이야기를 나누었다.

주문받은 일이 얼마나 어려운지는 세라믹 전문가인 교세라 직원들이 누구보다 잘 안다. 때문에 처음부터 영리하지만 비관적인 직원들과 이야기를 나누면 모두 "이걸 어떻게 하란 말입니까? 될 리가 없잖습니까?" 하면서 질려버리고 말 것이다. 이런 상태로는 일을 시작조차 할 수 없기에 우선은 '어떻게든 되겠지' 하고 낙관적으로 생각하는 직원들과 이야기를 나누어야 한다.

하지만 본격적으로 일을 시작하면 선수를 교체해야 한다. 머리는 별로 좋지 않은데 낙관적이고 밝기만 한 사람에게 모든 일을 맡길 순 없다. 위험천만한 일이다. 그런 부류의 직원들은 "해봅시다, 해봅시다" 하면서 분위기를 띄우는 역할을 한 것만으로도 충분하다. 실제로 업무 계획을 짤 때는 시니컬

하고 무엇이든 냉철한 시선으로 보려는 직원을 주전 선수로 기용해야 한다.

"자, 이런 일을 해보려고 하네"라고 말하면 "그건 무리입니다. 우리에겐 이런 기술이 없고 저런 설비가 없습니다"라고 대답할 것이 뻔하다. 뿐만 아니라 계속 부정적인 장애 요소를 짚어낼 것이다. 그러면 나는 그들이 문제점을 일일이 다 찾아내면서 머릿속에 새기도록 기다린다. 나 역시 "아, 과연 그런 문제도 있겠군. 거기까진 미처 생각하지 못했네"라고 말할 정도로 이번 일의 어려움에 대해 충분히 이해하면, 그때부터 구체적인 계획을 짜기 시작한다.

실행할 때는 다시 낙관적으로

어디에 어떤 문제가 있고, 어떤 어려움이 있는지를 알게 되었다면 이번에는 다시 낙관적인 직원들로 선수 교체를 해야 한다. 비관적인 직원들이 그 계획을 실행하도록 두면, 도중에 문제를 만났을 때 "역시 힘들 것 같아" 하면서 지레 포기할지도 모른다. 하지만 문제가 생겨도 "이런 문제가 생길 거라고 미리 예상했잖아? 어쨌든 해보자. 잘될 거야" 하면서 낙관적으로 헤쳐나가야만 무슨 일이든 결실을 거두는 법이다.

일을 처음 구상할 때에는 낙관적, 계획을 짤 때에는 비관적, 그리고 마지막으로 실행에 옮길 때에는 다시 낙관적으로 해야 한다. 좀 더 구체적으로 정리해보자. 처음엔 너무 깊이 생각하지 말고 일단 해보자고 분위기를 띄운다. 그다음 계획을 세울 땐 모든 장애 가능성을 짚어본다. 정말 괜찮을까? 자금 조달이 계속될 수 있을까? 현재 영업 직원들로 신규 사업까지 감당할 수 있을까? 불안 요소를 빠짐없이 점검하고, 이를 염두에 둔 상태에서 어떤 어려움도 기꺼이 헤쳐나가겠다는 자세로 실행에 옮긴다.

이때 필요한 것은 '주사위는 이미 던져졌다'라는 생각으로 배짱 있게 나아가며 뒤로 물러서지 않는 것이다. 물론 아무리 낙관적인 사람이라도 어려움을 만나면 위축되기 쉽다. 하지만 '한번 하기로 마음먹었으면 포기하지 않는다. 이런 어려움은 이미 예측했었다'라는 생각과 함께 도망갈 것은 아예 꿈도 꾸지 않고 앞으로 나아가는 것이 중요하다. 이런 자세야말로 새로운 일을 이루거나 기업을 성공으로 이끌기 위한 필수 조건이다.

흔히 대기업은 창조적인 일을 이룰 수 없다고 말한다. 기술이나 자본만 보면 새로운 일을 시작하기에 대기업 쪽이 단연 유리하다. 그런데도 좀처럼 성과를 내지 못하는 이유는 머리 좋은 직원밖에 없기 때문이다. 이런 직원들이 모이면 새롭게 벌일 일이 얼마나 어렵고, 어떤 장애가 가로막고 있는지에 대해서 토론하느라 시간 가는 줄도 모른다. 곧 그들이 찾아낸 문제점이 산더미처럼 쌓이고, 어떻게 하면 그런 문제점을 해결할 수 있는지에 대해선 생각할 엄두조차 내지 못한 채 '할 수 없다' 혹은 '너무 무모하다'라고 결론 내리고 만다. 대기업에선 처음 신규 사업을 구상할 때 비관적이고 부정적인 의견이 지나치게 많기 때문에 새롭고 도전적인 일을 추진하기가 쉽지 않다.

낙관적인 구상으로 시작한 휴대전화 사업

다이니덴덴을 창업한 지 얼마 되지 않을 때였다. 휴대전화의 전신인 자동차전화 사업에 신규 업체 참가를 인정한다는 소문이 정부 쪽에서 흘러나오고 있었다. 당시 자동차전화는 큰 수신기를 트렁크에 설치하고 수화기를 차 안에 두는 식이었다. 요금도 아주 비싸 대기업 중역 이상이 아니면 사용할 수 없는 서비스였다.

교세라에서는 IC 패키지를 전 세계에 공급하고 있었기 때문에 나는 IC의 진보를 직접 눈으로 보면서 다음과 같이 확신했다. '이대로 IC가 발전하면 큰 송수신기도 작아져 수화기에 내장되는 날이 올 것이다. 그러면 보급률도 높아져 몇 년 안에 반드시 휴대전화의 시대가 열릴 것이다.'

따라서 자동차전화 사업이 풀린다는 소식을 듣자마자 다이니덴덴이 하겠다고 가장 먼저 이름을 올렸다. 그 후 도요타가 '자동차전화라면 우리가 해야 한다'라고 나서서 결국 두 회사가 참가하게 되었다.

나는 다이니덴덴 임원 회의에서 "반드시 휴대전화 시대가 온다. 지금 이 분야에 참가해야 한다"라고 주장했다. 하지만 다른 임원들은 반대하고 나섰다.

"얼마나 무모한 일인 줄 아십니까? NTT도, 미국 통신 회사도 자동차전화에서는 적자를 보고 있습니다."

이번에도 좀 똑똑하다 싶은 간부들은 모두 부정적인 의견만 늘어놓기 시작했다. 사실 당시 자동차전화 사업은 사정이 좋지 않아 헤쳐나가기 어려운 분야였다. 그들은 내가 그런 상황을 모르는 줄 알고 "뭘 모르니까 저렇게 무모하군"이라고 말하는 듯한 표정으로 비관적인 이야기를 이어갔다.

"지금은 다이니덴덴을 시작한 직후입니다. 장거리전화용 회선을 위해 오사카와 도쿄 사이에 파라볼라안테나를 설치하는 작업도 절반밖에 하지 못했습니다. 게다가 이 분야는 영업도 제대로 시작하지 못했는데, 새롭게 자동차전화까지 손댄다는 것은 너무 무리한 일입니다."

그런데 모두의 맹렬한 반대를 무릅쓰고 단 한 사람이 찬성했다.

"회장님이 말씀하신 대로 하면 좋을 것 같습니다. 아주 흥미로운 사업이 될 것 같습니다."

그는 사업 내용을 제대로 이해하지 못한 느낌이긴 했지만 낙관적으로 "전 찬성입니다"라고 말했다. 모두 반대하는 마당에 한 사람이라도 지원군이 나서주니 기분이 좋았다.

"자네가 그렇게 나오니 힘이 생기는군. 모두 반대하면 할 수 없지. 나와 자네 둘이서 해보세."

다수결로 하면 당연히 부결되었겠지만 다이니덴덴의 휴대전화 사업은 찬성한 사람들끼리 해보자는 식으로 시작되었다. 물론 본격적으로 사업 계획을 세우기 시작하자 찬성했던 낙관적인 직원만으로는 불안했다. 언제나 그렇듯이 반대했던 비관적인 직원들의 도움을 받아 함께 사업을 진행하기 시작했다. 이처럼 사업을 구상하고 추진해서 성과를 얻기까지는 여러 과정이 있고, 그 과정마다 적절한 인재를 골라서 배치하는 지혜를 발휘해야 한다.

5.

역경을 이겨낸다

진정한 용기를 낸다

일을 바르게 추진해나가려면 용기가 필요하다. 우리는 주위 사람들이 싫어할까 봐 해야 할 말을 참거나 일을 바르게 추진하지 못하고 포기하는 경우가 많다. 일을 끝까지 오류 없이 추진하려면 요소마다 바른 결단을 내려야 한다. 그런데 결단에는 용기가 필요하다. 물론 이때의 용기는 만용, 즉 거칠고 무식한 호걸들이 분별없이 날뛰는 용기와는 다르다.

진정한 용기란 자신의 신념을 끝까지 밀고 나가면서도 절도가 있어야 한다. 또, 두려움이 많고 어딘지 주눅이 들었던 사람이 수많은 경험을 쌓아나가면서 몸에 지니게 된 것이어야 한다.

진정한 용기를 낸다는 것은 곧이어 이야기할 '투쟁심을 불태우는 것'과 더불어 경영자에게 아주 중요한 덕목이다. 사장이 되면 하루에도 몇 번씩 부하 직원이 찾아와 "이런 문제가 있습니다" 혹은 "저런 문제가 있습니다" 하고 말한다. 이때 용기가 없는 사람은 안이한 해결책을 내놓기 쉽다.

예를 들어 자금을 마련하느라 동분서주할 때 '은행에서 빌리기 어려울 것 같으니까 불법 금융에서 빌려보자'라고 생각하는 경영자가 있다. 어려운 길이 결국 바른 길이지만, 그 길로 갈 용기가 없어 쉬워 보이는 길을 선택한다. 그러면 이후 반드시 다음과 같은 후회를 한다.

"그때 편한 길로 도망가지 말고 어려운 길과 정면으로 맞서야 했어. 내게 그럴 용기가 없었기 때문에 결국 망한 거야."

이런 실패를 피하기 위해서라도 경영자에게는 쉬운 길이나 핑곗거리를 찾지 않는 용기가 필요하다.

경험을 통해 진정한 용기를 만들어간다

부모의 사업을 물려받아 경영자가 된 사람의 경우 자질을 인정받아 리더가 된 것이 아니기 때문에 경영자에게 필요한 진정한 용기를 가지고 있지 않을 수도 있다. 그런데 교세라를 성장시키며 겪어보니 기업을 제대로 경영하려면 용기는 필수 조건이다.

나는 초등학교 때 골목대장이었고, 중고등학교 때 가라테를 배웠기에 힘을 쓰는 일에 어느 정도 자신이 있었다. 힘이 세고 싸움을 잘하다 보니 정신적으로도 거칠고 자신감이 넘쳤다. 힘을 쓰는 데 자신 있는 사람은 대부분 억세고 지기 싫어하는 성격도 강하다. 때문에 하지 않아도 될 싸움을 수시로 하고, 일을 억지로 밀어붙여 실패하는 경우가 다반사다. 이런 만용은 경영자에게 필요한 진정한 용기와 거리가 멀다.

어찌 보면 경영자는 기질적으로 겁이 많은 사람이 더 유리하다. 자본을 빌리든, 사업을 전개해나가든 무슨 일을 하더라도 처음엔 소심하고 주눅이 들어 있다가 경험을 쌓으며 능숙함과 함께 용기를 얻어가는 게 가장 이상적이다. 이렇게 몸에 밴 용기는 물러설 때와 나아갈 때를 분별하는 지혜를 지닌 진정한 용기라고 할 수 있다.

싸움의 승패는 용기와 배짱이 결정한다

용기를 불러일으키는 것은 무엇인지를 실감하게 만든 일이 있었다. 교세라를 창립하고 얼마 지나지 않을 때였다. 아직 회사 규모가 작을 때라 회사에 좋은 일이 있는 날에는 간부들이 전부 모여 시내에 술을 마시러 나가곤 했다.

어느 여름날 10명이 넘는 간부들이 늦게까지 남아 중요한 업무와 씨름하다가 드디어 일을 마무리 짓게 되었다. 누군가 늘 하던 대로 "자, 한잔하러 가지요!"라고 외쳤다. 나는 그날따라 기분이 좋아 "그럼 우리 택시에 나눠 타고 히에이산이라도 올라갈까?" 하고 제안했다.

당시엔 모두 가족처럼 가깝게 지낸 데다 어려운 일을 해낸 기쁨도 컸기에 신이 나서 누구 하나 망설이지 않고 찬성했다. 산 정상에 오른 뒤 준비해 간 맥주를 나눠 마시고 교토 시내를 내려다보면서 만세를 불렀다. 모두들 한껏 들뜬 기분이었다. 결국 내친김에 비와호로 내려가 수영이라도 하자는 데 의견이 모였다. 모두 다시 택시에 올라타 비와 호수로 향했다. 간부 중 한 사람은 자기 차를 가져왔기에 직접 운전하며 뒤따라왔다.

그때 오토바이를 탄 폭주족 20여 명이 우리가 탄 택시들을 추월하려고 쫓아왔다. 그런데 그중 한 대가 곡선 도로에서 간부가 운전하는 차와 접촉 사고를 일으킬 뻔했다. 그러고는 잔뜩 화가 난 폭주족은 우리가 비와호에 도착할 때까지 줄곧 쫓아왔다.

우리가 호숫가에 내리자 그들도 오토바이에서 내렸다. 그러고는 우리를 둘러싸더니 "아까 운전하던 놈, 나와!"라고 소리쳤다. 우리 쪽은 평생 싸움 같은 건 해본 적도 없는 사람이 대부분이었다. 운전을 했던 간부가 끌려 나가 뭇매를 맞을 듯한 위기의 순간이 코앞에 닥쳤다. 나는 이대로 당할 수만은 없다는 생각이 들어 맥주병을 움켜쥐었다. 다른 간부들에게도 맥주병을 하나씩 들게 하며 "모두 싸우자"라고 말한 뒤 "덤빌 테면 덤벼!"라고 외치며 앞으로 뛰어나갔다.

우리 쪽은 싸움 경험이 없는 사람들이라 다들 벌벌 떨고 있었을 테지만 어두운 밤이라 상대는 눈치채지 못한 것 같았다. 30여 분도 훨씬 넘게 서로 노려보며 탐색하다가 결국 우리의 기세에 눌린 폭주족은 슬그머니 오토바이를 타더니 사라졌다. 그 후 나는 주위 사람들에게 자주 이 이야기를 들려주며 이렇게 덧붙인다.

"리더로서 아랫사람이 어려움에 빠지는 걸 못 본 척해선 안 된다. 그런 사람은 최악의 리더다. 싸움의 승패는 힘이 아니라 배짱으로 결정된다. 도망가지 말고 정면으로 맞서며 용기를 내면 결코 지지 않는다."

사명감과 책임감이 배짱과 용기를 불러일으킨다

처음부터 용기 있는 사람은 없다. 두려운 상황이 오면 간이 콩알만 해져 벌벌 떨리는 것은 당연하다. 그렇긴 해도 필요한 순간엔 두려움을 떨치고 나설 줄 알아야 한다. 배짱 있게 달려들어 싸워야 한다. 내가 비와호에서 맥주병을 들고 싸우려 했던 것도 사장이라면 직원을 보호하기 위해 마땅히 그래야 한다고 생각했기 때문이다.

여성 경영자 중에도 '내가 여기서 주저앉으면 안 되지' 하고 용기를 내서 상대의 기를 단번에 꺾는 사람이 있다. 육체적으로 강한 것도 아니고, 평소 호방한 기질도 아니다. 다만 '나는 사장이다'라는 책임감이 있기 때문에 가능한 일이다.

'신념을 끝까지 지킨다'라는 항목에서 말했듯이 '종업원과 나를 지지해주는 가족을 위해 목숨을 바쳐서라도 회사를 지킨다'라는 생각만큼 경영자를 강하게 만들어주는 것도 없다. 에도시대에 종교 탄압을 받던 기독교도들은 십자가를 밟지 않는 대신 죽음을 택했다. 이들만 보아도 알 수 있듯이 사람은 지켜야 할 신앙, 신념, 결의, 책임감, 사명감 등이 있으면 죽음 앞에서도 꺾이지 않는 용기가 생기는 법이다.

자신에게는 그만한 역량이 있다고 생각하지 않는데 부모의 사업을 물려받아 경영자가 된 사람도 있을 것이다. 그렇다면 누가 뭐래도 부모님이 일군 사업체와 직원들을 지키겠다는 사명감을 가져보라고 권하고 싶다. 이런 사명감이 있는 경영자는 평생 지켜야 할 신념이 앞에서 끌어주기 때문에 용기 있는 삶을 살 수 있는 힘을 얻게 된다. 하지만 신념이 없으면 곧 안이한 길로 빠져 잘못된 경영을 하고, 직원들은 직장을 잃어버리는 신세가 될 것이다. 그렇게 되지 않기 위해서라도 경영자 스스로 어떻게 행동해야 하는지를 자문자답하면서 자신의 마음가짐을 결정하는 것이 중요하다.

투쟁심을 불태운다

> 일이란 진검 승부의 세계다. 항상 이기겠다는 자세로 임해야 한다. 하지만 이기려고 들수록 헤쳐나가야 할 역경과 압력도 커지는 법이다. 이렇게 되면 보통은 기가 죽어 원래 품었던 신념을 버리고 타협하기 쉽다.
>
> 역경과 압력에 맞서 싸우게 해주는 에너지의 근원은 불굴의 투쟁심이다. 격투기 선수처럼 '절대로 지지 않겠다. 반드시 이기고야 말겠다'라는 각오로 싸움에 임하며 투쟁심을 불태워야 한다. 아무리 힘들어도 꼭 해내고야 말겠다는 투지만이 모든 장벽을 뚫고 승리에 이르게 해줄 것이다.

리더는 반드시 용기가 있어야 한다. 적어도 경영자라면 권투 선수나 레슬링 선수만큼 투쟁심이 있어야 한다. 실제로 경영자 중에는 남녀 불문하고 경쟁심이나 오기가 강하고, 권투나 레슬링 같은 격투기를 좋아하는 사람이 많다. 하지만 개중에는 시합을 보다가 싸움이 격렬해지면 눈을 가리며 무서워할 정도로 심약한 사람도 있다. 이런 사람은 경영자로 적합하지 않다고 본다.

하지만 오해하지 않기를 바란다. 경영자에게 필요한 투쟁심은 상대를 때려눕히겠다는 투쟁심과는 다르다. 길가의 풀과 나무들도 서로 경쟁하며 투쟁심을 발휘하는 듯한 모습으로 살아간다. 서로 햇빛을 조금이라도 더 받기 위해 한껏 몸을 늘이며 광합성을 한다. 그렇게 해서 몸에 쌓은 양분으로 추운 겨울을 이겨내고 다시 봄을 맞이한다.

이름 모를 잡초조차 생명을 유지하기 위해 필사적이다. 하지만 길가의 풀은 이웃에 있는 다른 풀을 이겨보겠다는 생각 따위는 하지 않을 것이다. 다만 스스로 좀 더 많은 햇빛을 받으려고 열심히 줄기와 가지를 뻗치며 자랄 뿐이다.

자연계의 모든 생물은 이런 식으로 열심히 살아간다. 필사적으로 살아보려는 몸부림을 멈추면 도태될 것이다. 자연계란 원래 필사적으로 노력하는 자만이 살아남는 적자생존 원칙이 지배하는 세계다. 흔히 자연계는 약육강식의 세계라고도 한다. 강한 자가 약한 자를 잡아먹으며 살아가는 격렬한 투쟁의 장소라는 뜻이다. 하지만 실제로는 열심히 노력하는 자, 즉 누구에게도 지지 않을 정도로 노력하는 자가 적응해서 살아남고, 노력하지 않는 자는 도태되는 적자생존의 세계다. 따라서 우리가 가져야 할 투쟁심이란 상대를 쓰러뜨리기 위한 것이 아니라, 포기하려는 자신과 끝까지 싸우며 최선을 다해 살아보려는 마음가짐이다.

자신이 걸어갈 길을 스스로 개척한다

우리의 미래를 보장해줄 사람은 아무도 없다. 지금 다니는 회사의 실적이 좋으면 자신의 미래까지 밝아 보일지 모른다. 하지만 현재의 모습은 과거의 노력이 가져온 결과일 뿐이고, 미래에는 어떻게 될지 아무도 모른다. 일단 회사 문제만 놓고 볼 때 앞으로도 계속 좋은 실적을 내고 싶다면 직원 한 사람 한 사람이 각자 주어진 역할에 최선을 다해야 한다. '내가 아니어도 누군가 하겠지' 하는 마음으로 자기 일을 미루어선 안 된다. 우선 자기 역할이 무엇인지부터 확실히 인식하고, 그 역할을 최대한 잘 수행하겠다는 생각으로 노력에 노력을 더해야 한다.

중소기업을 경영해본 사람이라면 위기에 빠졌을 때 누구도 도와주지 않았던 경험을 해보았을 것이다. 이런 일을 겪고 나면 자신의 길은 스스로 개척해나가야 한다는 사실을 깨닫는다. 말하자면 독립자존獨立自尊 정신이 필요하다. 어쩌면 이런 마음가짐은 경영자뿐만 아니라 그 밑에 있는 간부들에게 더 필요할지도 모른다. 고용된 사람일수록 이 사실을 더욱 철저하게 깨달아야 한다.

사장은 원래 독립적인 사람이 많다. 하지만 그 밑에 있는 부사장, 전무, 상무, 이사, 부장, 과장 등은 그렇지 못한 경우가 대부분이다. 회사가 어려워지면 이들은 스스로 문제를 해결하려 하기보다 '사장이 어떻게든 하겠지' 하고 기대한다.

실적이 좋지 않은 회사일수록 직원들이 독립적이지 못하고 자존 능력이 떨어질 가능성이 크다. 이들은 회사가 이익을 내는 데 기여하기는커녕 꼬박꼬박 월급만 축낸다. 이런 직원이 많을수록 회사의 경영 상태는 악화한다. 거꾸로 자기가 받는 월급 이상의 이익을 내기 위해 일하는 직원이 많을수록 그 회사는 잘될 수밖에 없다.

교세라는 오래전부터 이와 같은 원리를 반영해 아메바 경영을 실행하고 있다. 전체 조직을 아메바라는 작은 단위로 나누어, 각 아메바의 리더는 자기가 이끄는 단위를 책임진다는 생각으로 경영을 한다. 어느 정도 시간이 흐르면 좋은 실적을 올리는 아메바가 있는가 하면, 그렇지 못한 아메바도 있다.

하지만 실적이 좋은 아메바 직원들에게만 상여금을 주거나 월급을 올려주는 일은 없다. 마찬가지로 실적이 나쁜 아메바 직원들의 월급을 깎지도 않는다. 실적을 그때그때 금전적으로 보상해주면 오히려 직원들의 마음을 상하게 만들기 때문이다.

상여금을 많이 받으면 처음엔 사기가 올라 열심히 일한다. 하지만 언제까지나 좋은 실적이 유지된다는 보장은 없다. 실적이 나빠 상여금이나 월급이 줄면 분명히 기분이 나빠 일할 맛도 나지 않을 것이다. 그리고 늘 실적이 나쁜 아메바 직원들은 괜히 심보가 뒤틀려 실적이 좋은 다른 아메바를 질투하게 된다. 이처럼 실적에 따라 상여금이나 월급을 많이 차이 나게 하는 것은 직원들의 마음을 피폐하게 만들기 때문에 주의해야 한다.

하지만 성실하고 열심히 일하든, 대충 일하든, 게으름을 피우며 일하지 않든 모두 같은 대우를 받으면 월급만 축내는 직원이 점점 늘어날 것이다. 이를 막으려면 직원 각자가 회사의 사장과 같은 마음으로 앞길을 스스로 개척하도록 만들어야 한다. 자신이 받을 월급은 자기가 번다, 아니 그 이상으로 벌어 회사에 공헌하겠다는 생각으로 일해야 한다. 교세라에서는 직원들에게 이런 생각을 심어주기 위해 아메바마다 독립채산제로 운영하도록 했고, 더 나아가 시간당 채산 제도까지 채택하고 있다. 이 제도를 통해 아메바마다 시간당 얼마나 부가가치를 생산하는지 한눈에 볼 수 있다. 예를 들어 시간당 인건비를 3,000엔 소비하는 아메바가 1시간에 5,000엔의 부가가치를 생산했다면 회사에 2,000엔의 이익을 안겨준 셈이다. 자신의 월급 이상을 벌어 회사에 기여한 아메바에는 반드시 상을 주어 전 직원 앞에서 칭찬해야 한다.

직원에게 경영자와 같은 마음을 가지게 만드는 것은 정말 중요하다. 전 직원이 경영자 의식을 가지고 일하는 회사만큼 강한 회사도 없다. 나는 이를 위해 직원들과 끊임없이 대화하며 모두의 의식을 끌어올리려고 심혈을 기울이고 있다.

먼저 말하고 실천한다

> 세상에서는 '말없이 실천하는 것'을 미덕으로 여길지 몰라도 교세라에서는 그렇지 않다. 우선 '말부터 하고 실천하는 것'을 중요하게 여긴다. 어떤 일을 하기 전에 "이건 제가 하겠습니다" 하고 나서며, 자기가 중심이 되어 일을 추진하겠다고 선언해보라. 그렇게 말을 했다는 것만으로도 힘이 생겨 스스로 분발하게 되고, 자신은 물론 주변에까지 압력으

> 로 작용해 상황이 목표 달성 쪽으로 흘러가게 만든다.
>
> 일단 계획을 세우고 난 뒤에는 조회나 회의 시간처럼 기회가 있을 때마다 모든 사람 앞에서 확실히 이야기해보라. 일단 계획에 대해 말하고 나면 그 말이 스스로를 격려하는 힘이 되어 돌아온다. 그리고 일을 실행할 수 있는 에너지도 만들어낸다.

내 또래의 나이 든 사람들은 젊었을 때 말없이 실행하라는 말을 자주 들었다. 예전엔 아무래도 호언장담보다는 묵묵히 실행하는 쪽이 더 훌륭하다는 평가를 받았다. 특히 남자는 더더욱 말없이 실행하는 것이 미덕이었다. 하지만 회사를 세우고 나서부터는 '차라리 말부터 하고 실행하는 게 더 좋지 않을까?'라는 생각을 하게 되었다.

예를 들어 "이번 주엔 매출을 이 정도 올리고, 이익은 이 정도로 내겠다"라고 직원들에게 공언한다. 그러면 자신이 한 말이 힘이 되어 돌아오고, 내면에서 그 말이 계속 메아리치면서 실행하기 위한 에너지를 만들어낸다. 말로 선언부터 하는 유언실행有言實行은 말의 힘을 행동 에너지로 바꾸어 도움을 받는 작업이다.

나는 이렇게 하고 싶다고 미리 공언하면 자신과 약속을 해버린 셈이 된다. 스스로 매출이나 이익을 얼마 정도 내겠다고 공언했으므로 말한 대로 해야 한다는 책임감이 뒤따른다. 그리고 이 책임감이 자신을 묶어 일을 완수하도록 끌고 간다. 미리 공언을 해버렸기 때문에 스스로 족쇄를 채우고 목표에 집중하도록 만드는 상황이라고 볼 수 있다.

이런 식으로 스스로에게 목표를 제시하고 그것을 실행하도록 몰고 가는 것은 성공에 이르는 비결 중 하나다. 따라서 경영자 자신은 물론이고 회사의 간부와 직원도 "이번 달엔 이 정도 주문을 받고 이 정도 이익을 내겠다"라고 미리 공언하고, 행동이 뒤따르도록 하는 분위기를 만들어야 한다.

조회나 회의 때 자신의 계획을 직원들 앞에서 이야기하는 시간을 갖는 것도 좋다. 그리고 그 말이 주는 힘으로 스스로를 격려하고 그 말대로 이루기 위해 노력해야 한다.

미리 말부터 하는 게 공허한 의식으로 보일지 몰라도, 사실은 신비한 능력이 있다. 윗사람에게서 "이달엔 이 정도 실적을 내게"라는 말을 듣고 일할 때와, 스스로 "이달엔 이 정도 실적을 올리겠습니다"라고 공언한 뒤 일할 때 나타난 결과는 완전히 다르다. 간부도 직원도 스스로 나서서 목표를 공언한 뒤 노력하면, 기업의 분위기도 밝고 적극적으로 변하고 실적도 좋아지는 법이다.

보일 때까지 생각한다

> 어떤 일을 하든 미리 그 결과가 보이는 상태에서 시작해야 한다. 처음엔 단순한 꿈이나 소망에 지나지 않더라도, 그에 대해 진지하게 생각하고 또 생각하면서 머릿속에서 앞날을 구체적으로 그려보라. 그러다 보면 꿈과 현실 사이의 경계가 사라지고, 아직 하지 않은 일을 이미 해낸 것 같은 기분이 든다. 점점 할 수 있을 것 같은 자신감도 생긴다. 이것이 바로 '보일 때까지 생각하는 것'의 효과다.
> 이처럼 미래가 구체적으로 보이는 상태까지 깊이 생각해야만 전례 없는 일, 창조적인 일, 어려운 장애물을 몇 개나 뛰어넘는 일을 해낼 수 있다.

보일 때까지 생각해야 한다. 이것은 젊은 시절 연구에 몰두하다가 깨달은 진리 중 하나다. 그 후 나는 이 진리를 사업 경영에도 적용해 큰 효과를 보고 있다. 보통 연구를 시작할 때 개발 과정 전체를 머릿속에서 미리 그려본다. 예를 들어 원료는 어떤 것을 써야 할지, 첨가할 약품은 무엇으로 해야 할지, 장치는 어떻게 준비해야 할지를 미리 생각하고, 이런 구체적인 사항을 모두 고려해 전체 과정을 그려본다. 나는 이 과정을 시뮬레이션이라고 부른다. 시뮬레이션을 할 때엔 실험 과정에서 일어날 수 있는 문제까지 상상해서 해결책을 마련하는 것도 잊지 않아야 한다.

회사가 커지면서 내가 직접 연구에 참여하지 않게 되었다. 대신 연구 개발자들에게 "이런 사양의 제품을 만들어달라는 주문이 들어왔다. 그렇다면 이런 방법으로 개발에 들어가는 것이 어떻겠나? 이 정도 힌트를 주었으니 지금부터는 자네들이 알아서 연구해보라"라고 방향만 제시했다.

하지만 그대로 모든 것을 맡겨버리지 않는다. 나 스스로도 틈만 나면 머릿속으로 연구 주제에 대해 생각하면서 수도 없이 모의실험을 상상해본다. 그런 식으로 날마다 머릿속으로 시뮬레이션하다 보면 어느덧 실험에 성공한 기분이 들고 완제품의 모양까지 정확하게 떠오르는 순간이 찾아온다. 이것이 바로 보일 때까지 생각하는 것이 이루어진 상태다.

직접 연구 개발에 참여하지 않아도 머릿속으로 수도 없이 시뮬레이션하다 보면 이처럼 완제품의 모습까지 내다볼 수 있다. 이 과정에 익숙해지면 완제품이 흑백으로 보이는 순간을 넘어 색채까지 뚜렷이 보이는 수준에 이른다. 그 정도는 되어야 보일 때까지 생각하는 것에 성공한 것으로 여긴다. 연구 개발은 물론이고 어떤 일을 하든 이 정도로 철저하게 미리 생각한 끝에 임해야 큰 실수 없이 성공에 이른다.

철학은 경영에 필요한 보물 중의 보물

나는 교세라를 창업하고 오늘날까지 누구도 해본 적 없는 새로운 일에만 도전하며 살아왔다. 사람들이 많이 다녀서 익숙한 길로는 결코 가지 않았다. 때문에 항상 주의 깊게 모든 가능성에 대해 생각하는 것이 습관이 되어 있다.

예를 들어 '조금 더 가면 절벽이 나오는 것은 아닐까? 장애물에 부딪치는 것은 아닐까? 길이 막혀버리는 것은 아닐까?'라는 생각이 늘 머릿속에서 떠나지 않는다. 더불어 틈만 나면 그에 대한 해결책을 궁리하느라 바쁘다. 시뮬레이션을 수도 없이 반복하면서 하루하루를 살아가는 게 어느새 삶의 방식이 되었다. 특히 새로운 사업을 시작할 때에는 모든 의식을 그 일에 집중시켜 생각하고 또 생각하면서 일한다.

다이니덴덴을 시작할 때에도 마찬가지였다. 나는 세라믹 전문가일 뿐 전기통신 분야에는 문외한이었다. 하지만 그 사업에 성공하면 교세라 필로소피가 옳다는 것을 증명할 좋은 기회라 생각하고 달려들었다.

교세라 필로소피의 항목 하나하나는 정확히 내 경영 철학의 핵심을 정리한 것이다. 흔히 경영자는 능력도 뛰어나고 전문적인 경영학에도 정통해야 기업이 잘된다고들 말한다. 하지만 나는 경영자에게 가장 중요한 것은 올바른 경영 철학이라고 믿는다.

나는 교세라를 창립한 후 교세라 필로소피에 근거해 경영을 해왔다. 이런 나에 대해 "이나모리 회장은 세라믹 기술이 필요한 시대를 잘 만나 크게 성공했다"라고 평가하는 사람도 많다. 하지만 내 생각은 다르다.

교세라가 성공한 이유는 훌륭한 경영 철학을 세우고 그것을 실천하는 경영을 해왔기 때문이다. 따라서 다이니덴덴을 창업할 때에도 다음과 같이 선언했다.

"통신 전문가를 채용해 기술적인 도움을 받을 것이다. 하지만 다이니덴덴 역시 교세라 필로소피에 근거해 경영할 것이다. 아무런 기술과 사전 지식 없이 뛰어든 이 사업이 성공하면 경영에서 철학이 얼마나 중요한가를 증명할 수 있을 것이다. 거꾸로 실패하면 철학만으로는 경영이 불가능하다는 것을 증명할 것이다."

오늘날 다이니덴덴이 훌륭한 기업으로 성장한 것을 보면, 역시 철학은 경영에 필요한 최고의 보물이란 사실을 새삼 되새기게 된다.

상장 시기까지 내다보았던 다이니덴덴의 창업

다이니덴덴을 창업할 때에도 보일 때까지 생각한다는 원칙을 철저히 지켰다. 창업 전에는 동기가 선한가, 사심이 없는

가 수도 없이 자문자답하는 과정을 거쳤고, 드디어 창업을 결정한 뒤부터는 다이니덴덴을 어떻게 운영할 것인지를 날마다 진지하게 생각했다. 생각을 거듭하다 보니 상상인지 현실인지 구분이 가지 않을 정도가 되었고 드디어 잘될 것이라는 자신감이 생겼다.

다이니덴덴을 창업할 때 사장으로 영입한 사람은 자원에너지청 장관이었던 모리야마 신고다. 모리야마 씨는 나처럼 가고시마현 출신인데 나이는 더 많았다. 나는 그에게 다이니덴덴의 사장으로 와달라고 부탁하며 이렇게 말했다.

"이미 관료 세계에서 공을 쌓고 이름을 날려 장관까지 되셨습니다. 이제 우리 회사로 와서 신규 사업, 그것도 이제까지 전혀 해보지 않은 통신사업을 도와주셨으면 합니다. 이 사업이 잘되면 관료 세계와는 전혀 다른 새로운 분야에서도 성공을 거두는 것입니다. 저는 무슨 일이 있어도 다이니덴덴을 키워 상장할 생각입니다. 벤처로 통신사업을 시작해 장대한 기업으로 키워 상장시킨 예는 관료계에선 단 한 번도 없었을 것입니다. 부디 그런 대단한 일을 맡아주셨으면 합니다."

다행히 모리야마 씨는 크게 기뻐하며 "여러 가지로 배우면서 열심히 해보지요"라고 의욕 넘치게 수락해주었다. 모리야마 사장은 통산성의 간부였고 자원에너지청 장관까지 지낸 사람이라 대기업 사장들에게 접대를 받는 데 익숙해 있었다.

오랜 세월 동안 기업 경영자들이 고위 관료의 비위를 맞추려고 갖가지 후대를 하는 문화에서 지내온 사람이었다. 하지만 다이니덴덴에서는 누구에게든 그런 접대를 하지 않는 게 원칙이었다. 내가 못을 박듯 단호하게 말했다.

"우리 회사에선 교제비가 일절 없습니다."

모리야마 사장이 설마 하는 얼굴로 물었다.

"사업이 잘되면 교제비도 조금은 쓰게 해주실 거지요?"

"글쎄요… 본인이 번 돈 안에서 필요한 만큼 쓴다면, 그 정도는 괜찮겠지요."

"거참, 기대되는군요."

결국 모리야마 사장은 허허 웃으며 더 이상 교제비 이야기를 꺼내지 않았다. 막상 사업을 시작하니 주변 상황은 다이니덴덴에 불리하게 돌아갔다. 일본텔레콤(현 소프트뱅크)이 나타나 신칸센 선로를 따라 광케이블을 깔기 시작했다. 일본고속통신도 이 사업에 뛰어들어 고속도로를 따라 광케이블을 깔기 시작했다. 선로나 도로는 국유재산이므로 우리도 광케이블을 깔게 해달라고 요청했지만 바로 거절당했다.

그래서 다이니덴덴은 산마다 철탑을 세우고 무선통신망을 구축해야 했다. 말 그대로 악전고투였다. 모리야마 사장은 이 상태로 경쟁 회사들과 어깨를 나란히 하며 싸워 이길 수 있을지 고민하기 시작했다. 가끔 "회장님, 이젠 더 이상 안 되겠습니다" 하고 죽는소리를 했다. 그러면 나는 그를 데리고 가서 술을 한잔하며 격려했다.

"조금만 참아보세요. 곧 이러이러하게 되고, 그 후 이러저러한 과정을 거쳐 상장하게 될 것입니다."

"밝은 미래가 보였다고는 하지만 그렇게 간단한 문제가 아닙니다. 일단 지금 상황이 너무 어렵습니다."

모리야마 사장은 한번 의심이 들자 떨쳐내기 어려운 듯 여전히 비관적으로 말했다. 하지만 나는 "아니, 분명히 잘될 것입니다"라고 단언했다.

"지나치게 낙관적으로 보시는 것 아닙니까?"

모리야마 사장은 여전히 이해가 안 된다는 표정이었다.

"분명히 제 생각대로 될 겁니다."

내 대답은 한 치의 흐트러짐 없이 낙관적이었다. 이미 모든 어려운 상황을 철저히 예상했기에 다이니덴덴의 밝은 미래를 믿어 의심치 않았다.

실제로 다이니덴덴은 내가 이야기했던 길을 그대로 걸어갔다. 회사 규모, 매출, 발전 상황, 심지어 상장 시기까지 내 말대로 이루어졌다. 너무 정확하게 실현되어 나 자신도 놀랄 정도였다. 한 가지 유감스러운 점은 다이니덴덴이 상장하기 전에 모리야마 사장이 병으로 쓰러져 유명을 달리한 것이다. 그가 함께하지 못한 것이 끝내 안타깝지만 다이니덴덴은 눈부신 발전을 거듭해갔다.

다이니덴덴은 국영사업에 민간기업이 최초로 도전장을 내미는 새로운 역사를 썼다. 민간기업이라 더욱 장애가 많았는데도 발전할 수 있었던 가장 중요한 비결은 보일 때까지 생각한다는 원칙에 있었다. 어떤 일을 하든 이미 한번 다녀본 길인가 싶을 정도로 시뮬레이션을 하며, 성공이 미리 보일 때까지 철저하게 생각하는 자세가 중요하다는 것을 다이니덴덴의 성공을 통해 확신할 수 있었다.

성공할 때까지 포기하지 않는다

> 성공하는가 못 하는가는 그 사람이 가진 열의나 집념과 밀접한 상관관계가 있다. 무슨 일을 해도 성공하지 못하는 사람은 열의나 집념이 없는 사람일 가능성이 크다. 이런 사람은 조금만 어려운 일이 생기면 그럴듯한 이유를 대고 스스로를 위로하며 금방 포기해버린다.
>
> 무언가를 이루려는 사람은 사냥꾼이 짐승을 사냥하듯이 일을 추진해야 한다. 사냥감의 발자국을 발견하면 비바람이 불든 강적이 나타나든 며칠이고 은신처를 발견할 때까지 쫓아야 한다. 이들은 사냥감을 손에 넣을 때까지 결코 포

> 기하는 법이 없다.
>
> 성공하기 위해서는 목표를 달성할 때까지 버티며 끝까지 포기하지 않는 자세가 필요하다.

앞에서 언급했던 사례를 다시 한번 이야기한다. 교세라가 막 성장하고 있을 때 대기업의 연구 개발자들을 대상으로 강연을 한 적이 있었다. 강연이 끝나고 질의응답 시간이 되자 "교세라의 연구 개발 성공률은 어느 정도입니까?"라는 질문이 들어왔다. 내가 "교세라에서 손댄 연구는 100퍼센트 성공합니다"라고 했더니 모두 믿을 수 없다는 표정이었다. 그래서 연구 개발자들에게 가장 필요한 자세에 대해 다음과 같이 이야기했다.

"교세라에서는 모든 연구 개발을 성공할 때까지 포기하지 않고 합니다. 따라서 실패로 끝나는 일은 없습니다. 무슨 일이 있어도 성공할 때까지 계속한다. 이것이 우리가 연구 개발에 임하는 자세입니다."

연구 개발뿐 아니라 무슨 일을 하든 성공할 때까지 포기하지 않는다는 사고방식은 중요하다. 단, 연구 개발은 성공인지 실패인지가 분명하게 드러나는 데 비해 사업은 회사가 망해야만 실패임을 확실히 알 수 있다.

사업의 성공에는 여러 단계가 있다. 따라서 어디까지가 성공이라고 확실히 말하기 어렵다. 그래도 대부분 경영자는 회사를 키우고 싶다는 소망을 품고 있으므로 사업이 발전해 목표로 했던 규모까지 커지면 성공했다고 볼 수 있다. 이렇게 되기 위해서는 자신이 세운 목표에 이를 때까지 포기하지 않고 노력하는 자세가 중요하다.

사냥꾼이 사냥감을 잡을 때처럼 해야 한다는 이야기를 했다. 사실 이런 예를 들게 된 이유는 교세라 필로소피의 '성공할 때까지 포기하지 않는다'라는 항목에 대해 글을 쓰고 있을 때 우연히 본 텔레비전 프로그램에서 힌트를 얻었기 때문이다. 그 프로그램에서는 아프리카 원주민들이 직접 만든 창 하나를 가지고 사냥을 떠나는 장면을 보여주었다.

이들은 가족을 굶주림으로부터 구하기 위해 창을 들고 사냥에 나선다. 사냥감의 발자국을 발견하면, 그곳을 지나간 지 얼마나 되었는지 관찰한 후 추적하기 시작한다. 동물은 이동하는 중간에 쉬는 습성이 있다는 것을 알기에 휴식지를 예측하고 그곳까지 재빨리 움직인다. 마침내 쉬고 있는 동물을 발견하면 즉각 창을 던져 숨통을 끊어놓는다. 성공할 때까지 포기하지 않는다는 것은 바로 그런 것이라는 생각이 든다. 사냥감이 쉬거나 자고 있는 곳까지 포기하지 않고 쫓아갈 정도로 끈기가 있다면 목표를 반드시 이룰 수 있다.

성공의 전제 조건은 여유 있는 경영

나는 회사를 창립하고 오늘날까지 연구 개발을 하든 신규 사업을 벌이든 성공할 때까지 포기하지 않는다는 자세로 임했다. 교세라의 사업이 성공할 수밖에 없었던 것은 성공할 때까지 포기하지 않고 버틸 수 있었기 때문이다. 이 일의 전제가 되는 것은 항상 씨름은 씨름판 한가운데에서 한다는 원칙이다. 여유 있는 경영이 필요하다.

이와 관련해 마쓰시타 고노스케 회장에게서 감명 깊은 이야기를 들은 적이 있다. 바로 댐식 경영에 대한 이야기이다. 폭우가 쏟아져 강으로 흘러 들어가면 강물이 범람해 홍수가 일어난다. 하지만 폭우가 쏟아질 때 그것을 댐에 모아두었다가 필요할 때 내보내면 홍수를 막을 수 있을 뿐만 아니라 가뭄 때 강물이 말라 고생하지 않는다. 댐에 저장해두었던 물을 필요한 곳으로 끌어다 쓸 수 있기 때문이다.

마쓰시타 회장은 사업을 경영할 때에도 댐에 물을 모아두듯 여유 자금을 쌓아두어야 한다고 강조했다. 돈을 잘 벌 때엔 방만하게 경영하다가 경기가 어려워지면 자금 부족으로 쩔쩔매는 것은 어리석은 경영이다.

여유 자금을 축적해두는 경영이 불가능하면 성공할 때까지 포기하지 않는 것도 사실상 어려운 일이 된다. 앞에서 예로 들었던 아프리카 원주민의 이야기로 돌아가보자. 부족의 사내들이 굶주린 가족을 먹여야 한다는 압박감 때문에 작은 동물이라도 잡아볼까 하고, 아무런 준비도 없이 창만 들고 나갔다고 치자. 먹지도 마시지도 않고 돌아다니다 보면 어느새 체력이 바닥난다. 뒤늦게 사냥감의 발자국을 발견해도 멀리 쫓아갈 힘이 없어 그냥 마을로 돌아올 수밖에 없다.

하지만 이 사내들이 물을 넣은 대나무 통과 말린 고기라도 가지고 갔다면 달랐을 것이다. 준비해 간 것을 먹고 마시면서 사흘이든 나흘이든 쫓아갈 수 있기 때문이다. 발자국이 최근 것이라면 그것을 남긴 주인공은 분명히 어딘가에서 자거나 쉬고 있을 것이다. 즉 사나흘 치 식량과 물이 있다면 쉬고 있는 동물을 만나 사로잡을 때까지 집요하게 추적할 수 있다. 여유가 있기 때문에 포기하지 않고 버티며 목적을 달성할 수 있다.

연구 개발을 할 때에도 마찬가지다. 여유 자금이 없으면 성공할 때까지 몇 년이고 매달리는 것은 불가능하다. 미리 자금을 모아두고 다른 사업에서 이익을 내고 있어야 연구 개발 비용을 충분히 감당할 수 있기 때문이다.

성공할 때까지 포기하지 않는 자세는 성공에 이르기 위한 핵심 비결이다. 그런데 여기에는 성공할 때까지 버티도록 해줄 여유가 전제되어야 한다. 물론 여유가 없다고 반드시 성공하지 못하는 것은 아니다. 예를 들어 다음과 같이 말하는 경영자가 있다.

"집도, 차도, 가지고 있는 것은 모두 팔았습니다. 그래도 자금을 조달하기 어려우니 이제 포기하는 수밖에 없습니다."

이런 말을 들으면 내가 해주고 싶은 말은 정해져 있다.

"차가 없다고 일을 못 하는 것은 아니지 않습니까? 자전거를 탈 수 있지 않나요? 아침부터 밤까지 자전거를 타고 돌아다니며 주문을 받아보세요. 아직 포기하는 것은 이릅니다."

물론 경영에는 여유가 필요하다. 하지만 몸만 남아도 포기하지 말고 노력해야 한다. 집도 팔고 차도 팔았으니 이젠 더 이상 안 된다고 포기할 것인가? 아니면 '아직 자전거를 탈 수 있다. 자전거도 없다면 전철을 타고 돌아다니며 주문을 받아올 수 있다'라고 생각하며 다시 일어설 것인가? 선택은 자신에게 달려 있다.

무슨 일이든 성공하려면 끝까지 포기하지 않는 자세가 중요하다. 부디 모두가 이를 마음 깊이 새겨두기 바란다.

6.
인생을 생각한다

인생·일의 결과 = 사고방식 × 열정 × 능력

인생이나 일의 결과는 사고방식, 열정, 능력이라는 세 가지 요소의 곱셈으로 나타낼 수 있다. 이 중 열정과 능력은 0점에서부터 100점까지 가능하다. 능력을 내세우며 노력하지 않아 두 요소의 곱셈 값이 0점에 가까운 사람보다는 능력이 부족하다 생각하고 열정적인 노력을 기울인 사람이 더 큰 결과를 얻게 된다.

이 결과에 사고방식이라는 요소가 곱해진다. 사고방식은 곧 살아가는 자세이며 −100점에서 +100점까지 가능하다. 인생이나 일의 결과는 어떤 사고방식을 가지는가에 따라

> 180도 달라진다. 아무리 대단한 능력이나 열정을 보여도 거기에 마이너스 사고방식이 곱해지는 순간, 인생 전체가 마이너스로 추락하기 때문이다. 능력이나 열정은 물론이고 바른 사고방식을 가지고 있는지가 그 무엇보다 중요하다고 볼 수 있다.

내가 '인생·일의 결과 = 사고방식 × 열정 × 능력'이라는 인생 방정식을 생각해낸 것은 교세라 창립 초기다. 그것을 지금까지 직원들에게 틈만 나면 이야기하고 있다. 이 방정식이야말로 교세라 필로소피의 근간이라고도 할 수 있다.

열정과 사고방식의 중요성을 깨닫다

대학을 졸업할 때까지 나는 가고시마에서만 살았다. 취직한 후 태어나서 처음 교토에 오게 되었는데 모든 게 낯설고 신기했다. 난 영락없는 촌놈이었고, 대학 성적은 좋은 편이라 해도 외진 곳에 있는 지방대학 출신이었다.

이처럼 무엇 하나 내세울 것 없는 내가 남보다 잘 살려면 어떻게 해야 할지 고민하기 시작했다. 골목대장이었던 어린 시절부터 누구에게든 지는 것을 싫어했기에 교토에서도 뒤

처지고 싶지 않았다.

나처럼 그리 뛰어난 능력을 갖지 못한 사람이 큰일을 이루려면 무엇이 필요할까? 곰곰이 생각한 끝에 가장 먼저 생각해낸 것은 열정이었다. 다음으로 떠오른 것은 사고방식의 중요성이었다.

이 두 가지 요소를 깨닫게 해준 출발점은 어린 시절까지 거슬러 올라간다. 당시 우리 집에 자주 놀러 오는 친척 아저씨가 있었다. 원래 가고시마 남자들은 호언장담하기를 즐기는데, 아저씨도 소주를 마시면 큰소리를 뻥뻥 쳤다. 그때마다 등장하는 뻔한 레퍼토리는 초등학교 시절 친구 이야기였다. 가고시마 지사와 가고시마 출신 국회의원이 모두 동창이라면서 "그 녀석들, 학교 다닐 땐 나보다 공부를 못했어. 중학교도 겨우 들어갈 정도였지. 난 머리가 좋아 그 애들보다 훨씬 나았는데, 집이 가난해서 중학교에 못 간 것뿐이야" 하고 그들을 무시하는 이야기를 했다.

자신이 가고시마 지사나 국회의원인 친구들보다 훨씬 우수했다는 것을 자랑하는 이야기였다. 그래도 우리 집안 친척 아저씨가 한때 뛰어났다고 하니 듣기 싫지는 않았다. 하지만 한편으론 이런 생각도 들었다.

'아저씨는 옛날엔 그렇게 뛰어났다면서 지금은 왜 술이나 마시며 큰소리만 치지? 게다가 아저씨보다 공부를 못했다던

친구들은 어떻게 지사나 국회의원이 되어 성공했지? 왜 그런 거지?'

어린아이가 보기에도 아저씨의 삶은 너무 이상했다. 그래서 곰곰이 생각하다가 다음과 같은 결론을 내렸다. '확실히 초등학교 때 능력은 아저씨가 더 뛰어났을지 몰라. 하지만 자기 머리가 좋다고 자랑만 하고 노력을 게을리했을 거야. 그래서 결국은 하찮은 사람이 되고 말았어. 하지만 아저씨보다 머리가 나빴던 친구들은 그 후로도 열심히 노력해서 크게 성공한 거야.'

아저씨가 무시했던 사람은 초등학교 동창만이 아니었다. 자신이 일하지 않고 놀며 지내는 것을 정당화하기 위해 그런 것인지는 몰라도 "옆집 바보는 일어나서 일하러 가는구나"라는 말도 자주 했다. 이 말은 '나는 영리하니까 자고 있어도 상관없지만 옆집 사람은 멍청하니까 일어나서 일하러 가야 한다'라는 뜻이었다. 머리가 나쁘면 다른 사람이 잘 때에도 일해야지 별수 있겠느냐고 무시하는 말투였다.

어린 나이에도 그 말이 이상하게 들렸다. 아침에 일찍 일어나 일하러 가는 것은 훌륭한 일이다. 그런데 그것을 머리가 나빠서 어쩔 수 없이 하는 한심한 행동으로 여기는 아저씨의 가치관이 불쾌했다. 나는 그런 사고방식은 옳지 않다고 생각하며 아저씨의 말에 반발심을 느꼈다.

이때부터 나는 능력보다는 열정 어린 노력과 사고방식이 중요하다고 믿게 되었다. 그리고 그런 믿음은 나중에 인생 방정식을 만드는 바탕이 되었다.

인생의 방향은 마이너스가 아니면 플러스다

내가 만든 인생 방정식에서 능력과 열정은 0에서 100까지 가능하다. 하지만 사고방식만큼은 −100에서 +100까지 가능하다. 사고방식은 인생길을 걸어가기 위한 방향이라고 할 수 있다. 인생이 나아가는 방향은 동서남북 사방팔방으로 뻗어 있다기보다는 마이너스에서 플러스에 걸친 일직선이다. 즉 0을 기준으로 한쪽은 −100까지, 또 다른 한쪽은 +100까지 뻗어 있다고 보면 된다. 그런 의미에서 인생길은 어디로 가든 상관없는 길이 아니라, 플러스 방향으로 갈지 마이너스 방향으로 갈지 양자택일해야 하는 선택의 길이다.

인생길을 갈 때 중요한 것은 내 사고방식의 위치가 플러스 방향으로 10인지 50인지 100인지, 아니면 마이너스 방향으로 10인지 50인지 100인지 하는 것이다.

머리도 좋고 운동신경도 발달하고 다른 능력도 뛰어난 사람이 누구에게도 지지 않을 만큼 노력한다고 하자. 그런데 이 사람의 사고방식이 지나치게 부정적이고 바르지 못하다면 어떻게 될까? 다시 말해 이 사람의 사고방식이 마이너스 방향으로 뒤처져 있다면? 인생 방정식은 곱셈이므로 이 사람이 살아낸 인생의 결과는 아주 큰 마이너스 값을 기록할 것이다.

후쿠자와 유키치가 말하는 기업인의 자세

인생 방정식을 만들고 틈만 나면 직원들에게 "사고방식이 중요합니다. 사고방식에 따라 인생이 결정됩니다"라고 말한다. 그런데 후쿠자와 유키치(일본의 계몽사상가-옮긴이)의 말을 접하고는 이런 생각이 더욱 확고해졌다. 그는 경영자의 자세에 대해 다음과 같이 이야기했다.

> 철학자처럼 심원한 사상을,
> 무사처럼 고상하고 정직한 마음을,
> 속된 관리처럼 세속적인 능력을,
> 농사꾼처럼 강인한 체력을,
> 이 모든 것을 갖추고서야 경영계의 큰 인물이 되리.

후쿠자와 선생이 말하는 경영계의 큰 인물은 갖추어야 할 것이 많다. 철학자처럼 깊은 사상을 가져야 하고, 충성과 의로움을 생명으로 아는 무사처럼 고상하고 정직한 마음을 가져야 한다. 뿐만 아니라 힘없는 백성 앞에서 권력을 과시하고 뇌물도 주고받는 속된 관리처럼 교활한 재능도 겸비해야 한다. 즉, 나아갈 때와 물러설 때를 알아 재빠르게 대처하며 손해 보지 않는 똑똑한 두뇌를 갖고 있어야 한다. 마지막으로 여기에 농사꾼처럼 밤낮으로 일에 매달리는 강인한 체력과 근면함까지 더해야 비로소 경영계에서 훌륭한 인물로 우뚝 설 수 있다.

후쿠자와 선생의 가르침은 인생 방정식에도 그대로 적용할 수 있다. 농사꾼의 강인한 신체와 근면함은 누구에게도 지지 않을 노력을 기울이는 열정에 해당한다. 속된 관리의 세속적인 능력은 장사꾼으로서 가지고 있는 영리함과 능력을 뜻한다. 철학자의 심원한 사상과 무사의 고상하고 정직한 마음은 사고방식과 연결해볼 수 있다. 즉, 경영계의 큰 인물이 되려면 철학자에 버금가는 훌륭한 사상과 무사처럼 올곧은 마음으로 정신세계를 갈고닦아야 한다.

나는 후쿠자와 선생의 말씀을 통해 사고방식, 열정, 능력이라는 세 가지 요소가 인생을 살아가는 데 얼마나 중요한지를 다시 한번 확인할 수 있었다.

마이너스 사고방식으로 살면 인생도 마이너스

인생 방정식의 세 가지 요소를 덧셈으로 계산하면 어떨까 생각한 적도 있었다. 하지만 아무리 생각해도 곱셈이 아니면 안 된다고 결론을 내렸다.

1970년 일본의 '적군파'라는 과격 단체가 민간항공기 요도호를 납치해 북한으로 몰고 간 사건이 있었다. 그 후 잊고 지내다가 최근 신문 기사를 통해 범인들의 근황을 알게 되었다. 일부는 북한에서 살고 있고, 일부는 동남아시아에서 불법 외환 거래를 하다가 체포되어 일본으로 송환되어 재판을 받는다고 한다.

아마 이 책을 읽는 독자 중에도 젊은 시절 끓어오르는 정의감으로 불평등과 모순이 가득한 세상을 개혁시켜보겠다고 생각했던 사람이 있을 것이다. 부패를 몰아내 모두가 잘 사는 세상을 꿈꾸는 것이야말로 젊음의 특권이다. 나도 그런 이상을 품었던 사람 중 하나다. 그런데 일부 과격한 젊은이들 중에는 테러를 일으켜서라도 자신의 이상을 실현하려는 사람들이 있었다.

그들에게는 능력도 있고, 열정도 있고, 정의롭고 살기 좋은 세상을 만들어보겠다는 이상도 있었다. 그런데 그 이상을 실현하기 위해 테러라는 폭력에 기댄다. 테러는 반드시 피해자를 만든다. 때로는 수많은 목숨을 한꺼번에 앗아갈 수도 있다. 동기가 아무리 선하더라도 자신과 생각이 다른 사람들을 죽이면서까지 이상을 실현하려는 것은 잘못된 생각이다. 이런 사람들은 마이너스 사고방식에 사로잡혀 있다고 볼 수 있다.

요도호 납치 사건의 범인이 바로 그런 경우다. 한때는 모두가 잘 사는 세상을 꿈꾸는 이상주의자였지만, 비행기 납치라는 엄청난 사건을 저지른 뒤 외국으로 망명해 그늘에서 숨어 지내게 되었다. 결국은 불법 외환 거래 죄로 잡혀 일본에 송환되어 장기간에 걸친 재판을 받게 되었다. 50대가 된 그가 남은 생애 동안 얼마나 자유로운 삶을 살 수 있을지 의문이다.

이 사건은 정의감이 넘치고 훌륭한 능력과 열정도 있었던 청년이 단지 사고방식을 부정적인 방향으로 끌고 가는 바람에 한 번뿐인 인생까지 부정적으로 만들어버린 예다. 사고방식이 얼마나 중요한지를 새삼 깨닫게 해주는 이야기다.

좋은 마음과 나쁜 마음

나는 인생 방정식에 나오는 능력을 자주 재능이나 재주라는 말로 바꾸어 말한다. 우리가 자주 하는 '재주에 휘둘리지 마라'라는 말이 있다. 재능이 뛰어나 재기가 넘치는 사람은 가끔 엉뚱한 일을 저지르기 쉽다. 재능이 내 마음을 휘두르는 게 아니라 내 마음이 재능을 사용하도록 해야 한다. 바른 마음을 잃어버리고 재능만 기세 좋게 날뛰는 사람은 '재주가 뛰어난 사람은 자기 재주에 넘어진다'라는 말처럼 반드시 실패할 것이다. 그런 의미에서 마음, 즉 사고방식은 정말 중요하다.

그렇다면 지금부터는 인생 방정식에서 말하는 사고방식이 무엇인지 좀 더 생각해볼까 한다. 그것은 후쿠자와 유키치 선생이 말하는 철학이나 사상일 수도 있고, 방금 이야기한 마음일 수도 있다. 혹은 신념이나 이념으로 바꾸어 말할 수도 있고, 좀 더 이해하기 쉽게 표현하면 인간으로서 가질 수 있는 좋은 마음이라고도 할 수 있다. 어쨌든 사고방식에는 이 모든 것이 포함된다고 보면 된다.

앞에서 사고방식은 일직선상에서 −100에서 +100까지 가능하다고 했다. 이때 사고방식이 플러스 방향에 있으려면 어떻게 해야 할까? 어렵게 생각할 필요는 없다. 플러스 방향의 사고방식이란 좋은 마음을 가리키기 때문이다. 거꾸로 마이너스 방향의 사고방식은 나쁜 마음이라고 보면 된다. 따라서 사고방식 대신 좋은 마음을 넣어 인생 방정식을 표현하면 '인생의 결과 = 좋은 마음 × 열정 × 능력'이라고 바꾸어 말할 수 있다. 물론 이때 얻어지는 인생의 결과는 좋은 마음만큼이나 좋은 결과로 나타날 것이다.

좋은 마음이란 무엇일까? 누구든 이에 대해 정의를 내려주었더라면 좋았을 것을, 유감스럽게도 그런 일을 한 사람은 아무도 없다. 그래서 부족하긴 해도 내 나름대로 정의를 내려보았다.

우선 좋은 마음은 항상 적극적이고 건설적이어야 한다. 모두 함께 어울려 일을 해보겠다는 협동심이 있어야 하고, 밝아야 하고, 긍정적이어야 한다. 선의에 넘치고 다른 사람을 배려할 줄 알고 상냥해야 한다. 성실하고 겸허하고 정직하면서 노력을 마다하지 않아야 한다. 이기적이지 않고 탐욕이 없어야 하며, 가진 것에 만족할 줄 알아야 하고, 늘 감사할 줄 알아야 한다. 이 모든 것이 갖추어진 마음이 좋은 마음이다.

내가 이렇게 도덕 교과서에나 나올 만한 이야기를 늘어놓는 가장 큰 이유는 "사고방식이 중요하니 좋은 마음을 가지세요"라고 아무리 말해도 그 의미를 정확히 모르는 듯하기 때문이다. 그래서 철학이니 필로소피니 하면서 "이렇게 살아야 합니다"라고 강조한다. 이때 내가 이야기하는 철학의 내용이야말로 플러스 방향의 사고방식이 무엇인지를 설명한 것이다. 그것을 좀 더 구체적으로 살펴보면 방금 앞에서 이야기한 좋은 마음에 대한 정의와 같다고 볼 수 있다.

이와 반대로 우리가 가져서는 안 되는 마이너스 사고방식,

즉 나쁜 마음에 대해서도 잠깐 살펴보려 한다. 이것은 좋은 마음과 정반대인 마음이라고 보면 된다. 구체적으로 예를 들자면 소극적이고, 부정적이며, 비협조적이고, 어둡고, 악의에 차 있으며, 심술궂은 마음이다. 습관적으로 거짓말을 하고, 성실하지 못하며, 교만하고, 나태하며, 이기적이고, 탐욕에 가득 차 불평불만을 일삼는 마음도 여기에 해당한다. 뿐만 아니라 감사하기보다는 다른 사람을 원망하고 질투하는 마음을 나쁜 마음, 즉 나쁜 사고방식이라고 할 수 있다.

그런데 인생 방정식에서 사고방식이라는 요소에는 -100에서 +100까지 점수를 매길 수 있다고 했다. 그렇다면 내 사고방식이 과연 몇 점인지 어떻게 알 수 있을까?

앞에서 좋은 마음의 예로 든 항목 중에서 자신에게 해당하는 것에 동그라미를 쳐본다. 이것도 동그라미, 저것도 동그라미 하는 식으로 전부 동그라미를 친다면 +100점이라고 생각해도 좋다. 나쁜 마음의 예로 든 항목에 대해서도 마찬가지로 동그라미를 쳐보자. 여기서 동그라미를 치게 되는 부분은 마이너스가 되어 플러스에서 얻은 점수를 깎아먹을 것이다. 최종적으로 몇 점 나오는지 계산해보면 내 사고방식이 어디쯤에 있는지 알 수 있다. 단순하지만 자신의 마음 상태를 알아내는 수단으로 독자 여러분에게도 추천하고 싶은 방법이다.

사고방식이 인생을 결정하고 운명을 바꾼다

우리는 학교에서 어떤 사고방식을 선택하든, 또 어떤 사상을 가지든 그것은 개인의 권리라고 배운다. 또 자유롭게 생각하는 것이야말로 인간에게 허락된 소중한 특권으로 여기는 분위기가 지배적이다. 특히 지적인 사람일수록 이런 권리를 중요하게 생각한다.

1,000명이 있으면 1,000명이, 1만 명이 있으면 1만 명이 모두 자신만의 인생을 산다. 이렇게 서로 다른 인생들이 모여 돌아가는 것이 우리가 사는 사회다. 현대사회의 특징은 구성원 각자가 어떤 사고방식으로 살아가든 최대한 자유를 존중해주려는 것이다.

물론 나도 사고방식은 전적으로 개인의 자유에 속한다고 생각한다. 그런데 이때 간과하지 말아야 할 것은 그런 자유로움 속에서 어떤 선택을 하는지에 따라 운명이 달라진다는 사실이다. 현대인은 자유로움만을 중시하다 보니 이런 중요한 사실에 대해서는 생각하지 않는 듯하다. 인생 방정식에 따르면 우리가 자유롭게 선택한 사상, 철학, 마음, 사고방식에 따라 인생의 결과가 180도 달라지는데도 말이다.

심지어 학교나 회사에서 누군가 이 사실을 가르쳐주는 것을 한 번도 본 적이 없다. 안타깝지만 오늘날의 교육은 좋은 마음보다는 좋은 지식을 가르치는 데 집중하고 있다. 사고방식에 따라 삶이 어떤 식으로 달라지는지를 진작 알았더라면 얼마나 많은 사람이 좀 더 멋진 인생을 살았을까?

원래 좋은 마음과 나쁜 마음에 대한 교육을 맡아온 것은 종교, 도덕, 윤리 등이다. 하지만 현대로 올수록 종교를 멀리하게 되었고, 특히 전후 교육 분위기는 종교를 멀리해야만 진정한 지식인인 것처럼 가르친다. 도덕이나 윤리 교육도 찬밥 신세이긴 마찬가지다. 모두 치열한 지식 교육에 밀려 등한시되고 있다.

그런 확실한 가르침이 없기 때문에 현대인은 사고방식을 지적인 유희나 활동쯤으로 여기며, 자신의 인생과 결부시키지 못하는 경우가 많다. 그리고 사고방식에 따라 인생이 달라지고, 마음에 그린 대로 살게 된다는 것을 믿지 않기 때문에 인생 방정식도 믿지 않으려 한다.

나는 나카무라 덴푸 선생의 말씀을 자주 인용한다. 이분은 내게 정신적으로 큰 영향을 끼친 사상가인데, 심원한 덴푸 철학을 다음과 같이 명쾌한 한마디로 설명해주었다.

"자신에게는 빛나는 미래가 기다리며, 멋지고 행복한 인생길이 열릴 것이라고 한결같이 믿으라. 인생에 대해서는 항상 긍정적이고, 적극적이며, 밝게 생각하라. 결코 어둡고 음울한 생각을 해선 안 된다."

중국의 고전 《음즐록》도 내가 자주 인용하는 책이다. 다음은《음즐록》중에서 내가 가장 좋아하는 문구다.

인생은 미리 정해져 있지 않다. 물론 타고난 운명이 있을지도 모르지만 결코 바뀌지 않는 숙명은 아니다. 우리가 바꾸겠다고 생각하면 바뀌는 것이 운명이다.

이 책을 쓴 원료범은 항상 밝고 긍정적인 생각을 하며 다른 사람들을 위해 선행을 베풀었더니 운명이 개선되는 경험을 했다고 한다.《음즐록》은 그런 경험에서 얻은 지혜를 기록한 책으로, 사고방식이 인생과 운명의 방향을 결정하는 데 얼마나 중요한 역할을 하는지 보여주는 고전이다. 사고방식을 무엇보다 중요하게 생각하는 내 인생 방정식과도 맞아떨어진다. 여러분도 중국 고전의 지혜와 통하는 인생 방정식의 지혜를 거리낌 없이 믿고 실천해보기 바란다.

철학은 실천해야 의미가 있다

내가 틈만 나면 교세라 필로소피에 대해 이야기하는 가장 큰 목적은 많은 사람이 바른 사고방식을 가져주기를 바라서다. 그런데 철학을 지식으로 알고 있다면 별 의미가 없다. 알고 있는 것을 행동으로 옮겨 몸에 밸 정도가 되어야 한다. 지식이 머릿속에서만 머물지 않고 피와 살이 되도록 해야 한다. 그래야만 어떤 상황에서도 알고 있는 대로 즉각 행동으로 옮길 수 있기 때문이다.

바른 사고방식이 무엇인지를 알고만 있는 것은 그것을 알지 못할 때와 별반 다르지 않다. 사고방식을 피와 살로 만들어 인생의 요소에서, 하루의 업무에서 살릴 수 있어야만 비로소 가치가 있다. 그래서 기회가 있을 때마다 바른 사고방식에 대해 이야기하면서 그것을 실천하는 것이 더 중요하다고 강조한다.

그러면 내 이야기를 듣고 "몇 번이나 같은 말씀을 듣지만 그때마다 정신이 번쩍 납니다"라고 말하는 사람도 있지만, 상반된 반응을 보이는 사람이 더 많다. "그 이야기는 전에 이미 들었습니다. 이미 아는 이야기입니다"라고 하면서 막상 실천할 기미는 조금도 보이지 않는다.

교세라 필로소피에 대해 들었어도 그것을 실천해 몸에 밸 정도가 되지 않았다면 자신의 사고방식이 되었다고 할 수 없다. 의식하지 않아도 저절로 그런 철학에 따라 행동할 정도가 되어야 한다.

인간으로서 바르게 살아가기 위한 사고방식을 몇 번이고 거듭 생각하는 데서 그치지 말고 반드시 실천해보라. 피와 살이 되어 몸에 밸 정도가 되면 인생을 성공으로 이끌 사고방식이 내 것으로 자리 잡을 것이다.

인생 방정식을 위한 시

나는 1990년 10월 14일에 뉴욕 알프레드대학교를 방문했다. '세라믹 이노베이션-기술자의 생애'라는 제목으로 한 시간 정도 강연을 하기 위해서였다. 이미 알프레드대학교로부터 명예박사 학위를 받은 일도 있고 해서 학생뿐만 아니라 지역 명사들까지 강의를 들으러 왔다.

부인과 함께 공항으로 나를 마중 나온 사람은 로널드 고든 교수였다. 그는 알프레드대학교 세라믹공학과 교수이자 재료과학부의 수장이었다. 나는 호텔까지 고든 교수 부부의 안내를 받았고 그 후 머무는 동안 많은 신세를 졌다.

강의에서는 슬라이드 자료와 샘플을 가지고 교세라가 40여 년간 해온 연구 개발에 대해 이야기했다. 후반부에는 '기술자는 어떤 마음가짐으로 일해야 하는가'에 대해 이야기하면서 '인생·일의 결과 = 사고방식 × 열정 × 능력'이라는 인생 방정식도 소개했다.

그날 밤에 강의를 축하하는 만찬이 열렸다. 만찬장에서 꽤 멀리 떨어진 자리에 앉아 있던 고든 교수의 부인이 일부러 내 곁으로 찾아왔다.

"오늘 강의를 듣고 정말 감동받았어요. 그 기분을 시로 표현해보았어요. 회장님께 선물로 드리고 싶습니다."

고든 부인이 건네준 시를 받아 읽어보니, 인생 방정식에 대한 이해와 감동이 멋지게 녹아 있었다.

"귀한 선물을 주시니 감사히 받겠습니다. 아무래도 부인이 쓴 것이니 직접 낭독해주시면 더 기쁠 것 같습니다."

고든 부인은 기꺼이 자작시를 낭독해주었고 만찬장에 있던 많은 사람이 그 시를 듣고 기뻐했다. 영어로 쓴 시이지만 번역해서 소개한다.

방정식

지금 내 마음 깊은 곳까지 울리는

그대의 예지로 가득 찬 말

그것은 성공으로 가는 길을 빛내줄

하나의 방정식

열정을 다한 노력을

능력과 곱해야 하리

그리고 적극적인 사고방식을

한 번 더 크게 곱해야 하리

이렇게 곱한 것이

단단히 여물도록

그 위에 큰 사랑을 부어야 하리

크나큰 사랑을

수많은 경험이 녹아든

삶이라는 뜨거운 용광로에서

새로운 것은 끊임없이 생겨나네

인생 방정식에 따라

깨달아야 한다네

누구나 이 방정식에 따라

자기 인생을 산다는 것을

그러니 의심할 여지가 없다네

그대, 적극적인 사고방식으로 인생을 살아

다른 사람들의 수많은 삶에

공헌하고 기여했다는 것을

나는 안다네

왜냐하면 내가 이 눈으로 그대를 보고

그대의 이야기를 듣고

그대를 믿으니까.

하루하루를 진지하게 산다

> 인생은 한 편의 드라마이고 우리는 누구나 자기 인생의 주인공이다. 중요한 것은 인생이라는 드라마의 각본을 어떤 식으로 써나가느냐 하는 것이다.
>
> 운명에 그대로 놀아나는 인생을 살 수도 있지만, 자기 생각대로 쓴 각본에 자기가 주인공이 되는 인생을 살 수도 있다. 하지만 이 일은 마음을 닦고 정신세계의 수준을 끌어올리며 스스로 변해갈 때에만 가능하다. 하루하루를 멍청하게 살아가는 사람과 진지하게 살아가는 사람은 아주 다른 인생의 각본을 쓰게 될 것이다. 자신을 소중히 여기며 하루하루, 또 순간순간을 진지하게 살아가는 사람만이 인생의 흐름을 바꿀 수 있다.

한 번뿐인 인생을 막연하고 무의미하게 보내는 것처럼 안타까운 일도 없다. 우리는 모두 이 우주에 필요하기 때문에 태어난 존재라고 생각한다. 우연히 태어났기 때문에 있어도 좋고, 없어도 좋은 존재가 아니다. 따라서 자신은 이 우주에 꼭 필요하고, 그만큼 가치 있는 존재이며, 자기에게 주어진 인생도 그만큼 소중한 기회라는 것을 믿어야 한다.

이렇듯 소중한 인생을 아무 생각 없이 되는대로 살다 가는 것만큼 허망한 일도 없다. 인생을 낭비하지 않고 의미 있는 삶을 살기 위해선 하루를 얼마나 진지하게 살아내는지가 중요하다. 하루가 모여 인생이 되고, 어떤 인생을 살았는지에 따라 인간으로서 우리의 가치가 결정되기 때문이다.

혹독한 자연환경에서 살아남는 식물의 자세

언젠가 텔레비전에서 경이로운 장면을 본 적이 있다. 북극 툰드라지대의 얼어붙은 땅에서 식물들이 일제히 싹을 틔우고 있었다. 북극권의 여름은 아주 짧은 순간에 지나가고 만다. 이곳 식물은 여름이 지나기 전에 작은 꽃을 가능하면 많이 피워 씨앗을 맺고 퍼뜨린 뒤 기나긴 겨울 동안 살아남아야 한다. 그래서 여름엔 있는 힘을 다해 꽃을 피우고 씨앗을 맺으며 생명 활동을 이어간다.

일본에서도 봄이 되면 잔설이 채 녹기도 전에 고산지대의 암벽 사이로 초목이 싹을 틔운다. 이어 꽃을 피우고 씨앗을 맺어 돌아올 겨울을 대비한다. 이런 일은 아프리카 사막에서도 일어난다. 사막에서는 비가 1년에 한두 번밖에 내리지 않는다. 그런데 비가 내리자마자 식물들은 일제히 기다렸다는 듯이 싹을 틔우고 꽃을 피운다. 그 후 1, 2주라는 짧은 기간

동안 씨앗을 맺어 퍼뜨린 뒤, 다시 비가 내릴 때까지 혹독한 사막의 열기를 견디며 살아남는다. 이처럼 말 못 하는 생물도 자기가 있는 곳에서 살아남아 번성하기 위해 하루하루를 진지하게 살아간다.

우리 인간도 하루하루를 소홀히 여기지 말고 진지하게 살아가야 한다. 이것은 우리에게 삶을 허락한 우주, 혹은 신과 맺은 약속이라고 생각한다. 삶이라는 소중한 선물에 대해 누구에게도 지지 않을 노력으로 답하는 것은 인간으로서 지켜야 할 예의이자 도리다.

마음에 그린 대로 이루어진다

> 인생에서 일어나는 일은 평소 마음에 어떤 그림을 그리는지에 따라 달라진다. 무슨 일이 있어도 성공하고 싶다고 마음에 그리면 성공하고, '실패할지도 모른다. 잘되지 않을 것 같다'라는 생각이 마음을 지배하면 정말 실패하고 만다. 마음으로 끌어들이지 않는 일이 자신에게 찾아오는 법은 없다. 지금 내 주변에서 일어나는 모든 현상은 자신의 마음이 반영된 것일지도 모른다. 따라서 분노, 원망, 질투, 시기, 의심과 같은 부정적인 것을 마음에 그리지 말고, 항상 꿈을 가

> 지고 밝고 긍정적인 것을 마음에 품도록 노력해야 한다. 그렇게 되면 실제로 인생이 밝아지는 경험을 할 것이다.

앞에서 인생 방정식에 대해 이야기하면서 사고방식에는 −100에서 +100까지 점수를 매길 수 있다고 했다. 이를 '인생이란 마음에 그린 대로 이루어진다'라는 말과 관련지으면, 사고방식이란 바로 '마음에 그리는 것'이다.

불교에서는 '인생이란 마음에 그린 대로 이루어진다. 마음에 그린 것이 그대로 현실에 나타나기 때문이다'라고 가르친다.

불교만이 아니라 다른 종교의 가르침에서도 이와 비슷한 말을 접할 수 있다. 하지만 현대인, 특히 지성인임을 자처하는 사람들은 마음에 그린 것이 왜 현상으로 나타나는지 논리적으로 설명하거나 과학적으로 증명해주기를 바란다. 그렇지 못하면 마음이 아무리 중요하다고 강조해도 믿으려 하지 않는다.

사고방식, 열정, 능력, 이 세 가지 요소가 곱해져 인생이나 일의 결과로 나타날 때 가장 중요한 것이 사고방식이다. 이때 사고방식은 자신의 마음에 그리고 품은 것을 말한다. 따라서 사고방식이 인생의 결과로 나타나듯이 마음에 그린 것도 삶에서 그대로 이루어진다.

내가 "마음에 그린 대로 이루어진다"라고 하면 반론을 제기하고 싶은 사람이 있을지도 모른다. 하지만 이 말은 논리적으로 증명해야 할 이론이 아니라 우주 삼라만상을 지배하는 법칙이라고 이해해주기를 바란다. 이를 인정하고 나면, 내가 이 책에서 누누이 강조하는 사고방식의 중요성과 그에 따른 인생 방정식의 원리를 이해하고 받아들이기 쉬울 것이다.

마음에 그린 대로 현상에 나타나는 것은 불교에서 강조하는 인과응보와 관련이 깊다. 불교에서는 인과응보를 이야기할 때 '사념이 업(카르마)을 만든다'라고 한다. 업은 인과응보에서 원인에 해당한다. 좋은 업을 쌓으면 좋은 결과를 누리게 된다. 그런데 업을 만드는 것이 사념이다. 즉, 인생의 결과를 만드는 모든 원인이 사념(생각)에서 시작된다.

생각은 이처럼 중요하기 때문에 그 속에 나쁜 것을 품어서는 안 된다. 이런 내용은 석가모니의 가르침이기도 하다. 내가 존경하는 사상가인 나카무라 덴푸 선생도 '결코 어두운 생각을 품지 마라'라고 가르쳤다. 나 역시 이에 대해선 두말할 나위 없는 진리라고 생각한다. 중국 고전을 보면 '적선하는 집에는 자손에게까지 미치는 복이 반드시 있다'라는 말이 나온다. 착한 일을 계속하며 음덕을 쌓으면 반드시 행운이 찾아와 자신뿐 아니라 자손에게도 복이 미친다는 뜻이다. 이때

덕이란 다른 사람을 위하는 이타심이고, 덕이 있는 사람이란 이타심을 실행에 옮기는 사람을 뜻한다. 덕이 높은 사람이 되려면 고결한 철학이나 사상을 가지고 있어야 하는 것이 아니라 세상과 다른 사람을 위해 헌신하는 삶을 살아야 한다.

인과응보는 저세상에서라도 이루어진다

마음에 그린 것이 실현되기는 하지만 즉각은 아니다. 때문에 사람들에게 마음에 그린 대로 이루어지는 우주의 법칙을 아무리 설명해도 잘 믿으려 하지 않는다. 마음에 그리고 생각한 것이 나쁘면 나쁜 결과가, 좋으면 좋은 결과가 바로 나오면 좋으련만 주위를 둘러보면 그렇지 않은 경우도 심심찮게 보인다.

하지만 30년 정도 시간을 두고 관찰하면 인과응보는 확실히 이루어진다. 독자들 중 나이 드신 분은 자신의 인생을 20~30년 정도 되돌아보길 바란다. 혹은 다른 사람의 삶을 20~30년 정도 거슬러 올라가 돌아보시라.

어릴 적엔 고생만 하다가 도중에 운명이 바뀌어 부귀영화를 누리나 싶더니 만년에 다시 형편없이 비참해지는 인생이 있는가 하면, 어린 시절부터 학교를 졸업할 때까지 유복한 집안에서 자랐지만 사회에 나와서부터는 고생만 하는 인생도 있다. 이처럼 우리가 살아가는 모습은 천차만별이다. 하지만 과거 마음의 상태가 짧게는 10년, 길게는 30년에 이르는 범위에서 반영되어 결과로 나타난다고 보면 된다. 아마 그런 식으로 되돌아보면 자신이나 지인의 굴곡진 인생이 이해되는 경우가 많을 것이다. 따라서 마음에 그린 대로 이루어진다는 것은 좀 더 긴 안목으로 볼 때 평생에 걸쳐 작용되는 법칙이라 볼 수 있다.

그런데 그렇게 긴 안목으로 보았는데도 맞아떨어지지 않는 경우가 있다. 긴 안목으로 볼 때 모든 인생에서 인과응보가 완벽하게 이루어지면 평소 내가 하는 말을 의심하는 사람도 없을 것이다. 오히려 "말씀하신 대로입니다. 놀랍습니다" 하며 인정할 것이다.

하지만 그렇지 않기 때문에 사람들은 내 말을 의심쩍어할 뿐 아니라 실천하려고 하지 않는다. 그래서 한동안은 '이건 정말 안타까운 일이다. 사람들이 내 말을 믿게 할 방법은 없을까?' 하고 고민했다.

그러던 차에 읽게 된 책이 앞에서도 잠깐 언급했던 《실버 버치의 가르침》이다. 이 책에서 자신을 실버 버치라고 밝힌 영혼은 그와 교감할 수 있는 영국인의 입을 통해 이렇게 말한다.

"여러분은 마음에 그린 것이 현상으로 나타난다는 사실을 믿지 않겠지요? 하지만 내가 있는 사후 세계까지 본다면 달라질 것입니다. 현세에선 그렇게 되지 않는 것처럼 보일지라도 마음에 그린 대로 한 치의 오차도 없이 이루어지는 것을 저세상에 가서라도 보게 될 겁니다."

이 짧은 한마디에 나는 깜짝 놀랐다. 그동안 많은 사람이 의심하던 것에 대한 명쾌한 해답이 들어 있었기 때문이다.

현세에서는 간혹 원인이 선한데도 결과는 좋지 않게 나오는 경우가 있다. 나쁜 인간이 계속 부귀영화를 누린다든가, 착한 사람이 고생만 한다든가 말이다. 하지만 좀 더 길게 보면 그런 고생은 성장과 비약을 위한 시련일 수 있다. 이 시련을 견디고 넘어설 수 있는 사람은 훗날 멋진 인생을 살게 된다.

나쁜 사람이 언제까지나 영화를 누리는 것처럼 보여도 결국 그에겐 몰락과 파멸이 찾아온다. 물론 다른 사람들에게 피해를 끼치고도 평생 호사스럽게 살다 가는 경우도 있다. 하지만 실버 버치의 말대로 그 사람은 저세상에서라도 대가를 치를 것이다. 우주는 한 치의 오차도 없이 인과응보가 이루어지도록 되어 있다고 나는 믿는다.

미래를 꿈꾼다

> 현실이 각박하고 하루하루 살아가는 것조차 너무 힘겨울 때가 있다. 그런 현실에서도 미래를 꿈꿀 수 있는지 없는지가 인생을 좌우한다. 중요한 것은 '이렇게 살고 싶다' 혹은 '이렇게 되고 싶다'라는 큰 꿈과 높은 목표를 갖는 자세다.
>
> 교세라 창업 초기부터 나는 이 회사를 교토에서 제일가는 기업으로 만들겠다고 꿈꾸었다. 그다음엔 일본 제일, 그 다음엔 세계 제일의 기업으로 키우겠다 마음먹고 노력을 거듭했다.
>
> 우리가 어떤 일을 이루기 위해선 크고 높은 꿈을 꾸고, 그것을 좇으며 일생 동안 노력을 거듭해야 한다. 그러다 보면 꿈이 이루어지는 것은 물론이고 삶 자체가 보람 있고 즐거워진다.

꿈을 꾸는 것은 정말 중요하다. 교세라 창업 초기에 직원들에게 내가 꾸는 꿈에 대해 자주 들려주었다. 또 회사에서나 집에서나 스스로를 '꿈꾸는 남자'라고 부르며 늘 꿈을 좇는 청년처럼 살려고 했다.

꿈을 좇는 낭만주의자로 살고 싶다고 생각하기 시작한 것은 고등학교 1학년 때로 거슬러 올라간다. 당시는 패전 후 3년밖에 지나지 않을 때였다. 공습으로 폐허가 된 가고시마 시내는 아직 복구가 되지 않았다. 내가 다니던 고등학교 건물도 판잣집 같았다. 학교는 해안 가까이에 있었고, 바다 건너 사쿠라지마가 정면으로 보였다. 사쿠라지마는 살아 있는 화산섬이어서 하루에도 몇 번씩 연기를 뿜어냈다.

당시 국어 선생님은 대단한 로맨티시스트였다. 아직 교과서도 제대로 없을 때였기 때문에 유명한 작가의 소설을 교재로 썼다. 문학작품을 읽은 뒤엔 늘 여러 가지 이야기를 들려주었는데, 어느 날은 "나는 매일 연애를 한다"라며 고백하듯이 이야기했다. 학생들이 무슨 말인가 싶어 호기심으로 눈을 반짝이자 선생님은 "출근할 때 자전거를 타고 오면서 바다 건너 사쿠라지마를 바라보거든. 사랑하는 사람을 그리워하듯이 그 섬을 보면서 매일 연애를 하지. 아련하게 보이는 웅대한 섬 그림자, 그 위로 뭉게뭉게 타오르는 연기… 사쿠라지마의 뜨거운 정열을 흠모할 수밖에 없단다"라고 행복한 미소를 지으며 이야기했다.

국어 선생님은 늘 밝은 표정으로 로맨틱한 이야기를 즐겨했다. 항상 멋진 미래를 꿈꾸면서, 학생들에게도 꿈과 희망을 주려고 애썼다. 나는 선생님의 모습에 큰 영향을 받았다. 그때부터 가능하면 즐겁고 밝게 꿈을 꾸면서 희망이 넘치는 삶을 살겠다고 마음먹었다.

나는 청소년기를 힘들게 보냈다. 초등학교 고학년 때에는 결핵에 걸려 죽을 뻔했다. 중학교 입학시험에 두 번이나 떨어졌고 대학 입학시험에서도 떨어져 재수를 했다. 대학을 졸업한 뒤에는 원하는 회사에 취직할 수 없었다. 한마디로 내 청소년기는 좌절의 연속이었다. 하지만 비뚤어지거나 어두운 성격이 되지 않고, 뒤늦게나마 꿈을 가지고 열심히 공부하게 된 데에는 국어 선생님의 영향이 컸다.

아무리 현실이 힘들고 암울한 일투성이라 해도 마음까지 병들어선 안 된다. 항상 밝은 마음을 가지려고 노력하며 희망으로 넘치는 꿈을 꾸는 자세가 중요하다. 암울하고 불운했던 청소년 시절, 그래도 밝은 미래를 꿈꾸면서 마음속에 희망의 등불을 계속 켰기 때문에 성인이 된 후 꿈을 이루는 멋진 인생을 살 수 있었다.

마음으로 끊임없이 꿈을 그리고 있으면, 그 꿈은 반드시 이루어진다. 여러분도 이 사실을 깨닫고 실제로 체험해보기를 바란다. 꿈을 꾸는 자세는 인생 방정식에서 무엇보다 중요한 사고방식과 관련 있다. 로맨틱하고 멋진 꿈을 꾸는 사고방식을 가지고 열정과 능력을 다하면 얼마든지 생각한 그대로 로맨틱하고 멋진 인생을 살 수 있다.

다만 먼 미래의 일을 생각할 때에는 막연한 꿈을 꾸어도 좋지만 경영자라면 지금 꾸려가는 사업체에 대해 구체적인 꿈을 꾸어야 한다. 기업 경영의 현실적인 목적과 구체적인 목표 수치를 정해야 한다. 예를 들어 이 정도 매출을 올려 이 정도 이익을 내겠다거나 이런 분위기의 회사를 만들고 싶다는 현실적인 목표가 있어야 한다. 경영뿐만 아니라 어떤 일을 하든 꿈을 꾸는 자는 현실적인 목표를 세우는 것도 잊지 말아야 한다. 이처럼 꿈과 목표를 끊임없이 그려보며 열정적인 노력을 다하다 보면 꿈꾸던 대로 이루어지는 미래를 만날 것이다.

동기가 선하고 사심이 없어야 한다

> 큰 꿈을 꾸고 그것을 실현하려 할 때 반드시 스스로에게 물어야 할 것이 있다. '동기가 선한가?'다. '선하다'는 보편적으로 좋다는 의미이고, '보편적'이란 누가 보아도 수긍할 수 있다는 의미다. 따라서 꿈꾸는 동기가 선하려면 그 꿈이 자신에게만 좋고 이익이 되는 것이 아니라 다른 사람에게도 그래야 한다.
>
> 어떤 일을 진행할 때에는 스스로에게 '사심이 없는가?'도 물어야 한다. 자기중심으로만 일을 진행하지 않도록 늘 점검하고 조심해야 한다. 동기가 선한 꿈을 꾸고, 사심 없는

> 자세로 그 꿈을 좇아 노력한다면 결과는 물어볼 필요도 없다. 반드시 꿈이 이루어지는 성공의 길로 갈 것이다.

  1985년 일본에서 전신 전화 사업이 자유화되었다. 그동안 국가가 운영하던 전신 전화 사업이 민영화되어 기업들이 자유롭게 참여할 수 있게 되었다. 당시 나는 일본의 통신 요금이 너무 비싸 국민이 고통스러워하는 것을 부당하게 여기고 있었다. 하지만 몇조 원에 이르는 매출을 올리는 NTT와 맞서 싸워야 하기 때문에 대기업을 중심으로 컨소시엄을 만들어 협력해야 겨우 경쟁이 될까 말까 한 상황이었다. 너무 위험성이 큰 사업이었다. 그래서인지 대기업이 나서서 통신 요금을 내려주길 기다렸지만 누구도 나서지 않았다. 결국 더 이상 참지 못한 내가 먼저 이 사업에 뛰어들기로 결심했다.

  당시 NTT의 간부와 통신 분야 전문가 여러 명을 초청해서 어떻게 하면 전기통신 분야에 참여할 수 있는가를 논의한 적 있다. 나는 다음과 같은 이야기를 했다.

  "일본 통신사업은 이제까지 국영사업으로 운영되어 훌륭한 인프라를 구축했습니다. 그리고 이제 NTT가 민영화되고 통신사업에 기업의 신규 참여가 허락되기에 이르렀습니다. 이것은 100년에 한 번 있을까 말까 한 기회입니다. 이제 우리 회사가 대변혁의 무대에 오를 수 있을지도 모릅니다. 그럴 만한 지혜와 능력을 가지고 이 사업에 뛰어들 기회를 갖게 된 우리는 정말 행운아입니다. 단 한 번밖에 없는 인생에서 목숨을 걸 만큼 가치 있는 도전을 해볼 기회는 그리 많지 않습니다. 이 기회를 놓치지 않고 도전해보고 싶습니다."

이 말에는 다이니덴덴을 창업하게 된 동기가 담겨 있다. 하지만 이 정도로는 아직 창업을 결단하기에 약했다. 그들과 토론하다 보니 어떻게든 할 수 있겠다는 실낱같은 희망이 솟기는 했지만 나 자신을 채찍질할 수 있는 좀 더 확실한 무언가가 필요하다는 생각이 들었다. 이리저리 궁리한 끝에 떠올린 것은 동기가 선하고 사심이 없어야 한다는 원칙이었다.

그 후 매일 밤 6개월 정도 아무리 술을 마시고 취한 날이라 해도 잠들기 전에 '동기가 선한가? 사심이 없는가?'라고 스스로에게 물었다. '지금 다이니덴덴을 창업해 통신사업에 진출하려는데, 과연 그 동기가 선하고 사심이 없는가?' 이렇게 매일 자문자답했다. 거대 기업 NTT에게 도전할 용기를 내기 위해서라도 지금 하려는 일이 국민을 위한 것이라는 대의명분이 필요했다. 때문에 '결코 명예욕이나 사업욕에 쫓겨 다이니덴덴을 시작하려는 게 아니다. 사심 따윈 조금도 없다'라는 확신이 들 때까지 '동기가 선한가? 사심이 없는가?'라는 질문을 끊임없이 스스로에게 던졌다.

'동기가 선한가? 사심이 없는가?'도 인생 방정식의 사고방식과 관련 있다. 자신의 행동이 이기심에서 나온 것은 아닌지, 잘못된 사고방식에 기초한 것은 아닌지를 검토하기 위해 던지는 질문이기 때문이다. 사고방식이라는 요소를 보완하기 위해 더없이 중요한 질문이라고 할 수 있다.

동기가 선하다고 할 때 '선'이란 좋은 것, 정직한 것, 다른 사람을 돕는 것, 친절한 것, 배려하는 것을 모두 포함하고, 그 바탕에 아름답고 순수한 마음이 깔려 있는 것을 의미한다. 따라서 동기가 선한지 자문자답할 때에도 '아름다운가? 좋은가? 다른 사람을 돕는 것인가? 다른 사람을 배려하는가? 친절한가? 생각이 순수한가?'를 검토해야 한다. 이런 식으로 생각하면 동기가 선한지를 판단하는 일도 그리 어렵지 않을 것이다.

순수한 마음으로 인생길을 간다

> 산스크리트어로 쓰인 고대 인도의 책에는 다음과 같은 성인의 말씀이 있다.
> "위대한 인물이 어떤 일에 성공하는 데에는 일을 이루는 수단보다 순수한 마음이 더 중요하다."

> 순수한 마음이란 쉽게 말하자면, 어떤 일을 할 때 동기가 선하고 사심 없는 마음이라는 의미다. 인간으로서 무엇이 바른가를 생각하는 마음과도 통한다. 늘 순수한 마음으로 살아가면 큰 잘못을 저지르는 것을 피할 수 있다. 순수하고 사심 없는 마음, 즉 꾸준히 갈고닦은 마음으로 얻은 높은 식견과 견해를 판단 기준으로 삼아 모든 일을 결정해보라. 그런 인생길에는 큰 보람과 멋진 결실이 따라올 것이다.

"위대한 인물이 어떤 일에 성공하는 데에는 일을 이루는 수단보다 순수한 마음이 더 중요하다."

이 말에서 순수한 마음이 성공에 필수 조건이라는 사실을 알 수 있다. 기업 경영에 적용하면 기업이 갖고 있는 기술, 경영 수법, 경영 계획 같은 것이 뛰어나기보다는 경영자의 마음이 순수하기 때문에 성공한다는 의미다.

인도에는 고대부터 전해 내려오는 《베다》라는 경전이 있다. 이 책에는 현대인에게도 좋은 가르침이 되는 훌륭한 철학이 담겨 있다. 또 명상을 기본으로 하는 요가 수행법도 인도에서 3,000여 년 전에 생겨난 것이다. 명상을 하면 불교에서 말하는 깨달음의 경지에 이를 수 있다.

깨달음의 경지에는 여러 단계가 있는데, 최고는 우주의 진리를 깨닫는 찰나라고 한다. 이 순간에는 우주가 돌아가는 이치는 물론이고 근대과학의 모든 지식에도 통하는 근원적인 지혜, 즉 영지英智에 이르게 된다. 영지를 갖추면 그 지혜로움이 우리가 신이라 부르는 수준에 올라 우주 삼라만상에 정통하게 된다.

《베다》는 이와 같은 깨달음에 이른 사람이 쓴 책이다. "위대한 인물이 어떤 일에 성공하는 데에는 일을 이루는 수단보다 순수한 마음이 더 중요하다"라는 말도 《베다》에 실려 있다. 신의 영지를 깨달은 자가 3,000여 년 전에 한 말이다. 성공하려면 성공에 이르게 하는 수단보다 순수한 마음이 더 중요하다는 진리는 그만큼 역사가 깊고 보편적이다.

'동기가 선하고 사심이 없어야 한다'라는 말 역시 의심할 여지가 없는 진리라고 할 수 있다. 선한 동기와 사심 없는 자세는 순수한 마음에서 나오기 때문이다. 따라서 어떤 일을 할 때 동기가 순수한 마음에서 나온 것인지를 스스로에게 묻고, 마음에 한 점의 거리낌도 없는지를 항상 확인해야 한다.

선한 동기는 인물 평가의 기준

앞서 19세기 일본의 위대한 사상가이자 경영가인 니노미야 손토쿠에 대해 이야기했다. 그는 높은 학문을 닦은 인물도 아니다. 가난한 농가에서 태어나 온갖 고생을 다 하며 자란 농부다. 하지만 샛별을 보고 일어나 저녁 별이 뜰 때까지 부지런히 일해서 가난한 마을을 부유하게 바꿀 정도로 큰 성공을 거두었다. 이후 경영 능력을 높이 평가받아 정치가들에게 발탁되어 가난한 마을을 개혁하는 데 앞장섰다.

니노미야 손토쿠 평전에 따르면, 그는 농사짓는 것을 하나의 수행으로 받아들여 일하는 과정을 통해 인생관을 키웠다고 한다. 다른 사람을 평가할 때에는 동기가 선한가, 그렇지 않은가를 판단 기준으로 삼았다고 한다. 그는 어떤 특별한 수단도 사용하지 않고 단지 열심히 노력을 거듭하며 성실하게 일하는 자세를 중요하게 생각했다. 한 점 거리낌 없는 순수한 마음으로 열심히 노력하면 하늘도 힘을 빌려준다는 것을 믿었기 때문이다.

동기가 선하고 마음을 순수하게 다스리는 것의 중요성은 아주 오래전부터 지혜로운 사람들이 가르치고 믿어온 진리다. 나 역시 동기가 선하고 사심이 없으면 반드시 성공한다는 사실을 믿어 의심치 않는다.

작은 선행은 오히려 큰 악이 될 수 있다

> 인간관계의 기본은 애정을 가지고 대하는 것이다. 하지만 그렇다고 무턱대고 사랑을 베풀면 문제가 생긴다. 상사와 부하의 관계에서도 무턱대고 부하가 원하는 대로 맞춰준다고 좋은 것이 아니다. 부하의 앞날을 망칠 수 있기 때문이다. 이런 것을 바로 큰 악이 되는 작은 선행이라고 한다. 먼 미래를 내다보지 않고 당장 좋게만 대하는 것은 상대를 불행하게 만든다. 반대로 신념을 가지고 엄하게 가르치는 상사는 당장은 거북하고 싫어도 부하를 크게 성장시켜줄 사람이다.
>
> 진정한 사랑이란 상대에게 무엇이 좋은지를 철저하게 생각한 뒤 실행에 옮기는 것임을 명심해야 한다.

자신의 아이가 너무 귀여운 나머지 맹목적으로 사랑하다 보면 응석을 다 받아주고 제멋대로 키울 수 있다. 결국 이런 아이는 다른 사람을 배려할 줄 모르고 책임감도 없는 변변찮은 인간이 되기 쉽다. 귀여운 자식을 무턱대고 사랑하는 행동이 그 자식을 망치는 결과를 낳은 것이다. 작은 선행이 오히려 큰 악이 되고 만 경우라고 할 수 있다.

한편 '큰 선행은 비정함과 닮았다'라는 말이 있다. 큰 선행을 행하는 것이 얼핏 보기에는 비정한 행동으로 느껴질 수 있다는 뜻이다. '젊어서 고생은 사서도 한다'라는 말도 있고 사자는 새끼를 천 길 낭떠러지로 떨어뜨리고 거기서 살아 나오는 놈만 키운다는 우화도 있다. 얼핏 비정해 보이는 행위가 오히려 상대를 크게 키우기 위한 사랑의 매이자 큰 선행이 될 수 있다.

IBM의 사훈에 나타난 작은 선행과 큰 선행

사실 작은 선행과 큰 선행의 개념은 내가 처음 생각해낸 것이 아니다. 나는 젊었을 때부터 교세라 필로소피를 통해 이타심, 친절하고 사려 깊은 마음, 순수하고 아름다운 마음을 가져야 한다고 강조했다. 아마 그런 생각은 초등학교 고학년 때 시작된 듯하다. 당시 죽을병으로 여겨지던 결핵에 걸려 병상에 누워 지내며 종교 서적을 많이 읽었다. 그리고 그런 책들의 영향을 받아 마음을 무엇보다 중요하게 여기는 인생관을 가지게 되었다. 사업을 할 때도 도전 정신과 용기를 가지는 동시에 아름다운 마음을 가지려고 의식적으로 노력했다.

하지만 막상 경영 현장에서 일하다 보면 직원들에게 잔소리도 하고 때로는 엄하게 꾸짖는다. 심지어 "자네 그만두게"

하고 심한 말을 하는 경우도 있다. 직원들에게 항상 친절하게 대하겠다고 마음먹었지만, 경영을 하는 순간부터 그와 모순되는 상황이 자주 벌어졌다.

그럴 때마다 내 안에 감춰두었던 자아가 드러나는 것 같아 괴로웠다. 경영자가 되자 회사를 발전시켜야 한다는 생각에 지금까지 품어온 인생관에 반하는 비정한 일을 직원에게 요구해야 할 때가 종종 생겼다. 그럴 때마다 나의 악한 본성을 드러내는 것 같아 괴로웠다.

많은 경영자가 나처럼 회사를 경영하는 중에 괴로운 마음이 들면 인생을 살아가는 데 무언가 의지할 것이 없을까 찾기 시작한다. 세이와주쿠에 들어와 내 강의를 듣고, 그 내용을 평생 의지처로 삼겠다는 사람들도 그런 경우일 것이다. 나도 한때는 같은 고민을 가지고 여러 가지를 모색했다.

회사에서 도깨비처럼 얼굴을 붉히며 화를 낼 때마다 평소 마음에 품고 말해왔던 이상적 인간상과 멀어지는 듯해서 괴로웠다. 오랫동안 괴로워하며 지내다가 문득 듣게 된 한 이야기에서 위로와 힌트를 얻었다.

IBM에는 '직원을 소중히 한다'라는 사훈이 있다. 그래서인지 미국 회사인데도 일본 회사처럼 장기간 근무하는 직원이 많다. 미국에서는 회사를 자주 옮길수록 높은 평가를 받고 연봉도 높아진다는데, IBM 직원은 대부분 근속 연수가 길다.

직원들이 그만큼 회사를 믿고 신뢰하기 때문이다.

IBM의 사훈을 설명하는 글에 다음과 같은 우화가 나온다.

북쪽 나라 호숫가에 마음 따뜻한 노인이 살고 있었다. 해마다 겨울이 되면 호수에 야생 물오리가 찾아와 겨울을 지내고 갔다. 노인은 어느 해 겨울부터인가 물오리들에게 먹이를 주기 시작했다. 물오리들은 호숫가로 날아와 노인이 주는 먹이를 기쁜 듯이 잘 받아먹었다. 그 후 해마다 겨울이 되면 노인은 물오리들에게 먹이를 주었고, 물오리들은 그것을 월동 식량으로 삼아 편하게 겨울을 지낼 수 있었다.

그러던 어느 해 겨울 물오리 떼가 변함없이 호수를 찾아왔다. 물오리들은 늘 그렇듯이 먹이를 기대하며 호숫가를 찾아갔는데, 아무리 시간이 흘러도 노인이 나타나지 않았다. 다음 날도, 그다음 날도 호숫가를 찾아와 기다렸지만 노인은 나타나지 않았다. 노인이 이미 세상을 떠난 뒤였기 때문이다.

그해는 유난히 한파가 심했고 호수는 꽁꽁 얼어붙었다. 스스로 먹이 잡는 법을 잊어버린 채 오직 노인이 나타나기만을 기다리던 물오리들은 결국 모두 굶어 죽고 말았다고 한다.

IBM에서는 이 우화의 말미에 물오리를 대하듯이 직원들에게 무조건 잘해주지 않겠다고 밝히고 있다. 원래 물오리는 야생동물이기 때문에 아무리 호수가 얼어붙어도 스스로 먹이를 구해 살아가게끔 되어 있다. IBM이 직원을 소중히 여긴다는 것은 그렇게 생명력이 넘치는 물오리로 키우겠다는 의미임을 밝히고 있다.

나는 이것이야말로 진정한 애정이라는 생각이 들었다. 그 후 불교의 가르침 중에도 '작은 선행은 큰 악과 닮았다'라는 말이 있음을 알게 되었고, 그 순간 '바로 이것이다!' 하는 생각이 들었다.

따뜻한 마음으로 직원을 대하겠다고 생각하지만 어느 순간 화를 내며 직원을 꾸짖고 있는 나를 발견한다. 한때는 그런 이중적인 모습에 스스로 실망하기도 했다.

하지만 직원에게 늘 잘해주기만 해서는 회사나 그 직원의 미래를 위해서도 안 되는 일이다. 성실하게 열심히 일하는 직원이 있는가 하면, 회사를 망쳐버릴 태도로 일하는 직원도 있다. 회사에 피해를 주고 결국 자신의 인생까지 망치는 행동을 그냥 넘기면 큰 죄를 방치하는 꼴이 되고 만다.

단지 용기가 없어 직원을 야단치지 못하고 비위를 맞춰주는 경영자는 회사를 위기에 빠뜨릴 수 있다. 야단쳐야 할 때는 마음을 독하게 먹고 야단쳐야 한다. 그것이 큰 선행이다. 이런 깨달음을 얻고 자기모순에 빠져 괴로워하는 일도 사라졌다.

반성하는 삶을 산다

> 발전하고 싶다면 항상 자신의 행동이나 판단이 인간으로서 바른 것이지, 오만불손하지 않았는지를 겸허한 자세로 반성해야 한다. 자신을 돌아보며 '그런 추잡한 짓은 하지 마' 혹은 '그런 비겁한 행동은 하지 마'라고 반성하고 타이르다 보면 큰 실수를 하거나 죄를 짓는 일은 없을 것이다.
>
> 바쁘게 하루하루를 살다 보면 어느새 참되고 진실된 자아를 잃어버리기 쉽다. 따라서 의식적으로 반성하는 습관을 들여 자신의 결점을 발견하고 고쳐나가야 한다. 그러다 보면 어느새 성장하고 발전하는 자아를 발견할 것이다.

반성하는 삶은 인생 방정식과 관련해 특히 중요한 항목이라고 생각한다. 나는 늘 자신이 가지고 있는 철학, 사상, 마음의 자세, 이념, 신념, 혹은 인격이 인생을 결정한다고 강조했다. 하지만 우리 인간은 육체를 가진 존재다. 마음이 중요하긴 해도 육체의 욕망 또한 무시할 수 없다. 특히 인간의 본능은 자신의 육체를 보존하고 만족시키는 데 충실하다. 우리는 매일 그런 본능에 따라 자거나 먹지 않으면 살아갈 수 없다. 따라서 인간의 마음은 기본적으로 본능에 충실하고, 자기를 지키려는 이기심을 바탕으로 한다. 이기심이라고 하면 비열하게 들리고 꺼려지지만, 그런 마음 역시 우리가 스스로를 지켜갈 수 있게 신이 마련해준 선물이다.

이런 인간인지라, 마음을 그냥 내버려두면 이기적인 본능을 따라가기 쉽다. 매일매일 자신을 돌아보는 반성하는 삶이 중요한 이유도 바로 그 때문이다. 반성을 거듭하며 항상 마음을 순수하게 유지하지 않으면 훌륭한 사고방식과 인격, 좋은 인간성을 유지하기 어렵다. 하물며 인격이 더 좋아지는 것은 기대조차 할 수 없다. 마음을 선하게 유지하면서 행동을 선한 방향으로 끌고 가려면 반드시 반성하는 삶을 살아야 한다.

항상 인간으로서 올바른 삶을 살아야 한다고 강조하는 나 자신도 사실은 불완전한 인간이다. 틈만 나면 자신의 욕망을 채우려 들고, 그러기 위해 못된 짓도 하는 보통 사람이다. 따라서 당연히 실수도 하고 죄도 짓는다. 하지만 그런 인간적인 부분을 그대로 내버려두지 않고 항상 반성을 거듭하며 더 나아지려고 노력한다.

매일 반성하는 자세는 겸허함을 필요로 한다. 중국에서 전해오는 말에 따르면, 겸허함만이 복을 부른다고 한다. 나도 그 말에 전적으로 동의한다. 겸허한 사람만이 행복해질 수 있고, 겸허함이 없는 사람에겐 행운도 찾아오지 않는다. 따라서 큰일을 이루려는 사람은 결코 교만해지면 안 된다. 매일 스스로 반성을 거듭하며 자신을 점검해야 한다.

'신이시여, 죄송합니다'와 '신이시여, 감사합니다'

나는 젊었을 때부터 매일 아침 세수할 때 반성하는 시간을 가진다. 최근에는 아침뿐만 아니라 술을 마신 날이면 잠들기 전에도 반성한다.

반성의 시간은 "신이시여, 죄송합니다"라는 말을 꺼냄으로써 시작된다. 특히 회사 성장을 자랑하거나 제멋대로 떠들었다는 느낌이 드는 날은 집이나 호텔에 돌아와서 "신이시여, 죄송합니다"라고 즉각 고백한다. 이런 고백은 "신이시여, 감사합니다"라는 또 다른 고백으로 이어지기도 한다. 왜냐하면 '아까 제 태도는 죄송합니다. 부디 용서해주십시오. 제가 그 일에 대해 잘못했다고 깨닫게 해주셔서 감사합니다'라고 생각하기 때문이다. 보통은 이런 생각을 입 밖으로 큰 소리를 내어 고백하며 반성하는데, 혹시 다른 사람이 들으면 미쳤다고 생각할지도 모른다. 그래서 이런 고백을 할 때에는 내 방이나 혼자 있을 수 있는 장소를 찾아간다.

'신이시여, 죄송합니다'와 '신이시여, 감사합니다'라는 말은 스스로를 점검하고 반성하도록 이끄는 중요한 말이다.

날마다 하는 반성이 인생 방정식을 완성시킨다

앞에서도 잠깐 언급했지만 미국 국제전략문제연구소의 애브셔 소장이 내가 쓴 책을 읽고 '리더란 어떤 사람이어야 하는가'에 대해 여러 사람과 함께 토론해보고 싶어 했다. 그래서 1999년 워싱턴에서 이 주제에 대한 심포지엄이 열렸다. 나도 심포지엄의 스폰서이자 강연자로 참여했다. 강연에서 나는 반성과 관련해 다음과 같은 이야기를 했다.

"많은 분이 훌륭한 인격을 가진 사람을 리더로 뽑고 싶다고 말합니다. 하지만 인격은 변한다는 사실을 잊지 말아야 합니다. 설령 인격이 훌륭한 사람을 리더로 뽑았다 해도 그가 권력의 자리에 앉은 뒤부터 차츰 변하더니 사람들이 바라는 대로 정치를 하지 않고 오히려 못된 짓을 저지르는 경우가 얼마든지 있습니다. 한편 젊었을 때에는 못된 짓만 저지르고 돌아다녀 사람 구실을 제대로 할까 싶던 사람이 나이를 먹고 차츰 철들더니 훌륭한 인격자가 되는 경우도 있습니다. 인격이 훌륭한 사람을 리더로 뽑는 것도 중요하지만 인격은 변한다는 사실을 잊어선 안 됩니다. 훌륭한 인격을 유지하기 위해 늘 겸허하게 반성하는 자세로 사는 사람인지가 더욱 중요합니다."

이 말을 듣고 그 자리에 모인 미국 정재계 인사들도 크게 공감해주었다. 인생 방정식을 성공적으로 실천하기 위해서도, 몸에 밴 훌륭한 사고방식을 유지하고 더욱 향상시키기 위해서도 반성은 꼭 필요하다.

훌륭한 사고방식을 가지기 위해 노력하는 것도 중요하지만 그런 사고방식을 유지하기 위해 마음 상태를 점검하기를 게을리해서는 안 된다. 매일 마음을 돌아보고 갈고닦아 더욱 훌륭한 상태로 나아가기 위해 우리가 해야 할 일은 꾸준한 반성이다. 반성하는 사람만이 인생 방정식을 멋지게 완성할 수 있다.

제2부

경영의 마음가짐

마음을 기초로 경영한다

교세라는 자금, 실적, 신용 무엇 하나 제대로 갖추지 못한 작은 공장에서 출발했다. 기댈 것이라고는 얼마 안 되는 기술과 서로 믿어주는 동료 28명이 전부였다. 창립 초기부터 지켜온 몇 가지 경영 원칙도 든든한 힘이 되었다. '회사의 발전을 위해 한 사람 한 사람이 모두 열심히 노력한다. 경영자는 목숨을 걸고 직원들의 신뢰에 보답한다. 동료끼리 서로 믿으며 일한다. 사리사욕 때문이 아니라 직원 모두에게 좋은 직장을 만들기 위해 일한다' 등이다. 사람의 마음은 변하기 쉽다고 한다. 하지만 사실 그만큼 강한 것도 없다. 교

> 세라가 오늘날처럼 발전할 수 있었던 것도 강한 마음의 유대를 기초로 경영해왔기 때문이다.

교세라는 자본금 300만 엔으로 출발했다. 고맙게도 자본금을 낸 사람들이 1,000만 엔을 대출받아 보태주어 총 1,300만 엔으로 사업을 시작할 수 있었다. 그 후 교세라는 성장을 거듭해 1998년 3월 교세라 그룹의 연결 기준 매출은 7,000억 엔, 직원 수는 국내외를 통틀어 3만 8,000명이 되었다. 자매회사인 다이니덴덴도 1조 2,000억 엔의 매출을 올리는 기업으로 성장했다. 교세라와 다이니덴덴의 매출을 합하면 약 1조 9,000억 엔에 이른다.

창업 당시 교세라는 뭐 하나 내세울 것도, 의지할 것도 없는 회사였다. 회사의 리더인 나는 경영이 무엇인지조차 모른 채 덜컥 사업에 뛰어들었다. 매일 무엇에 의지해야 하나, 일을 어떻게 처리해야 하나 고민하며 불안에 떨 수밖에 없었다. 돈도 없고, 기술 개발도 미비한 상태에서 어떻게 해야 할지 몰라 고민하다가 문득 떠오른 생각이 있었다.

'내가 지금 의지할 수 있는 것은 나를 믿고 함께 일하는 동료들의 마음이다. 이것밖에 없다. 겨우 28명밖에 안 되는 직원이지만 이들의 마음을 하나로 모아 일을 하는 수밖에 없다.

이것만이 회사를 일으켜 세우는 길이다.'

직원 한 사람 한 사람이 각자 다른 생각을 품고 불만에 차 있으면 아무 일도 되지 않는다. 직원들끼리 한마음이 되어 서로 믿어주며 어우러지는 회사만 발전할 수 있다. 그런 회사라면 어떤 어려움도 헤쳐갈 수 있다.

나는 이런 생각을 직원들에게 전하기 위해 그들과 자주 이야기를 나누었고 그때마다 이렇게 강조했다.

"모두 서로 믿으며 부모 형제처럼 허심탄회하게 얘기하고 이해해주는 회사, 마음으로 하나가 된 회사를 만듭시다."

공명정대하게 이익을 추구한다

> 회사는 이익을 내지 않으면 살아남을 수 없다. 이익을 내는 것은 부끄러워할 일도, 사람의 도리에 어긋나는 일도 아니다. 자유 시장에서 경쟁 끝에 결정된 가격은 정당한 것이고, 그 가격으로 당당하게 장사를 해서 얻은 이익도 정당한 것이다. 치열한 가격경쟁 속에서 기업은 합리화를 추구하고, 부가가치를 높이려는 노력 속에서 이익 증가를 추구할 수 있다.
>
> 안타깝게도 요즘 세상은 고객의 요구에 맞춰 당당하게

> 노력하는 기업보다 투기와 부정으로 폭리를 얻는 기업이 활개 치고, 그런 식으로 일확천금을 꿈꾸는 경영이 통한다.
> 하지만 교세라는 언제나 공명정대하게 사업을 하고, 바르게 이익을 추구하며, 사회에 공헌하는 것을 경영 원칙으로 삼아왔다.

투기와 부정으로 폭리를 얻고 일확천금을 꿈꾸는 경영이 활개 치는 세상이다. 교세라는 그런 것에 시선을 돌리지 않고 공명정대하게 사업을 통해 이익을 추구하는 것을 원칙으로 지키고 있다. 어떤 사업을 하든 '자유로운 시장에서 경쟁을 통해 결정된 가격은 정당하다'라는 원칙을 전제로 한다. 중소기업을 운영한다면 더더욱 독점할 수 있는 사업은 없다고 보아야 한다. 다른 기업과 치열한 가격경쟁을 하고, 그 과정에서 제품 가격이 결정된다.

치열한 경쟁 속에서 가격이 결정된다는 것은 그만큼 큰 이익을 남기기 어렵다는 뜻이다. 물론 업종에 따라 독점기업도 있고, 정부가 보호해줘서 특별한 이익을 올릴 수 있는 사업도 있다.

하지만 자유 시장의 치열한 경쟁 속에서 살아남아야 하는 중소기업은 부당할 정도로 많은 이익을 남기기 어렵다. 설령 엄청나게 많은 이익을 남길 수 있는 사업이 있다 해도 곧 경쟁 상대가 나타나 가격이 내려간다. 어떤 사업이든 자유 시장에서 경쟁하기 때문에 닥치는 대로 이익을 남기기 어렵다. 결국 자유로운 경쟁 속에서 적절한 이익을 남기게끔 되어 있다. 이런 적절한 이익을 부지런히 쌓아나간 결과가 기업의 성장과 발전으로 이어진다.

꾸준한 노력으로 쌓은 이익은 정정당당하게 얻은 것이요, 공명정대한 것이다. 거품경제 때처럼 투기를 하거나 부정한 방법으로 번 돈은 정당하게 얻은 이익이라고 말하기 어렵다. 일상적인 거래로 벌어들인 돈을 쌓아가는 것이야말로 훌륭한 이익이 된다는 사실을 다시 한번 강조하고 싶다.

원리 원칙을 따른다

> 교세라에서는 창업 초기부터 모든 일을 원리 원칙에 따라 판단해왔다. 회사 경영은 이치와 도리에 맞고 세상의 일반적인 도덕에도 어긋나지 않아야 순조롭게 풀리고 생명력도 길다.
>
> 요즘 기업들은 이른바 경영의 상식을 존중하지 않는 경향이 있다. 대신 '다른 회사들도 대부분 이렇게 하니까…'

> 라고 생각하며 안이한 판단 기준을 따른다.
>
> 　조직 구성이든, 재무든, 이익 배분이든 원칙적으로 어떻게 해야 하는가를 생각하고, 세상 돌아가는 본질적인 이치를 근거로 판단해야 한다. 항상 원리 원칙에 따르려고 노력하면 외국의 낯선 환경이나 전례 없는 불황 속에서 사업을 하게 되어도 판단을 그르치지 않을 수 있다.

　이제까지 한 번도 겪은 적 없는 경제적 상황이 언제 어떻게 찾아올지 아무도 예측할 수 없다. 일본 경제를 큰 충격에 빠뜨렸던 거품경제의 붕괴 같은 상황은 얼마든지 또다시 발생할 수 있다. 경영자는 그 어떤 충격적인 일이 발생해도 판단을 그르치면 안 된다. 언제나 세상의 일반적인 도덕에 어긋나지 않는지, 인간으로서 무엇이 바른지를 판단 기준으로 삼아야 한다. 이것을 나는 간단히 '원리 원칙에 따라 판단한다'라고 말한다. 교세라 필로소피는 그 자체로 하나의 원리 원칙이기 때문에 충분히 좋은 판단 기준이 된다.

어떤 경우에도 고객 제일주의를 지킨다

> 교세라는 부품 제조 업체로 출발했지만 처음부터 하청 업체가 아닌 독립된 회사였다. 그렇기 때문에 고객의 요구 수준에 맞는 가격으로 제품을 계속 개발해야 했다. 이때 가장 중요한 것은 고객의 요구보다 항상 한발 앞서가는 기술이다. 앞선 기술을 바탕으로 납기, 품질, 가격, 신제품 개발 등 많은 요소에 대해 고객의 만족을 얻어야 한다. 고객의 요구에 대처할 때에도 안일하게 하지 말고 신제품을 개발할 때처럼 도전적인 자세를 보여야 한다. 즉, 기존의 개념을 뒤집으며 새로운 고객 만족을 끊임없이 시도해야 한다. 고객을 기쁘게 하는 것은 상거래의 기본 중 기본이니, 이것이 불가능하다면 이익을 계속 창출하기 어려워질 것이다.

고객을 기쁘게 하는 것은 상거래의 기본이다. 이를 한마디로 표현하면 '고객 제일주의'다. 교세라가 기술 개발을 게을리하지 않는 것도, 아무리 무리한 납기라도 지키고, 밤중에라도 고객이 제품을 받을 수 있게 하는 것도 모두 고객에게 기쁨을 주기 위해서다. 고객의 치열한 가격 인하 요구를 견뎌온 것 역시 고객 만족을 위해서다. 무슨 일이 있어도 고객을 기쁘게 하는 것은 상거래의 기본이며, 그렇지 않은 기업은 이익을 계속 낼 수 없다는 게 내 신념이다.

교세라는 1999년에 창립 40주년을 맞았다. 창립 후 40년 동안 단 한 번도 적자 경영을 해본 적이 없다. 항상 고객을 제일로 여기고, 고객을 기쁘게 하는 일에 회사 전체가 노력했기 때문에 가능한 일이라고 생각한다.

대가족주의로 경영한다

> 교세라에서는 신뢰 관계를 중요하게 여긴다. 그래서 전 직원이 다른 사람의 기쁨을 내 기쁨처럼 생각하며 가족처럼 지내려고 노력한다. 이런 관계는 교세라 직원들의 끈끈한 유대가 시작되는 원점이기도 하다.
>
> 직원끼리 가족처럼 긴밀한 관계를 맺으면 감사하는 마음으로 서로 믿고 배려하며 일할 수 있다. 이런 분위기에서는 일하다 어려움에 빠진 동료를 보면 이해관계를 떠나 도와주게 된다. 서로 사적인 고민도 털어놓을 수 있는 믿음이 생긴다.
>
> 가족 같은 유대 관계를 중요하게 여기는 경영은 사람의 마음을 기초로 한 경영과 같은 맥락이라고 볼 수 있다.

대가족주의 경영은 마음을 기초로 경영하는 것과 닮은꼴이다. 창업 초기에 나는 어떻게 경영해야 할지를 몰라 헤맸다. 자본금도 많지 않고, 가진 기술도 그리 대단하지 않았다. 이렇게 불안한 상황에서는 무언가 의지할 만한 것이 필요했다. 무엇에 기댈 수 있을까 궁리한 끝에 도달한 결론은 전 직원의 마음을 하나로 묶어 그 마음에 의지하는 것이었다.

그렇다면 어떻게 전 직원의 마음을 강하게 묶을 수 있을까? 답은 가족 관계였다. 부모 자식이나 형제 사이에는 서로 이해관계가 달라도 해치지 않고 도우려 한다. 이 사실에서 힌트를 얻어 회사를 대가족주의로 경영해야겠다고 생각했다.

하지만 회사는 가족과 본질적으로 다른 집단이다. 경영자의 회사에 대한 책임도 한계가 있다. 하지만 가족은 끊으려야 끊을 수 없는 인연이기 때문에 서로에 대한 책임도 무한에 가깝다. 이런 차이점을 알면서도 '대가족주의로 경영하자'라고 결심한 가장 큰 이유는 믿을 것은 직원들끼리의 긴밀한 유대밖에 없다고 생각했기 때문이다.

대가족주의 경영은 내가 경영에 자신이 없고 마음이 약해져 괴로워하던 끝에 내린 결론이었다. 당시 나는 대가족주의 경영에 의지해 초보 경영자로서의 나약함을 덮어보고 싶었다. 정말 잘한 일이었다는 생각이 든다. 특히 중소기업일수록 대가족주의 경영이 꼭 필요하다.

대가족주의 경영에는 경영자와 직원, 자본가와 노동자를 대립 관계로 보지 않고, 부모 자식이나 형제 같은 긴밀한 유대 관계로 묶어 회사를 이끌어가려는 경영 철학이 담겨 있다.

물론 이런 경영 방식에도 문제점은 있다. 가족에게 하듯이 너무 편한 자세로 일하면, 내가 실수를 하거나 잘못을 저질러도 부모 형제나 마찬가지인데 다 이해하겠거니 생각하기 쉽다. 그 결과 직원들끼리 가족처럼 돕고 사적인 이야기도 나누는 긴밀한 관계를 맺으려던 것이 오히려 효율적이지 못한 경영으로 이어지기 쉽다.

이를 막기 위해 생각한 또 다른 경영 원칙이 있다. 바로 철저하게 실력을 중시하는 것이다. 이 원칙은 대가족주의 경영이 비효율적으로 변질되는 것을 막는 좋은 방법이 된다.

철저하게 실력을 중시한다

> 조직을 운영하는 데 가장 중요한 것은 '각 조직의 리더가 정말 실력 있는 사람인가'다.
>
> 정말 실력 있는 사람이란 뛰어난 직무 능력과 함께 인간적으로도 존경받으며 모두를 위해 자신의 힘을 발휘하는 사람이다. 이런 사람을 조직의 리더로 세우려면 그의 실력

> 이 충분히 발휘될 수 있는 조직 풍토를 만들어야 한다. 철저하게 실력을 중시해 그에 따라 리더를 세우는 경영을 하면 조직이 튼튼해지고 나아가 구성원 모두 혜택을 누리게 된다. 교세라에서는 근무 기간이나 경력을 측정 기준으로 삼지 않는다. 가장 중요한 것은 그 사람이 가진 진정한 실력이다.

  대가족주의로 경영한다고 해서 단지 나이가 많거나 회사에 오래 다녔다는 이유로 능력 없는 사람을 리더로 세워선 안 된다. 그런 리더가 이끄는 조직은 운영에 문제가 생겨 회사를 어려움에 빠뜨릴 수 있다. 능력 없는 가장 때문에 가족 전체가 불행해지는 것과 같은 이치다.

  대가족주의 경영이라 해도 리더를 뽑을 때에는 나이나 근무 기간에 연연할 필요가 없다. 그보다 더 중요한 것을 보아야 한다. 업무 수행 능력이 뛰어난지, 인간성이 존경과 신뢰를 받을 만한지를 보고 선택해야 한다. 이런 리더는 구성원을 잘 이끌어 사업을 성공 가도에 올릴 수 있다. 그리고 전 직원을 물질적·정신적으로 행복하게 해줄 것이다.

  가족처럼 생각한다고 능력이 없는데도 가장 나이 든 사람을 조직의 리더로 선택하면 어떻게 될까? 무능력한 리더는 조직을 위험에 빠뜨리고, 이는 회사 전체를 무너뜨릴 만큼 심각한 사태로 이어질 수 있다. 이렇게 되면 리더를 따랐던 팀원은 물론 전 직원이 불행해질 것이다. 교세라에서는 이런 안일한 경영을 피하기 위해 철저하게 실력을 중시한다는 원칙을 따르고 있다.

파트너십을 중시한다

> 교세라는 창립 초기부터 직원들의 관계를 중요하게 여겼다. 그래서 서로 마음이 통하고 믿을 수 있는 동료 관계를 목표로 삼고 이것을 기초로 모든 일을 추진했다. 교세라의 임직원은 경영자와 직원이라는 종적 관계가 아니라 파트너십으로 연결된 횡적 관계를 맺고 있다. 모든 임직원이 하나의 목적을 향해 함께 나아가며 꿈을 이루는 동지 관계로 묶여 있다. 일반적으로 볼 수 있는 권력이나 권위를 기초로 한 상하 관계가 아니라, 뜻을 함께하는 동지들이 마음을 하나로 모은 유대 관계다. 직원들의 이런 긴밀한 관계야말로 교세라가 성장할 수 있었던 비결 중 하나다.

파트너십을 중시하는 것은 마음을 기초로 경영하는 것, 대가족주의로 경영하는 것과 마찬가지로 교세라 창립 초기에 생각한 것이다. 경영에 자신이 없을 때라 더욱 직원들 간의 협력을 중요하게 여길 수밖에 없었다.

경영자와 직원, 자본가와 노동자, 권력자와 그에 따르는 자. 이것은 기업에서 흔히 볼 수 있는 상하 관계다. 이런 관계에서는 윗사람이 명령을 내리면 아랫사람은 무조건 따르게 된다. 따라서 위에서 명령을 잘못 내리면 회사가 위기에 빠질 수 있다.

창업 당시 나는 아랫사람에게 명령 내리는 일에 영 자신이 없었다. 위에서 명령하고 아래에서 따르는 상하 관계에서는 아무래도 반발이 따랐기 때문이다.

직원들이 볼 때 대를 이어 회사를 경영하는 것은 단지 회장 집안의 재산을 지키기 위한 일로 비칠 수 있다. 그런 시각으로 교세라를 바라보면 결국 회사의 발전은 곧 이나모리 집안이 잘되는 것을 뜻한다. 이런 상황에서 직원들은 회장 집안을 위해 일한다는 느낌을 받기 쉽다. '뭐야, 어차피 세습제니까 열심히 일해봤자 소용없어. 내가 사장이 될 수 있는 것도 아니고. 결국 회사가 잘되면 사장만 좋은 거지'라고 생각할 수도 있다. 이런 직원이 많으면 회사는 결코 성장할 수 없다.

그래서 나는 회사 임직원들에게 "경영자와 직원 관계를 떠나 파트너십을 중시합시다. 모두 동지로서 대등하게 일합시다"라고 늘 강조한다. 전 직원에게 회사의 주식을 나누어주고 "우린 모두 이 회사의 주주입니다. 여러분 각자가 주주나 경영 파트너로서 힘을 모아 노력해주십시오"라고 말한다.

'자네도 이 회사의 주주이자 경영 파트너가 아닌가?' 이 말만큼 동기부여를 강하게 해주는 것도 없다. 열심히 노력하면 그 결과가 주주인 자신에게 돌아오기 때문에 직원들은 적극적으로 움직인다. 나는 여러 동료와 함께 기업을 일으킨 창업자이고 세습 경영을 하지 않았기에 이 일이 가능했는지도 모른다.

만일 2, 3대째 대를 잇는 경영자라면 경영권을 지키기 위해서라도 주식을 함부로 나누어줄 수 없을 것이다. 주식을 많이 받은 직원이 갑자기 회사를 그만둘 수도 있기 때문이다. 혹시라도 그가 가진 주식이 회사에 불이익을 주려는 사람의 손에 들어가면 큰 문제가 생길 것이다.

주식은 양날의 검과 같다. 좋은 사람이 가지고 있으면 회사 입장에선 고마운 일이다. 하지만 나쁜 사람의 손에 들어가면 큰 위험 요소가 될 수 있다. 그래서 내게도 "그렇게 많은 주식을 직원들에게 쉽게 주면 안 됩니다"라고 조언하는 사람이 많았다.

하지만 나는 흔들리지 않았다. 이미 직원을 가족처럼 믿었고 그들과 함께 경영하겠다고 마음을 굳혔기 때문이다. '배신당해도 좋다. 내가 그들을 믿으면 그들도 나를 믿을 것이다'라는 신념으로 주식을 나누어주었다. 다행히 지금까지 그로 인한 어려움을 한 번도 겪어보지 않았다.

나는 교세라 직원들에게 '세습 경영'을 하지 않겠다고 공언한 바 있다. 그래서 가족이 아닌 직원들과 주식을 나누어 가졌다. 서로 신뢰하기 때문에 가능한 일이다.

직원 모두 경영에 참여한다

> 교세라에서는 아메바라는 조직을 경영의 기초 단위로 삼고 있다. 각 아메바는 자주독립적이다. 구성원들은 자신의 아메바에 대한 의견을 말하고, 경영에 참여할 수 있다. 아메바 경영의 진수는 소수의 몇 사람이 아니라 조직 구성원 모두가 경영에 참여하는 데 있다. 누구나 자신이 속한 아메바의 경영에 참여하면서 자기실현을 할 수 있고, 모두의 힘이 한 곳으로 모이기 때문에 목표를 이루기도 쉽다.
>
> 전원 참가를 원칙으로 하는 경영 정신은 회사 행사, 회식, 친목회 등에도 업무와 똑같이 적용된다. 이런 행사나 모임은 직원들 사이에 가족처럼 믿는 신뢰와 동료 의식이 뿌

리내리도록 만드는 중요한 기회이기 때문이다.

직원 모두 경영에 참여하도록 한다

교세라에서는 전 직원이 경영에 참여하는 것을 중요하게 여긴다. 보통 회사는 꼭대기에 사장이 있고 그 아래에 중역, 그 아래에 부장이나 과장, 마지막으로 사원들이 있는 피라미드 구조다. 이런 구조에서는 위에서 명령을 내리고 그것을 아래로 전달해 일을 하게 한다.

교세라를 창립했을 때에는 직원이 모두 28명밖에 되지 않았다. 나는 어떻게든 전 직원이 경영에 참여하도록 해야겠다고 생각했다. 왜냐하면 나 자신이 그때까지 경영에 대한 경험이 전혀 없었기 때문이다.

혼자 경영을 도맡는 것이 불안했고, 리더로서 모두를 이끌고 나가는 것도 자신이 없었다. 그래서 '모두 경영에 참여하자. 모두 함께 생각해보자'라는 결론을 내렸다. 지금 생각해보니 교세라의 전통인 전원 경영 참여가 시작된 데에는 거창한 동기보다는 리더 스스로 자신의 부족함을 인정하는 결단이 있었다.

보통 위에서 명령을 내리고 아래에서 복종하는 경영을 하면 '명령받았으니까 일을 한다'라는 마음을 가지게 된다. 이

때 아랫사람은 문제의식을 느끼며 적극적으로 일하기 어렵다. 위에서 시키는 일이니까 어쩔 수 없이 하는 경우가 많다. 의지를 보이며 문제의식을 가지고 좀 더 잘해보려는 태도는 전혀 없고 단지 명령받은 대로만 무의식적으로 일하려고 한다. 그러다 보니 업무에 대해 스스로 세운 목표가 있을 리 없다. '명령받은 대로만 하면 돼. 너무 잘하려 하지 말고 최소한 시키는 대로만 하면 문제없어. 못했다는 소리 안 들을 정도면 되는 거지'라고 생각하는 소극적인 사람이 되어버린다.

그에 비해 경영에 스스로 참여하는 직원은 마음가짐이나 기분부터 달라진다. 따라서 일반 사원에게도 "자네와 내가 하나가 되어 회사 경영에 대해 생각해보고 싶네. 나 혼자 경영하는 것은 불안하니까 자네의 지혜를 빌리고 싶어"라고 말하며 경영 참여를 유도해보라. 아마 사원은 '사장님이 날 이렇게까지 인정해주다니… 회사를 위해 어떻게 하면 좋을지 열심히 생각해보자' 하는 마음가짐을 가질 것이다.

무엇이든 열심히 해보자는 생각이 들어야 적극성이 생기는 법이다. 소극적인 사람은 상사가 명령한 것이니까 싫지만 최소한의 일만 하고 지내려 한다. 하지만 적극적인 사람은 스스로 경영에 대해 생각하고, 자신의 생각을 조금이라도 실현시켜보고자 노력하는 자세를 보인다.

적극적으로 회사 일에 관여하는 사람은 그만큼 경영에 대해서도 책임감을 가진다. '사장님이 내 의견을 물었어. 내게 도와달라고 부탁했어. 그렇다면 회사를 위해 나도 무언가를 해야지'라는 생각을 하면서 사명감이 생긴다.

모든 직원이 유의주의를 실천한다

이미 앞에서도 유의주의에 대해 누누이 강조했다. 이 말은 정확히 '어떤 일에 의식적으로 주의를 기울인다'라는 뜻이다. 무언가 소리가 들려 그쪽을 의식적으로 힐끗 돌아보는 것은 무의주의다. 아무 생각 없이 소리가 들리자 반사적으로 행동하는 것이다. 이와 관련해 나카무라 덴푸 선생은 다음과 같이 말했다.

"살아가기 위해선 항상 무슨 일이든 의식을 기울이며 해야 한다."

이런 자세는 경영에서 특히 중요하다. 아무리 사소해 보이는 일에도 의식을 기울여 생각하고 판단해야 한다.

보통은 '저건 사소한 일이니까 아랫사람에게 맡기자. 하지만 이건 중요하니까 내가 직접 판단해야겠군' 하고 생각한다. 하지만 경영을 하다 보면 전혀 생각지도 못한 곳에서 심각한 문제가 터질 수 있다. 사소한 일을 아랫사람들에게 맡겨버린 경영자는 이런 경우 재빨리 바른 판단을 내릴 수 없다. 이 때문에 큰 실수를 하는 경영자를 한두 번 본 것이 아니다. 그래서 나카무라 덴푸 선생도 "인생을 살면서 아무리 사소한 일이라도 신경을 집중해 판단하는 습관을 들여야 한다"라고 가르쳤다.

경영자가 "난 경영에 자신이 없습니다. 그러니 여러분이 도와주세요. 모두 하나가 되어 경영에 참여해주십시오"라고 말하면 대부분의 사원은 크게 공감한다. '사장님이 날 믿어주고 의지하니 나도 도와야겠다. 회사 경영에 대해 적극적으로 생각해봐야겠다' 하고 마음먹을 것이다. 이 순간부터 경영에 주의를 기울이는 유의주의를 실천하게 된다.

경영자와 노동자의 기본 사고방식이 일치하면 분쟁은 일어나지 않는다

교세라를 설립한 것은 1959년이다. 그로부터 4년 전인 1955년은 전후 일본 경제가 고도성장으로 접어들기 시작한 해였다. 이때부터 노동조합이나 학생운동이 활성화되기 시작했다. 특히 1960년도부터 노동운동 분야에서 강한 투쟁이 일어나 민간기업에 큰 영향을 끼쳤다. 어느 기업이나 과격한 노동조합 활동으로 노사 간 분쟁이 끊이지 않았다.

이런 분위기 속에서 반발하는 노동자들을 설득하는 것은

아주 어려운 일이었다. 노사 간 교섭이 잘 진행되려면 경영자와 노동자가 서로의 어려움을 이해하는 것이 무엇보다 중요하다. 서로의 사고방식이 같은 수준에 있으면 노사 간 교섭은 순조롭게 진행된다.

내가 회사의 행사나 모임에 전원 참가하기를 주장하는 것도 서로의 사고방식을 같은 수준으로 끌어올리기 위해서다. 노사 간에 서로를 이해하지 못하는 것은 경영자가 사는 세계와 노동자가 사는 세계가 너무 다르기 때문이다. 이렇게 되면 상대방을 도무지 이해할 수 없어 자신의 입장만 내세우게 되어 서로 대립하는 관계에서 벗어나기 어렵다.

교세라를 창업한 이래 노사 관계에 대해 경험하며 깨달은 사실이 있다. 훌륭한 기업일수록 노동자와 경영자 사이에 의식이나 경영에 대한 인식 수준에서 차이가 없다는 것이다. 양쪽 모두 똑같은 수준으로 발달해 있다. 이런 기업은 분쟁이 없는 강하고 튼튼한 회사가 될 수밖에 없다.

교세라에서는 회사 경영과 관련된 모든 일을 직원에게 공개한다. 모든 직원이 경영에 참여하려면 비밀이 없어야 하기 때문이다. 이런 투명한 경영을 바탕으로 경영 지식이든 능력이든 모든 면에서 직원들의 수준이 경영자와 동등하면 노사 분쟁은 일어나지 않는다. 반면 경영자와 노동자 사이에 의식 차이가 생길수록 노사 분쟁이 심해진다.

직원들의 긴밀한 유대감을 형성하기 위해 전원 참가 원칙을 지키는 게 원초적이고 유치해 보일 수도 있다. 하지만 전원 참가를 통해 노동자와 경영자의 의식이 같은 수준으로 발전하는 것만큼 중요한 일도 없다.

나아갈 방향을 맞춘다

> 사람들은 저마다 다른 사고방식을 가지고 산다. 그런데 직원들이 저마다 다른 사고방식에 따라 서로 다른 길로 나아간다면 어떻게 될까?
>
> 물리학에서 벡터는 방향까지 갖추고 있는 힘을 가리킨다. 직원들이 내는 힘도 벡터를 닮았다. 이들이 내는 힘의 방향이 한곳으로 모이지 않고 뿔뿔이 흩어지면 각자 아무리 애를 써도 그 합은 0에 가깝다.
>
> 비슷한 예로 야구나 축구 경기가 있다. 선수 전원이 한마음으로 뛰는 팀은 각자 화려한 개인기만 보여주고 협력이 되지 않는 팀보다 훨씬 뛰어난 경기력을 보여준다. 구성원 각자의 능력은 최고가 아니라도 좋다. 모두의 힘이 한 방향으로 모아지기만 하면 폭발적인 능력이 생기고, 그에 따라 놀라운 성과를 거두게 된다.

> 1+1은 단순히 2가 아니라 5나 10이 될 수도 있다.

힘의 방향을 맞추기 위해 직원과 깊은 대화를 나눈다

전 직원이 힘의 방향을 맞춘다는 것은 '직원 모두 경영에 참여하는 것'과 같은 맥락이다. 전원 참여가 바람직하다고 해서 마지못해 참여하는 사람이 생겨서는 곤란하다. 직원들의 자발적인 참여를 유도하려면 우선 경영에 가장 중요한 요소인 사고방식이 서로 맞고 나아갈 방향이 같아야 한다. 전원이 경영에 참여하되 회사의 나아갈 방향, 즉 목표를 같은 방향으로 인식해야 한다.

사람들은 저마다 생김새가 다르듯 사고방식도 다르다. 이처럼 저마다 다른 개성, 사고방식을 가진 사람들이 모여 하나의 회사를 이루기 때문에 전 직원이 회사의 경영 방침에 동의하기란 아주 어렵다. 그래서 나도 늘 "교세라는 이런 사고방식으로 경영하고 이런 방향을 목표로 한다"라고 직원들에게 호소하며 그들의 동조를 끌어내는 데 힘썼다.

기회가 있을 때마다 "우리 회사는 이런 방향을 향해 이런 방식으로 나아가려고 한다. 잘 알아두길 바란다"라거나 "인간으로서 바른 사고방식을 가져야 한다" 같은 말을 자주 했다. 그러면 눈을 반짝이고 고개를 끄덕이는 직원이 있는가 하면 '무슨 소리를 하는 거야' 하는 얼굴로 듣는 둥 마는 둥 하는 직원도 있다. 10명을 모아놓고 이야기하면 그중 3명 정도는 다른 곳을 보며 집중하지 않는다. 그러면 나는 그 3명까지 "사장님 말씀하시는 대로입니다"라고 동조하도록 필사적으로 이야기한다.

내 이야기를 잘 들으려 하지 않는 직원 중에는 '그런 것쯤은 원래 알고 있습니다'라는 듯한 표정으로 앉아 있는 경우가 많다. 사실은 자신의 생각과 너무 다른 얘기라 듣고 싶지 않아서 그러는 것이다. 반면 내 얘기에 동조하는 직원들은 맞장구도 치면서 몇 시간이라도 들어줄 기세로 기분 좋게 앉아 있다.

내 생각을 알아주지 않는 직원이 있으면, 그를 이해시키기 위해 많은 시간을 할애했다. 한 번도 쉽게 포기하지 않았다. 만일 몇 시간 정도 설득해야 한다면 차라리 일을 하도록 내버려두는 게 이득일 거라고 생각하는 경영자도 많을 것이다.

하지만 나는 한 시간이든 두 시간이든 그 직원이 생각을 바꿀 때까지 끈질기게 설득했다. 극단적인 예이지만 그렇게 얘기했는데도 동의하지 않는 직원에게는 "할 수 없네. 정 그렇다면 회사를 그만두게"라는 말까지 했다. 그러자 그 직원이 험악한 표정으로 "왜 내가 회사를 그만두어야 합니까? 내가 뭘 잘못했습니까?"라고 대들었다. 나는 이렇게 대답했다.

"자네, 회사의 경영 방침과 맞지 않아 지금까지 설득당하느라 괴롭지 않았나? 설득하는 내 입장도 괴롭기는 마찬가지네. 둘 다 괴로우니 자네 사고방식에 맞는 회사를 찾아가는 게 좋지 않겠나? 굳이 싫은 회사에 억지로 남을 필요가 없네. 우리 회사보다 나은 회사도 얼마든지 있네."

지금은 교세라가 대기업이지만 당시만 해도 중소기업일 때라 더 나은 회사는 얼마든지 있었다. 굳이 무리해서 교세라에 있으려고 할 필요는 없었다. 그래서 난 아무리 능력 있고 머리 좋은 직원이라도 회사 경영 방침과 생각의 방향이 맞지 않는 사람에겐 사직을 권했다.

별로 크지도 않은 기업에 경영 방침과 사고방식이 맞지 않는 사람이 한 사람이라도 있으면 전체 분위기를 흐리고 만다. 다른 직원들도 '음, 무리해서 회사와 내 사고방식의 방향을 맞출 필요 없잖아. 그렇게 하지 않아도 회사를 잘 다니는데…'라고 생각하기 때문이다. 그래서 나는 직원들이 같은 방향으로 나아가며 더 큰 힘을 발휘하도록 하기 위해 회사 경영 방침을 받아들이게 하는 데 노력을 아끼지 않았다.

독창성을 중시한다

> 교세라는 창업 초기부터 독창성을 중요하게 여겨 독자적인 기술 개발에 회사의 사활을 걸었다. 다른 회사는 도저히 할 수 없다고 포기한 일을 기꺼이 맡아서 교세라만의 기술로 해냈고, 그때마다 축적된 기술은 또 다른 독자 기술로 연결되었다.
>
> 교세라가 비약적인 발전을 할 수 있는 계기가 된 멀티 레이어 패키지의 개발은 이런 과정을 가장 잘 보여준다. 무슨 일이 있어도 해내겠다는 강한 신념으로 달려들어 매일 창의적인 궁리를 한 끝에 멋진 결과를 얻을 수 있었다.
>
> 교세라가 이룬 독창적인 성과는 모두 한 걸음에 지나지 않는 작은 노력이 모여 큰 발전으로 이어진 것이다.

약속을 현실로 만드는 과정에서 독창성이 생긴다

교세라에서는 창업 때부터 독창성을 중요하게 여겼다. 다른 회사를 모방하지 않고 독자적인 기술을 개발하는 것으로 승부를 냈다. 그들이 못 한다고 포기한 주문을 기꺼이 받아 어떻게든 해내는 과정에서 사업 기반을 다져갔다. 이렇게 말하면 교세라가 처음부터 훌륭한 기술을 많이 가지고 있었던 것처럼 들릴지 모르겠다. 사실은 전혀 그렇지 않았다.

교세라를 창업하고 초기에 손댄 것은 마쓰시타전기산업에 납품할 브라운관용 절연 부품이었다. 이 부품을 팔 새로운 거래처를 뚫으려면 도시바나 닛산 같은 전자 제품 회사의 문을 두드려야 했다. 하지만 당시 교세라가 만들 수 있는 것은 브라운관용 절연 부품 하나였는데, 같은 제품을 마쓰시타의 경쟁 회사에 납품하는 것은 안 될 일이었다.

그래서 도시바나 닛산의 연구소를 찾아가 "우리는 이런 세라믹 기술을 가지고 있습니다. 무언가 도움이 될 만한 일이 없을까요?"라고 물어보는 수밖에 없었다. 그러면 그쪽에서는 "세라믹이라면 ○○사와 이미 거래하고 있습니다"라고 밝히면서 거절했다. 하지만 어디에나 틈새시장은 있었다. 어느 날 "당신네 회사가 세라믹 기술을 가지고 있다면 이런 것도 만들 수 있습니까?"라는 문의가 들어왔다. 반가운 일이지만 문제가 있었다. 그들이 원하는 제품은 대부분 기존에 거래하는 대형 부품 회사들이 만들 수 없다고 포기한 것이었다.

이미 다른 납품 회사와 오랫동안 안정적인 거래를 하는 대기업은 신규 거래를 터보려는 낯선 회사에겐 눈길조차 주지 않는다. 그런데도 교세라에게 무언가를 부탁한다는 것은 그 일을 해낼 만한 회사가 아무도 없다는 의미였다. 그것은 그만큼 어려운 일이라는 뜻이기도 했다. 그런 일이라면 당연히 교세라도 해내기 어려울 게 뻔했다. 하지만 "그런 것은 저희도 만들어본 적이 없습니다. 무리입니다"라고 솔직히 말해버리면 대기업과 신규 거래를 할 수 있는 기회는 영영 사라져버린다. 그래서 일단 큰소리부터 쳤다.

"쉬운 일은 아니지만 우리 회사라면 할 수 있다고 생각합니다."

상대의 관심과 믿음을 불러일으키기 위해 고개를 갸웃거리며 생각하는 시늉도 했다. 그리고 확실히 수주를 받을 수 있게 한마디 덧붙였다.

"어떻게든 될 것 같으니 일단 해보지요."

물론 그 시점에서 보면, 할 수 있다는 말은 완전히 거짓이었다. 일단 할 수 있다고 큰소리치고 온 이상, 무슨 일이 있어도 해내야 했다. 안 그러면 두 번 다시 그 대기업에 얼굴도 내밀지 못할 것이다. 거짓말하는 사람이 신용을 잃고 설 땅도 잃듯이 교세라도 업계의 평판이 나빠져 다른 대기업으로부터 주문을 받지 못할 수도 있다.

무리해서 주문을 받아왔기 때문에 그 이후가 큰일이었다. 대기업을 상대로 큰소리치며 했던 거짓말을 약속한 날짜까지 진실로 만들어야 했다. 그런데 지금 와서 돌아보니 이 무리한 거짓말이 독창성으로 가는 지름길이 되었다. 전원 참가 경영을 원칙으로 했기에 주문을 받고 회사로 돌아오면 전 직원을 불러 모았다.

"○○사 연구소에서 지금 이런 신제품을 만들려고 합니다. 아주 유망한 제품으로 대량생산에 들어갈 가능성이 큽니다. 따라서 이 제품의 부품을 만드는 데 성공하면 대량 주문을 받을 것입니다. 하지만 여러분도 아시다시피 우리에겐 설비도, 기술도 없습니다. 하지만 어떻게든 시제품을 만들고 합격시켜 이 일을 우리가 꼭 해냈으면 합니다."

교세라 직원이라면 누구나 설비나 기술이 부족하다는 사실을 알고 있었다. 때문에 내가 무리해서 주문받아온 일을 추진하겠다고 하자 모두 깜짝 놀라는 표정이었다. 불쑥 누군가 한마디 했다.

"설비가 없는데 어떻게 만듭니까?"

이때부터 직원들과 나 사이에 주거니 받거니 토론이 시작되었다.

"설비가 없어서 못 한다는 건 곤란합니다. 설비는 지금부터 도입하면 됩니다. 훌륭한 설비는 살 수 없어도 중고 기계는 구할 수 있으니 어떻게든 시제품은 만들 수 있을 겁니다."

"지금부터 중고 기계를 찾아내 일을 한다 해도 납기일에 맞출 수 있을지 모르겠습니다. 일단 설비투자와 정비부터 하시지요. 새로운 제품 개발은 그리 간단하지 않습니다."

"지금 무슨 말을 하는 겁니까? 이건 정말 벼락치기로 해야 하는 일입니다. 도둑을 잡은 뒤 오라를 꼰다는 말도 있지 않습니까?"

도둑도 잡기 전에 도둑을 묶어둘 오라부터 꼬았다가는 도둑은 잡지 못하고 비용만 드는 수가 있다. 상품으로 따지자면 개발비는 엄청나게 들었는데 재고만 잔뜩 쌓이는 경우다. 나는 도둑을 잡은 뒤 오라를 꼬는 것이 가장 경제 효율이 높다는 황당한 주장을 하면서 '교세라는 지금부터 벼락치기 제품 개발을 한다'라고 선언했다. 그리고 이렇게 덧붙였다.

"주문을 받기 전에 설비를 갖추는 것은 누구나 하는 일입니다. 하지만 내 생각은 다릅니다. 그런 허망한 투자를 하기 때문에 회사가 잘 돌아가지 않는 겁니다. 교세라는 시험이 닥치면 벼락치기 공부를 하듯 주문을 받고서 설비투자를 할 겁니다."

이런 사고방식은 나중에 '필요할 때 필요한 만큼 산다' '불필요한 재고를 쌓아두지 않는다'와 같은 아메바 경영의 출발점과 연결되었다. 독창성을 중시한다고 하면 왠지 아주 고상한 일을 계기로 싹튼 사고방식처럼 들릴 수도 있다. 하지만 실상은 나약한 리더이자 경영자인 내가 나약함을 이겨보려고 생각해낸 것이다. 100명 정도까지 늘어난 직원을 먹여 살리려면 새로운 거래처로부터 주문을 받아와야 했다. 이를 위해선 기술이나 설비가 제대로 갖추어지지 않아도 일단 주문부터 받고 보는 경우가 많았다. 그런데 이렇게 받아놓은 주문이 결국 독창성을 발휘할 수밖에 없는 상황을 낳았다.

궁하면 통한다는 말도 있지 않은가. 그래서 나는 일부러 자신을 궁한 처지로 몰아넣고 새로운 기술을 개발하도록 했다. 예를 들어 신제품을 개발할 때에도 훌륭한 연구소를 지어 일류 대학을 나온 연구원을 뽑은 뒤 어느 정도 연구비를 지원하며 "이런 것을 개발하시오"라고 과제를 주는 방식이 있다.

한편 그와 달리 사느냐 죽느냐, 먹느냐 먹히느냐를 다투는 아수라장 같은 상황에서 빡빡한 일정에 쫓기며 필사적으로 매달리는 연구도 있다. 어느 쪽이 추진력이 좋은가 하면, 당연히 후자다.

독창적인 기술 개발은 충실한 설비, 훌륭한 연구소, 일류 대학을 나온 연구원이 뒷받침되어야만 가능한 것은 아니다. 오히려 자신과 부하 직원을 궁지로 몰아넣고 사느냐 죽느냐가 걸린 아슬아슬한 상태에서 궁리하고 노력하면 독창성이 절로 튀어나온다.

지금까지 해본 적도, 만들어본 적도 없으면서 "해보겠습니다" 하고 주문을 받는 데서 신제품 개발의 역사가 시작되었다. 물론 처음에는 거짓말을 했을 수도 있다. 하지만 그 거짓말을 현실로 만들려고 필사적으로 노력하는 과정에서 우리 회사만의 독자적인 기술을 개발할 수 있었다.

매일 창의적으로 궁리하면 위대한 기술 개발로 이어진다

괴로울지라도 스스로를 궁지로 몰아넣고 주어진 문제를 하나씩 해결해나가보라. 하나하나의 경험이 쌓여 자신의 능력이 된다.

교세라도 처음에는 마쓰시타전기산업의 브라운관 부품만 만들었다. 그러다 무리한 주문을 받아와 약속을 지키는 과정을 통해 도시바나 닛산에도 부품을 납품하게 되었다. 그런 식으로 만들 수 있는 제품이 하나둘 늘어나자 동시에 교세라만의 독창적인 기술도 뿌리내렸다. 독자적인 영역을 확보한 기술은 파급효과도 크다.

예를 들어 소니가 녹음기를 개발하기로 했다고 치자. 테이프를 감는 장치에 마찰이 심하기 때문에 세라믹을 사용해보자는 의견이 나온다. 교세라에 그런 부품을 만들 수 있는지 의뢰가 들어온다. 그럴 경우 '○○사의 부품을 만든 기술을 응용하면 되지 않을까?' 하는 생각이 떠오른다.

한 가지 기술 개발에 성공하면 그것을 응용해 새로운 기술을 개발하는 연쇄효과가 나타난다. 예를 들면 양철을 구부리기 위해 개발한 기술은 스테인리스를 구부리는 기술로 응용될 수 있다. 더 나아가 다른 여러 가지 금속을 구부리는 기술로 응용될 수 있어 파급효과는 엄청나다.

다른 회사에서 모방할 수 없을 정도로 독자적인 기술을 개발하는 동시에, 폭넓고 다양한 기술을 갖고 있으면 이후 연쇄적인 신기술 개발로 이어지는 밑바탕이 된다. 교세라도 그런 식으로 새로운 기술을 개발해 쌓아나감으로써 독자적인 기술을 폭넓고 다양하게 갖게 되었다.

독창성을 중시한다는 말의 이면에는 매일 창의적으로 궁리한다는 의미가 숨어 있다. 하나하나의 창의적인 궁리는 작고 사소한 것일 수도 있다. 하지만 그것이 1, 2년, 아니 10년 혹은 교세라처럼 50년이 넘는 시간 동안 쌓이면 위대한 일을 이루게 된다.

'독창적'이라는 말이 어렵게 느껴질 수도 있다. 하지만 매일매일 작고 사소한 창의적인 궁리가 쌓이면 독창적인 열매를 맺게 된다. 궁리하고 개선하는 작업을 꾸준히 해나가다 보면 결국 위대한 기술 개발이라는 결실을 거두게 된다.

스스로 생각하고 스스로 나아간다

다른 회사를 모방하지 않고 스스로 생각하고 스스로 나아가는 것이 어느새 교세라의 전통이 되었다. 교세라에서는 누구에게도 배우지 않고, 또 배울 수도 없는 자신만의 길을 걷는 독창성을 중요하게 여긴다.

기술 개발뿐만 아니라 경영도 독창적이어야 한다. 기업 경영의 길은 다른 사람이 가는 길을 그대로 따라가며 흉내 내는 것이 아니다. 같은 물건을 만들어 팔고, 지향하는 목표가 같아도 걸어가는 길만은 각각 다르다. 논두렁길을 가다가 발이 미끄러져 논 한가운데를 걷는 사람이 있는가 하면, 포장도로 위를 걷는 사람도 있다. 같은 목표를 향해 나아가지만 걸어가는 길도 다르고 그 과정에서 만나는 어려움도 다르다.

결국 인생이란 석가모니의 가르침대로 나 자신만의 길을 걸어가는 것이다. 아무리 훌륭한 아들이 있고, 부모가 있고, 배우자가 있다 해도 그 누구도 내 인생을 대신 살아줄 수는 없다. 태어날 때도 혼자이고 죽을 때도 혼자다. 아무도 함께 할 수 없다.

이와 마찬가지로 기업을 이끄는 경영자도 결국은 혼자다. 그런데도 스스로의 힘으로 나아갈 생각은 하지 않고 "경영을 잘하려면 어떻게 하면 좋습니까?"라고 물어보고 다니는 경영자가 있다. 그런 자세로는 자기 인생길을 개척하는 것은 물론이고 경영도 제대로 해낼 수 없다. 예전에 구소련 기업에 설비 수출을 한 적이 있다. 당시 교세라를 찾아온 어느 대기업 경영자가 내게 물었다.

"이나모리 사장님, 어떻게 하면 교세라처럼 회사가 잘 돌아가게 할 수 있습니까?"

표정을 보니 인사치레로 하는 말이 아니라 정말 교세라의 경영 방법을 알고 싶어 하는 것 같았다. 나는 순간 난처해져서 "무슨 말을 하는 건가?"라고 답했다. 대기업이라면 그 나라의 가장 우수한 인재들이 모여 있는 곳이다. 그 정도 회사라면 당연히 스스로 생각하는 길을 꿋꿋하게 걸어갈 수 있어야 한다. 그런데 교토에 있는 중소기업을 찾아와 "어떻게 하면 좋을까요?" 하면서 경영 방법에 대해 묻는 것은 아무래도 이상했다. 그렇게 주관이 뚜렷하지 못한 경영으로는 회사가 발전할 수 없다.

거품경제 때 일본 기업은 앞다투어 부동산 투기를 했다. 거품이 꺼지자 이들 기업의 부동산은 거액의 불량 자산이 되어 버렸다. 모두 남들이 하는 대로 따라 하다가 벌어진 일이다. 위기에 맞닥뜨린 경영자는 다음과 같은 상황에 놓였다고 비유할 수 있다.

'아무도 없는 수렁논에 발이 빠지고 말았다. 어떻게 하면 재빨리 발을 뺄 수 있을까? 구두가 그 속에 박혀 있다면 어떻게 꺼내야 할까?'

이런 위기 상황의 해결책을 스스로 생각해내야 하는 게 경영자다. '다른 사람에게 물어보면 해결책을 구할 수 있겠지' 하는 안이한 생각을 해선 안 된다. 그런데 의외로 스스로 자기 길을 개척하지 못하고 다른 사람에게 의존하는 경영자가 많다.

앞에서 얘기했듯이 대기업 경영자가 중소기업이 성공했다는 소문을 듣고 그 방법을 물어보러 찾아오기도 한다. 하지만 저마다의 인생길이 다르듯 기업도 저마다 걸어가야 할 길이 다르다. 그런데 자기 길을 찾지 못하고 다른 사람 흉내를 내려는 마음가짐이라면 경영이 잘될 리 없다.

할 수 없을 것 같은 일을 해낸다

1984년에 세라믹과는 아무런 관계도 없는 다이니덴덴을 설립했다. 다이니덴덴은 전기통신 업체였고 나는 이 분야에 대해선 문외한이었다. 그때까지 일본 전기통신 사업은 NTT가 100년 동안 독점해오고 있었다. 그런데 일대 지각변동이 일어나 민간기업이 참여할 수 있다는 소식이 들려왔다. 나는 과감하게 참여해보기로 결심했다.

100년 만에 찾아온 기회인데 '지식이 없으니까, 경험이 없으니까'라고 생각하며 보고만 있으면 다음 기회는 100년 후에나 찾아올지 모른다. 그래서 주저 없이 다이니덴덴을 창립하고 전기통신 사업에 뛰어들기로 결심했다.

교세라는 창립 이래 '할 수 없을 것 같은 일을 해낸다'라는 정신으로 수많은 도전에 성공했다. 불가능해 보이는 일에 도전하는 게 습관이 되어 있었다. 경영자인 나는 유의주의로 사사로운 일도 깊이 생각해서 처리하며 마치 깜깜한 어둠 속에서 온 신경을 곤두세우고 걷듯 회사를 이끌어왔다.

다이니덴덴을 창립하는 것은 깜깜하고 어두운 미지의 세계로 뛰어드는 것과 같은 일이었다. 불가능해 보이는 일에 도전하는 습관이 없었다면 미지의 사업에 뛰어들기가 다리가 후들거릴 정도로 두려웠을지도 모른다. 아마 금방 한 발도 앞으로 나아가기 힘들어 누군가에게 손을 잡아달라고 사정했을 것이다. 하지만 교세라는 항상 스스로 생각하며 스스로 나아갈 길을 개척해온 회사였다. 따라서 다이니덴덴을 설립하는 일에도 안성맞춤이었으며 곧 성공시킬 자신이 있었다.

독창성을 중시한다는 생각으로 스스로 판단하며 길을 개척하라고 하면 어렵게 느껴질 수 있다. 하지만 앞에서 언급한 교세라의 사례를 떠올리면 누구라도 쉽게 도전해볼 수 있다. 교세라는 기술도, 설비도 없는 상황에서 큰소리치며 주문을 받아와 필사적으로 그 일을 해내려다 보니 독자적인 기술도 개발하고 사업도 성공했다. 길이 막힌 곳에서 새로운 탈출구를 찾아나가는 식이었다. 그런데 이 일이 교세라이기 때문에 가능했던 것만은 아니다. 어떤 기업이라도 사고방식만 조금 바꾸면 해낼 수 있다.

공명정대하고 투명하게 경영한다

> 교세라의 경영은 신뢰 관계를 기초로 이루어진다. 이를 위해 재무 상태를 비롯한 모든 면이 직원들에게 공개되는 시스템을 만들어 어떤 의심도 일어나지 않게 하고 있다.
> 하나의 예를 들면 '시간당 채산제'를 채택해 전 부문의 경영 실적을 전 직원에게 공개한다. 그러면 자신이 속한 아메바의 이익이 얼마이고, 그 내용이 어찌 되는지를 누구라도 쉽게 이해할 수 있다. 그리고 직원들끼리 항상 마음을 열고 공개적으로 업무를 추진하도록 한다. 이처럼 사내에서 이루어지는 모든 일이 공명정대하고 투명하게 진행되면 직원들은 쓸데없는 일에 에너지를 낭비하지 않고 업무에 전념할 수 있다.

공명정대함은 경영자의 추진력이 된다

내가 공명정대한 경영을 시작한 데는 이유가 있다. 자칫하면 직원들은 '경영자는 우리를 부려먹고 자기 이익만 채우는 것 아닐까? 열심히 일해서 이익이 나도 경영자가 독차지하겠지'라고 생각하기 쉽다. 나는 그런 편견을 없애고 싶었다. 그래서 회사가 돌아가는 내용을 전 직원에게 공개해 자신이 속한 아메바가 어느 정도 이익을 내고, 그 내용은 어떻게 이루어지는지를 알도록 했다. 이를 좀 더 확실히 하기 위해 각 아메바가 시간당 어느 정도 부가가치를 내는지를 한눈에 보여주는 수치를 공개했다.

교세라에서는 교제비나 접대비를 미리 예산에 넣어두지 않는다. 접대비가 필요하다면 그때마다 미리 품의서를 올려야 한다. 아무리 사장이라 해도 그 돈을 어디에 어떻게 쓸 것인지 확실히 밝혀야 하고, 이 내용 역시 전 직원에게 한 자릿수 단위까지 공개된다. 극도로 투명한 경영을 하기 위해서라면 이 정도는 당연한 일이다.

경영자라면 교제비 정도는 자유롭게 쓸 수 있어야 일하기 쉽다고 생각하는 사람도 많다. 하지만 그런 생각이 조금이라도 있으면 경영자로서 자신감과 추진력이 사라져버린다. 직원들에게 숨기는 꺼림칙한 기분이 마음속에 조금이라도 남아 있으면 당당하게 그들을 이끌어나가기 어렵기 때문이다.

경영에는 리더십이 중요하다. 이를 위해 "나는 공명정대하다"라고 자신 있게 말할 수 있는 박력이 필요하다. "회사에서는 속이거나 부정한 일이 있어선 안 된다. 나도 정해진 월급을 받아 생활한다"라고 떳떳하게 말할 수 있어야 경영자로서 추진력이 생긴다. 공명정대한 태도는 경영자를 강하게 만들어주고 내면에 용기가 끓어오르게 만든다.

나는 용기가 없는 경영자야말로 가장 자질이 부족한 부류라고 생각한다. 경영자의 용기를 만드는 기본은 '얼마나 공명정대하게 일을 처리하는가'다. 보통 많은 경영자가 무의식 중에 '조금쯤은 회사 자금을 자유롭게 써도 되지 않을까? 회사 경영을 위해 이 정도로 고생하는데 약간만 내 마음대로 누려도 되지 않을까?' 하고 생각하기 쉽다.

하지만 그런 식으로 용기와 박력을 잃어버리기보다는 공명정대하고 투명하게 행동함으로써 직원들을 힘차게 이끌어 갈 수 있는 박력, 자신감, 용기를 지키는 쪽이 훨씬 지혜롭다.

경영자의 희생정신이 사회정의를 지킨다

꺼림칙한 마음 없이 업무에 전력투구하기 위해 내가 선택한 것은 투명한 경영이다. 그런데 공명정대한 경영을 추구하면 경영자는 물질적으로 가장 큰 손해를 보게 된다. 일본의 금융제도에서는 주식회사라도 막상 대출을 받을 때에는 사장이 개인 보증을 서야 한다. 즉, 집과 개인 재산을 담보로 잡혀야 하고 회사가 잘못되면 담보도 빼앗긴다.

경영자는 그런 위험을 감수하면서까지 공명정대한 경영을 하지만 정해진 월급 외에 따로 수입이 있는 것도 아니다. 하루하루 일을 하면서 책임을 지지만 산처럼 큰 그것을 인정받기보다는 '사장은 우리가 모르는 큰 이득을 볼 것이다'라는 의심을 받을 때가 많다.

그런 면에서 경영자야말로 어떤 직원보다 힘든 입장에 있다고 볼 수도 있다. 게다가 일본의 세금 제도는 고액 연봉자에겐 징벌에 가까운 세금을 부과한다. 한때는 경영자의 연봉이 5,000만 엔을 넘어서면 80퍼센트까지 세금으로 떼이기도 했다.

그래서 "사장은 이만한 책임을 지며 전 직원을 이끌어가야 하니 일반 직원보다 열 배가 넘는 월급을 받는 것도 당연하다"라고 당당하게 말해도 된다고 생각한다. 대졸 신입 사원의 월급이 20만 엔이라면 그 열 배는 200만 엔이다. 그런데 500명 정도 직원을 거느린 회사의 사장이 신입 사원 10명 정도의 일밖에 하지 않을까?

그것은 결코 아니다. 신입 사원 20~30명이 할 일 이상을 해낼 것이 분명하므로 월급도 최소 400~600만 엔 정도는 받아야 한다. 직원 수가 그보다 훨씬 많은 경우 사장 월급은 1,000만 엔 정도 되어야 하고, 연봉으로 따지자면 1억 2,000만 엔은 되어야 할 것이다. 하지만 그 정도로 많은 연봉을 받는 중견기업 경영자는 드물다.

어쩌다 공명정대하고 투명한 경영으로 사업에 성공해 고액 연봉을 받는다고 해도 세금을 떼고 나면 신입 사원 연봉의 몇 배 정도만 남는다. 경영자도 결국 인간이라 욕심이 있다. 희생정신이 없는 사람은 '경영자란 너무 수지가 맞지 않아'라고 생각하며 자기 이익을 챙기기 위해 이상한 짓을 할 수 있다.

1998년부터 세율 인하 덕분에 좀 나아졌지만 그래도 경영자는 자기 연봉의 절반을 세금으로 내놓아야 한다. 가끔은 국가에 수탈당하는 것 같고, 내 신세가 기후현에 있는 나가라長良강 가마우지처럼 느껴지기도 한다. 나가라강의 어부들은 가마우지를 길들여 이 새가 애써 사냥한 물고기를 다시 뱉어내게 만든다.

투명하고 공명정대한 경영을 해야 하지만 그럴수록 경영자는 물질적인 이익 면에서 불리해진다. 경영자가 노고를 다하고 역할에 충실했다면 그에 걸맞은 보수를 받을 수 있도록 보장해주어야 한다.

월급 하나만 놓고 보더라도 경영자는 자신의 욕심만 추구해서는 안 되는 입장에 있다. 자기 이익을 희생하더라도 공명정대한 사회정의를 지키기 위해 노력해야 하는 사람이 바로 경영자다.

목표를 높게 세운다

> 교세라는 변변한 사옥도 없이 빌린 사무실과 공장에서 출발했다. 그런데 사원이 100명도 안 되었을 때부터 이미 높은 목표를 세웠다. 세계를 향해 눈을 뜨고, 세계로 뻗어나가는 교세라가 되자고 선언했다. 작은 회사인데도 목표만은 높고 컸다.
>
> 　높은 목표를 설정하면 그만큼 큰 성공을 거두고, 낮은 목표를 설정하면 그 정도 결과밖에 거두지 못한다. 스스로 높은 목표를 세우면 그것을 향해 에너지를 집중할 수 있어 성공의 열쇠를 얻은 것이나 마찬가지다. 밝고 큰 꿈과 목표를 품는 데서 상상도 못할 위대한 일이 이루어지는 첫걸음이 시작된다.

목표는 교토 제일 그리고 세계 제일

교세라는 교토에 있는 미야키전기라는 회사의 창고 건물을 빌려 창업했다. 그때 나는 100명도 안 되는 직원을 앞에 두고 선언했다.

"지금은 이렇게 목조건물을 빌려 힘들게 일하고 있지만 반드시 좋은 날이 올 것입니다. 교세라는 분명히 세계로 뻗어가는 회사가 될 겁니다."

그리고 다음과 같이 덧붙였다.

"지금은 우선 이 공단에서 제일가는 기업이 되고, 그다음엔 나카교구에서, 그다음엔 교토에서, 그다음엔 일본에서, 그다음엔 세계에서 제일가는 기업이 될 것입니다."

당시 교세라 근처에는 자동차용 공구를 만드는 교토기계공구라는 회사가 있었다. 1960년대는 일본에서 자동차 산업이 부흥하던 시기였다. 자동차 한 대가 팔릴 때마다 공구 상자도 하나씩 팔렸다. 교토기계공구 직원들은 늘 바쁘게 일했다. 벌겋게 달아오른 강철을 두드리고 눌러 스패너를 비롯한 공구를 만드느라 여념이 없었다. 밤낮으로 망치 소리가 들리고 불꽃이 튀며 공장이 한창 번창했다.

그 회사 앞을 지나 출근할 때면 늘 '교세라도 분발해야지' 하고 생각했다. 퇴근할 때도 보면 그 회사는 여전히 일을 하고 있었다. 교세라 직원들도 아침부터 밤늦게까지 일하면서 "공단에서 최고가 되자"라고 다짐하고 돌아가는 길인데, 그 회사 직원들은 아직도 엄청난 기계 소리를 내며 일하고 있었다. 그럴 때면 '저 회사를 뛰어넘는 것만도 큰일이구나. 내가 살아 있는 동안 추월할 수 있을까?'라는 생각이 들었다. 당장 공단에서 최고가 되자는 결심조차 공허하게 느껴졌다.

나아가 나카교구에는 시마즈제작소라는 큰 회사가 있었

다. 나카교구에서 제일이 되려면 그 회사를 추월해야 했다. 그것이야말로 정말 먼 꿈같은 이야기였다. 그럼에도 나는 꿈을 포기하지 않았다. "어찌 되었든 세계 제일의 기업이 될 테니까…"라고 계속 말했다.

높은 목표와 한 걸음 한 걸음 꾸준한 노력이 미래를 연다

세계 제일이 되자고 허황된 이야기를 했지만 현실을 돌아보지 않는 것은 아니었다. 현실에 대해선 그 누구보다 냉철하게 깨어 있으려고 노력했다. 높은 목표를 강조했지만 하루하루의 생활을 그 목표만 바라보며 내달리는 것으로 채우지는 않았다. 원래 위만 바라보고 걸으면 발아래를 볼 수 없기에 도랑에 빠지거나 교통사고를 당할 수 있다.

나는 아침에 가장 먼저 출근했다. 전날 하던 일을 정리하고 납기까지 완성해야 하는 제품을 만드는 데 필사적으로 매달렸다. 당장 그날 하루 동안 처리해야 할 일을 다 하기 위해 전심전력으로 집중하다 보면 내일 일은 생각할 여유도 없었다. 물론 애써 노력하면 일주일 정도, 사안에 따라 한 달 정도는 계획을 세울 수 있다.

하지만 대부분은 그날 당장 해결해야 할 일이 더 중요하기 때문에 그것에 집중하며 하루하루를 열심히 살아가는 수밖에 없었다. 이에 대해 경영 컨설턴트나 전문가들은 다음과 같이 비판할 것이다.

"그런 식으로 해서는 회사가 성장할 수 없습니다. 회사 경영에는 전략적인 장기 계획이 필요합니다. 적어도 1년 계획을 먼저 짜고, 그에 따른 전술로 하루나 일주일 단위로 계획을 짜야 합니다."

물론 나도 이런 이야기를 들으면 공감하며 고개를 끄덕인다. 하지만 막상 개발과 생산 현장으로 돌아오면 1년 앞의 계획보다는 당장 처리해야 할 문제가 시급하다. 이 문제를 어떻게 해결하느냐에 따라 1년 뒤 상황은 얼마든지 달라질 수 있다. 아침부터 밤까지 녹초가 될 정도로 일하고 "아이고, 겨우 하루가 끝났네" 하면서 마무리하는 나날이 반복되다 보면 1년 뒤나 10년 뒤까지는 생각하지 않게 된다.

경영 컨설턴트가 "그날그날 할 일을 잘 해내면 된다고 생각하는 회사는 성장할 수 없다"라고 하면 나는 다음과 같이 반박할 것이다.

"오늘 하루를 열심히 살면 자연스럽게 내일이 보인다. 내일을 열심히 살면 일주일이 보이고, 일주일을 열심히 살면 한 달이 보이고, 한 달을 열심히 살면 1년이 보인다. 그리고 올 1년을 열심히 살면 내년이 보인다. 일부러 미래를 예측하며 계획을 짜려 하지 않아도 자연스럽게 앞날이 보이고 계획이

선다. 지금 내가 있는 자리에서 최선을 다하는 게 무엇보다 중요하다."

궁색한 변명처럼 들릴 수도 있다. "회사를 성장시키기 위해서는 전략이 필요하다. 계획을 짜고 목표를 세워 구체적인 일정을 짜야 한다"라고 주장하는 경영 컨설턴트들의 의견과 크게 다르기 때문이다. 하지만 지혜가 부족한 나는 하루하루 열심히 살아 그 결과물을 쌓아가면 미래는 절로 보인다는 것을 경험으로 깨달았다.

물론 나도 목표만은 항상 잊지 않고 이야기한다. 하지만 그 목표가 너무 멀리 있어 거기에 이르기까지 맥락이 통하지 않기 때문에 구체적인 계획을 세울 수는 없다. 다만 하루하루 최선을 다해 열심히 살다 보면 내일이 보인다고 강조할 뿐이다.

물론 매일매일 해결할 일에 얽매여 있어도, 교토 제일 그리고 세계 제일의 기업으로 성장하겠다는 목표는 한시도 잊지 않는다. 스스로도 허황한 면이 있다는 것을 인정하지만 세계 제일이라는 꿈을 완전한 몽상으로 여긴 적은 한 번도 없다. 만일 그렇게 생각했다면 매일 직원들에게 그 이야기를 강조하지 않았을 것이다. 매일 강조한다는 것은 그만큼 그것을 이루고 싶은 열망이 있고, 언젠가 그런 날이 올 것을 믿는다는 뜻이다.

회식을 할 때도 모두 함께 술을 마시며 "곧 일본 제일이 될 거야!"라고 외치곤 했다. 술기운에 큰소리를 친 것일 수도 있지만 정말 그렇게 될 것이라고 마음 깊이 믿었다. 이런 일이 한두 번에 그치면 모두 "무슨 소리를 하는 거야" 하고 흘려들었겠지만 매일같이 수십 번, 수백 번 반복하다 보니 직원들도 자연스럽게 그 말에 공감했다.

하지만 교토 제일도 되기 전에 세계 제일이라는 목표를 강요하면 현실과 괴리가 생겨 '그렇게 높은 산에 오르게 될 리 없잖아'라고 절망적인 생각을 품기 쉽다. 대신 오늘 하루를 열심히 살자는 자세로 업무에 달려들면 마음이 편해져 지금 하는 일에 집중해 최선을 다할 수 있다. 그렇게 전력을 쏟아붓는 하루하루가 쌓여 오늘날 교세라와 같은 성장을 이루는 것이다.

지나치게 높은 목표를 제시하면 이상과 현실의 괴리가 너무 큰 데 절망할 수 있다. 자연스레 목표를 향해 도전하려는 의지도 사라진다.

하지만 우선 오늘 하루부터 잘 살아보자는 생각을 하면서도 세계 제일이라는 높은 목표를 잊지 않고 잠재의식에 넣어 둘 수는 있다. 목표를 늘 염두에 두지만 우선은 오늘 하루 최선을 다하자는 생각으로 임하면 직원들은 지레 포기하거나 절망하지 않고 주어진 일을 계속 해나갈 수 있다.

목표를 너무 높게 세우면 목표를 향하는 자신의 걸음이 느려 보이기 마련이다. 눈에 띄는 진전이 보이지 않으면 '이런 걸음으로 언제 목표에 이르나? 살아생전에 가능하기는 할까?'라는 생각까지 들고 포기하고 싶다. 그래서 나는 먼 미래에 연연해하지 않고 당장 눈앞에 있는 오늘 하루에 집중하기로 했다. 오늘 해결해야 할 과제에 집중해 일하다 보면 하루는 금방 지나간다.

목표는 세계 제일인데 정작 회사가 성장하는 모습은 자벌레가 꿈틀거리며 나아가듯 너무 느려 보였다. 그런데 어느 날 문득 정신을 차려보니 느린 한 걸음 한 걸음이 쌓여 꽤 멀리까지 나아가 있었다. 어느새 교토 제일이나 일본 제일이라는 목표는 이룬 뒤였고, 처음에는 너무 멀게만 느껴졌던 세계 제일도 그리 멀지 않은 곳에 있었다.

한 걸음 한 걸음 나아가는 것과 높은 목표를 제시하는 것은 서로 모순처럼 보일 수 있지만 결코 그렇지 않다. 높은 목표를 세우되 한 걸음 한 걸음 발밑의 현실을 보면서 착실하게 나아가는 것이 중요하다.

높게 제시한 목표만 바라보고 있어서는 안 된다. 그런 목표를 이루기까지 너무 먼 길을 가야 한다고 생각하면 금방 질려버리기 때문이다. 또 자신에겐 그렇게 먼 길을 걸을 만한 힘이 없다는 생각에 포기할 수도 있다. 따라서 높게 제시한 목표는 잠재의식에 넣어두고 하루하루 착실하게 걸어가는 자세로 살아야 한다. 그런 시간이 쌓이면 어느 날 문득 생각지도 못한 곳까지 나아가고 있는 자신을 발견할 것이다.

제3부

직원 모두가
경영자인 회사

가격 결정이 경영을 좌우한다

경영의 생사를 좌우하는 것은 가격 결정이다. 이익 폭을 작게 하는 대신 대량 판매를 할 것인가, 아니면 이익 폭을 크게 하는 대신 소량 판매를 할 것인가. 이를 고려해 가격을 결정할 때 선택의 폭은 얼마든지 다양하다.

어느 정도 이윤을 남기면 그에 따라 팔리는 판매량은 어느 정도가 될 것이며 전체적으로 얼마나 이익을 볼 수 있는지를 예측하기란 어렵다. 우선 제품의 가치를 정확히 알아야 하고 판매량과 이익의 폭을 곱했을 때 그 값이 극대치에 이르는 지점을 찾아야 한다. 이 지점은 기업과 고객이 동시에 행복해질 수 있는 상황을 나타낸 것이기도 하다. 가격을 결정할 때에는 이 지점을 찾기 위해 고민하고 또 고민해야 한다.

'가격 결정이 경영을 좌우한다'라는 것은 경영자가 반드시 기억해야 할 항목이다. 처음 교세라 필로소피를 만들어나갈 때만 해도 이 항목을 그렇게까지 중요하게 여기지 않았다. 하지만 경영자로서 연륜이 쌓이면서 가격 결정이 정말 중요하다는 사실을 절감했다.

교세라는 창립 초기 전자 제품에 들어가는 세라믹 절연 부품을 만들었다. 처음엔 내가 먼저 진공관이나 브라운관을 만드는 회사를 찾아갔다. 주문을 받기 위해 절연 부품이 필요하지 않은지 물어보기 위해서였다. 그러면 간혹 "지금 개발 중인 새로운 진공관에 넣으려는데요. 이런 부품을 만들어줄 수 있습니까?"라고 되물어오는 회사도 있었다. 힘들 것 같아도 무조건 할 수 있다고 했다. 창립 초기에 거래처를 하나라도 더 만들어 살아남으려면 어쩔 수 없었다. 그후 필사적인 노력 끝에 시제품을 완성하고 평가 시험을 통과하면 진공관이 대량생산될 때 정식 주문을 받을 수 있었다. 이런 수주 생산이 이어지면서 교세라는 차츰 규모가 커졌다.

물론 교세라의 고객이 된 회사 대부분은 다른 세라믹 부품 회사와 이미 거래하고 있었다. 예를 들어 도시바나 닛산 같은 대기업은 선발 업체들과 오래전부터 탄탄한 관계를 맺고 있었다. 그 사이에 교세라가 끼어들어 주문을 받겠다고 하니 그들로서는 까다롭게 굴 수밖에 없었다.

"이런 제품도 만들 수 있겠는가? 그게 가능하다면 견적서를 제출해보게. 가격이 싸면 주문하지."

이렇게 고압적으로 나오는 회사도 있었다. 이런 회사와 거래를 트려면 품질이나 가격을 모두 만족시켜야 하는 난관을 몇 개나 넘어야 했다. 필사적인 노력으로 그런 난관을 넘으며 거래 회사를 하나둘 늘려가다 보니 회사도 점점 커졌다. 동시에 동종 업체들과 벌이는 경쟁도 점점 치열해졌다. 전자 제품 회사들은 생산 원가를 조금이라도 낮추기 위해 부품을 조금이라도 더 싸게 공급받으려고 했다. 교세라의 영업 사원이 찾아가면 늘 하는 말이 정해져 있었다.

"자네 회사에선 얼마나 가격을 낮출 수 있는가? 어디 견적서를 한번 제출해보게."

견적서를 내면 이번에도 정해져 있는 대사를 들을 수 있었다.

"이 가격으론 안 되지. 다른 회사에선 이보다 10퍼센트나 싸게 납품할 수 있다고 견적서를 냈네."

영업 사원은 그 말에 깜짝 놀라 재빨리 회사로 돌아왔다. '가격을 더 낮춰야 주문을 받겠군' 하고 생각하며 새로운 견적서를 작성해 다시 고객을 찾아갔다. 그러자 고객은 견적서를 지그시 훑어본 뒤 다시 한번 충격적인 말을 했다.

"음, 이 정도로는 안 되겠어. 자네가 돌아간 뒤 다른 회사에서 더 싼 가격으로 납품하겠다고 견적서를 가져왔거든."

노련한 고객이 열심히 저울질을 하자 교세라의 순진한 영업 사원은 다시 한번 깜짝 놀랐다. 숨이 턱에 차도록 회사로 달려와 내게 하소연을 했다.

"큰일 났습니다. 다른 회사가 15퍼센트나 가격을 내려 견적서를 냈다고 합니다!"

나는 그 말을 그대로 믿지 않았다. 고객이 가격을 흥정하려고 그냥 던진 말일 수도 있었다. 하지만 영업 사원은 그 말을 곧이곧대로 믿고 당황해서 가격을 더 낮추어 견적서를 내려고 했다. 가만히 듣고 있자니 아무래도 이상하다는 생각이 들었다. 그렇게 단기간에 가격을 낮추는 게 가능할 리 없었다. 이런 이유 때문에 창업 초기에는 내가 직접 상대 회사의 구매 담당 직원을 찾아간 적도 많았다. 또 영업 사원에게 "자네 말은 잘 알겠네. 그런데 상대 회사의 누구를 만나 이야기한 건가? 처음에 어떤 식으로 인사를 하고 어떤 이야기를 나눈 건가? 있는 그대로 자세히 이야기해보게"라고 말하며 당시 상황을 그대로 재현해보게 했다.

이런 경우 고객이 제시한 15퍼센트 가격 인하가 흥정을 해보려고 던진 말인지, 아니면 정말 원하는 가격인지부터 파악해야 한다. '15퍼센트나 가격을 내릴 업체가 어디 있겠어? 그냥 흥정하려고 그러는 거야'라고 판단했다면 단호하게 이쪽에서 생각한 가격을 계속 주장해야 한다.

"10퍼센트보다 더 깎을 순 없습니다."

하지만 이렇게 강하게 나갔는데 판단이 빗나갈 수도 있다. 그렇게 되면 주문은 15퍼센트 가격 인하를 제시한 업체에 돌아갈 것이다. 주문받은 뒤 생산 설비를 갖추려던 회사라면 이런 일을 당해도 큰 문제가 아니다. 하지만 이미 설비나 직원을 모두 갖추고 있는 회사라면 당장 일거리가 끊기기 때문에 위기에 빠질 수 있다. 이런 일을 피하기 위해서라도 고객의 말이 단순히 흥정을 위한 것인지, 정말 진지한 조건인지를 잘 판단해야 한다.

그래서 영업 사원에게 교섭 상황을 그대로 재현해보라고 했다. 영업 사원이 "제가 이렇게 말했더니 상대가 이렇게 대꾸하더군요"라고 당시 상황을 세세히 알려주면, 마치 내가 그 현장에 있었던 것처럼 느껴져 상대의 진의를 조금이라도 더 알아낼 수 있을 것 같았기 때문이다.

만약 영업 사원이 15퍼센트 인하된 가격으로 주문을 받아오면, 그 순간부터 제조 부서에선 생산 비용을 15퍼센트 줄이기 위해 고민해야 한다. 단기간에 그렇게 많이 줄이는 것은 어떤 업종에서도 쉬운 일이 아니다. 하지만 영업 사원들은 "그 가격이 아니면 주문을 받아올 수 없습니다"라고 쉽게 말해버린다.

내가 "15퍼센트 내리는 게 그렇게 쉬운 일은 아니다"라고 말하면 "그럼 10퍼센트 내린 가격으로 견적서를 내지요. 하지만 주문을 받아오지 못해도 어쩔 수 없습니다"라고 협박하듯 대꾸한다. 물론 주문을 받지 못하면 일을 할 수 없으니 그것도 큰일이다. 그래서 나는 영업 사원에게 긴 연설을 늘어놓기도 했다.

"제조 부서만 고생하는 상황이 되어선 곤란하네. 가격이 싸면 주문은 얼마든지 받을 수 있지. 하지만 그렇게 주문을 받아온다고 해서 칭찬받을 일은 아니야. 영업 부서도 지혜를 짜내고 기술을 써야 해. 고객이 이 정도면 괜찮다고 기꺼이 사줄 만한 가격 중에서도 가장 높은 걸 골라내야 한단 말일세. 자네가 말했듯이 가격을 15퍼센트 깎아주면 주문을 받아올지도 모르지. 하지만 그 가격 이상으론 정말 거래가 불가능한 걸까? 고객은 자네한테 흥정을 걸어보려고 일단 깎는 것일 수도 있어. 실제로는 10퍼센트만 깎아줘도 살지 몰라. 아니, 좀 더 높은 가격으로도 거래가 이루어질 수 있어. 고객은 자신이 내려던 가격보다 조금이라도 싸면 사는 법이야.

가격이 싸면 쌀수록 주문을 받아오기는 쉽지만 그건 별로 의미가 없네. 그렇다고 해서 그 이상으로 가격을 매겼다간 경쟁 업체에 기회를 빼앗길 수도 있지. 그것도 곤란한 일이네. '이 이하라면 얼마든지 주문을 받아올 수 있다. 하지만 그 이상이라면 고객은 다른 업체로 가버린다' 하는 지점을 잘 포착해야 하네. 그러기 위해선 고객과 가격 협상을 할 때 심혈을 기울여야 해. 고객이 하는 말이 단순히 흥정을 위한 것인지 진심인지를 알아내는 것은 한판의 진검 승부야. 자네처럼 상대방 말을 곧이곧대로 듣고 입에 거품을 물며 '그 가격이 아니면 안 된답니다'라고 주장해선 안 되지 않겠나?"

다시 말해 고객이 기꺼이 사줄 만한 가격 중에서 가장 높은 것을 골라낼 수 있어야 한다. 하청을 받을 때에도 싼 가격을 제시하면 얼마든지 주문을 받을 수 있다. 자칫 비싼 가격을 불렀다간 다른 회사에 기회를 빼앗길지도 모른다. 따라서 주문을 받을 수 있는 범위 내에서 가장 높은 가격을 불러야 한다. 이것은 영업 사원이 간단히 결정할 문제가 아니다. 직원들이 모아온 자료와 정보의 진위를 가린 뒤 영업 부서의 리더가 결정해야 할 일이다. 영업 부서가 아무런 지혜도 발휘하지 않은 채 고객의 말만 듣고 다른 업체보다 싼 가격을 제시해 주문을 받아오면 경영은 제대로 되지 않는다.

나 자신이 연구원 출신이기 때문에 제품을 개발하고 만드는 일에는 자신 있지만 영업에는 아무래도 약하다고 생각했다. 그래서 가능하면 영업 부서가 제시한 가격에 맞추어 최대한 싸게 만드는 것이 나의 일이라고 생각했다. 하지만 어느 순간 이대로는 안 되겠다는 생각이 들어 강조하게 된 것이 가격 결정이 경영을 좌우한다는 항목이다.

가격 결정에는 경영자의 지혜가 필요하다. 가격 결정이 왜 그렇게 중요한지에 대해 간단한 예를 들어보겠다. 내 고향인 가고시마에는 교세라 공장이 세 군데 있다. 가끔 나는 그곳 공장들을 돌아본다. 가고시마 같은 지방 도시를 돌아다니다 보면 도로를 따라 작은 우동 가게들이 눈에 띈다. 가끔 점심 때 그 근처를 지나게 되면 식사를 하러 들른다.

어느 우동 가게에 점심시간이 조금 지나 들어갔더니 손님이 아무도 없고 휑하니 썰렁했다. "실례합니다!"라고 했더니 안쪽에서 아주머니가 '뭡니까?' 하는 듯한 표정으로 얼굴만 쑥 내밀었다. 밖에 식당이라고 적힌 간판을 보고 들어왔으니 무언가 먹으러 온 것은 뻔한 일 아닌가? "어서 오세요!"라든가 "뭘로 드릴까요?"라고 물어보면 좋으련만, 왜 왔냐는 듯한 표정으로 바라보기만 할 뿐이었다. 내가 먼저 "우동 됩니까?"라고 묻자 "네, 뭘로 드릴까요?"라고 못마땅한 얼굴로 대답했다. 유부 우동을 주문하자 안으로 들어가더니 부스럭부스럭

음식을 만드는 듯했다.

처음부터 느낌이 좋지 않다고 생각하고 있는데 맛이 없어 보이는 미적지근한 우동이 나왔다. 먹어보니 정말 맛이 없었다. 그런데도 가격은 교토 지역과 비슷했다. 점심시간이 지난 뒤라 손님이 없겠지만 아주머니가 안에서 나오는 모양새로 보아 그전부터 계속 아무도 없었던 듯했다. 문득 왜 이런 시골의 우동 가격이 교토의 우동 가격과 차이가 없는지 궁금했다. 지방 사람들의 소득은 도시보다 낮으니 이곳 사람들에게 한 그릇에 500엔이나 하는 우동 가격은 부담스러울 것이다. 따라서 잘 사 먹지 않을 것이고 그래서 손님이 없는 것일 수도 있다.

몇 달 뒤 어쩌다 다시 그 가게에 들르게 되었다. 그런데 한 그릇에 500엔이던 우동 가격이 550엔으로 올라 있었다. 원래 500엔이던 우동 가격도 너무 비싸 손님이 없었을 텐데, 주인 입장에선 손님이 없으니 차산이 맞지 않아 운영하기 힘들었을 것이다. 그래서 생각해낸 것이 우동 가격을 550엔으로 올리는 방법 같았다. 하지만 손님은 더더욱 오지 않을 것이 분명했다. 가격 결정의 본질을 모르면 이런 일이 생길 수밖에 없다. '유부 우동은 보통 500엔 정도 하니까…'라는 생각으로 가격을 적당히 결정해선 안 된다. 하지만 주위에는 우동 가게 주인처럼 안이한 생각을 하는 경영자가 너무도 많다.

교세라의 간부를 채용할 때 문득 '대학을 나와 아는 것 많고 말 잘하는 사람을 간부로 둔다고 회사가 정말 잘될까? 그보다는 비즈니스 감각을 제대로 갖춘 사람을 간부로 뽑는 게 좋겠지'라는 생각이 들었다.

한때는 간부 지원자들에게 밤에 포장마차를 끌고 우동을 팔러 다니는 장사를 시켜볼까 하는 생각도 했다. 아쉽게도 실현하지 못했지만 당시엔 다음과 같이 얘기했다.

"간부 지원자들에게 포장마차와 초기 자본금 5만 엔 정도를 주는 거야. 몇 달 동안 낮이든 밤이든 포장마차를 끌고 우동을 팔러 다니게 해보는 거지. 몇 달 후 자본금을 얼마로 불려오는지가 입사 시험이야. 물론 그 기간 동안 회사에 전혀 나오지 않아도 월급은 주어야지."

모두 그 이유를 궁금해해서 다음과 같이 설명해주었다.

"우선 우동을 만들어야겠지. 우동은 무엇보다 국물이 맛있어야 해. 맛있는 국물을 우려내려면 어떻게 해야 하는지를 고민할 거고, 가쓰오부시를 써야 할지 다시마를 써야 할지 아니면 둘 다 써야 할지 선택하겠지. 비싼 다시마로 할지 싼 다시마로 할지도 결정해야 하고, 가츠오부시도 어떤 것으로 할지 골라야 해. 아니면 그냥 멸치 육수에 조미료만 쓰는 방법도 있어. 어떤 선택을 하는지에 따라 국물 맛은 달라질 거야.

뿐만 아니야. 파는 어디서 사야 할지, 면은 1인분씩 동그랗

게 뭉쳐놓은 생면으로 해야 할지 아니면 건면을 사서 삶은 뒤 1인분씩 나누어 써야 할지… 가장 맛있는 우동을 가장 적은 비용으로 만들기 위해 결정해야 할 일이 한두 가지가 아니지. 우동 한 그릇도 경영하는 사람에 따라 원가가 얼마든지 달라져.

국수 공장에서 우동 사리를 산다면, 싼 곳은 20~30엔 정도 하지. 그것을 미리 만들어둔 국물에 넣고 파와 어묵을 썰어 얹으면 우동 한 그릇을 뚝딱 만들 수 있어. 어묵도 한 장을 두껍게 썰어 얹는 것보다는 얇게 썰어 세 장 정도 펼쳐 얹는 것이 더 보기 좋아. 발품을 팔고 정보를 얻어 재료를 싸게 사면 우동 한 그릇의 원가를 100엔 아래로 낮출 수도 있어.

이렇게 재료 준비가 끝나면 판매 가격을 결정해야 해. 원가가 100엔이라면 그것을 200엔에 팔 것인지, 300엔에 팔 것인지는 파는 사람 마음이야. 어떤 가격에 팔면 경영이 잘 될지를 생각하고 결정해야 해.

포장마차를 끌고 어디로 갈지 선택하는 것도 자유야. 장사가 안 되는 곳에서는 몇 시간을 걸어 다녀봤자 허탕 친다는 것을 알아야 해. 술집이 모여 있는 곳이라면 밤늦게까지 술 마시고 취한 사람들이 가벼운 식사를 하러 올지도 몰라. 이런 손님들을 기다리며 번화가 주변을 돌아다니는 사람도 있을 거야. 아니면 그 전에 대학가에 들를 수도 있어. 보통 취객들이 번화가에 돌아다닐 시간이 되려면 밤 11시는 넘어야 하기 때문이야. 좀 더 요령이 좋은 사람이라면 대학가에서 장사할 때에는 학생들의 가벼운 호주머니 사정을 생각하겠지. 국물에 국수 한 가지만 말아주는 우동은 학생들도 부담 없이 사 먹을 수 있는 싼값에 팔 수 있어.

　이처럼 언제, 어디서, 어떤 우동을 팔지는 각자 지혜를 발휘해 결정해야 해. 대학가에서 팔기로 한 사람은 원가가 100엔인 우동을 200엔이라는 싼 가격에 팔면서 박리다매를 추구하겠지. 아니면 좋은 재료로 아주 맛있는 우동을 만들어 비싼 값을 받을 수도 있겠지. 아무래도 사 먹는 사람은 더 적겠지만 한 그릇을 팔아 얻는 이익 폭이 크니까 최종 수익은 더 나을지도 몰라. 이 모든 게 가격 결정 과정이고 경영을 좌우하는 거야.

　그래서 3개월 정도 우동 포장마차를 시키고, 얼마나 이익을 남기는지 지켜보았으면 해. 큰 이익을 남기는 사람이라면 장사 솜씨가 있는 게 분명해. 그런 사람은 가격 결정을 잘해서 확실히 이익을 남길 테니 교세라의 간부로 적격이지."

이익을 판매 촉진에: 코카콜라의 가격 결정

가격 결정과 관련된 몇 가지 사례가 있다. 내가 청년이었을 때에는 전쟁 직후 암시장이 활개 치던 시기였다. 당시 코카콜라가 처음으로 일본에 들어왔는데 레모네이드나 사이다 같은 다른 청량음료에 비하면 가격이 터무니없이 비쌌다.

마셔보니 약을 먹는 것 같았고 병만 두껍고 안에 든 내용물은 적었다. 나는 이런 제품은 일본에서 팔리지 않을 것이라고 생각했다. 하지만 누구나 알듯 코카콜라는 사이다와 레모네이드를 몰아내고 시장을 독차지했다. 상식적으로는 누구나 살 수 있을 정도로 싸고 맛있는 음료수가 아니면 그렇게 잘 팔릴 수가 없다. 그런데 코카콜라가 그런 상식을 뒤집는 것을 보고 깜짝 놀랐다.

그 후 알게 된 사실이지만, 당시 소매상은 콜라를 팔면 마진이 많이 남았다고 한다. 게다가 코카콜라라고 쓴 입간판을 공짜로 가게 앞에 세울 수 있었다. 다시 말해 사이다나 레모네이드보다 코카콜라를 팔면 더 많은 인센티브를 받았다.

예전에 여름 축제가 열리면 자주 보게 되는 광경이 있었다. 야시장이 열리는 곳에 큰 얼음덩어리를 가져와 그 위에 코카콜라를 잔뜩 쌓아두고 젊은 남자가 "시원한 코카콜라요!"라고 외치며 장사를 했다. 야시장에서 소리 높여 홍보하며 팔아도 수지가 맞았던 것만 보아도 판매 마진이 아주 컸음을 알 수 있다.

코카콜라는 가격이 비싸기 때문에 이윤이 많이 남는다. 그리고 이윤의 대부분을 판촉이나 광고 선전비에 썼다. 거꾸로 싼 가격에 이윤을 적게 남기고 팔았던 레모네이드나 사이다는 코카콜라만큼 판촉 비용을 쓰거나 판매 인센티브를 줄 수 없었다. 그 결과 시장에서 코카콜라에 밀려나고 말았다. 코카콜라는 비싼 가격으로 팔아 얻은 큰 이익을 판촉 비용으로 사용해 더 큰 판매 효과를 보는 전략을 썼다. 그런 의미에서 가격 결정은 비싸기 때문에 나쁘고, 싸기 때문에 좋다는 단순 논리가 아니라 어떤 전략을 바탕으로 하는지에 따라 이루어져야 한다.

건강을 판다는 대의명분: 야쿠르트

야쿠르트는 유산균을 사용해 만드는 음료다. 유산균은 정장 작용을 하기 때문에 야쿠르트를 마시면 장이 튼튼하고 몸도 건강해진다고 한다. 유산균 발효 음료로는 칼피스도 있지만 야쿠르트는 발효된 유산균이 장까지 살아서 간다는 사실을 크게 강조하며 차별화했다.

칼피스는 야쿠르트가 나오기 전부터 큰 병에 넣어 팔던 제품이다. 여름이 되면 어머니가 칼피스를 물에 타서 주곤 했다. 야쿠르트나 희석한 칼피스나 맛은 크게 다르지 않았다. 그런데 작은 플라스틱 병에 들어 있는 야쿠르트의 가격이 훨씬 비쌌다.

　야쿠르트가 처음 나왔을 때 나는 '저건 안 돼'라고 생각했다. 이미 나와 있는 칼피스가 훨씬 쌌고 정장 작용도 비슷했다. 무엇보다 작은 플라스틱 병에 들어 있는 야쿠르트가 어째서 그렇게 비싼지 이해가 되지 않았다.

　하지만 내 예상은 빗나갔다. 야쿠르트는 전국 방방곡곡에 널리 퍼졌고 회사도 눈부시게 성장했다. 심지어 일본뿐만 아니라 동남아시아 여러 나라를 비롯해 브라질까지 진출해 큰 성공을 거두었다. 야쿠르트는 '야쿠르트 아줌마'라는 방문판매 직원을 두고, 카트를 밀고 다니며 팔게 한다. 야쿠르트는 단가가 높기 때문에 매출과 이익도 크고 방문판매 직원이 가져갈 수 있는 월급도 많다. 따라서 야쿠르트 방문판매 직원은 한 병이라도 더 팔려고 열심히 마을을 돌아다니며 노력한다.

　방문판매 직원은 야쿠르트를 팔러 나가기 전 회사에서 연수를 받을 때 '우리는 단순한 청량음료가 아닌 건강을 파는 사람들이다. 야쿠르트를 매일 아침 한 병씩 마시는 것만으로도 건강해질 수 있다. 야쿠르트는 국민의 건강을 지키는 음료다'라고 교육받는다. 건강을 지키는 산업이기에 야쿠르트 판매에 나섰다는 대의명분을 직원들의 마음에 심어주면서, 그 가치를 가격 결정에도 반영하는 것이다.

먼저 가격을 결정해야 한다

앞에서 가격을 결정하는 보편적인 원칙으로, 고객이 기꺼이 사줄 가격에서 가장 높은 것을 골라야 한다고 했다. 그런데 그 가격으로 판다고 해서 반드시 경영이 잘되는 것은 아니다. 문제는 그 가격으로 어떻게 이익을 남길 수 있는지다.

제조업체라면 이익은 생산원가를 줄이는 문제와 깊은 관련이 있다. 영업 쪽에서 지나치게 낮은 가격으로 수주를 받아 오면 제조 부서만 괴로울 뿐 이익은 남지 않는다. 따라서 높은 가격에 주문을 받아 와야 한다. 하지만 이미 정해진 가격에 주문을 받아 왔다면 그때부터는 제조 부서에서 얼마나 생산원가를 줄이는지에 따라 이익이 달라진다.

상품에는 반드시 원가가 있다. 일반적으로 판매가는 '원가+이익'으로 결정되고 자본주의 사회에서는 이것을 당연한 사실로 받아들인다.

하지만 내가 지금부터 이야기하고자 하는 것은 조금 다른 방향에서 바라본 것이다. 우리는 판매 가격 환원 방식으로 원가를 구하는 관점에서 가격을 결정해야 한다.

오늘날처럼 경쟁이 치열한 시대에는 원가에 목표 이익을 더해 판매가를 정하는 방식이 통하지 않을 때가 많다. 그보다는 이미 정해진 가격 안에서 이익을 남기기 위해 원가를 맞추는 방식이 일반적이다. 이것이 현재 시장경제의 실태인데, 회계학에서는 여전히 앞에서 말한 원가주의를 가르친다. 대부분의 기업도 마찬가지다.

원가에 목표 이익을 더해 구한 가격에서 팔리지 않으면 가격을 내리게 되고, 그러면 실제 판매에서 얻는 이익은 줄어든다. 따라서 우선 팔릴 만한 가격을 정하고 그에 맞추어 생산원가를 줄여야 이익을 지킬 수 있다. 이때 가격이 너무 낮으면 만들어 파느라 고생만 하고 이익은 남지 않는다. 따라서 '시장에서 팔릴 수 있는 가장 비싼 가격'으로 정해야 한다.

팔릴 만한 가격으로 판다

나는 예전부터 '원가 + 이익 = 판매가'라는 원가주의를 채택해선 안 된다고 주장했다. 직원들에게도 다음과 같은 취지로 자주 이야기했다.

교세라에서는 원가주의에 따라 판매 가격을 결정해서는 안 된다. 시장에서 팔릴 만한 가격으로 팔아야 한다.
예를 들어 교세라의 절연재를 납품받아 만든 진공관을 한 대기업에서 200엔에 팔고 있다고 하자. 부품으로 들어간 절연재 가격이 20엔이라면 이 기업은 아주 많은 이익을 남긴다고 볼 수 있다. 절연재의 원가가 5엔이고, 원가 대비 세 배 이익을 남기고 납품한다고 해도 고객인 대기업은 기꺼이 사줄 것이다. 때문에 누군가 "세 배나 이익을 남긴다니 폭리를 취하는 게 아닌가?"라고 불평해도 흔들릴 필요가 없다.

한 제과점에서 새로운 화과자를 개발했다고 하자. 이 과자의 가격을 얼마로 정하면 좋을까? 시장에서 팔릴 만한 가격이면 된다. 이 새로운 과자가 맛도 좋고 모양도 아름다워 하나에 200엔을 받아도 고객이 기꺼이 산다면? 원가가 40엔밖에 되지 않는다고 해도 200엔에 팔면 된다. 굳이 '원가+이익'이라는 원가주의에 얽매여 '원가 40엔+이익 10엔'으로 계산해 가격을 50엔으로 결정할 필요는 없다.

물론, 모양은 터진 만두 같고 맛도 없는 과자를 만들어놓고 다른 가게에서 50엔을 받는 것을 200엔이나 받는다면 하나도 팔기 어려울 것이다. 그런 경우엔 원가를 밑도는 30엔에라도 팔아야 생산원가를 어느 정도 거두어들여 큰 손해를 줄일 수 있다.

독창적이고 질 좋은 신제품을 개발하면 그 상품이 지닌 독특한 가치를 파는 것이기에 원가에 구애받을 필요가 없다.

고객이 가격을 인정하고 기꺼이 돈을 낸다는 것은 본인 역시 물질적으로든 정신적으로든 이득을 보기 때문이다. 따라서 폭리니 뭐니 하면서 비난할 필요가 없다. 원가가 200엔인 제품에 이익을 40엔 얹어 240엔에 팔려고 했는데, 고객이 하나같이 "뭐가 이렇게 비싸? 50엔이라면 사겠지만" 하고 불평한다면 그 제품의 가치는 50엔밖에 되지 않는 것이다. 그런 물건을 만드는 데 원가가 200엔이나 들었다면 제조 부서의 잘못이 크다. 자유경제 시장에서 원가가 얼마이니까 반드시 그 이상을 받아야 한다는 논리는 통하지 않는다. 가격은 고객이 인정해주는 제품의 가치에 따라 결정된다.

필요한 매출총이익을 생각한다

유통업도 마찬가지다. 예를 들어 어떤 제품을 납품받아 팔 때 그것을 다른 업체보다 싸게 팔아야 할 것이다. 그래서 정가보다 5~10퍼센트 할인 판매를 하려고 생각 중이라고 하자. 하지만 그렇게 팔 경우 매출총이익이 얼마나 남고, 최소한 얼마까지는 남겨야 하는지부터 생각해보아야 한다.

예를 들어 100엔짜리 상품을 납품받아 팔게 되었다고 치자. 다른 업체에선 이것을 130엔에 팔고 있다. 그래서 그보다 10엔 싼 120엔에 팔까 하다가 그보다 더 싼 115엔이라면 잘 팔리겠다고 생각해서 가격을 결정한 경영자가 있다. 그런 가격이라면 판매는 되겠지만 경영 상태는 나빠지고 빈곤에 쪼들리게 된다. 어느 정도 이익이 있어야 회사가 잘 돌아가는지에 대한 경영자의 지식이 부족하기 때문에 생기는 일이다. 경쟁 업체보다 싸면 팔린다는 생각만으로 가격을 결정하면 실패하기 쉽다는 사실을 항상 기억해야 한다.

교세라도 OEM(주문자상표부착생산) 공급을 받는다. 가끔 간부 중에 "완성품을 공급받아서 파니까 소개비로 5퍼센트 정도 이익을 남기면 충분하지 않습니까?"라고 얘기하는 사람도 있다.

소매업계에서는 일반적으로 총 이익이 30퍼센트 정도 되어야 한다. 따라서 카메라나 전자 제품을 싸게 파는 할인점에서도 판매가에서 30퍼센트를 뺀 가격으로 물건을 들여놓으려고 한다. 보통 매출의 20퍼센트는 광고 선전비, 판매 관리비, 금리 부담, 인건비 등에 들어간 경비로 보고, 10퍼센트를 밑도는 세전 이익을 확보해야 하기 때문에 총 이익을 30퍼센트는 남겨야 한다.

하지만 초보 경영자는 '제품을 떼어 와 팔기만 하는 거니까 총 이익이 20퍼센트 정도면 괜찮은 거지'라고 생각한다거나, 그 가격에서도 5퍼센트를 내려 결국 총 이익을 15퍼센트로 남기고 팔기도 한다. 그 결과 재정 상태가 빠듯해지면 '이렇게 열심히 하는데도 왜 경영 상태가 나쁘지?' 하고 걱정하기 시작한다. 어느 정도 마진을 붙여야 하는지를 몰라 가격 결정을 잘못해서 일어난 일이다.

제조업이야말로 고수익을 내야 한다

완제품을 사서 파는 유통업에서도 총 이익을 30퍼센트는 내야 채산이 맞는다. 그런데 앞에서 말한 우동 가게를 비롯해 제조업에서 이익을 5퍼센트만 남긴다면 곤란하다. 나는 자주 제조 부서 사람들에게 다음과 같은 이야기를 한다.

"남들이 만들어놓은 물건을 가져다 팔기만 하는 유통업도 이익을 30퍼센트나 남깁니다. 그런데 우리는 기술자를 고용하고, 머리를 쓰고, 기계를 사용하며 무에서 유를 창조해내는데 이익을 5퍼센트만 남긴다면 한심한 일입니다. 우리가 한 일이 그렇게 가치 없는 것입니까? 제조업이라면 총 이익이 50퍼센트는 되어도 이상할 게 없지 않나요?"

하지만 제조업에서 50퍼센트 총 이익을 남기는 회사는 없다. 역사적으로도 산업의 발달은 최초의 상업자본에서 시작되었다. 인류는 원래 과일을 따 먹거나 활과 창으로 동물을 잡아먹는 수렵 채집 생활을 했다. 그러다 점점 정착 생활을 하면서 농사를 짓고 수확한 곡물로 가족을 부양하기 시작했다. 열심히 농사지은 사람은 많은 곡식을 거두어들였고 식량을 구하기 힘들 때를 대비해 남는 감자, 조, 피 등을 저축했다.

저축하기 시작하면서 인간의 욕망도 커졌다. 수렵 채집 생활을 할 때는 다음에 먹을 것을 남겨야 하므로 남획을 금했다. 하지만 농사를 짓고 수확물을 저장하기 시작하면서 더 많은 것을 가지려는 욕망이 비정상적으로 커졌다. 이웃 마을에 농사가 잘되어 곡식이 남아돈다는 소문이 들리면서 이것을 빼앗으려는 도둑이나 강도도 생겼다. 전쟁이나 학살이 시작된 것도 욕망 때문이었다.

이와 함께 나타난 것이 바로 상인이다. 이들은 남아도는 곡물을 싸게 사들여 그것이 부족한 다른 지역에 가져가 팔아서 큰 이익을 남겼다. 같은 물건이라도 그것이 남아도는 곳에서 모자라는 곳으로 가져가면 상품 가치가 생긴다는 사실을 깨달은 지혜로운 사람들이다.

이 사람들은 시간이 흐르면서 점점 더 큰 힘을 얻어 상업자본가로 성장했다. 물건을 대량으로 싸게 사들였다가 그것이 필요한 사람들에게 비싼 값으로 팔아 이득을 챙겼다. 그러는 사이에 농민과 같은 생산자는 애써 만든 것을 턱없이 싼 가격에 파는 구조에 갇히게 되었다.

이런 경향은 오늘날까지 이어져 여전히 상업자본이 산업자본보다 우세하다. 원래는 생산자가 기술을 비롯해 여러 자본을 투자하므로 훨씬 이익률이 높아야 하는데도 실제로 보면 유통 측의 이익률이 더 높다.

나는 평소 경영자를 격려하기 위해 "세전 이익으로 10퍼센트도 남지 않는다면 그런 일은 아예 하지 마세요"라고 말한다. 그들이 "그까짓 것!" 하면서 분발할 수 있도록 일부러 강하게 던지는 말이다. 교세라의 제조 부서 직원들에게도 다음과 같이 강조한다.

"은행 금리가 보통 6~8퍼센트입니다. 다른 사람에게 돈을 빌려주고 아무것도 하지 않아도 6, 7퍼센트 이자는 받습니다. 그런데 제조업에 종사하는 우리는 조금 잘못하면 큰 손해를 볼지도 모르는 위험을 감수하면서 열심히 일해놓고 겨우 5퍼센트 이익만 남긴다면 말이 안 되지 않습니까? 좀 더 이익률을 높여도 좋지 않을까요?"

생산 비용 감소는 사고방식을 완전히 바꾼다

교세라는 수주를 받아 부품을 만들기 때문에 소매점을 갖추고 판매에 나설 필요가 없다. 도시바나 닛산과 같은 대기업에서 영업 사원이 주문을 받아오면 그대로 생산해 납품한다. 소매점은 필요 없어도 고객을 자주 만나기 위해 영업소는 필요하다. 하지만 기본적으로 재고를 쌓아둘 필요는 없다.

이런 경우 마진을 얼마나 붙이면 좋을까 궁리한 끝에 내린 결론은 판매가의 10퍼센트였다. 제조 부서에서 판매가에서 10퍼센트를 뺀 비용으로 물건을 만들어야만 이익이 남는 구조다. 이 규정에 따라 한동안 경영해오다가 카메라, 휴대용 통신 단말기, 보석처럼 대중을 고객으로 하는 상품에 손댄 뒤부터 10퍼센트 마진으로는 채산이 맞지 않는다는 사실을 알게 되었다.

보통은 제조 회사가 신문이나 텔레비전에 광고를 내서 자사의 물건을 파는 소매점을 지원해준다. 광고비는 우리가 그 물건을 통해 올리는 영업이익에서 충당해야 한다. 그 외에 소매점에서 벌이는 판촉 활동 비용, 인센티브 비용 등도 준비해야 한다. 이처럼 일반 소비자를 대상으로 하는 제품을 만들어 팔면, 자사의 영업 부서가 물건을 팔았다고 해서 끝나는 게 아니다. 그 후부터는 대리점이나 소매점의 판매 활동을 지원해야 한다. 즉, 자사의 영업 부서도 마진을 남기고 소매점에서도 마진을 남길 수 있게 해야 한다.

예를 들어 소매점에서 30퍼센트 정도 총 이익을 남기고 싶다고 치자. 판매 가격이 100엔이라면 소매점에 납품하는 단가는 70엔이 되어야 한다. 그 가격에서 영업 부서가 30퍼센트 이익을 남기려면 50엔 정도 비용으로 제품을 만들어야 한다. 경쟁이 치열한 상품은 덤핑이 계속되기 때문에 소매점에서 요구하는 가격대로 깎아주다 보면 도저히 채산이 맞지 않는다. 가격을 깎아도 소매점의 마진은 여전히 30퍼센트로 유지해주어야 하기 때문이다.

이렇게 되면 총 이익이 30퍼센트는 되어야 한다는 사실을 알면서도 결국 10퍼센트 정도밖에 유지하지 못한다. 10퍼센트 이익 중에서 광고 선전비를 빼면 당연히 적자다. 게다가 빠듯한 비용으로 생산하고 있는 제조 부서도 채산이 전혀 맞지 않는다. 제조업에 종사하는 기업은 대부분 이런 일을 겪어보았을 것이다.

이 주제로 이야기를 나눌 때 하는 수 없다고 체념하는 대기업 간부들도 가끔 본다. 하지만 그런 자세로는 제대로 된 가격 결정을 할 수 없다. 고객이 기꺼이 살 만한 가격 중 가장 높은 가격으로 결정해도 이런저런 비용이 발생하면 이윤은 줄어든다. 결국 최대한 원가를 줄일 수 있는 방법을 철저히 찾아보아야 한다. 그런데도 안이하게 정해진 원가에 정해진 이익을 더해 가격을 결정하는 사고방식을 가진 경영자가 많다. 그 결과 경영 상태가 나빠지는 것은 너무도 당연한 일이다.

예를 들어 판매가 4,000엔짜리 손목시계를 만든다고 하자. 그 가격에서 유통 마진을 모두 빼니 남는 것은 1,000엔이다. 그런데 기존에 사용하던 쿼츠, 배터리 등 기타 부품 값을 계산하니 재료비만 1,000엔이 넘는다. 이런 경우라면 발상을 근본적으로 바꾸어야 한다.

지금까지 사용하던 쿼츠를 반값, 아니 3분의 1 가격에 살 수 없는지 알아보자. 그것에도 한계가 있다면 가치분석을 통해 제품 설계를 다시 점검하고 원가를 낮출 방법을 찾아야 한다. 시장이 요구하는 가격 안에서 일정 정도 이상 이익을 남기려면 엔지니어가 제품 설계나 제조 과정을 혁신적으로 바꿀 수 있어야 한다.

현대사회의 치열한 경쟁에서 살아남으려면 단순히 업자들에게 재료를 싸게 사서 해결하겠다는 생각은 금물이다. 그런 안이한 자세로 일하는 제조업자는 만성 적자에 시달릴 수밖에 없다.

폐점 세일에서도 이익을 확보한다

장사를 할 때 가능하면 싸게 팔면 될 거라고 직감적으로 생각하는 사람이 많다. 유통업 분야에서도 총 이익은 최소 30퍼센트는 되어야 한다고 생각하는 사람은 그리 많지 않다. 하지만 높은 이익을 내는 회사들을 살펴보면 어떤 일이 있어도 30퍼센트 총 이익을 유지하려는 자세로 경영에 임한다.

슈퍼마켓이나 할인점에서는 보통 다른 소매점보다 10~20퍼센트 정도 싸게 판다. 나는 처음에 '총 이익 30퍼센트에서 깎아 싸게 파는군' 하고 생각했다. 물론 그런 곳도 있겠지만 그렇게 하면 경영은 파탄 난다. 경영이 잘되는 할인점에서는 판매가를 할인해서 파는 대신, 물건을 들여놓을 때 제조회사에 내는 가격도 깎는다. 무슨 일이 있어도 30퍼센트 이익을 유지하기 위해서다.

얼마 전 한 슈퍼마켓에서 '소비세 5퍼센트 환원 세일'을 했는데 반응이 아주 좋았다. 그러자 많은 슈퍼마켓이 이를 따라 했다. 그중에는 30퍼센트 총 이익을 5퍼센트 내려 25퍼센트로 깎은 가게가 있는가 하면, 제조 회사에 "당신들도 5퍼센트 가격을 내리시오"라고 요구해 마진을 유지한 가게도 있었다.

하지만 재미있는 것은 소비세 환원 세일이 성공하자 그 후 10퍼센트 세일, 20퍼센트 세일이 줄을 이었다. 하지만 모두 성공하지 못했다. 생각해보면 20퍼센트 가격 인하는 보통 바겐세일에서도 하는 것이다. 그래도 장사가 잘 안 되었기 때문에 소비세 5퍼센트 환원 세일을 해본 것이다. 싸다고 무조건 잘 팔리지는 않는다. 그런데 이 사실을 모르고 10퍼센트 세일, 20퍼센트 세일에 나섰던 슈퍼마켓은 매출은 늘지 않고 오히려 이익만 줄어 큰 어려움을 겪었다고 한다.

한 백화점이 경영난을 겪다가 문을 닫게 되었다. 폐점 세일이 시작되자 많은 사람이 모여들었고 매장은 매일 사람들로 붐볐다. 신기하게도 폐점 세일인데 물건이 바닥나지 않았다. 그리고 백화점 문을 연 이후 최고 매출을 기록했다.

폐점 세일이라 아주 싼 가격에 파니까 정작 백화점이 보는 이익은 별로일 거라고 생각했는데, 가격 인하 부담은 모두 제조 업체에게 떠넘겼다고 한다. 즉, 세일 행사 때 팔 물건을 그만큼 싸게 들여왔기 때문에 총 이익은 변화가 없었던 것이다.

이런 예를 보더라도 상업자본이 산업자본보다 강하다는 사실을 알 수 있다.

상업자본을 비난하려고 하는 것은 아니다. 보통 폐점 세일을 앞두고 신문에 '○○백화점 폐점 세일'이라는 전면 광고를 며칠 연속으로 싣는다. 이것만으로도 한 회에 1,000~2,000만 엔 정도 광고 비용이 나간다. 이런 광고비를 비롯해 여러 가지 경비를 생각하면 30퍼센트 정도 총 이익을 유지해야 적자를 면한다. 그래서 폐점 세일이라 파격적으로 싸게 판다고 하면서도 정작 자기네 총 이익을 줄여 싼 가격을 형성하는 게 아니다. 어쩔 수 없이 제조 업체에 그 부담을 떠넘기게 된다.

물론 정직한 경영자도 있다. 폐점 세일이니까 과감히 30퍼센트 총 이익을 포기하고 40~50퍼센트 가격을 인하해 팔아 적자를 보고 만다. 하지만 가격 결정에 뛰어난 사람은 폐점 세일이라 해도 확실히 이익을 확보하려 할 것이다. 이것이 바로 진정한 경영이다.

가격 결정이야말로 최고 경영자의 몫이다

나는 늘 가격 결정이 경영이라고 강조한다. 가격을 결정하는 순간만을 의미하는 게 아니다. 가격 결정이 경영의 본질인 이유는 그 과정에 많은 것이 관련되기 때문이다. 자재를 사고 제조 비용을 줄이는 과정이 모두 가격과 연결된다. 이때 강력하게 생산 비용 감소를 지시하는 것도, 자재를 싸게 들여오는 것도 최종적으로 경영자의 결정이 뒷받침되어야 한다. 그런데도 이런 일을 자재나 제조 부서 담당자에게 모두 맡겨버리면 시장가격이 점점 내려가는 상황 속에서 언제 적자 경영의 늪에 빠지게 될지 모른다.

경영자는 가격 결정을 하는 순간 이미 비용 감소에 대해 생각하고 있어야 한다. 가격 인하를 결정하려면 '거래처와 교섭해 자재 구입 단가를 낮추어야겠다' 하는 생각처럼 생산 비용을 줄일 계획을 떠올릴 수 있어야 한다. 이런 궁리 없이 영업 책임자에게 가격 결정을 내맡겨서는 경영이 잘될 리 없다. 어떻게 하면 더 싸게 만들지에 대해선 차라리 제조 부서 직원들이 더 잘 알기 때문이다.

나는 회사를 창립하고 얼마 지나지 않아 '새로운 기술을 개발하는 것이 제조 부서 직원들의 일이라고 생각하지만 그게 전부는 아니다. 그들이 해야 할 가장 중요한 일은 어떻게 하면 생산 비용을 낮출지 알아내는 것이다'라는 생각을 하게 되었다.

기술자라면 같은 재료를 사용해 조금이라도 싸게 생산할 수 있는 방법은 물론, 재료부터 제조법까지 모두 바꾸는 근본적인 변화를 일으킬 줄도 알아야 한다. 그렇게 되면 이제까지 100엔으로 만들던 물건을 5엔으로도 만들 수 있다. 당장 생산해야 할 제품에 대한 혁신적인 개선은 대단한 발명이나 발견만큼 중요하다. 그래서 교세라 연구진에게 상아탑 속에 틀어박힌 연구는 필요 없다고 강조한다.

박리다매를 통해 매출이 꾸준히 늘지만 경영에서는 악전고투하는 경우를 가끔 본다. 역시 가격 결정이 잘못되었기 때문이다. 그렇다고 가격을 올리려니 경쟁 업체에 고객을 빼앗길 것 같다면 어떻게 해야 할까? 여전히 적은 마진을 남기며 힘든 경영을 해야 할까? 결코 아니다. 이 경우 기존에 다루던 제품에 구애받지 말고 새로운 제품을 개발해 좀 더 나은 이익을 확보해야 한다.

매출을 극대로, 경비를 극소로

> 경영이란 아주 단순한 것이다. 기본은 어떻게 매출을 최대로 끌어올리고 생산과 판매에 드는 경비를 최소로 줄이는지다. 이익은 그 둘의 차이에서 나오는 결과물일 뿐이다. 원재료비가 총 생산비에서 어느 정도 비중을 차지하고 판촉 비용은 어느 정도여야 하는지에 대해 고정관념에 사로잡힐

> 필요는 없다. 매출을 극대화하고 경비를 최소화하기 위해 어떤 노력을 기울여야 하는지를 매일 끈질기게 궁리해야 한다.

회사를 창립하고 최초로 맞닥뜨린 문제는 손익계산서와 대차대조표였다. 경영자가 회사의 재정 상태를 알려면 이 두 가지를 확실히 이해하고 있어야 한다. 나는 기술자로서 제품을 연구하고 개발하던 사람이다. 내가 만든 제품에 대해서라면 누구보다 잘 알기 때문에 이에 대해 설명하고 파는 일이라면 얼마든지 할 수 있다. 하지만 회계나 경리에 대해서는 지식도 경험도 없었기에 낯설기만 했다.

경리 담당 직원이 손익계산서를 들고 와서 설명하면 처음엔 그것을 읽는 것조차 너무 어려웠다. 회사를 경영하는 게 이렇게 힘든 일인가 싶어 절망하려던 순간 '경영을 어렵게만 생각할 게 아니라 좀 더 단순하게 이해하면 어떨까' 하는 생각이 들었다.

나는 손익계산서를 들고 온 직원에게 물었다.

"경영이란 매출을 극대화하고 경비를 극소로 줄여 그 차이에서 발생하는 이익을 얻는 것이지요?"

"쉽게 말하면 그렇습니다."

"그렇다면 간단하군요. 지금부터는 경영을 그런 관점에서 봅시다."

이렇게 해서 내가 경영의 기준으로 삼는 '매출을 극대로, 경비를 극소로'라는 대원칙이 생겨났다.

교세라는 창업 후 첫해 매출이 2,600만 엔이었고 세전 이익은 300만 엔 정도였다. 첫해부터 10퍼센트 이상 세전 이익을 낸 셈이다. 그 후 세전 이익률이 점점 늘어나 최고 40퍼센트에 이른 적도 있었다. 창립 후 40년이 지난 지금도 여전히 세전 이익 10퍼센트 이상을 유지한다. 교세라의 연 기준 매출은 7,000억 엔이 넘는다. 이런 규모에서 세전 이익을 십 몇 퍼센트로 유지하는 기업은 거의 없을 것이다. 보통은 매출이 몇천 억 엔에 이르면 단 몇 퍼센트만 이익을 내도 좋다고 생각한다.

교세라가 보기 드물게 고수익을 유지할 수 있었던 비결은 '매출을 극대로, 경비를 극소로'라는 사고방식으로 경영을 계속해왔기 때문이다. 경리에 대한 지식이 부족하다 보니 경영을 단순히 이해하려고 했던 것이 좋은 결과를 낳아 첫해부터 10퍼센트가 넘는 이익을 낼 수 있었다. 그 후로도 계속 매출은 최대한으로 증가시키고 경비는 최소한으로 낮추겠다는 생각으로 고수익을 유지했다.

아메바 경영을 확립하다

매출을 극대화하고 경비를 극소화한다는 원칙을 경영에 적용하던 중 시간당 채산제를 생각해냈다. 이때는 교세라 창립 후 몇 년이 지난 뒤였고 아메바 경영이라는 시스템이 싹트던 시점이었다.

매출에서 원재료비 등 모든 경비를 빼고 남는 것이 부가가치다. 이 부가가치를 잔업 시간을 포함한 전 직원의 노동시간으로 나누면 한 시간당 만들어낸 부가가치를 계산할 수 있다. 교세라에서는 이것을 '시간당 채산'이라고 부른다. 아메바 경영에서는 시간당 채산을 나타낸 수치를 지표로 삼아 경영한다.

전 직원의 평균 월급을 노동시간으로 나누면 시간당 평균 월급을 구할 수 있다. 예를 들어 시간당 월급을 1,000엔이라고 하자. 그리고 1명의 직원이 한 시간에 1,000엔을 받고 일한 뒤 얼마나 부가가치를 만들어내는지 알아보자. 이 수치는 직원 각자가 자신의 노동으로 만들어내는 부가가치를 측정하는 데 사용될 수 있다. 이 값이 높게 나올수록 회사에 더 많은 기여를 한다고 보면 된다. 만일 월급과 똑같은 부가가치를 생산한다면 회사에 손해를 끼치지도, 도움이 되지도 않는 상태다.

기업이 사회적 공헌을 하거나 주주에게 배당금을 주려면

직원 각자가 회사에서 받는 인건비보다 상당히 높은 부가가치를 만들어내야 한다. 아메바 경영에서는 직원들이 한 시간당 얼마나 부가가치를 만드는지를 기준으로 그런 것까지 한눈에 평가한다.

이런 이유로 교세라에서는 '우리 부서는 ○○엔만큼 벌었다'라는 말을 하지 않는다. 대신 '우리 부서는 시간당 ○○엔의 부가가치를 만들어낸다'라고 표현한다. 이것이 시간당 채산이라는 말로 정착했고 아메바 경영은 시간당 채산을 기초로 돌아가고 있다.

상식을 깨고 고수익을 노린다

교세라를 창립하고 얼마 되지 않았을 때였다. 어느 날 신문에 실린 대기업의 결산서를 보면서 이런 생각을 했다.

'교세라의 거래처는 대부분 대기업이다. 그런데 이 회사들의 이익률이 겨우 3~4퍼센트에 지나지 않는다. 약간의 차이는 있지만 다들 비슷한 수준이다. 하지만 교세라의 세전 이익률은 20~25퍼센트다. 아마 다른 경영자들은 교세라처럼 매출을 극대로, 경비를 최소로 하겠다는 생각이 없는 것 같다. 단지 이런 업종에서는 이 정도 이익률이면 된다는 고정관념과 상식을 바탕으로 경영하는 게 확실하다. 예를 들어 대부분

회사들의 이익률을 보니 3~4퍼센트이니까 우리 회사도 그 정도 이익을 내면 된다고 생각하는 듯하다.'

어느 업종이나 이 정도 이익률이면 충분하다는 사실이 상식으로 자리 잡고 있다. 많은 경영자가 그런 상식에 사로잡힌 경영을 한다. 같은 업종에 있는 대부분의 기업이 비슷한 이익률을 올리는 이유도 그 때문이다. 경영자가 그런 상식을 깨고 나와야만 독자적인 경영으로 눈에 띄게 발전하는 기업이 될 수 있다.

그 증거로 보통 기업은 동종 업체끼리 비교했을 때 매출에 대한 원재료비의 비율이 비슷하다(부가가치가 아주 높은 사업을 하는 경우는 예외다). 그런데도 이익에서 몇 퍼센트 정도 차이 나는 것은 회사마다 판매 관리비가 차지하는 비율이 다르기 때문이다. 판매 관리비를 18퍼센트 정도 쓰는 회사가 있는가 하면, 철저하게 아껴 12~13퍼센트 정도만 쓰는 회사도 있다. 결국 이런 차이가 세전 이익률의 차이로 나타난다.

나는 다른 회사의 결산 공고를 훑어보다가 이 사실을 알아차렸다. 동종 업체들은 같은 원료를 쓰기 때문에 제조원가는 비슷하다. 원료를 다른 업체보다 특별히 싸게 살 수 있는 거래처라도 있다면 달라지겠지만 보통 그런 경우는 드물다. 하지만 광고 선전비나 교제비 같은 판매 관리비는 어떻게 쓰는지에 따라 2~3퍼센트 차이 난다. 그래서 우선 판매 관리비부터 줄이는 것이 이익률을 끌어올리는 열쇠라고 생각했다.

　궁리 끝에 가장 먼저 사무실 관리비를 줄이기로 했다. 당시 내 직책은 기술 담당 전무였지만 아침 일찍 출근해 가장 먼저 고객 응접실이나 화장실을 청소했다. 아직 회사가 작았을 때라 혼자서도 그 정도는 충분히 할 수 있었다. 인건비를 줄이기 위해 혼자 몇 가지 역할을 해내기로 했고, 직원들에게도 몇 가지 일을 분담시켰다. 판매 관리비를 줄이기 위해서는 전 직원이 발 벗고 나서는 수밖에 없었다.

경비 항목을 세분화해야 줄일 수 있다

매출을 극대화하려면 우선 많이 팔고 봐야 한다. 그것 말고 좀 더 쉬운 방법은 없다. 초기 교세라에서는 여러 가지 공업 제품에 들어가는 부품을 만들어냈다. 일반 소비자를 대상으로 한 제품처럼 예상치도 못한 히트 상품이 나오리라는 기대는 하지 않았다. 선전이나 광고를 한다고 해서 당장 많이 팔려나가는 제품이 아니기 때문이었다. 열심히 발품을 팔아 고객 회사를 방문해 우리 상품의 좋은 점을 설명하는 일을 반복하는 수밖에 없었다. 매출을 극대화하려면 영업 부서의 이 정도 노력은 필수다.

　경영의 참재미는 경비를 극소화하는 데 있다. 대처 방안에 따라 이익률이 얼마든지 달라지기 때문이다. 경비를 극소화하기 위해 여러 가지 궁리 끝에 생각해낸 방법이 경비 항목을 세분화시키는 것이었다. 나는 경리 직원들이 일반적으로 사용하는 손익계산서의 경비 항목을 나름대로 더욱 세분화했다.

교세라에서는 원료를 담당하는 부서가 있고, 그곳에서 조합된 원료들이 성형 부서로 전해진다. 그러면 성형 부서에서 세라믹의 형태를 만들고 그것을 소성 부서가 받아 구워낸 다음 다른 부서에서 검사하는 식으로 공정이 진행된다.

이 경우 원가를 점검하면서 에너지 사용비를 알아보려고 해도 보통은 공장 전체에서 사용한 요금만 알 수 있다. 그 수치로는 성형 부서에서 사용한 전기세인지, 아니면 소성 부서에서 사용한 것인지, 아니면 마지막 검사 과정에서 발생한 것인지 알 수 없다. 세라믹 소성로는 전기를 에너지원으로 사용한다. 그래서 어떤 기계보다 많은 전기를 소비하지만 과연 어느 정도 전기를 사용하는지를 한눈에 보여주는 자료가 없었다.

이래서는 경비를 줄이자고 외쳐봤자 어디서 어느 정도 줄여야 하는지 확실히 알 수 없다는 생각이 들었다. 아무리 전기세와 수도세를 줄여보자고 외쳐도 직원 입장에서 누가 무엇을 하면 좋은지 구체적으로 이해하기 어렵다.

그래서 초기 비용이 조금 들더라도 원료, 성형, 소성 등 각 부서별로 전기 측량계를 따로 달기로 했다. 그 결과 어느 부서에서 얼마나 전기를 사용했는지 한눈에 알아볼 수 있었고 구체적인 대책도 마련할 수 있었다. 예를 들어 "소성 부서에서 전기를 계속 켜두어 전기세가 전월 대비 대폭 상승했으니 소성로 관리에 좀 더 신경 씁시다"라고 말할 수 있었다.

경비를 줄이기 위해 점심시간에 사장이 회사 안을 돌아다니며 빈 사무실이나 화장실의 전등을 끄는 회사도 있다고 한다. 물론 그렇게 하면 직원들에게 절약 의식을 심어주는 효과는 있을 것이다. 하지만 정말 전기세를 줄이려면 보이는 대로 전등 스위치를 끄는 정도로는 안 된다. 어느 부서에서 얼마나 전기를 낭비하는지를 구체적으로 지적해야 한다.

그런데 단순히 에너지 사용비로 구분된 손익계산서의 항목을 아무리 들여다봐도 이 일은 불가능하다. 우선 에너지 손실이 어디서 어떻게 발생했는지를 구체적으로 확인할 수 있어야 한다. 그 뒤에는 현장을 찾아가 책임자에게 상황을 설명하고 전기나 가스의 사용량을 줄이기 위한 대책을 세워야 한다.

나는 경비 항목이 세분화된 손익계산서를 작성하도록 했고, 그것을 들고 다니며 현장 담당자들과 경비 절감 방안을 모색했다. 경비 절감이라는 슬로건을 내걸고 문제가 생길 때마다 현장을 찾아가 그 부서 직원들이 보는 앞에서 어떤 문제가 있다고 지적하면 개선 효과도 더 커진다. 특히 세분화된 경비 항목을 보여주면 본인들이 확실히 이해할 수 있기에 적극적으로 경비 절감에 참여한다. 항목의 세분화야말로 경비를 줄이기 위한 지름길이요, 경영에서 가장 중요한 요소다.

매일 채산을 맞춘다

> 경영은 월말에 나오는 채산서(교세라만의 손익계산서-옮긴이)를 보며 하는 것이 아니다. 매월 채산서에는 매출과 경비에 관련된 수치가 기록되어 있다. 하지만 채산은 매일 점검한다는 생각으로 경영해야 한다. 매일 채산과 관련된 수치를 점검하지 않고 경영하는 것은 계기판을 보지 않고 비행하는 것이나 마찬가지다. 계기판을 보지 않으면 지금 어디를 날고 있는지, 어디에 착륙해야 하는지를 알 수 없다. 마찬가지로 매일 발생하는 경영 수치를 확인하지 않으면 결코 목표에 도달하기 어렵다. 채산서는 직원 한 사람 한 사람이 매일매일 살아가는 태도가 누적된 결과임을 한시도 잊어선 안 된다.

교세라에서는 매월 채산서를 보고 수치 변화를 파악하며 경영한다. 하지만 제대로 경영이 이루어지려면 매일매일 채산과 관련된 수치를 파악하려고 노력해야 한다.

경영자들은 보통 지난달 매출, 경비, 이익과 관련된 수치를 정확히 파악한 뒤 그것을 바탕으로 이번 달 계획을 세운다. 이 계획에는 지난달 집계된 수치를 어떻게 개선할지가 반영되어 있다. 이른바 '이달의 경영 계획'이다. 간혹 6개월마다 경리 부서와 회계 부서를 동원해 결산한 뒤, 그동안 적자였는지 흑자였는지 살펴보는 회사도 있다. 하지만 이 정도로는 실수가 없는 철저한 경영을 하기 어렵다.

월말 결산은 마감일로부터 10일 이내에 한다

지난달 경영 자료를 바탕으로 이번 달 경영을 하려면 매출이든 경비든 월말에 확실히 마감해야 한다. 그리고 그와 관련된 결산은 적어도 다음 달이 시작되고 일주일 이내에 마쳐 그 결과를 한눈에 볼 수 있어야 한다. 그것이 불가능하다면 아무리 늦어도 10일 이내에는 이 일이 끝나야 한다. 지난달 결산 결과가 나오는 데 10일이 걸렸다면, 그 결과를 바탕으로 세우는 이번 달 경영 계획도 10일이나 늦게 반영되는 일이 벌어진다.

이를 막기 위해서라도 매일 끊는 매출 전표를 한 달마다 집계할 수 있도록 정리해두어야 한다. 사내에 경리 부서가 없다면 경리 사무소에 미리 "다음 달 결산은 ○일까지 마쳐주세요"라고 말해두고 매출 전표 한 달 분량을 주면 된다. 발생 경비, 인건비, 은행 계좌 인출 전표 등을 포함한 모든 것을 계산해 올린 전표를 건네주면 약속 날짜까지 집계해줄 것이다. 이런 준비를 미리 해두면 최소 다음 달이 시작되고 10일 이내에 지난달 결산이 나온다.

그런데 세이와주쿠 수강생들의 사례만 보아도 월초 10일 이내에 지난달 결산이 나오지 않는 경우가 대부분이었다. 다음 달 경영에 꼭 필요한 자료임을 알면서도 막상 작성하려면 많은 수고와 노력이 요구되기 때문일 것이다.

하지만 교세라는 창립 후 지금까지 이 일을 게을리해본 적이 없다. 회사를 설립하고 지난 40여 년 동안 매출 규모가 7,000억 엔 정도로 커졌어도 이것을 확실히 지킬 수 있는 시스템을 마련해두었기 때문이다.

지금도 교세라에서는 지난달 결산서를 바탕으로 이번 달 경영을 해나가고 있다. 전달의 손익계산서를 보면 경비와 이익을 한눈에 알 수 있다. 그에 따라 다음 달에는 이 부문의 경비를 줄여 수익률을 개선하는 방향으로 경영 계획을 세운다.

채산은 경영자의 의지로 만든다

채산을 맞춘다는 것은 무슨 의미일까? 얼핏 분식회계와 같은 느낌을 받을 수도 있지만 결코 그런 의미는 아니다. 채산은 경영자의 의지에 따라 얼마든지 변할 수 있다는 뜻이다.

채산을 사업 결과로 자연스럽게 따라오는 것으로만 볼 필요는 없다. 그렇다면 어떻게 경영자의 의지로 채산을 만들어낼 수 있는지를 살펴보자. 매일 일한 결과를 쫓아가기만 하는 경영에서는 채산이 하루 동안 열심히 일한 결과로 따라오는 데 그친다. 이렇게 되면 경영자로서 아무리 열심히 일해도 채산에 경영자의 의지가 개입될 여지가 없다.

하지만 경영이란 경영자의 의지로 하는 것이다. 두부를 만들어 파는 장인을 예로 들어보자. 이 두부 장인은 매일 아침 두부 50판을 만들어 팔았다. 이 사람이 어느 날 문득 '내일은 60판을 만들어보자. 대신 아침에 한 시간 일찍 일어나야겠어' 하고 마음먹었다. 경영자의 의지로 그날 두부 공장의 매출을 올려보려는 것이다. 이어서 어떻게든 경비를 줄이려고 삶은 콩에서 두유를 얻을 때 좀 더 세고 확실하게 짰다. 두유 양이 많아지면 그만큼 더 많은 두부를 만들 수 있기 때문이다.

이 이야기에서도 알 수 있듯이 채산을 만들어가는 데는 경영자의 의지가 크게 작용한다. 아무렇게나 되는대로 수치를 늘어놓은 작업이 되어선 안 된다. 매출과 관련된 수치를 늘리는 것도, 경비와 관련된 수치를 줄이는 것도 경영자의 의지로 조절할 수 있다.

경영을 할 때 이에 대한 정확한 인식은 아주 중요하다. 예를 들어 '지난달 결산 상황이 아주 나빠 이익이 나지 않았다'라고 판단했다고 치자. 이때 중요한 것은 이익이 나지 않는 방향으로 경영한 사람이 바로 경영자 자신이라는 사실이다. "그렇지 않습니다. 전 이익을 내려고 노력했지만 어쩌다 보니 이렇게 되었습니다"라는 변명은 통하지 않는다.

채산은 좋든 나쁘든 경영에 대한 경영자의 의지가 반영되어 그 결과로 나타난 것이다. 말은 이익을 내려 노력했다고 하지만 누구에게도 지지 않을 만큼 강력한 의지를 가지고 전력을 다했는지 돌아보아야 한다. 적자와 흑자를 보여주는 채산서를 눈앞에 두고 경영자는 결코 자신에게 변명을 해서는 안 된다.

건전 자산의 원칙을 지킨다

> 교세라에서는 불량 자산을 만들지 않도록 엄하게 경계한다. 필요할 때 필요한 만큼 사고, 필요한 만큼만 만드는 것

> 이 원칙이다. 남아돌게 사거나 남아돌게 만들면 불량 재고가 생겨 경비를 낭비하게 된다. 만에 하나 불량 자산이 생겼다면 이를 즉각 처리해야 한다. 일시적으로 손해를 보는 것 같아도 눈앞의 수치에 연연해하지 않고 용기를 내 불량 자산을 처리해버린다. 처리를 뒤로 미루면 더욱 큰 손실을 보기 때문이다. 경영은 항상 건전한 자산 상태에서 이루어져야 한다.

창업 초기 교세라가 주로 만든 세라믹은 전자 제품이나 기계에 들어갈 절연 부품이었다. 주문형 맞춤 제작 방식으로 일했기 때문에 먼저 대기업으로부터 주문을 받아와야 했다. 주요 고객은 전자 제품 제조 회사였다. 고객을 찾아가 "이런 기술로 이런 제품을 만들고 있습니다. 무언가 도움이 될 일이 없을까요?"라고 먼저 물어보는 경우가 대부분이었다. 이때 고객이 긍정적인 반응을 보이면 주문을 받을 가능성이 크다.

예를 들어 고객이 "우리 회사도 마침 그런 절연 재료를 찾던 중입니다. 그래서 연구소에서 개발해볼까 생각하고 있었습니다. 우리 회사 연구원을 한번 만나보시겠습니까?"라고 했다고 치자. 이제 고객 쪽의 연구원까지 자리를 함께한 가운데 이야기가 좀 더 진지하게 진행될 것이다.

연구원은 "마침 잘됐군요. 사실은 이런 제품을 만들기 위해 이런 절연 재료를 찾고 있는데, 교세라에서 만들 수 있을까요? 모양은 이러하고 성능은 이러했으면 합니다"라고 한다. "그런 제품이라면 만들 수 있습니다"라고 대답하면 처음엔 시제품을 몇 개 만들어달라는 주문을 받는다. 돌아와서 교세라의 전 직원이 고심한 끝에 샘플을 몇 개 만들어 가면 "이 정도면 좋습니다. 제품이 곧 대량생산에 들어가기 때문에 부품도 대량으로 필요합니다. 우선 급하게 1,000개 납품해주셨으면 합니다" 하고 정식 주문을 받게 된다.

교세라가 받는 대부분의 주문은 이런 식으로 이루어졌다. 고객 쪽 연구원이 설계한 도면 그대로, 혹은 원하는 그대로 최선을 다해 만들기 때문에 당연히 대량 주문으로 이어졌다. 그 결과 교세라는 창업 초기부터 이익을 내는 경영을 할 수 있었다.

세라믹 돌멩이론

주문을 받아 제품을 생산하며 2년쯤 지났을 때였다. 세무서 직원이 세무조사를 하러 회사를 방문했다. 세라믹 제품은 뜨거운 열로 굽기 때문에 파손품이 나오기 쉽다. 당시엔 불량품이 나올 것을 걱정해 1,000개 제품을 주문받으면 1,300개 정도를 만들었다. 그중 1,000개를 골라 납품하면 300개가 남는데, 처음 걱정과 달리 불량품은 100개 정도로 그쳤다. 나머지 200개는 정상 제품이라 만일 같은 제품을 주문받으면 바로 납품할 수 있겠다 싶어 창고에 보관했다. 그러다 보니 회사 창고에는 정상 제품이 재고로 쌓였다. 그런데 이것이 세무조사에서 문제가 되었다. 세무서 직원은 창고에 가득 쌓인 제품을 보고 물었다.

"이건 뭡니까?"

"거래처로부터 주문받아 만든 제품인데, 납품하고 남은 것입니다."

"그럼 이건 재고군요. 판매가는 얼마입니까?"

세무서 직원은 전표를 훑어보면서 말을 이었다.

"1개당 100엔에 팔았군요. 지금 창고에 몇 개나 쌓여 있는지 세어 재고 평가를 하고 자산으로 올리겠습니다. 당연히 그에 따른 세금이 부과됩니다."

"잠깐만요. 이것은 주문받은 대로 납품하고 남은 것이라 언제 다시 팔 수 있을지는 아무도 모릅니다. 아니, 팔 수 없을 확률이 큽니다. 그래도 혹시 같은 주문이 들어오면 그대로 납품할 수도 있고, 그대로 버리는 것은 낭비다 싶어 보관하고 있었습니다."

"그러니까 팔 수도 있기 때문에 보관한다는 것 아닙니까?

그럼 이건 일종의 자산입니다. 따라서 그에 해당하는 세금을 내야 합니다."

바로 이런 사건 때문에 내 입에서 '세라믹 돌멩이론'이 나오게 되었다.

"이 제품은 특별 주문을 받아 만든 것이라 원래 고객이 다시 주문하지 않으면 쓰일 데가 없습니다. 과자라면 가격을 할인해서 팔 수도 있지만, 이 제품은 처음 고객이 아닌 다른 사람들에겐 돌멩이나 마찬가지입니다. 팔리면 세금을 낼 테니 지금은 평가에 넣지 말아주세요. 거짓말할 생각은 조금도 없습니다."

하지만 세무서 직원은 "안 됩니다. 이것은 분명히 정상적인 재고품입니다"라며 흔들림이 없었다. 팔지 못하면 돌멩이나 마찬가지라고 주장해도 들으려 하지 않았다. 아마 그때까지 한 번이 아니라 여러 번 주문받아 납품하고 남은 것이라 더더욱 자산으로 평가하려고 드는 것 같았다.

"지금은 주문이 중단된 상태이지만 주문이 다시 들어오면 팔 수 있겠지요?"

"아닙니다. 이 제품을 사용한 시제품은 이미 생산 중단되어 고객 쪽에서도 더 이상 필요 없다고 했습니다."

"그렇다면 왜 보관하고 있습니까? 쓸 데 없다면 버리면 되는 것 아닙니까?"

"버리기엔 너무 아깝습니다. 다시 주문이 들어왔을 때 처음부터 만들려면 정말 큰일입니다."

"그 정도로 가치 있는 제품이라면 아주 훌륭한 자산이군요. 아무래도 세금을 내셔야겠습니다."

더 이상 할 말이 없었다. 세금을 내는 것도 아까운 일이지만 그렇다고 공들여 만든 제품을 버리는 것은 더욱 아까웠다. 세금을 내더라도 일단은 창고에 보관해야겠다는 생각이 들었다.

하지만 나중에 잘 생각해보니 그게 아니었다. 팔릴 가망이 없는 제품이라 해도 자산으로 평가받을 뿐 아니라 대차대조표에 제작 중 상품이나 상품 재고로 기록되어 소득으로 취급받았다. 그대로 가지고 있으면 세금만 불리는 골칫덩이였다.

나중에 팔릴지 어떨지도 모르는 물건 때문에 세금을 더 내는 것은 불합리했다. 실제로는 돌멩이처럼 아무 가치가 없는 물건인데 자산으로 평가된다면 아무리 생각해도 불건전 자산에 지나지 않았다. 결국 과감하게 필요 없는 재고품은 버리기로 결론 내렸다.

불량 자산을 버리고 건전 자산만 남긴다

세무조사에서 문제가 된 것은 납품하고 남은 정상 제품만이 아니었다. 세무서에선 세라믹 부품의 모양을 잡는 데 썼던 금형도 자산으로 평가하려고 했다. 세라믹 부품의 시제품을 주문받으면 단 500개를 만들더라도 정밀한 금형이 필요하다. 하지만 시제품이기 때문에 처음 500개를 만들고 더 이상 만들지 않게 될 수도 있었다. 만일 교세라 부담으로 금형을 준비했는데 시제품을 만든 후 주문이 끊기면 큰 손해를 본다. 하지만 고객 부담으로 금형을 준비했다면 그런 일이 생겨도 교세라에겐 큰 부담이 없다.

금형은 비싼 설비이기 때문에 시제품을 만들고 난 뒤에도 다음 주문에 대비해 잘 보관해둔다. 그런데 교세라는 계속 새로운 시제품을 주문받아 납품하는 입장이다 보니 언제 사용할지도 모르는 금형이 창고에 계속 쌓여갔다.

금형을 경리 장부에 기록할 때에는 고정자산으로 취급해 감가상각을 하는 것으로 정해져 있다. 하지만 교세라에서 문제가 된 금형은 시제품 500개를 만들고 쓸모가 없어진 것이었다. 이미 대금도 받은 뒤라 창고 한구석에 치워두었던 물건이다. 세무서 직원은 "금형이 많네요. 이 금형 제작에 얼마나 들었습니까? 모두 상태가 좋은 금형이니 이것들도 자산에 넣겠습니다. 그리고 법에 정해진 대로 감가상각을 하지요"라고 말하며 세금을 매기려고 했다.

확실히 얼핏 보기에도 쓰지 않고 치워둔 상태라 아주 깨끗하고 정밀도도 높은 금형이었다. 하지만 언제 사용할지, 아니면 아예 사용하지 않을지도 모르는 것을 자산으로 보게 되면 감가상각을 통해 가치가 사라질 때까지 몇 년 동안 세금을 내야 했다.

내가 아무리 "이것은 시제품용 금형입니다. 이미 시제품을 만들어 납품했기 때문에 쓸 데가 없습니다. 아무런 가치도 없는 것입니다"라고 해도 세무서 직원은 "그럼 부수어 버리시지요. 폐기 처분하면 자산으로 보지 않겠습니다"라고 대답할 뿐이었다.

그래도 나는 아직 충분히 쓸 수 있는 금형을 폐기 처분할 수 없다고 생각했다. 또 '3개든 5개든 시제품 주문이 다시 들어올지 몰라. 그때 금형을 준비하려면 큰일이니까 아직 버려선 안 돼'라는 생각도 들었다. 그래서 세금을 부과한다는 말을 듣고도 금형을 버려야 할지 말아야 할지 계속 고민했다.

이런 고민을 하지 않고 세금이라면 경리 담당자나 세무사에게 맡겨버리는 경영자도 많다. 그들은 "열심히 일한 결과 결산은 이렇습니다. 이익이 이만큼이니 세금을 이만큼 내야 합니다"라는 말을 들으면 경리와 관련된 문제는 잘 모르니 그대로 세금을 내고 만다.

물론 어떤 것을 재고로 볼지는 법률로 정해져 있다. 하지만 실제로 쓰지도 않고 환금 가치도 없는 것들을 자산으로 평가

받는 경우가 많다. 불량 재고나 불량 자산을 보관하느라 관리비와 세금만 낭비하는 셈이다. 설령 팔 수 있는 물건이라 해도 창고에 2~3년 쌓아둔 것은 싸구려에 지나지 않는다. 경영자는 스스로 재고 조사에 발 벗고 나서 불필요한 물건을 처분해야 한다.

현실적으로 많은 경영자가 불량 자산 처분을 하고 있다. 하지만 이익을 내고 있을 때 처분한다. 이익을 내면 그만큼 내야 할 세금도 많아진다. 그러면 보통 세금을 줄일 방법을 찾고 불량 자산이라도 줄여야겠다고 생각한다.

그런데 이익이 나지 않는다면 태도가 달라진다. 불량 자산이라도 끼고 있어야 경영 상태가 적자가 되는 것을 피할 수 있기 때문이다. 이처럼 경영자는 자기 형편에 좋을 대로 불량 자산을 처분하거나 남겨두어서 결산을 조정한다.

하지만 불량 자산을 그런 식으로 처분해선 안 된다. 경영상 이익을 내든 그렇지 않든 항상 건전한 자산만 남겨두어야 한다. 이런 자세는 건전한 경영으로 이어지고, 경영 상태가 건전하면 불황이 닥쳐도 재무상 여유가 있기 때문에 견디기 쉽다. 예를 들어 두 회사가 똑같이 3퍼센트 이익을 내고 있다고 해도 건전 자산만 있는 3퍼센트와 불량 자산을 품은 3퍼센트는 하늘과 땅 차이다.

현금 흐름을 정확히 파악한다

앞으로 사용할지 어떨지 모르는 금형을 처리하는 과정에 대해 직원들에게 설명할 기회가 있었다. 이해하기 쉬운 예를 들기 위해 생각해낸 것이 다음 이야기다.

어느 마을에 가난한 남자가 있었다. 오늘은 마을 축제 날이다. 남자는 '좋아. 수중에 있는 돈을 털어 장사라도 해보자. 축제를 즐기러 온 사람들에게 바나나를 팔면 돈을 벌 수 있을 거야'라고 생각해 시장에 가서 바나나를 5,000엔어치 사왔다. 그리고 그날 밤 축제가 열리는 곳으로 바나나를 가져갔다.

야시장을 이끄는 우두머리 상인의 허락을 받고 드디어 바나나 장사를 시작하려는데, 한 가지 아쉬운 생각이 들었다. 땅바닥에 바나나를 늘어놓으려니 볼품이 안 났다. 귤 상자라도 하나 구해 그 위에 신문지를 깔고 바나나를 늘어놓으면 좋을 것 같았다.

그래서 얼른 근처에 있는 과일 가게로 달려가 "빈 귤 상자 하나 주시겠습니까?"라고 물었다. 과일 가게 주인은 남자가 다급해하는 모습을 살피더니 '이 사람이 지금 급하구나' 하고 재빨리 상황을 파악했다. 그리고 평소엔 버리느라 고생하던 귤 상자를 내밀며 "300엔이에요"라고 말했다. 남자는 하는 수 없이 300엔을 내고 빈 상자를 샀다.

드디어 바나나를 팔기 시작했는데 손님이 들지 않았다. 남자는 상자를 두드리며 "바나나 사요! 맛있는 바나나!" 하고 외치기라도 하면 좀 낫지 않을까 싶었다. 그래서 얼른 근처에 있는 나뭇가지 하나를 꺾어왔는데 막상 두드리려니 귤 상자 위에 깔아놓은 신문지가 눈에 거슬렸다. 큰 보자기라도 하나 깔고 그 위에 바나나를 진열하면 좋을 것 같았다. 이번에도 얼른 달려가 보자기 한 장을 사 왔다. 처음엔 1,000엔 달라고 하는 것을 깎아서 500엔에 샀다. 보자기를 펼쳐 그 위에 바나나를 늘어놓고 드디어 장사를 시작했다.

어찌어찌하여 바나나를 다 팔았고 매출을 살펴보니 7,000엔이었다. 남자는 바나나를 시장에서 5,000엔에 사 왔으니 총 2,000엔을 벌었다고 생각했다. 돈도 벌고 기분이 좋아 돌아가는 길에 500엔짜리 쇠고기 덮밥을 사 먹었다. 다음 날 세무서 직원이 찾아와 말했다.

"어제 2,000엔을 벌었더군요. 그 절반인 1,000엔을 세금으로 내셔야 합니다."

그러자 남자가 반박했다.

"5,000엔으로 사들인 물건을 7,000엔에 팔았으니 2,000엔을 번 것은 맞습니다. 하지만 바나나 값 말고도 밑천이 더 들어갔습니다. 귤 상자 300엔, 보자기 500엔, 모두 800엔이 장사에 필요한 도구를 사는 데 들어갔습니다. 실제로 번 돈은 1,200엔입니다. 그러니 세금도 1,200엔에 대해 내야 하지 않나요?"

하지만 세무서 직원도 지지 않았다.

"귤 상자도, 보자기도 오늘 장사하러 나가면 또 쓸 거지요? 둘 다 물건을 파는 데 쓰는 도구니까 자산입니다."

남자는 속으로 '귤 상자는 어차피 버릴 거고 보자기도 찢어져서 쓸 수 없는데…'라고 생각했다. 하지만 세무서 직원이 "1,200엔밖에 벌지 못했다고 하지만 세금을 계산하는 법칙에 비춰봤을 때 모두 2,000엔을 버셨습니다. 세상은 이 법칙에 따라 돌아가니 어쩔 수 없습니다"라고 하자 더 이상 아무 말도 하지 못했다.

보통 경리 업무에 대해 잘 모르는 사람은 "2,000엔을 벌었으니까 그 절반인 1,000엔이 세금입니다"라고 하면 "아, 그렇습니까?" 하고 1,000엔을 고스란히 낸다.

하지만 그럴 경우 어떤 문제가 생기는지 바나나를 팔았던 남자 이야기로 돌아가 살펴보자. 남자는 2,000엔을 벌었지만 세금 1,000엔을 내고 귤 상자와 보자기 구입비 800엔을 빼면 겨우 200엔이 남는다. 그런데 돌아오는 길에 500엔짜리 쇠고기 덮밥을 사 먹었기 때문에 오히려 300엔이라는 적자가 생기고 만다. 결국 돈은 한 푼도 벌지 못한 채 하루 종일 장사하느라 고생만 한 꼴이 되고 말았다.

실제로도 회계 지식이 부족해 이 남자처럼 경영하는 사람이 상당히 많다. 열심히 일해 돈을 벌었지만 결국 적자가 나는 것을 막으려면 현금의 흐름을 정확하게 파악하는 캐시플로cash flow 경영을 해야 한다.

당장 필요한 것만 사라

교세라에서는 필요한 재료만 사는 것을 원칙으로 한다. 예전에 가난한 집은 가장이 하루 종일 일해 일당을 받아오면 그것으로 쌀을 사러 갔다. 하루 벌어 하루 먹고살았기 때문에 저축은 꿈에도 생각하지 못했다. 쌀을 한 말 정도 사서 들여놓기도 힘들어 한 되만 사고, 된장도 조금, 간장도 조금 사는 식이었다.

나는 교세라를 경영할 때 가난한 집안의 가장처럼 당장 필요한 것만 산다는 것을 원칙으로 삼았다. 하지만 보통 기업에서는 자금에 여유가 있을 때 필요한 자재를 미리 대량으로 사둔다. 좀 더 싸게 살 수 있기 때문에 상식적으로는 당연한 일이다.

하지만 교세라는 그런 상식을 따르지 않고 철저하게 필요한 만큼만 산다. 이렇게 하다 보면 아무래도 재료를 비싸게 사게 된다. 이를 두고 주위에선 왜 그렇게 바보 같은 짓을 하는지 묻는 경우가 가끔 있다. 그럼 나는 우리 어머니의 예를 들며 그 이유를 설명한다.

초등학교 다닐 때였다. 아버지는 직원 10명 정도를 데리고 인쇄소를 운영했다. 당시 아버지 고향 사람들이 자주 가고시마 시내까지 채소를 팔러 왔다. 서너 명이 끌어야 하는 커다란 짐수레에 채소와 천칭 저울을 싣고 이곳저곳 돌아다니며 장사를 했고, 돌아갈 때에는 시내에 있는 친척들 집에 들렀다. 우리 집에도 자주 와서 툇마루에 앉아 어머니가 대접하는 차와 과자를 먹으며 쉬었다 가곤 했다.

어머니는 하루 종일 장사하러 다니느라 피곤하고 배도 고플 것이라며 친절하게 대해주었다. 그러면 친척 아저씨들은 "팔다 남은 물건이니 싸게 드리지요" 하면서 남은 채소를 내려놓고 돌아갔다. 그러면 어머니는 채소를 아주 싼 가격에 주고 갔다면서 기뻐했다. 직원들도 있기 때문에 늘 음식을 많이 만들어야 했던 어머니로서는 잘된 일이라고 생각했을 것이다.

어느 날 저녁밥을 먹을 때였다. 어머니가 아버지에게 "오늘도 고향 친척 분들이 왔어요. 고구마를 팔다 남았다면서 아주 싸게 주고 갔어요"라고 말했다. 아버지는 뜻밖에도 뿌루퉁한 표정이었다. 심지어 "또 샀어? 바보같이!"라며 화를 내기까지 했다. 친척 아저씨가 일부러 싸게 준 걸 샀으니 잘됐다고 하면 좋을 텐데 왜 바보 같다고 화를 내는지 어린 마음에 도무지 이해가 되지 않았다. 아버지가 화를 내니 어머니도 뿌루퉁한 표정이 되었다.

그날 이후 나는 아버지가 왜 화를 냈는지 생각했고 어느 날 문득 그 이유를 알 수 있었다. 학교에서 돌아왔더니 어머니가 뜰 한쪽에서 "아이고, 세상에" 하고 혀를 차며 땅을 파고 있었다. 무얼 하나 봤더니 땅에 묻어두었던 고구마와 토란을 파내고 있었다. 예전에 친척 아저씨들이 장사를 마치고 가는 길에 집에 들러 싸게 준다면서 내려놓고 간 것이었다.

어머니는 썩은 부위를 도려내 아주 작아진 고구마들을 찐 뒤 "가즈오, 친구들을 불러와라"라고 했다. 골목대장이었던 나는 신이 나서 "고구마 먹자!" 하고 친구들을 불러 크게 한턱 낼 수 있었다. 친구들이 찐 고구마를 맛있게 먹고 잔뜩 배가 불러 돌아가자 어머니도 좋은 일을 했다며 표정이 환해졌다.

나는 순간 '아, 아버지가 그래서 화를 내신 거구나!' 하고 중요한 사실을 깨달았다. 아버지는 하루 종일 공장에서 일하느라 바쁘기 때문에 어머니가 집에서 어떻게 하는지 모른다. 하지만 싸게 샀다고는 해도 결국 썩혀버릴 물건에 쓸데없이 돈을 낭비했음을 직감적으로 알았던 것이다. 그래서 화를 낸 게 분명했다.

물론 어머니는 그런 아버지를 보고 '당신 친척이라서 팔아

줄 겸 해서 샀는데…'라고 생각하며 서운했을 것이다. 어쨌든 아버지는 일이 돌아가는 사정을 짐작하고 친척한테 잘해주는 것은 좋지만 매번 그렇게 돈을 낭비해야 하나 생각했을 것이다. 그 일을 통해 '한꺼번에 많이 싸게 잘 샀다고 생각했지만 그게 사실은 더 비쌀 수도 있구나' 하고 깨달았다.

보통은 그때그때 필요한 만큼 사면 비싸기 때문에 대량 구매하는 게 더 낫다고 생각한다. 하지만 사실은 당장 필요한 것만 사는 게 훨씬 더 합리적인 구매법이다. 필요한 만큼만 사면 아무래도 비싸니까 당장 쓸 최소량만 사게 된다. 또 사람이란 원래 물건이 조금 모자랄 정도로 있어야 아껴서 소중하게 쓴다. 만일 창고에 산처럼 물건이 쌓여 있으면 다른 사람을 퍼주기도 하고 낭비하게 된다. 어머니가 고구마를 한꺼번에 많아 사서 썩히자 내 친구들을 불러 먹인 것도 딱 그런 경우다.

예를 들어 물건을 1,000개 조립해야 한다고 치자. 나사나 부품이 1,005개밖에 없다면, 나사 하나만 떨어뜨려도 눈에 불을 켜고 찾아낼 것이다. 하지만 나사가 수북이 쌓여 있다면 한두 개쯤 사라져도 별로 신경 쓰지 않을 것이다. 이처럼 경비를 줄이기 위해 대량으로 싸게 샀던 것이 오히려 손실을 불러올 수도 있다.

필요한 만큼만 사면 보관 창고를 따로 마련하지 않아도 되고 그 때문에 관리비가 드는 것도 막을 수 있다. 대량으로 구매한 것에 대한 재고 금리가 발생할 일도 없다. 교세라에서는 '당장 필요한 것만 사라'라는 원칙을 예전보다 지금 더 철저하게 지키고 있다. 다른 기업들도 이 원칙을 지키면 경영상 많은 이득을 볼 것이다.

능력을 미래진행형으로 본다

새로운 목표는 자신의 능력을 넘어서는 것으로 정해야 한다. 지금은 도저히 이루어질 것 같지 않은 일이라도 언젠가 이루어질 것으로 믿고 목표를 세우면 된다. 그 목표에 맞춰 자신의 능력을 돌아보라. 목표를 이루기 위해 어떻게 능력을 키워나가야 할지를 생각해보기 위해서다.

현재의 능력만 보고서 '할 수 있다, 없다'를 얘기하는 것은 누구라도 하는 일이다. 하지만 늘 현재만 바라보면 좀 더 높은 목표를 달성할 수 없다. 지금 할 수 없는 것을 어떻게든 이루려고 노력해야만 더 높은 목표를 향해 다가설 수 있기 때문이다.

능력을 미래진행형으로 본다는 것은 교세라 필로소피 중 '인간의 무한한 가능성을 추구한다'와 통한다. 인간의 무한한 가능성을 추구한다는 것은 그만큼 인간의 가능성을 믿는다는 뜻이다. 능력을 미래진행형으로 본다는 것 역시 자신은 무한한 가능성이 있기에 앞으로 기업가가 되든 경영자가 되든 하고자 하는 일에서 크게 성공할 수 있다고 믿는 것이다. 이런 믿음은 인생의 방향을 설정하는 데 아주 중요하다.

이 항목에서 강조하고 싶은 것을 한마디로 요약하면 이렇다. '인간의 능력은 미래를 향해 조금씩 발전한다는 것을 전제로 인생을 설계하라.' 하지만 보통은 나이나 환경을 핑계로 '그건 무리다. 불가능하다' 하고 간단히 포기해버린다. 모두 현재 자신의 능력만 보면서 가능할까, 불가능할까를 생각하기 때문이다.

원래 인간의 능력이란 스스로 포기하지 않는 한 미래를 향해 성장하고 진보하도록 되어 있다. 따라서 어떤 일에 대한 소망을 품은 뒤 몇 년이 지나 과거를 돌아보면 당시에는 도저히 불가능할 것 같았던 일이 이루어져 있을 때가 많다. 할 수 있다는 믿음이 없으면 인류에게 진보란 없다. 나는 신이 인간을 만들 때 모든 면에서 발전하고 성장하는 존재로 창조했다고 믿는다. 그래서 항상 자신의 능력을 미래진행형으로 보라고 강조한다.

살아 있는 한 어떤 어려움도 우리의 성장을 방해할 수 없다. 하지만 '나는 배움이 짧아. 기술도 없어. 아는 것도 없고, 뭐 하나 잘하는 것도 없어' 하고 스스로 포기하면 그 순간 성장은 멈춘다. 지금부터라도 좋으니 희망을 품고 노력하기 시작해야 한다. 배움이 짧아 아는 것이 없다면 조금이라도 시간을 내서 공부를 시작해보라. 하나라도 지식이 늘고 차츰 발전하기 마련이다. 하루아침에 모든 것이 이루어지지 않아도 언젠가는 이루어진다. 인간의 능력이란 무한하고 그 절정에선 반드시 놀라운 꽃을 피우게 되어 있다.

처음부터 인생을 포기하고 이대로 살다가 죽겠다고 생각하는 사람은 없다. 누구나 마음 한구석엔 노력해서 멋진 인생을 살고 싶다는 소망이 있다. 그런데도 살다가 조금이라도 어려운 문제를 만나거나 장애물에 부딪치면 '난 안 돼. 능력이 없어' 하고 지레 포기해버린다.

하지만 이런 사람에게 진정으로 부족한 것은 능력이 아니다. '어려운 문제라도 노력하면 넘어설 수 있지 않을까' 하고 스스로를 믿는 마음부터 찾아야 한다. 미래를 발전으로 이끌려는 사람에게 스스로에 대한 믿음처럼 중요한 것도 없다.

현재의 능력만으로 자신을 평가하는 것은 스스로에게 너무 가혹한 일이다. 당장 지금부터라도 현재의 능력만으로 자신을 평가하는 것을 멈추도록 하라. 능력이란 미래를 향해 발전하다 때가 되면 꽃이 피고 열매를 맺는다는 사실을 기억하라. 그런 미래의 발전을 위해 오늘도 노력을 게을리하지 않는 것은 능력을 미래진행형으로 보는 사람에게 가장 중요한 자세다.

능력이란 발전하는 것임을 믿는다

능력을 미래진행형으로 보아야 한다는 생각을 처음 하게 된 것은 창업할 때부터였다. 절연재로 쓰이는 세라믹 부품을 납품해보려고 대기업을 찾아가면, 그쪽 연구원들이 원하는 것은 만들기 어려운 것뿐이었다. 대부분 동종 업체들이 한 번도 만들어본 적 없는 것을 요구했기에 시제품부터 만들어야 하는 상황이었다.

당시 나고야에는 큰 도자기 회사가 많았다. 오래전부터 도자기 제품을 만들어온 이 회사들은 대부분 전자 제품 부품이나 인공뼈 등에 쓰이는 파인세라믹 제조에도 손을 대고 있었다. 갓 창업한 영세기업인 교세라는 그런 큰 회사들과 경쟁해야 하는 입장이었다. 당연히 대기업은 나고야의 견실한 업체로부터 이미 납품받는 제품을 굳이 교세라에 주문하려 들지 않았다. 그래서 다른 업체들이 "이건 너무 어렵겠는데요. 우리로선 힘들겠습니다" 하며 한발 물러선 제품을 교세라에 의뢰했다.

보통 대기업 쪽 연구원들은 설계 도면을 가져와 원하는 부품이 어디에 어떻게 들어가는지를 보여주며 "어때요? 만들 수 있겠습니까?"라고 물었다. 대부분 큰 도자기 회사들이 못하겠다고 거절한 부품을 교세라에 의뢰하는 것이었다. 물론 자금력이나 기술력 면에서 그 도자기 회사들과 교세라는 하늘과 땅 차이다.

그 자리에서 "그건 저희도 좀 어렵겠습니다"라고 거절하면 더 이상 교섭은 진행되지 않을 것이다. 교세라 같은 영세 기업이 대기업과 교섭하면서 "할 수 없습니다"라고 한다는 것은 더 이상 살아남기 어렵다는 의미다. 특히 당시엔 창업 초기라 어떻게든 거래처를 만들어 납품해야 회사가 자리 잡을 수 있었다. 때문에 나는 무리해서 대답했다.

"어떻게든 해보지요. 해보면 되지 않을까 싶습니다."

"자신 없으신 것 같은데 됐습니다."

그쪽 연구원이 이렇게 나오자 나는 행여 기회를 놓칠까 봐 더욱 다급해졌다. 그래서 용기를 짜내 큰소리를 쳤다.

"아닙니다. 충분히 할 수 있습니다."

주문을 받는 것이 무엇보다 중요했기에 불가능해 보이는데도 "할 수 있습니다"라고 말하고 말았다. "3개월 후 시제품을 만들어 오겠습니다"라는 약속까지 하니 드디어 시제품 주문을 체결할 수 있었다.

   회사에 돌아와 몇 안 되는 연구원에게 "여차저차해서 할 수 있다고 큰소리치고 주문을 받아왔네. 지금부터 열심히 해서 3개월 안에 납품해야 해. 한 번도 만들어본 적 없는 제품이지만 이런 방법으로 하면 되지 않을까 생각하네. 어서 실험을 시작하게"라고 말했다. 그러자 모두 "그건 무리입니다"라고 입을 모았다.

   그런 어려운 일은 전에 해본 적이 없는 데다 당시 교세라는 기술력도 미약할 때였다. 다들 무리라고 생각하는 것도 당연했다. 하지만 나조차 그 자리에서 무리한 일이라고 인정해버리면 새롭게 주문받아온 일을 도저히 진행할 수 없다. 나는 연구원들을 설득하기 위해 "현재만 보지 말고 우리 능력을 미래진행형으로 봅시다"라고 말하기 시작했다. 그리고 "지금 능력이라면 할 수 없다는 것을 나도 알아. 하지만 3개월 동안 실험을 반복하다 보면 능력은 좋아질 것 아닌가!"라고 덧붙였다.

거짓말이 방편이 되기도 한다

창업 초기에 가끔 주변 사람들에게서 "이나모리 씨는 할 수 없는 일을 할 수 있다고 하면서 주문을 받아 오시네요"라는 말을 들었다. 농담이라고 해도 꽤 듣기 거북했다. 거짓말을 해서 주문을 받아온다고 비난하는 것처럼 들렸기 때문이다.

그대로 두면 내 평판이 나빠지고 어떤 꼬리표가 붙을지도 모를 일이었다. 어떻게든 내 진심을 알려 연구원들의 협력을 받아내야겠다는 생각에 이렇게 해명했다.

"난 거짓말 따윈 하지 않아요. 지금 우리 능력이라면 불가능하지만 미래엔 가능하게 되리라 믿어요. 약속한 시간까지 시제품을 만들지 못하면 거짓말이 되겠지요. 하지만 그때까지 시제품을 완성할 수 있다면 거짓말이 아닙니다. 따라서 내가 주문을 받아오기 위해 하는 말은 거짓말이 아니라 하나의 방편입니다."

석가모니도 도를 모르는 어리석은 중생을 가르치기 위해 사실과 다른 이야기로 설명하는 방편을 썼다. 하지만 그것을 거짓말이라고 하지는 않는다. "3개월 후에 시제품을 만들어 오겠습니다"라고 했는데, 그대로 하지 못한다면 거짓말했다는 말을 들을지도 모른다. 그것은 어쩔 수 없이 감수해야 한다. 하지만 그렇게 되기 전까지 거짓말이 아닌 방편이라고 주장할 여지는 충분히 있다. 그래서 나는 당시 간부들에게 "내 말이 거짓말로 끝날지 진실이 될지는 3개월 후면 알 수 있어. 그때까지는 필사적으로 노력해보세"라고 말했다.

시제품이 완성될 때까지는 하루하루가 줄타기처럼 아슬아

슬하게 지나갔다. 문자 그대로 목숨 걸고 어려운 실험을 해야 했고 토론을 반복해야 했다. 그때 미래에 대한 믿음을 지킬 수 있게 해준 유일한 한마디가 '자신의 능력을 미래진행형으로 보아야 한다'였다. 이 말이 구명줄처럼 나를 지켜주었다.

능력을 미래진행형으로 보아야 발전한다

지금은 돈도 기술도 없는 사람이 있다고 하자. 그는 자본금 1억 엔을 마련해 1년 후 어떤 사업을 하겠다고 생각한다. 그런데 '이런 기술을 가지고, 이런 인재를 데리고, 이런 사업을 해야겠다'라고 구상해도 현재 시점에서 보면 꿈만 같은 이야기다.

하지만 1년 동안 백방으로 수소문하고 노력해서 금융기관과 관계자들로부터 1억 엔이라는 자금을 빌릴 수 있었다. 또 자신의 능력 역시 경영자로서 필요한 수준까지 끌어올렸다. 이제 대학 등의 연구원이나 명예퇴직으로 대기업을 그만둔 중장년 연구원을 채용하면 자신에겐 기술이 없어도 계획을 실현할 수 있다. 꿈같은 이야기가 더 이상 꿈이 아니게 된 경우다.

어떻게든 꿈을 이루려고 노력하면 반드시 길은 열린다. 나만 해도 돈도 없고, 뛰어난 기술도 없고, 경험 등 모든 것이 부족했을 때부터 자신의 능력을 미래진행형으로 보는 자세를 무기로 삼고 달려왔다. 교세라를 대기업으로 키울 수 있었던 것도 그것을 소중한 재산으로 알고 지켜왔기 때문이다. 능력을 미래진행형으로 본다는 것은 특히 연구원들에게 중요한 의미를 지닌다. 바꿔 말하면, 능력을 미래진행형으로 볼 줄 아는 사람만이 뛰어난 연구 성과를 거둘 수 있다.

대기업에서는 자주 프로젝트 팀을 만들어 여러 가지 연구를 한다. 그런데 팀 구성원 중 1명이라도 능력을 미래진행형으로 볼 줄 모르는 사람이 있다면 성공하기 어렵다. 프로젝트에 실패한 팀을 잘 살펴보면 분명히 그런 사람이 있을 것이다. 스스로 할 수 있다는 것을 믿지 않는 사람은 결국 목표를 이루지 못한다. 이런 사람이 구성원이라면 팀 전체의 목표 달성에도 문제가 생길 것이다. 안타깝게도 그런 경우를 너무도 많이 보아왔다.

단순히 기업의 발전만이 문제가 아니다. 인류가 이루는 어떤 진보나 발전도 이 항목을 어떻게 실천하느냐에 따라 결정된다고 해도 지나친 말이 아니다. 부디 스스로의 능력을 비하하지 말고 자신에게 숨은 가능성을 믿어보라. 그런 믿음 속에서 어려운 일도 포기하지 말고 해나가라. 반드시 필요한 능력이 생기고 목표를 이룰 것이다.

목표를 구성원 모두에게 철저하게 알린다

> 목표를 달성하려면 구성원들이 목표를 철저하게 알고 있어야 한다. 즉, 구성원 모두가 목표를 공유하고 자기 것으로 만들어야 한다. 영업 부서든 제조 부서든 이번 달 매출, 총생산, 공제 매출, 시간당 채산 등과 관련된 수치를 부서원 모두가 정확히 알고 있어야 한다. 그래서 누구를 붙잡고 물어봐도 수치를 정확히 이야기할 정도가 되어야 한다.
>
> 교세라의 아메바 경영과 시간당 채산 제도가 효과적으로 이루어지려면 목표를 전원에게 널리 알리고 공유해 한 사람 한 사람의 참여 의식을 높여야 한다. 참여 의식이 높아지면 모두가 하나로 모여 목표 달성을 향해 달릴 수 있는 에너지가 생겨난다.

목표를 구성원 모두에게 철저하게 알린다는 항목은 교세라 창업 당시 전 직원의 힘을 모아야 했던 상황에서 생겨났다. 보통 경영자들은 자신의 생각을 간부에겐 이야기해도 사원에게까지 이야기하지 않는다. 하지만 나는 전 직원에게 경영에 관련된 이야기를 했다. 회사 규모가 작았기 때문이기도 하지만 도와줄 사람이 한 사람이라도 더 필요했기 때문이다.

회사가 작을수록 말단 직원까지 경영에 적극 참여하도록 유도해야 한다. 말단 직원도 경영자와 같은 생각을 하면 전 직원의 힘이 저절로 하나로 모인다. 이를 위해 창업 초기부터 목표를 구성원 모두에게 철저하게 알리는 것을 아주 중요하게 생각했다. 이것은 투명하게 경영하는 것과도 통한다. 교세라에서는 결산 내용을 비롯해 모든 정보를 전 직원에게 공개한다. 경영 목표를 구성원 모두에게 철저하게 알릴 뿐 아니라 경영 상태와 결과도 공개하는 것이 교세라의 경영 방식이다. 이렇게 하면 직원 모두가 경영자 마인드를 가지게 되고 투명성 높은 경영을 할 수 있다. 더불어 직원 한 사람 한 사람의 마음속에 경영자 의식이 싹튼다.

오래전부터 중소기업에서는 경영자와 직원 사이에 틈이 생기고, 그곳에 노동조합 지도층이 끼어들어 쟁의가 일어나곤 했다. 내가 한창 경영 일선에서 활동하던 때에도 노동운동 단체들이 기업으로 들어와 노동조합을 자기들 조직으로 만들려고 했다. 노동조합이 없는 회사라면 직원들에게 "당신네 회사는 노동자를 착취해 경영자 배만 불리고 있다"라고 부추기며 무리하게 노동조합을 만들려고 했다.

경영자는 흔히 "직원들이 경영자의 노고를 알아줄 리 없다"라고 말한다. 그리고 노동자는 경영자의 입장은 생각해보려고 하지도 않고 "월급을 올려달라. 처우도 개선되었으면 한다"라는 주장만 끈질기게 한다. 이런 대립 상황에서 서로 터놓고 대화하지 않으면 노사 관계는 곧 분규로 이어진다.

  나는 이런 경우를 너무도 많이 보면서 노사가 대립하지 않으려면 어떻게 해야 할지 고민했다. 궁리 끝에 노사가 모두 경영자 의식을 가지면 생각하는 것도 일치한다는 결론을 내렸다. 노사가 의견이 갈려 팽팽하게 맞서는 이유는 서로의 입장이 너무 달라 이해하려 들지 않기 때문이다.

  직원들이 회사에 대해 주인의식을 가지고 경영하는 입장이 되어 생각한다면 노사분규가 일어날 이유가 없다. 모두가 회사의 공동 경영자라는 생각을 하면 노사 대립은 더 이상 생겨날 수 없다. 그래서 전 직원이 경영자 마인드를 가져주기를 간절히 바랐다. 이를 위해 경영 목표를 직원 모두에게 철저하게 알려야 한다고 늘 강조했다. 또 내가 경영 일선에서 느끼는 어려움을 직원들에게 솔직히 털어놓고 이해받으려고 노력하며 오늘날까지 일해왔다. 경영자를 포함한 전 직원이 터놓고 대화하며, 모두가 경영에 참여할 수 있도록 한 것이 교세라의 노사 관계를 원만하게 이끌어온 비결이었다.

제4부

하루하루
일을 해나가는 자세

채산에 대한 인식을 높인다

교세라에서는 아메바 단위로 시간당 채산 제도를 실시한다. 누구든지 업무 결과를 확실히 알 수 있도록 하기 위해서다. 회사와 직원이 함께 발전하려면 직원 한 사람 한 사람이 경영자 의식을 가지고 자신이 속한 아메바의 시간당 채산을 높일 수 있는 방법에 대해 진지하게 고민해야 한다. 그리고 반드시 그대로 실천해야 한다.

나는 평소 책상에 굴러다니는 연필 한 자루와 클립 하나까지도 소중히 여기라고 강조한다. 단순히 절약하라는 잔소리가 아니라 시간당 채산을 생각하고 하는 말이다. 공장

> 구석에 쌓인 불량품이나 바닥에 흘린 원료들이 돈으로 보일 때까지 직원 모두가 채산 의식을 높여가야 한다.

교세라에서는 간부 직원은 물론이고 신입 사원에게도 채산에 대한 인식을 높이라고 끊임없이 강조한다. 채산에 대한 인식이란 곧 원가에 대한 인식을 뜻한다. 직장에서는 언제 어떤 일을 하든 원가를 의식해야 한다. 보통 채산을 맞춘다고 하면 이익을 남긴다는 뜻으로 이해하지만 정확히 말하면 원가에 대해 생각한다는 뜻이고 이는 곧 채산을 높이는 일로 연결된다. 직원들이 어떤 일을 할 때 원가에 대해 생각하지 않고 되는대로 시간을 보내면 경영은 어려워질 수밖에 없다.

경영자 의식을 가지고 사는 사람이라면 언제 어떤 상황에서도 원가를 생각할 줄 알아야 한다. 예를 들어 호텔 식당에서 식사를 한다고 하자. 식당 안은 한적하다. 웨이트리스와 웨이터 몇 명이 무료한 표정으로 서 있고 손님 몇 명이 1,000~1,500엔 정도 하는 카레라이스를 먹고 있다.

이럴 때 내 머릿속에서는 재빨리 계산기가 타다닥 눌린다. 종업원의 인건비, 매장 관리비, 식재료비, 하루 매출을 예상한 수치를 계산기에 입력하고 곧 계산 결과가 나온다. 그러면 이를 바탕으로 '이래서는 채산이 맞지 않겠군' 등의 판단을 하게 된다.

업무 현장은 물론이고 일상에서 마주치는 여러 상황에서 원가 의식을 가지고 생각하는 사람과 막연히 그냥 지켜보기만 하는 사람은 경영 능력에서 큰 차이가 난다. 적어도 유능한 경영자라면 일상의 한순간이라도 막연히 보내지 말아야 하며, 언제 어디서나 원가를 의식해야 한다.

좀 더 구체적인 예로, 회사에서 어떤 일을 비서에게 시켰다고 하자. 비서의 일솜씨가 서툴러 A4 한 장짜리 서류를 완성하는 데 한나절이 지나가고 말았다. 요즘 대기업 대졸 사원은 첫 월급으로 20만 엔 정도 받는다. 중소기업에서도 잔업 수당 같은 특별 수당까지 모두 포함하면 신입 사원이라 해도 월 30만 엔은 받을 것이다. 여기에 상여금까지 더하면 월평균 40만 엔은 될 것이다. 월평균 근무일을 20일로 잡으면 하루 급여는 2만 엔이다. 보통 하루 8시간 근무하니 시간당 급여는 2,500엔이고, 이것을 다시 환산하면 6분 동안 일하고 받는 급여가 250엔이다. 직원 책상에 택시 미터기를 달아놓으면 6분이 지날 때마다 250엔씩 쑥쑥 올라가는 것이다.

이런 생각을 가지고 직원들을 바라보면 한가하게 농담을 하며 빈둥거리거나 일을 못하고 헤매는 모습은 눈엣가시다. 6분마다 250엔이 여기저기서 무더기로 새어나가고 있다는 생각밖에 들지 않는다. 물론 경영자 입장에서 직원을 노동 가치로만 냉철하게 평가할 때 그렇다는 것이다. 지금은 수치로 드러나는 채산에 대해 생각할 때이므로 이런 냉철한 입장을 지킬 수밖에 없다.

좀 더 현명한 경영자라면 이런 생각을 직원들과 공유해야 한다. 그들에게 "여러분의 급여는 6분당 250엔입니다. 따라서 6분마다 그 이상의 가치를 만들어내지 않으면 회사 경영은 적자가 납니다"라고 알려주어야 한다.

경영자 의식을 가진 직원이라면 한 시간 정도 일을 제대로 못했을 때 그다음 한 시간 동안에는 손실을 보충하기 위해 5,000엔 이상의 가치를 만들려고 노력할 것이다. 하지만 경영자가 "자네는 오전 내내 빈둥거렸으니 1만 엔을 낭비해버렸어"라고 일일이 잔소리를 한다면 오히려 반발을 사기 쉽다. 반대로 직원들이 먼저 '오늘은 오전 내내 일을 제대로 못했어. 회사에 1만 엔의 손해를 끼친 거나 마찬가지야'라고 생각하고 분발한다면 회사의 경영 상태는 좋아질 수밖에 없다.

내가 이야기하려는 것을 한마디로 요약하면 다음과 같다.

"오늘 내가 여기서 이런 식으로 일하면서 얼마나 원가를 발생시켰는지 늘 인식하자."

경영자와 몇몇 간부만 이런 인식을 가지고 있다면 빈둥거리는 직원이나 서툴고 느리게 일하는 직원들을 쫓아다니며 지적하느라 바쁠 것이다. 하지만 이런 행동은 오히려 직원들의 반발을 사서 역효과를 내기 쉽다. 채산을 높이려고 한 일이 경영자와 직원 사이의 거리만 멀어지게 만든 셈이다.

모든 직원이 경영자 의식을 가지고 채산에 대해 생각하는 회사라면 상황은 달라진다. 경영자가 "그런 식으로 해서 채산이 맞겠어?" 하고 직원들을 책망할 일이 생겨도 대부분 고개를 끄덕이며 이해할 것이다. 전 직원이 채산에 대한 인식을 가지는 것만큼 경영자의 노고를 덜어주는 일도 없다.

그렇다면 채산에 대한 인식은 어느 정도로 뚜렷해야 할까? 회사에서뿐만 아니라 호텔 식당이든 라면 가게든 언제 어디서나 '이 가게는 채산이 맞을까?'라는 의문을 품으며 머릿속으로 재빨리 계산기를 두드리는 정도는 되어야 한다. 이런 습관이 몸에 밴 사람이라면 어떤 사업을 시작해도 간단한 계산만 하면 '이 정도면 충분히 채산이 맞겠다' 또는 '이 사업은 누가 해도 어렵겠다'라는 식으로 판단이 선다.

특히 경영자라면 일을 할 때든 쉬고 있을 때든 항상 원가 의식을 가지고 세상을 보아야 한다. 그러면 사업을 할 수 있는 범위와 기회가 넓어질 것이다. 그리고 직원 모두가 원가 의식을 가질 수 있도록 자주 대화의 시간을 마련해야 한다. 원가에 민감한 직원이 한 사람이라도 많아질수록 회사의 채산도 그만큼 더 좋아질 것이다.

원가 의식은 나사와 너트 하나의 가격을 아는 것에서부터

회사가 아직 작았을 때에는 자주 제조 현장을 찾아갔다. 현장에 가보면 공장 바닥에 흩어져 뒹구는 원재료들이 가장 눈에 거슬렸다. 대충 끌어모으기만 해도 1킬로그램은 충분히 넘을 것 같았다. 그런 광경을 보고 있으면 경영자로서 고통스럽기까지 했다. 그래서 자주 직원들을 불러 모아 "재료가 바닥에 아무렇게나 굴러다니는데 어떻게 된 건가?"라고 꾸짖었던 기억이 난다.

물론 조립 공장 같은 현장에서 일하다 보면 재료를 바닥에 흘리는지 모를 때가 많다. 너트와 나사들이 바닥에 굴러다니는 것을 보아도 일일이 주워 올리기도 쉽지 않다. 컨베이어시스템으로 작업하기 때문에 그런 것까지 챙기다가는 작업 과정을 제대로 따라갈 수 없기 때문이다. 그러다 보니 자잘한 재료를 바닥에 흘린 채 일한다. 지나다니는 사람들이 재료를 밟아 못 쓰게 되기도 한다. 그런 재료가 많이 흩어져 있는 현장을 보면 '이래서 채산이 맞겠는가?'라는 생각이 절로 든다.

나는 제조 현장에서 떨어져 있는 나사를 볼 때마다 직원들에게 묻는다.

"여기 나사가 떨어져 있는데, 이게 하나에 얼마인지 압니까?"

대부분은 그런 걸 왜 물어보느냐는 표정으로 "모릅니다"

라고 대답한다. 오히려 '파트타임으로 일하는 직원이 그런 것까지 알아야 합니까?'라고 반문하는 듯한 얼굴이다. 그래도 나는 교세라에서 일하는 사람이라면 누구든 이런 질문을 받았을 때 '얼마다' 하고 대답할 수 있게 만들어야 한다고 생각했다.

채산이란 원래 나사 하나, 너트 하나가 얼마인지를 아는 데서부터 시작된다. 나사 하나를 잃어버리면 얼마나 손실이 나는지를 알아야만 업무 태도가 채산이 높아지는 방향으로 개선되기 때문이다. 이를 위해 경영자의 머릿속은 물론이고 직원 모두의 머릿속으로 원가 의식이 스며들게 해야 한다.

절약을 가장 중시한다

> 우리는 경제적으로 여유가 생기면 '이 정도는 괜찮겠지' 혹은 '그렇게까지 아낄 필요가 있나. 쩨쩨하게…'라고 생각하고 경비를 헤프게 쓰기 쉽다. 이런 분위기에서는 각 부서마다 경비 지출이 늘어나 결국 회사에 큰 손해를 끼친다. 헤프게 쓰는 습관이 한번 몸에 배면 상황이 어려워져서 경비를 줄이려 해도 잘되지 않는다. 따라서 어떤 상황이든 항상 절약을 중요하게 여기며 실천해야 한다. 최대한 모든 경비를

> 아끼는 것이야말로 직원이라면 누구든 가장 손쉽게 할 수 있는 경영 참여다.

교세라를 창립할 당시엔 자금이 워낙 부족했기에 직원들에게 절약을 강조할 수밖에 없었다. 그 후 40년이 흘러 연결결산 매출이 7,000억 엔을 넘고 이익이 800억 엔 가까이 되는 대기업이 되었지만 여전히 절약을 가장 중시해야 한다고 강조한다.

교세라 필로소피의 인생 방정식에 대해 앞서 몇 번이나 언급했다. 이것은 교세라 필로소피의 근간이 되는 중요한 항목이다. 나는 항상 인생 방정식의 세 가지 요소 중 그 사람의 사고방식이나 철학이 가장 중요하다고 강조했다. 그런데 사고방식이나 철학은 항상 변한다. 사람은 평생 동안 어떤 하나의 사고방식만 가지고 살도록 정해져 있지 않다. 어떤 시기에는 아주 훌륭한 사고방식을 가지고 산다. 그래서 사업도 잘되고 인생의 모든 일이 순조롭게 풀린다.

하지만 성공해서 환경이 변하면 그 사람의 사고방식도 변한다. 이때 사고방식이 잘못된 방향으로 바뀌면 성공 가도를 달리던 인생은 추락하고 만다. 힘들게 일으킨 사업도 실패하고 회사는 부도난다. 경영자의 사고방식이 변하면 그에 따라 경영 상태도 변한다.

교세라처럼 큰 기업이 절약을 가장 중시한다고 하면 어딘지 쩨쩨한 느낌을 준다. 하지만 나는 현재는 과거의 결과이고, 미래는 지금 그리고 앞으로 기울이는 노력의 결과라고 믿는다. 따라서 지금 절약하려는 노력에 따라 미래가 달라진다고 생각한다.

이런 사고방식은 매출이 수천억 엔에 이르는 세계적 규모의 기업이 되어도 흔들리지 말아야 한다. 특히 기업의 근간을 이루는 사고방식은 나무의 뿌리나 마찬가지다. 외부 환경이 어떻게 변해도 흔들리거나 변하지 말아야 한다.

회사에서 늘 절약을 외치다 보니 어느새 그 말이 내 사고방식을 지배하게 되었다. 그래서인지 개인적인 생활에서도 도저히 사치스러움을 용납할 수 없다. 예를 들어 출장을 가 혼자서 저녁 먹을 일이 생기면 대부분 머무는 호텔에 있는 식당으로 간다. 그런데 그곳 음식 가격이 보통이 아니다. 1인분에 몇천 엔에서 1만 엔 가까이 되는 경우도 있다. 그런 비싼 식사를 아무렇지도 않게 하는 사람들도 있지만 나로서는 도저히 이해가 안 간다.

보통 집에서 먹는 식사 한 끼의 원가는 1,000엔도 안 된다. 하지만 호텔에서 식사를 하면 아무리 간단한 음식을 먹어도 몇천 엔은 훌쩍 넘는다. 나는 휴일에 아내와 함께 장 보러 가는 것을 좋아한다. 아내에게 "이것 사자" 혹은 "저것 사자" 하고 조르면서 먹고 싶은 걸 장바구니에 담는다. 그럼 아내는 "집에서 식사할 시간도 별로 없고 그다지 잘 먹지도 않으면서 이것저것 사라 하네요"라고 불만스럽게 말한다. 하지만 먹고 싶은 걸 사는 즐거움이 너무 크기 때문에 결국 이것저것 주워 담고 만다. 그렇게 장을 보고 '오늘은 너무 낭비했어'라고 생각하며 계산해도 1만 5,000엔을 넘지 않는다. 한번은 장본 음식을 어느 정도 두고 먹는지 아내에게 물었더니 열흘은 간다고 했다.

내게는 어쩔 수 없는 가난뱅이 근성이 있는 걸까? 나는 자주 요시노야(쇠고기 덮밥이 주 메뉴인 일본의 대형 프랜차이즈 식당으로 음식 가격은 600~700엔 정도다. - 옮긴이)라는 식당에 가서 쇠고기 덮밥을 사 먹는다.

혼자 먹기가 어색해 운전기사랑 함께 먹기도 하는데, 그럴 때 덮밥을 보통 크기로 2인분 시키고 쇠고기만 한 접시 더 시킨다. 덮밥을 위에서부터 퍼 먹다 보면 중간에 쇠고기가 모자란다. 그래서 어느 정도 먹다가 추가로 시킨 쇠고기를 운전기사와 절반씩 나눠 밥에 얹어 먹는다. 이렇게 먹고 나면 그 어느 때보다 배가 부르고 진수성찬도 부럽지 않다.

10년째 매일 밤 고급 식당에서 5,000~1만 엔 정도 하는 저녁을 먹는 경영자도 있다지만, 나로서는 죽었다 깨어나도 못할 일이다. 돈이 없어서가 아니라 매일 밤 고급 식사를 아무렇지 않게 할 만큼 무신경하지 못하기 때문이다. 조금 성공하면 호텔 식당에서만 밥을 먹는 사람들이 있다. 그런 사람들을 볼 때마다 도대체 언제부터 그렇게 변하기 시작했는지 궁금하다.

그들도 처음 사업을 시작할 때에는 절약을 중요하게 여기며 생활했을 것이다. 매일 먹는 밥 한 끼에 아무렇지도 않게 1만 엔씩 쓰는 것은 사치라고 생각했을 것이다. 하지만 사업이 성공하고 경제적으로 여유가 생기면서 어느 순간 그 정도 사치는 괜찮다고 생각하기 시작했을 것이고, 한번 몸에 밴 사치는 다시 떨쳐내기 어려운 습관이 되었을 게 분명하다. 이처럼 사람의 사고방식만큼 변하기 쉬운 것도 없다.

경영이 계속 잘되려면 바른 사고방식을 유지해야 한다

좋은 경영 상태를 계속 유지하려면 경영자와 직원들의 사고방식부터 점검해야 한다. 바른 사고방식이 뒷받침되지 않는 경영 상태에서는 기업이 지속적으로 성장하고 발전하기 어렵다. 어떤 사업을 시작해서 5~10년 동안 성공하는 경우는 많다. 하지만 몇십 년에 걸쳐 발전하면서 수많은 직원을 먹여 살리며 번영을 누리는 기업은 그리 많지 않다.

오늘 경영이 잘된다고 내일도 그러리라는 보장은 없다. 따라서 오늘도 열심히 일하고 내일도 열심히 일하며 끊임없이 노력하는 수밖에 없다. 이런 쉴 새 없는 노력에 따르는 고통을 생각하면 처음엔 정신이 아찔해지는 기분도 들었다. 그러다 문득 경영자를 올림픽 대표 선수와 비교해본 적도 있었다.

올림픽 대표 선수가 되는 건 아주 어려운 일이다. 그래도 일단 메달을 따고 나면 주위 사람들에게서 영웅 대접을 받고 본인도 큰 자부심을 느낄 수 있다. 타고난 소질이 있어 운동을 시작한 사람이라도 올림픽에서 메달을 따려면 눈물과 땀으로 얼룩진 노력을 바쳤을 것이다. 하지만 4년에 한 번씩 돌아오는 올림픽대회에 초점을 맞추면 되니까 경영자보다 낫겠다는 생각이 들었다.

경영자는 10년은 말할 것도 없고 20년이든 30년이든 40년이든 회사의 번영을 유지해야 한다. 그 사이에 조금도 쉬지 않고 노력해야 하며, 잠시라도 자만심이 들어 일탈하면 안 된다. 기업이 작고 영세한 시절에 절약을 중시하자는 마음으로 열심히 일해 성공했다면 그 후로도 계속 절약을 철칙으로 삼아 지켜야 한다. 아무리 부자가 되고 회사가 커졌어도 절약하는 노력을 우습게 보는 순간부터 회사는 성장을 멈추기 시작한다. 요즘같이 빠르게 변하는 시대에 성장을 멈춘다는 것은 곧 뒤처지고 도태된다는 뜻이다.

성공한 뒤에도 가난할 때처럼 절약하고 긴장을 유지하는 삶을 살기 위해서는 강한 극기심이 필요하다. 그래서 한때는 차라리 올림픽 대표 선수가 경영자보다 더 편하겠다는 생각까지 했다. 올림픽 대표 선수는 5~10년 동안 죽을 각오로 노력한 뒤 은퇴하고 나면 그렇게까지 자신을 몰아붙이며 애쓸 필요가 없지 않을까? 물론 그들의 삶에도 우리가 상상하지 못할 수고로움이 있을 것이다. 하지만 한때 나는 경영자로 사는 게 너무 힘들어서 나만큼 고단하게 사는 사람은 이 세상 어디에도 없을 것이고, 차라리 올림픽 대표 선수가 더 편하겠다는 생각까지 했다.

　절약을 중시하는 사고방식은 중소기업에만 필요한 것이 아니다. 어느새 규모가 커지고 매출이 늘어나 훌륭한 대기업으로 성장해도 이런 사고방식만은 변함없이 간직해야 한다. 회사가 점점 커나간다면 경영자든 직원이든 더더욱 초심을 잃지 말고 늘 절약하는 생활을 해야 한다.

필요할 때 필요한 만큼만 산다

> 재료를 대량으로 사면 단가가 내려가니까 지금 당장 필요 없는데도 지나치게 많이 사게 된다. 이처럼 쓸데없는 물건

> 을 사는 데서 낭비가 시작되는 법이다. 대량으로 싸게 살 수 있다 해도 남아도는 재료를 보관하려면 창고가 필요하고 재고 금리가 발생한다. 경비를 써가며 애써 보관했는데 제품 사양이 바뀌면 아예 쓸모없는 것이 될 위험성도 있다. 제조 회사라면 당연히 물건을 잘 만들어 이익을 남기는 데만 전념해야 한다. 재료를 싸게 대량으로 사서 이익을 보려 하지 말고, 필요할 때 필요한 만큼만 사는 원칙을 지켜야 한다.

재료를 사는 문제에 대해서는 건전 자산 원칙을 지킨다는 항목에서 이미 설명했다. 이 항목은 가능하면 대량으로 사는 것이 싸게 먹힌다고 하는 현재의 시장경제 원리에 어긋나는 것처럼 보일지도 모르겠다. 하지만 나는 지금도 필요할 때 필요한 만큼만 재료를 산다는 원칙을 직원들에게 엄격하게 가르친다.

대량으로 사서 재료가 남아돌면 그것을 보관할 창고가 필요하고 창고 관리비가 들어간다. 게다가 결산 때에는 일일이 재고 조사를 해서 앞으로 사용하지 않을 물건을 폐기 처분하는 수고와 비용도 들여야 한다. 처음엔 무작정 싸게 샀다고 생각했겠지만 이처럼 눈에 띄지 않는 손실이 연달아 발생한다.

교세라에서는 필요할 때 필요한 만큼만 사는 것을 '당좌 구매'라고 한다. 당좌 구매의 장점은 이 밖에도 너무나 많다. 우선 딱 필요한 만큼만 샀으므로 세심하게 다루고 아껴 쓰게 된다. 특히 제조 공정에서는 재료가 많으면 언제든 새것을 가져다 쓰겠다는 생각으로 일하지만, 재료가 빠듯하면 실수를 하지 않겠다는 생각으로 긴장해서 일한다. 이처럼 당좌 구매를 하면 처음엔 다소 비싼 값을 치를지 몰라도 그것을 보충하고도 남을 장점이 너무 많다.

철저하게 현장주의를 따른다

> 제조는 제조 현장에서 시작되고 영업은 고객과 만나는 현장에서 시작된다. 무언가 문제가 생겼다면 일단 그 현장으로 돌아가야 한다. 현장을 떠나 책상머리에서 이론이나 논리를 가지고 궁리해봤자 결코 문제의 답을 얻을 수 없다. 이를 잘 아는 사람들은 자주 '현장은 보물이 묻힌 산이다'라고 한다. 현장에는 문제 해결의 열쇠가 될 단서가 곳곳에 숨겨져 있기 때문이다. 유의주의의 자세로 현장을 끊임없이 돌아다녀보라. 문제 해결을 위한 실마리를 비롯해 생산성과 품질 향상, 신규 수주에 연결될 생각지도 못한 힌트를 발견

> 할 수 있을 것이다. 이것은 제조와 영업만이 아니라 모든 부서에 해당하는 진리다.

대학을 나온 우수한 인재를 적극적으로 채용하려는 회사는 많다. 이런 인재는 대학에서 전공에 대한 깊은 지식을 쌓은 사람들이다. 특히 중소기업은 이런 사람들을 앞다투어 채용하려고 한다. 이런 사람이 경력 직원으로 들어오면 우수한 기술자라고 아주 좋아하며 일을 진행할 때 그의 의견을 전적으로 따른다. 물론 당사자도 그런 기대에 어긋나지 않으려고 전공 지식을 살려 열심히 일할 것이다.

나도 대학에서 화학반응에 대해 열심히 공부했다. 어떤 장치, 재료, 촉매를 써서 어떤 반응을 일으키면 무엇이 나올지에 대해 전문 지식을 쌓았다. 회사에 들어간 뒤엔 그 지식을 현장에서 살려보려고 애썼다.

하지만 나 같은 연구원들이 빠지기 쉬운 함정이 있다. 바로 머릿속으로 만드는 법을 알고 있으면 실제로도 쉽게 만들 수 있다고 착각하는 것이다. 하지만 막상 현장에서 일해보면 이론대로 제품이 나오지 않을 때가 많다. 이론으로는 가능한 일이 실제로 해보면 그리 간단하게 이루어지지 않는다.

앞에서도 잠깐 언급한 세라믹 제조를 예로 들어보겠다. 이론을 통해 '이 원료와 저 원료를 혼합해 ○도에서 구우면 이런 제품이 나온다'라는 사실을 공부했다고 치자. 그런데 막상 이론에 따라 실험을 해보면 원하는 제품을 얻기가 쉽지 않다. 두 원료를 섞는 문제만 해도 어느 정도 저어주는지에 따라 결과가 달라지고, 원료를 분쇄해 혼합하는 과정에서 다른 성분이 섞이기도 한다. 만드는 방법을 안다고 실제로 만들 수 있는 것은 아니다. 어디까지나 현장에서 직접 만들어보며 미세한 문제를 해결해야만 원하는 제품을 얻을 수 있다.

앞서 이와 비슷한 취지에서 '경험으로 얻은 지식을 중시한다'라는 항목을 다루었다. 이 항목은 내가 입사 후 주도적으로 연구를 시작하고 절실히 깨달은 것이다. 내 경험에 따르면 공부를 통해 얻은 지식과 현장 경험을 통해 얻은 지식이 병행되어야만 비로소 정상적인 제품을 만들 수 있다. 따라서 경영자도 때로는 현장으로 들어가 그곳 사람들과 어울려 일하고 대화하며 정보를 주고받아야 한다.

현장주의는 어느 부서에서나 통한다

교세라는 창립 후 10여 년이 지나 미국 샌디에이고에 처음으로 해외 공장을 세웠다. 페어차일드사가 가지고 있던 공장을 빌려 일을 시작했다. 일본에서 기술자를 서너 명 보내긴 했는데, 처음엔 문제가 많이 생겨 공장 운영이 순조롭지 않았다. 나도 몇 번이나 현지로 날아가 공장을 방문했다. 하지만 그때마다 미국인 공장장은 내게 이런 식으로 말했다.

"현장에 와서 직원 옆에서 같이 일하시면 곤란합니다. 일본 모회사의 수장이 작업복을 입고 현장에서 공장 직원의 일을 돕는다는 것은 있을 수 없는 일입니다. 회장이라면 당연히 다른 일로 바쁠 텐데 시급 3~5달러를 받는 직원과 같은 일을 하는 모습을 보면, 그 정도 일밖에 할 수 없는 사람인가, 아니면 재미로 해보는 건가 하는 생각을 하게 됩니다. 게다가 영어도 못 하시니 직원들은 회장이 영어도 못 한다며 얕잡아볼 것입니다. 여러 가지로 일을 하는 데 방해가 됩니다. 현장이 궁금하면 언제든 말씀하십시오. 현장 직원을 시켜 설명드리겠습니다. 그러니 부디 방에서 나오지 말아주세요."

그 말에 나는 벌컥 화를 내고 말았다.

"지금 무슨 소리를 하는 거야! 난 항상 현장을 중요하게 생각해왔어. 누가 뭐라 해도 현장을 돌아다니는 건 내 경영 원칙 중 하나야!"

그러는 사이에 나는 미국인 현장 관리자가 실제로 공장에 나오는 일이 거의 없다는 사실을 알게 되었다. 제출된 서류들을 그대로 호스트 컴퓨터에 입력하면서 관리하고 있었다. 그는 "자판만 두들기면 모니터로 전체 데이터를 모두 볼 수 있습니다. 따라서 굳이 현장에 직접 나가볼 필요가 없습니다"라고 주장했다. 내가 "직접 현장에 나가보란 말이오! 여기 입력된 데이터가 얼마나 엉망인지 알게 될 것이오!"라고 꾸짖자 또 언쟁으로 이어지고 말았다.

믿기 어려울지 모르지만 지금부터 30여 년 전 미국에서는 현장에서 일하는 생산직 직원 중 절반 이상이 계산에 서툴렀다. 따라서 현장에서 생산량을 정확하게 파악하고 계산하는 것이 불가능할 때가 많았다. 그런데도 '슈퍼바이저'라고 불리는 현장 관리자는 이런 실태를 생각하지 않고 데이터만 보면서 "현재 수치입니다"라고 했다.

입력된 데이터가 틀리면 컴퓨터 관리 시스템으로 관리해 봤자 아무런 의미가 없었다. 그런데도 그와 같은 데이터를 믿고 그것을 훌륭한 컴퓨터 시스템에 입력했다고 안심하고 있었다. 제조뿐만 아니라 생산관리에서도 현장을 모르니 일이 제대로 되지 않았다. 현장주의가 얼마나 중요한지를 다시 한 번 깨달을 수 있었다.

현장에는 힌트가 아주 많다

사실 현장주의는 한 선배에게서 배운 것이다. 그 선배는 아주 성실한 사람으로, 늘 묵묵히 일하던 모습이 지금도 기억난다.

세라믹을 만들 때 '볼밀ball mill'이라는 도구를 사용한다. 볼밀은 쇠구슬이나 돌로 된 볼이 들어 있는 원통형 도구다. 재료를 가루로 만들거나 고르게 섞을 때 볼밀 안에 넣고 돌리면, 볼에 부딪치면서 곱게 분쇄되어 서로 섞인다.

그런데 어느 날 세면장에 갔다가 한 선배가 바닥에 쭈그리고 앉아 볼밀을 열심히 닦고 있는 것을 보았다. 볼밀 속의 볼들은 대부분 이지러지고 홈이 파였다. 그런데 분쇄하려고 집어넣었던 재료들이 홈 속으로 꽉꽉 박혀 들어가면 흐르는 물에도 잘 씻기지 않았다. 선배는 어디선가 뼈인두를 구해 와 그 끝으로 홈에 박힌 이물질을 모두 빼내고 있었다.

건장한 남자가 세면장 바닥에 웅크리고 앉아 자잘한 볼을 일일이 손질하는 모습이 초라해 보였다. 나는 '평소 과묵한 사람이라는 것은 알았지만 저런 건 그냥 간단히 씻으면 될 텐데 정말 요령이 없군'이라고 생각하며 그 모습을 바라보았다.

그런데 나중에 보니 볼을 제대로 씻은 선배의 실험 결과는 제대로 나왔고, 내 실험 결과는 엉망이었다. 지난번 실험 때 사용한 재료가 볼에 파인 미세한 홈에 그대로 남아 있었기 때문이다. 아주 적은 양이지만 이물질이 들어가자 예측과 전혀 다른 세라믹이 나오고 말았다. 나는 머리를 한 대 얻어맞은 듯한 충격을 받았다.

'그러고 보니 선배는 뼈인두로 홈에 낀 이물질을 파낸 데다 허리에 차고 있던 수건으로 하나하나 깨끗이 닦아주기까지 했어. 그렇게까지 섬세하지 않으면 원하는 결과를 얻을 수 없구나.'

이 깨우침은 선배에게 직접 말로 배운 것은 아니다. 때로는 행동이 말보다 몇 배 더 강력한 메시지를 전해주는 법이다. 이처럼 현장에는 현장에서만 얻을 수 있는 보물 같은 진리가 널려 있다. 이것은 제조업이든 유통업이든 모든 업계에 통하는 이야기다.

이전에 업계에서 널리 인정받는 유능한 변호사와 이야기를 나눈 적이 있었다. 내가 먼저 물었다.

"변호사로서 훌륭한 능력을 발휘하고 계신데, 그 비결은 무엇입니까?"

"현장주의입니다. 변호사라면 책상에 앉아 자료만 잘 검토하면 되는 줄 아는 사람이 많아요. 하지만 절대 그렇지 않습니다. 전 언제나 현장에서 배웁니다. 현장에는 늘 문제 해결의 열쇠가 있거든요."

순간 직종은 달라도 현장이 중요한 것은 마찬가지라는 생각이 들었다. 따라서 여러분도 이론만이 아니라 꼭 현장을 이해한 뒤 일을 진행하기를 바란다.

다음에 나오는 항목도 현장주의와 비슷하다. 실제로 스스로 해보지 않고서 어떤 제품을 만들 수 있다고 말해서는 안 된다. 이 항목에 대해선 〈교세라 필로소피 수첩〉에 실린 정도만 소개한다.

경험칙을 중시한다

> 기업에서 기술을 개발하고 제품을 만들 때 가장 필요한 것이 경험칙經驗則이다. 이론만으로는 되지 않는다.
> 예를 들어 세라믹을 만들 때 가루 원료를 섞어 성형하고 고온에서 굽는 과정에 대해선 공부하면 누구나 알 수 있다. 하지만 실제 현장에서는 가루 원료를 섞는 과정만 해도 여러 가지 변수가 있다. 가루 물질은 액체나 기체처럼 완전하게 혼합할 수 없다. 최대한 균일한 혼합물을 얻으려면 혼합에 사용하는 도구, 강도, 시간 등에 세심한 주의를 기울여야 한다. 또 혼합할 때 사용한 용기에 생각하지도 않은 이물질이 섞여들기 때문에 이 점도 감안해야 한다. 이런 지식은 실제로 자기 손을 더럽히며 애쓰지 않으면 얻기 어렵다. 즉, 경험칙으로만 알 수 있다.
> 경험칙과 이론이 서로 잘 맞물릴 때 비로소 훌륭한 기술을 개발하고 제품을 만들어낼 수 있다.

멋지고 완벽한 제품을 만든다

교세라에서는 자주 '손을 벨 듯한 제품'을 만들라고 한다. 금방 나온 지폐처럼 보고만 있어도 손을 벨 듯 빳빳한 느낌을 주는 멋지고 완벽한 제품을 만들라는 뜻이다.

제품에는 만든 사람의 마음이 들어가는 법이다. 거친 마음으로 만들면 물건도 거칠고, 섬세한 마음으로 만들면 물건도 섬세하다. 우선 많이 만들어놓고 그중에서 좋은 제품을 고르겠다고 생각해서는 안 된다. 그런 마음으로는 결코 고객이 기뻐할 만한 제품을 만들 수 없다. 완벽한 작업 공정에 따라 단 하나의 불량품도 내지 않겠다는 마음으로 전 직원이 정신을 집중해서 일해야 한다. 동시에 제품을 보기에도 멋지고 성능도 완벽하게 만들겠다는 목표로 노력해야 한다.

반도체 패키지를 만들기 위해 기술자를 영입해 연구 개발을 진행한 적이 있었다. 반도체 패키지 개발은 지금 생각해도 어떤 프로젝트보다 어렵고 벅찬 일이었다. 상상을 뛰어넘을 정도의 수고와 아주 오랜 시간을 들인 노력 끝에 연구 팀장이 샘플을 완성해서 가져왔다.

눈물겨운 노력 끝에 완성한 역작이라는 사실을 인정할 만큼 성능은 합격이었다. 그런데 어딘지 때가 묻은 듯 지저분해 보였다.

반도체 패키지는 질소와 수소를 혼합한 가스에서 구워낸다. 산소가 전혀 없으므로 기판에 지방 성분이 조금이라도 있으면 소성할 때 탄화된다. 그리고 이 부분이 잿빛을 띠기 때문에 제품 전체가 때 묻은 듯 연한 회색을 띤다.

샘플은 좀 더러워 보였지만 반도체 패키지로서 필요한 성능을 모두 갖추고 있었다. 그래서 연구 팀장도 "사장님, 완성입니다" 하며 자신 있게 보여주었던 것이다.

하지만 나는 샘플을 살펴본 뒤 이렇게 말했다.

"과연 성능은 틀림이 없네. 하지만 이건 안 되겠어."

"왜 그렇습니까? 성능이 완벽한데 뭐가 문제입니까?"

"잘 보게. 때가 묻은 것처럼 보이지 않는가?"

고생 끝에 샘플을 완성했는데 더러워 보인다는 이유로 거절당하자 연구 팀장이 성난 얼굴로 대들었다.

"사장님도 이공계 연구원 출신이니 충분히 논리적인 분이라고 생각합니다. 그런데 때가 묻어 보인다는 이유로 안 된다니요. 더러워 보이는 것과 제품 성능은 아무 관계도 없습니다. 이성이 아닌 감각으로 판단하시면 곤란하지 않습니까?"

"측정 결과 성능은 충분히 만족할 정도라도 이렇게 변색되었다는 것은 최고의 제품이 아니라는 뜻이야. 원래 최고의 제품은 성능은 물론 보기에도 아름다워야 해."

나는 좀 더 자세히 설명했다.

야구에서는 가끔 변칙적인 자세로 던지는 투수가 있지만 대부분 운동경기에서는 실력이 뛰어난 선수가 자세도 좋다. 제품도 마찬가지다. 좋은 제품은 그에 걸맞은 품격이 있는 법이다.

"세라믹은 원래 순백색을 띠고, 닿으면 손이라도 베일 듯 빳빳하고 단단한 느낌을 주어야 하네. 흠잡을 데 없는 최상품이라면 그래야 한다는 거지. 외관을 그 정도로 유지할 수 있다면 당연히 세라믹의 성능도 뛰어날 수밖에 없네."

이때부터 나는 '손을 벨 듯한 제품'이라는 표현을 쓰기 시작했다. 뛰어난 성능은 물론이고 보기에도 아름다운 완벽한 제품을 가리키는 말이다. 그날 샘플을 거부당한 연구 팀장은 돌아가 개선 작업을 거듭했다. 마침내 보기에도 아름다운 최고의 반도체 패키지를 만들어 사업을 성공으로 이끌었다.

그 일이 있고 회사 어디에서나 손을 벨 듯한 제품이라는 말이 유행했다. 이때부터 교세라의 목표는 '아무 생각 없이 만졌다가는 손이 베일지 몰라. 장갑을 끼고 만져야겠다'라는 생각이 들 만큼 아름다운 최고의 제품을 만드는 것이 되었다.

실제로 교세라에서는 완성한 제품을 맨손으로 만지는 것

을 금한다. 손을 벨 듯이 완벽하게 만든 제품이라고 자부하기 때문에 꼭 장갑을 끼고 만지며 소중히 다루도록 한다. 이처럼 성능은 물론이고 겉모습까지 완벽을 추구하는 자세 덕분에 교세라는 중소기업에서 중견기업으로, 중견기업에서 대기업으로 발전할 수 있었다.

육바라밀과 교세라 필로소피

완벽을 추구하는 것은 제품에 대한 이야기만은 아니다. 직원들의 행동에 대해서도 마찬가지다. 직원들의 훌륭한 행동이 뒷받침되어야만 품격 있는 사풍을 갖추게 되고, '손을 벨 듯한' 멋진 회사로 성장할 수 있다.

교세라 필로소피는 어떤 면에서는 직원들이 지켜야 할 계율이다. 나는 이 계율을 통해 '인간으로서 무엇이 바른가. 바른 것을 끝까지 바르게 지켜나가자'라고 늘 주장해왔다. 그런데 사실 이것은 석가모니가 가르친 계율과 거의 같다.

석가모니는 인생의 궁극적인 목적을 깨달음을 얻는 것으로 보았다. 불교에서 피안彼岸에 이른다고 할 때 보통 이 세상 끝에 있는 극락정토를 떠올리게 된다. 사실 피안이란 깨달음의 경지를 이르는 말이다. 깨달음에 이르면 안심입명安心立命(천명을 깨닫고 생사를 넘어 마음의 평안을 얻은 상태 – 옮긴이)의 경지에 이르고, 그 순간 그곳이 바로 극락정토이기 때문이다.

석가모니는 극락정토에 이르기 위해 실천해야 할 여섯 가지 덕목을 가르쳐주었다. 이것을 '육바라밀六波羅蜜'이라고 하는데 정리해보면 다음과 같다.

첫째, 보시布施다. 불전에 바치는 돈을 포함해 조건 없이 다른 사람을 돕는 모든 행위를 가리키는 말이다. 나는 앞에서 경영과는 얼핏 모순되어 보이는 이타심에 대해 자주 언급하며, 참된 경영은 이타심을 바탕으로 해야 한다고 강조했다. 이타심은 세상과 다른 사람을 위하는 마음이므로 보시와 같다. 예를 들어 성실한 중소기업 경영자들은 자기를 위해서이기도 하지만 직원들의 생계를 책임지기 위해 밤낮으로 열심히 일한다. 이것은 다른 사람을 위해 애쓰고 노력하는 것이므로 훌륭한 보시다.

둘째, 지계持戒다. 계율을 잘 지킨다는 뜻이다. 석가모니는 인간에겐 여섯 가지 번뇌가 있다고 말했다. 번뇌란 육체의 욕망을 채우려다 보니 생기는 것으로 이를 맹목적으로 좇으면 반드시 파멸한다. 석가모니가 말한 여섯 가지 번뇌란 탐, 진, 치, 만, 의, 악견이다. 탐貪은 욕심이다. 식욕, 성욕, 명예욕과 같이 인간이라면 누구나 가지고 있는 욕망이다. 육체를 가지고 이 세상을 살아가려면 이런 욕망들을 어느 정도 채워야 하지만 지나치면 문제를 일으킨다. 진瞋은 성내는 것이다. 분노에 휘둘려 제멋대로 행동하면 주위 사람들에게 피해를 주게 된다. 치癡는 어리석음이다. 무지한 나머지 늘 불평불만만 투덜거리고, 다른 사람이 잘되는 것을 보면 질투하는 비루한 마음이다. 만慢은 거만함이다. 겸허함을 잊고 거만하게 자기를 자랑하고 높이려는 것이다. 의疑는 문자 그대로 의심으로 가득 찬 마음이다. 악견惡見은 바르지 못한 소견으로 세상 모든 일을 바라보고 판단하는 것이다. 석가모니는 여섯 가지 번뇌 탐, 진, 치, 만, 의, 악견을 억눌러야 한다고 했고 이것이 바로 계율이다.

다시 육바라밀에 대한 이야기로 돌아가면, 셋째가 정진精進이다. 꾸준히 노력하며 열심히 일하는 것이다. 나는 항상 누구에게도 지지 않을 만큼 노력하라고 강조했다. 예를 들어 남들 다 자는 시간에도 자지 않고 일하라는 것이다. 선종에서 수행하는 스님들은 깨달음을 얻기 위해 매우 엄격한 생활을 한다. 좌선을 할 때뿐만 아니라 농사를 지을 때든, 청소를 할 때든 일상의 모든 일에 필사적으로 노력하며 정진을 실천한다.

경영자도 이와 마찬가지로 매일 필사적으로 회사를 운영한다. 그런 의미에서 경영자가 행하는 노력은 스님이 행하는 수행과 그리 다르지 않다. 경영자도 주위 사람들처럼 긴 휴가를 떠나 한 번쯤은 일을 잊고 쉬고 싶다. 하지만 회사를 비웠다가 큰일이라도 생길까 봐 걱정된 나머지 매일 아침부터 밤늦게까지 회사에 나와 열심히 일한다. 이것도 좌선을 하는 것만큼이나 훌륭한 정진이다.

넷째, 인욕忍辱이다. 어려움을 참고 견디는 것이며, 박해나 곤욕을 참고 용서하는 것이기도 하다. 계속되는 경기 불황 속에서 많은 사람이 경제적 어려움을 참고 견디고 있다. 석가모니는 이것도 수행의 하나라고 했다.

다섯째, 선정禪定이다. 마음을 통일해 고요한 정신 상태에 이르는 것으로, 좌선 수행을 가리키는 말이다. 하지만 나는 이를 하루에 한 번 마음을 가라앉히는 시간을 가지는 것으로 해석하고 실천한다. 경영에 몰두하다 보면 화가 나고 흥분한 나머지 냉정한 판단을 하지 못할 때가 있다. 이때 실수하지 않으려면 하루에 한 번쯤은 마음을 가라앉히고 머리를 식혀야 한다. 보통 사람들이 가장 손쉽게 실천할 수 있는 선정 수행에는 잠들기 전 침대에서 조용히 눈을 감고 마음을 가라앉히는 방법이 있다.

지금까지 말한 다섯 가지 수행을 늘 마음에 새기고 실천하다 보면 드디어 여섯 번째 바라밀인 지혜智慧에 이르게 된다. 이는 우주 삼라만상을 지배하는 근본 원리를 알게 되는 깨달음의 경지다.

육바라밀을 마음에 새기며 일생을 걸고 인격을 닦는다

석가모니는 깨달음을 얻는 것이야말로 인생의 목표라 강조했고, 그것을 위한 수행법으로 육바라밀을 가르쳐주었다. 다시 말해 번뇌를 조금이라도 줄이고, 괴로움을 참고 견디고, 마음을 조용히 가라앉히고, 다른 사람을 위해 애쓰고 노력하면서 주어진 일에 온 힘을 다하면 깨달음에 이를 것이라고 가르쳤다. 그런데 이런 수행법은 내가 앞에서 언급한 '마음을 닦는다'나 '마음을 높인다' 혹은 '마음을 정화시킨다'와 같은 맥락이다.

다만 우리는 보통 사람들이기 때문에 석가모니가 말한 깨달음의 경지에는 도저히 이를 수 없다. 나쁜 짓을 하고 잘못된 생각을 한 뒤 반성하기도 하고, 스스로를 바로잡는 시행착오를 반복하며 살아간다. 육체를 가진 인간이기에 욕망에 사로잡히기도 하고, 화를 내기도 하고, 푸념을 하기도 한다. 인생에는 그 외에도 수많은 번뇌가 찾아오는데, 이것은 인간이라면 누구나 겪는 당연한 일이다.

이런 것들을 최소로 줄이고 자신의 인격을 닦아나가는 것이 중요하다. 다시 말해 일생에 걸쳐 육바라밀 수행을 어느 정도까지 이루어낼 수 있는지에 따라 죽을 때까지 완성되는 그 사람의 인격이나 영혼이 달라진다. 사람은 죽을 때 빈손으로 간다고 하지만 내 생각은 다르다. 평생에 걸쳐 갈고닦은 마음과 숭고한 영혼만은 저세상까지 가지고 간다고 생각한다.

　인생 방정식에서 가장 중요한 요소인 사고방식을 훌륭한 수준으로 높이기 위해서라도 항상 육바라밀을 마음에 새기고 실천하면 좋다. 경영자가 이를 통해 자신의 마음을 닦으면 회사는 성장하고 발전한다. 다만 회사가 성장하고 발전하는 것을 자신의 공적으로 여기고 자랑하면 그 순간 모든 것은 말짱 도루묵이다. 그렇게 성장하는 과정에서 갈고닦은 인격과 인간성이야말로 소중한 재산이라는 사실을 잊지 않기를 바란다.

제품의 이야기에 귀 기울인다

> 어떤 제품을 만들 때나 어떤 상황에서 문제가 생기거나 일이 진행되지 않으면 진지하고 겸허하게 지속적으로 관찰해야 한다. 예를 들어 제조 현장에서 자주 발생하는 고민거리 중에는 수율收率과 관련된 문제가 있다. 수율이란 원재료에 대한 제품 생산량을 가리키는 말이다. 수율이 벽에 가로막힌 듯 향상되지 않으면 관계자들은 애가 탄다. 이럴 때는 제품, 기계, 원재료, 공구에 이르기까지 공정 전체를 구석구석

> 관찰하고, 편견 없는 시선으로 주변에서 벌어지는 현상을 바라보아야 한다. 불량품이나 정비 상태가 나쁜 기계가 있으면 그것의 울음소리가 들릴 수도 있다. 제품에서 문제 해결의 실마리가 될 이야기를 들을 수도 있다. 이때 중요한 것은 선입관이나 편견 없이 모든 것을 있는 그대로 세심하게 관찰하는 자세다.

이 항목은 교세라가 만드는 제품과 밀접한 관계가 있다. 교세라가 취급하는 세라믹은 일종의 도자기다. 하지만 일반 도자기와 달리 주로 전자공업 제품의 부품으로 사용되므로 정밀하게 만들어진다. 세라믹의 주요 원료는 금속산화물 가루인데 산화알루미늄, 산화철, 산화마그네슘, 산화실리콘 등이 있다. 이 원료들을 섞어서 프레스 과정을 거친 뒤 성형한다. 성형한 것을 초고온에서 구워내면 단단한 세라믹이 완성된다.

도자기는 보통 1,300도에서 굽는다. 하지만 교세라에서는 세라믹을 1,600~1,800도의 초고온에서 굽는다. 1,600도가 넘는 초고온 세계에선 불꽃도 빨갛지 않다. 쳐다보는 순간 눈을 찌르는 듯한 통증이 느껴지는 눈부신 흰색이다. 그 상태에서 프레스 과정을 거쳐 성형한 것을 초고온에서 구우면 수축이 일어난다. 수축률이 큰 것은 20퍼센트나 크기가 줄어드는데, 전체적으로 균일하게 수축되지 않으면 불량품이 된다.

세라믹 제조법에 대해서는 아직 학문적으로 연구가 부족한 실정이다. 그래서 현장에서 만들어보며 쌓은 경험 지식에 많이 의존한다. 교세라 직원들은 실험을 거듭하며 법칙을 만들어갈 때가 많았다.

세라믹 제조와 관련해 명확하지 못한 점이 너무 많으므로 제조사가 어딘지에 따라 수율이 많이 달라진다. 같은 재료와 같은 설비를 사용해서 같은 일을 해도 적자를 보는 회사가 있는가 하면, 큰돈을 버는 회사도 있다. 이런 경우 제조 공정에서 나오는 불량률이 회사의 우열을 가린다고 보면 된다.

나는 창업을 하기 전에도, 한 뒤에도 현장을 자주 찾아갔다. 그때마다 반드시 확대경을 가져갔다. 생산된 제품 중에서 무작위로 골라 자세히 들여다보기 위해서였다. 확대경 렌즈 한 장이면 다섯 배에서 열 배, 두 장이면 그 배로 확대되는 구조여서 렌즈를 여러 장 사용하면 제품을 몇십 배나 확대해서 볼 수 있다.

교세라에서 만드는 세라믹은 아주 작고 정밀도가 높은 제품이다. 원형이나 사각형 구멍이 뚫린 부분의 모서리가 조금이라도 이지러져 있으면 불량품이다. 물론 맨눈으로는 보이지 않으므로 확대경으로 자세히 들여다보면서 조사해야 한다. 동시에 불순물이 섞여들지 않았는지도 살펴보아야 한다. 새하얀 세라믹이어야 하는데 표면에 깨알같이 작은 흑점이 있으면 이것도 불량품이다. 그래서 현장에 가면 자주 돋보기를 대고 제품을 뚫어지게 들여다보았다. 이때가 바로 제품의 이야기를 듣기 위해 귀 기울이고 있는 시간이다.

수율을 높이려면 제품을 관찰해야

나는 현장에 나가면 아예 그곳에 눌러앉아 준비해 간 확대경으로 열심히 제품을 관찰한다. 확대경으로 잘 보이지 않으면 현미경으로 들여다본다. 시간 가는 줄도 모르고 한 시간 정도 들여다보면 제품이 사람처럼 느껴지기 시작한다. 그래서 이지러진 곳을 발견하면 '이 녀석, 도대체 어디서 상처 입은 걸까?' 하며 제조 공정을 떠올리며 곰곰이 생각에 잠긴다.

사양이 엄격한 제품인 경우 1,000개 제품 중 불량품은 100개, 적을 땐 50개밖에 되지 않는다. 반도체 집적회로인 IC가 대표적인 예다. 휴대전화를 비롯해 현대인이 사용하는 모든 전자 제품엔 IC가 사용된다. IC는 사방 3~5밀리미터 정도의 초소형 실리콘 기판 위에 트랜지스터·저항기·콘덴서 등의 부품을 많은 경우 10만 개까지 탑재한 결합체다. 현미경으로 관찰하면 그 안에 빼곡하게 들어찬 트랜지스터들을 볼 수 있다. 이 속으로 미세한 불순물이 조금이라도 들어가면 불량품이 되어버린다.

미국 실리콘밸리에서 시작된 반도체 산업은 일본에서 크게 발전했다. 그 과정은 마이크로 세계의 전쟁이었다. 한 장의 실리콘 판에서 몇 개의 제품을 만들어낼 수 있는지에 따라 달라지는 수율의 전쟁이기도 했다.

처음 이 사업이 시작될 때에는 한 장의 실리콘 판에서 겨우 한두 개 제품만 만들어냈다고 한다. IC 가격은 상당히 비쌀 수밖에 없었다. 하지만 차츰 제조 기술이 좋아지면서 실리콘 판 한 장에서 몇만 개의 제품을 생산해냈고 IC 가격은 추풍낙엽처럼 떨어지기 시작했다. 반도체 가격이 떨어진 덕분에 그것을 사용하는 라디오, 텔레비전과 같은 전자 제품 가격도 내려가기 시작했다.

이런 수율 향상은 제품을 세심하고 끈질기게 관찰하는 일에서부터 시작된다. 처음엔 일방적인 관찰이지만 차츰 대화로 변하기 시작한다. 우선 관찰자는 제품에게 이런 질문을 던질 수 있다.

"어디 아픈 덴 없니?"
"이 상처는 도대체 어디서 생겼지?"
"불순물이 들어가 있구나. 어쩌다 이런 거니?"

놀랍게도 제품에는 이 모든 질문에 대한 해답이 담겨 있다. 하지만 대답을 들으려면 애정을 가지고 세심하게 관찰하는 시간이 필요하다. 어느 정도 시간이 무르익으면 제품이 어디가 아프고, 어디서 상처 입었는지를 말하기 시작할 것이다. 제조 공정 어디에 문제가 있는지를 밝혀내려면 제품의 이야기를 잘 들을 줄 알아야 한다. 제품이 말을 걸어온다고 느껴질 만큼 제품을 세심하게 관찰하는 것이 중요하다.

**제품에 대해 깊이 생각하는 사람만이
제품의 이야기를 듣는다**

교세라를 창립하기 전 세라믹 회사의 연구원으로 일할 때였다. 세라믹을 만들 가루 원료를 섞어 모양을 만들어 굳힌 뒤 작은 실험용 가마에서 굽고 있었다. 기술이 아직 미숙하던 때라 가마의 온도를 올려가며 굽는 일이 여간 어렵지 않았다. 굽는 중간에 제품이 여기저기서 뒤집어지며 말린 오징어처럼 뒤틀렸다. 왜 그러는지 이유를 알아내기 위해 실험을 반복해봐도 처음엔 도무지 감이 잡히지 않았다.

그러다 문득 프레스 과정에서 제품 윗면과 아랫면에 걸리는 압력의 방향이 다를 것이라는 생각이 들었다. 압력의 방향이 달라지면 밀도도 달라질 것이다. 아무래도 상대적으로 밀도가 낮은 아랫부분에서 수축이 크게 일어났다. 그리고 결국 이것이 제품이 뒤집히며 뒤틀리는 원인이 되었다. 몇 번의 실험 끝에 겨우 알아낸 이 사실은 물론 책에는 나와 있지 않은 것이었다.

왜 뒤집히는지는 알아냈지만 도대체 그런 현상을 어떻게 막아야 하는지는 여전히 알 수 없었다. 일단 윗면과 아랫면 밀도를 같게 만들어보려고 했지만 잘되지 않았다. 고객에게 샘플을 보여주기로 한 날은 점점 다가오는데 문제는 여전히 해결되지 않아 초조하기만 했다.

결국 언제 어떻게 뒤집어지는지를 제대로 관찰해야겠다는 생각이 들었다. 그래서 가마 안으로 통하는 조그만 구멍을 뚫고 그 안에서 벌어지는 일을 지켜보기로 했다. 온도가 올라가기 시작하자 제품이 하나둘 뒤집어지면서 이지러지기 시작했다. 마치 살아 있는 생물체가 꿈틀거리는 것처럼 보였다. 보고 있으려니 도저히 참을 수 없어 구멍 안으로 손을 집어넣고 뒤집히지 않게 눌러주고 싶은 마음이 들었다.

물론 정말 그렇게 했다가는 1,000도가 넘는 가마 안 온도를 견디지 못하고 손이 녹아버릴 것이다. 그런 사실을 알면서도 불쑥 손을 집어넣고 싶을 정도로 간절하지 않으면 제품이 들려주는 이야기를 결코 들을 수 없다.

실제로 손을 집어넣어 눌러주고 싶다는 생각이 든 순간, 중요한 사실을 깨달았다. 어쩌면 제품이 '고온에서 눌러주는 장치가 있으면 안 뒤집힐 것 같아'라고 속삭이는 소리를 들었던 것일지도 모른다.

그 후 고온에서 견딜 수 있고 적당히 무게가 나가는 물건으로 제품을 누른 뒤 구웠더니 더 이상 뒤집히지 않았다. 가마에서 꺼낸 제품은 평평하고 매끄러운 외관을 자랑하며 반짝거렸다. 이때부터 나는 제품의 이야기에 귀 기울이는 시간을 무엇보다 소중히 여기게 되었다.

제품에 대한 끝없는 애정, 예를 들어 제품을 끌어안고 자고 싶다는 생각이 들 정도로 애정을 기울이지 않으면 좋은 제품은 나오지 않는다는 사실을 명심해야 한다.

제품의 이야기에 귀 기울여 완벽한 제품을 만든다

예전에 한 방송국에서 방송용 기자재가 무너져 빨리 복구해야 하는 일이 생겼다. 무너진 기자재는 방송용 진공관을 냉각하는 수냉식 사관이었다.

이 일을 의뢰받은 미쓰비시전기에서 그 사관을 만들었던 업자에게 연락했지만 불가능하다는 대답만 돌아왔다. 사관을 만든 기술자가 죽었기 때문에 더 이상 만들 줄 아는 사람이 없다는 게 이유였다. 곤란해진 미쓰비시는 이제 갓 창업한 교세라에 이 일을 할 수 있는지 물었다.

작은 물건밖에 만든 경험이 없는 교세라에 수냉식 사관은 지나치게 큰 물건이었다. 당연히 생산 설비조차 없었다. 그런데도 냉큼 "할 수 있습니다" 하고 주문을 받았다. 그리고 신용을 지키려면 어떻게든 그 일을 꼭 해내야만 했다.

대형 세라믹 제품을 만드는 것은 보통 일이 아니다. 일반 도자기와 같은 원료를 사용한다고 해도 워낙 큰 제품이라 성형하고 말리는 과정이 문제다. 외부가 먼저 마르면 금이 가서 깨질 수 있으므로 전체가 균일하게 마르도록 신경 써야 한다. 급격하게 말려도 깨져버리기 쉬우므로 아직 덜 마른 제품을 천으로 덮고 그 위에 습기를 뿜어가며 조금씩 말리는 과정을 거쳐야 한다. 게다가 밤중에는 무게 때문에 형태가 망가지지 않도록 가마 안 온도가 적당한 곳에서 제품을 끌어안고 천천히 돌려가며 말려야 한다.

당시 며칠 밤 동안 제품을 끌어안고 가마 안에서 지냈다. 그 일은 지금도 잊지 못할 추억이다. 제품을 끌어안고 지내는 동안 더욱 세심하게 관찰할 수 있었고, 제품이 들려주는 이야기를 들어가며 더욱 완벽하게 개선할 수 있었다. 〈교세라 필로소피 수첩〉에는 '손을 벨 듯 완벽한 제품을 만든다'라는 항목이 있다. 그만큼 흠잡을 데 없이 완벽한 제품을 만들어야 한다는 의미다. 이것은 제품의 이야기에 귀 기울일 줄 아는 사람만이 가능한 일이라고 생각한다.

손실을 당연히 여기지 않는다

나는 세라믹 제조라는 특수한 세계에 대해 이야기하고 있다. 하지만 완벽함을 추구하는 데는 경계가 없다고 본다. 무엇을 만들더라도, 제조업이 아닌 유통업 같은 다른 업종도 마찬가지다.

어떤 분야든 대충해서 잘되는 일은 아무것도 없다. 무엇을 하든 완벽을 추구하는 자세로 임해야 한다. 어떤 일을 해나가든 손실을 완벽하게 피해 갈 수는 없다. 문제는 이런 손실을 당연하게 받아들이는 태도다.

가끔 경영자 중에도 "제품을 운반하다 깨뜨려 손실을 내기도 하는데, 많은 물품을 취급하다 보면 어쩔 수 없는 일 아닙니까?" 하고 말하는 사람들이 있다. 하지만 그런 손실을 당연하게 여기지 말고 반드시 줄이겠다고 마음먹어보라. 그 일을 계기로 회사에 큰 변화가 일어날 것이다.

경영자 주변에는 '선친 때부터 몇십 년 동안 해오던 일이다' 혹은 '회사를 세우고 10년 넘게 해오던 일이다'라고 하면서 당연하게 여기는 일이 너무 많다. 그런 생각을 근본적으로 바꾸겠다고 생각해보라. 그리고 제품의 이야기에 귀를 기울이면 마음 깊은 곳으로부터 중요한 이야기가 들려올지도 모른다. 때로는 제품의 울음소리가 들려올 수도 있다. 이런 소리는 모두 제품을 개량하고 경영을 개선하는 실마리가 된다.

나는 가끔 아내가 장 보러 갈 때 따라간다. 그때마다 매장 한 귀퉁이에 있는 세일 코너에 눈길이 간다. 그 코너에서는 포장이 훼손된 식료품을 반값에 팔고 있다. 내용물에는 전혀 문제가 없어도 먹는 음식이다 보니 상품 가치가 크게 줄었다고 판단한 것 같다. 가구점에서도 제조나 유통 과정에서 흠이 생긴 제품을 싼값에 파는 경우가 있다.

아주 작은 흠 때문에 가격이 반으로 깎인다는 생각을 하면 모든 공정에서 제품을 취급할 때 조심하고 또 조심할 수밖에 없다. 만일 제품에 흠이나 오류가 생겼다면 공정 중 어느 단계에 문제가 있는지 관찰하고 철저하게 밝혀내 개선해야 한다. 제조업이든 유통업이든 작은 손실도 용납하지 않겠다는 자세로 임하는 것이 중요하다.

발명, 발견은 관찰력이 주는 선물이다

비결정질 실리콘 드럼을 개발하던 이야기를 잠깐 해보려 한다. 이 제품은 현재 교세라에서 생산하는 프린터의 핵심 부속품으로 쓰이고 있다. 일반적인 프린터나 복사기는 가장 중요한 부속품인 감광 드럼에 플라스틱 같은 유기 재료를 쓴다. 하지만 교세라에서는 경도가 아주 높은 비결정질 실리콘을 쓴다. 유기 재료로 만든 감광 드럼은 1~2만 매 정도 인쇄하면 마모가 심해 새것으로 바꾸어야 한다. 하지만 비결정질 실리콘 드럼은 5만 매를 인쇄해도 마모되지 않는다. 프린터의 수명이 다할 때까지 드럼을 바꾸지 않고 계속 쓸 수 있다는 뜻이다.

길어야 몇 년 동안만 쓰다가 버리는 현대인의 소비 습관은 환경에 큰 피해를 준다. 그래서 더더욱 비결정질 실리콘 드럼 같은 반영구적 부속품이 널리 채택되어야 한다고 믿는다. 하지만 교세라가 앞장서서 이것을 만들어내기까지 개발 과정은 결코 쉽지 않았다.

비결정질 실리콘 드럼은 잘 연마한 알루미늄 드럼 표면에 얇은 실리콘 막을 입혀서 만든다. 막을 입힐 때는 실리콘과 수소를 결합한 '실레인silane'이라는 맹독 가스를 사용한다. 이 가스를 용기에 넣고 플라즈마 방전을 일으키면, 방전된 에너지 때문에 실리콘과 수소가 분해된다. 이때 수소는 배출되고 실리콘만 드럼 표면에 달라붙는다.

하지만 방전은 움직임을 예측하기 어려운 현상이다. 예를 들어 번개가 심한 날 하늘을 보라. 이쪽 하늘에서 번개가 쳤는가 싶으면 금세 저쪽 하늘에서 번개가 친다. 플라스마 방전도 번개 치는 현상과 비슷하기 때문에 방전되는 방법에 따라 어떤 부분에는 실리콘이 두껍게 입혀지고, 어떤 부분에는 실리콘이 얇게 입혀지곤 한다. 물론 그 차이는 1,000분의 1밀리

미터 정도에 그친다 해도 실리콘이 알루미늄 드럼 표면에 고르게 입혀지지 않으면 감광체로서 역할을 다할 수 없다. 그래서 이 차이를 해결하는 것이 큰 문제였다.

학문적으로 '방전에 의한 박막 성형법'이라는 이론이 나와 있기는 했다. 하지만 그것을 이용한 양산 기술은 널리 알려진 게 없었다. 학계에서는 실험 끝에 샘플이 하나라도 나오면 이론으로 인정해준다. 하지만 막상 제조업자들이 그 이론대로 양산하려 들면 드러나는 문제가 한두 가지가 아니다.

교세라가 박막 성형과 씨름한 지 3년 정도 지나던 때였다. 어느 날 직원이 뛰어와 성공이라고 보고했다. 깜짝 놀라 달려갔더니 정말 알루미늄 드럼에 실리콘이 고르게 입혀져 있었다. 그래서 한 번 더 해보라고 하자 더 이상 성공하지 않았다. 몇 달 지나자 직원이 달려와 다시 성공이라고 보고했다. 하지만 이번에도 재현할 수 없었다.

정상적인 제품을 만드는 데 성공했다 해도 그것을 다시 재현할 수 없다면 제조업자에겐 아무런 의미가 없다. 그래서 나는 당시 연구원들에게 이런 말까지 했다.

"결과가 잘 나와서 그것을 재현해보고 싶다면 똑같은 조건에서 해봐야 해. 예를 들어 결과가 잘 나온 날 아침, 집을 나설 때 어떤 심정이었는지 잘 생각해보게. 부인과 싸우고 나왔다면 다시 싸워보게. 그때랑 똑같은 심리 상태를 만들라는 말이지. 내 말은 물리적 조건만이 아니라 정신적 조건까지 똑같지 않으면 똑같은 성과를 거두기 어렵다는 뜻이야. 알겠나?"

당시 전 세계에서 이 연구를 했지만 어디에서도 양산에 성공하지 못했다. 교세라에서도 두 번 정도는 성공했지만 그것을 일상적으로 재현하는 데 실패했다. 곤란한 나머지 포기할까 하는 생각까지 들기 시작했다.

그러던 어느 날 문득 현장에 가봐야겠다는 생각이 들었다. 실험은 밤에도 계속 교대로 진행되었다. 그런데 연구실에 가서 살짝 들여다보았더니 평소 "어떤 현상이 일어나는지 항상 잘 지켜봐야 하네"라고 그렇게 일러두었는데도 연구원이 꾸벅꾸벅 졸고 있었다. 나는 어이가 없어 그 뒤로 가서 "이봐, 지금이 잘 땐가!"라고 호통쳤다.

어떤 발명이나 발견도 예리한 관찰에서 시작된다. 아무리 사소한 현상이라도 지나쳐 보지 않는 예리한 눈이 있어야 누구도 발견하지 못한 것을 알아차릴 수 있기 때문이다. 제품의 이야기에 귀 기울여야 한다는 것은 이런 관찰력을 갖추자는 뜻이다.

예리한 관찰력이 없으면 어렵게 꼬인 일을 해결할 실마리를 발견할 수 없다. 그런 의미에서 실험실에 앉아 졸고 있던 연구원을 즉각 새로운 사람으로 교체했다. 몇 년이나 이 일에 매달려온 연구원을 빼버리는 것은 그때까지 그가 쌓아온 경

힘을 버리는 것이나 마찬가지이므로 큰 손실이다. 하지만 신경 쓰지 않았다. 심지어 연구 장소까지 바꾸기로 했다. 가고시마에 있던 연구실을 시가현 요카이치시로 옮기고 가고시마에서는 리더 한 사람만 따라가게 했다. 결국 그 아래 연구원들은 모두 새로운 인력으로 바꾸었다.

이제 조금만 더 힘을 내면 될 것 같은 순간에 인력을 교체하니 무모하다고도 할 수 있는 상황이었다. 이렇게 하고 성공하지 못하면 지난 3년의 노력은 모두 헛수고가 될 것이다.

하지만 나는 날카로운 관찰력을 지닌 새로운 연구원들로 전원 물갈이하고 초강력 승부수를 던지기로 했다. 그 결과 지지부진하던 연구가 다시 활기를 찾았고 결국 균일하게 막을 입히는 방법을 알아내는 데 성공했다. 오늘날 '에코시스'라는 이름으로 알려진 교세라 프린터는 이렇게 해서 세상의 빛을 보게 되었다.

기계 울음소리까지 민감하게 듣는다

이번엔 기계와 관련된 이야기를 해볼까 한다. 두부를 만들어 팔든 빵을 만들어 팔든 가끔 제조 기계에서 이상한 소리가 날 때가 있다. 나는 그런 소리를 결코 가볍게 넘기지 않고 반드시 현장 관계자를 불러 "기계가 우는 소리가 들리지 않는가?"라고 꾸짖는다.

보통 기계를 가동하면 소리가 나기 마련이다. 그런데 평소와 달리 갑자기 이상한 큰 소리가 날 때가 있다. 이것은 기계에 문제가 생겼다는 신호다. 그래도 대부분 기계는 예전처럼 돌아가니까 무시하고 사용한다. 하지만 나는 그런 일이 있으면 현장 직원들을 엄하게 꾸짖는다.

이런 습성 탓인지 차를 타서도 기계 소리에 민감하게 반응한다. 진동음이나 엔진 소리가 평소와 달리 조금이라도 이상하면 운전기사에게 "차 상태가 이상하지 않나?"라고 묻는다. 그러면 운전기사는 언제나 "아닙니다. 괜찮습니다"라고 대답한다. 내가 어제와 다른 소리가 난다고 걱정해도 상태가 조금도 나빠지지 않았으며 괜찮다고 우긴다.

이것은 관찰하는 사람의 감도가 다르기 때문이다. 운전기사와 나, 둘의 감도가 다르기 때문에 한 사람은 이상한 점이 없다고 하고 다른 한 사람은 전과 달리 이상하다고 주장하는 것이다. 결국 내가 운전기사에게 검사를 받아보라고 하면 그는 마지못해 차를 수리 공장에 맡기는데, 볼베어링의 볼이 하나 빠져 있다든가 하는 문제가 꼭 발견된다. 나는 누구라도 이 정도 예민함은 가지고 생활하도록 권하고 싶다. 그렇게 되면 산업 현장에서든 일상에서든 다가올 위험을 미리 알고 피할 수 있다.

조화로움에 대한 감각이 있어야 불량을 발견한다

나는 평소 정리정돈과 청결을 잔소리에 가까울 정도로 강조한다. 따라서 내가 현장에 간다고 하면 대부분 미리 깨끗이 청소를 해둔다. 하지만 그런 중에도 검사대나 사무용 책상 위를 보면 자료가 여기저기 아무렇게나 놓여 있는 게 보였다. 보통 책상도 사각형이고 종이도 사각형이라 자료를 비스듬하게 놓아두면 눈에 거슬린다. 그래서 나는 그런 것들을 눈에 띄는 대로 바로 놓아둔다.

"책상은 사각형이라 그 위에 놓는 물건도 책상 모서리와 평행해야 해. 그렇지 않으면 조화를 잃어 보기에도 안 좋아. 특히 사각형 위에 두는 사각형 물건은 변끼리 평행하게 맞춰야 해."

이 말대로라면 비스듬하게 놓인 필통도 책상 모서리와 평행하게 똑바로 놓아야 한다. 이런 사실이 알려진 뒤부터 내가 현장에 가는 날이면 모두 책상 위의 물건을 똑바로 놓느라 바쁘다고 한다.

책상 위에 물건을 어떻게 두든 일만 잘하면 된다고 생각하는 사람도 있겠지만 내 생각은 그렇지 않다. 책상 위에 물건이 여기저기 흩어진 게 아무렇지도 않게 느껴진다면 그만큼 조화가 깨진 것을 알아차리는 감각도 떨어진다는 뜻이다. '저렇게 흩어져 있으니 왠지 께름칙하고 뭔가 어색해'라고 생각할 정도는 되어야 한다. 균형이 맞지 않고 조화가 깨진 것을 당연하게 여기는 감각으로는 불량이나 이상을 발견할 수 없다. 그래서 나는 정리정돈을 시끄러울 정도로 강조하며, 직원들이 사소한 것에서부터 조화를 찾는 습관을 들이도록 노력했다. 조화로움에 대한 감각이 발달한 사람은 제품의 이야기에 귀 기울여 문제점이나 해결책을 찾는 데도 뛰어날 것이다.

일대일대응 원칙을 지킨다

> 무슨 일이든 대강 파악하거나 처리하지 말고 하나하나 명확하게 처리해야 한다. 전표 없이 현금이나 물건을 움직인다든가, 현금이나 물건의 움직임을 확인도 하지 않고 전표를 끊어준다든가 해서는 안 된다. 또 외상 매출금의 입금을 확인할 때에도 어떤 항목에 대한 입금인지를 일일이 대응시켜 정확하게 지워나가야 한다.
>
> 생산 활동과 영업 활동에 대해 총 생산과 총수익을 구할 때에도 마찬가지다. 모든 수익과 그것을 생산하기 위해 필요했던 경비를 정확하게 대응시켜 엄밀한 채산 관리를 해야 한다.

제품을 납품할 때 보통은 납품 전표를 함께 가지고 간다. 그러면 고객은 물건을 받았다는 의미로 전표에 도장을 찍어 준다. 그 전표를 회사로 다시 가져오면 그제야 비로소 매상으로 집계된다. 약간 다른 경우도 있지만 많은 회사에서 이런 식으로 물건과 전표가 함께 움직이는 시스템을 채택하고 있다.

하지만 중소기업에선 그렇지 못할 때도 많다. 예를 들어 사장이 회사 금고를 관리하는 경리 직원에게 "지금 급하게 거래처에 가야 하니까 5만 엔만 꺼내줘"라고 하거나 "급하니까 빨리 5만 엔만 줘. 가불 전표는 나중에 끊을 테니까"라면서 현금을 가져가기도 한다. 경리 직원 입장에서 보면 사장이 금고에서 5만 엔을 꺼내 간 것을 증명하는 가불 전표를 금고 안에 확실히 넣어두어야 한다. 그렇지 않으면 나중에 계산이 맞지 않아 곤란할 것이다.

돈이 움직이든 물건이 움직이든 반드시 전표가 함께 붙어 다니도록 하는 것은 경영의 철칙이다. 전표 없이 돈이나 물건이 움직이는 일이 있어선 결코 안 된다. 이와 관련해선 하나의 예외도 용납하지 않는 회사 분위기를 만들어야 한다.

내가 이에 대해 절실히 깨닫게 된 것은 교세라를 창립할 무렵부터였다. 당시 영업 사원 중엔 나보다 훨씬 나이가 많은 사람이 있었다. 그는 사람됨이 좋고 아주 성실한 사람이라 나를 포함해 모두가 신뢰했다. 그의 주요 거래처는 전자 제품을 만드는 대기업들이었다. 그런데 몇 달 동안 계속 그가 납품하는 회사들에서 대금이 들어오지 않았다. 그에게 어찌 된 일인지 물었더니 돌아온 대답은 "거래처에서 지불을 조금만 기다려달라고 했습니다"였다. 워낙 착하고 좋은 사람이기에 그의 말을 믿고 일단은 기다려보기로 했다.

하지만 그가 3일 정도 결근하면서 문제가 터졌다. 한 거래처에서 "주문한 물건이 전혀 납품되지 않고 있다. 어찌 된 일인가?" 하는 항의가 들어왔다. 이상하다는 생각이 들어 나쁜 일인 줄 알면서도 결근한 그의 책상 서랍을 열어보았다. 그 속에는 몇 달 전에 납품한 제품들의 전표가 가득 들어 있었다. 납품 전표는 그대로 있는데 물건은 다 어디로 사라졌다는 말인가?

본인을 불러 물어보니 나름대로 이유가 있었다. 고객이 물건을 빨리 가져오지 않으면 제품을 만들 수 없다고 재촉하자 그는 당황해서 물건을 들고 달려갔다고 했다. 그런데 물건을 받은 고객이 곧바로 생산 현장으로 가버리는 바람에 전표에 도장 받을 기회를 놓쳤고, 그 전표는 모두 책상 서랍 속에 넣어두었다는 것이다.

그런 식으로 넣어둔 전표가 한두 장이 아니라 너무 많다는 사실에 더욱 놀랐다. 나는 그 영업 사원과 함께 고객을 직접 찾아갔다. 그리고 일일이 전표를 보여주면서 "이것은 모월 모일에 이 사람이 납품한 물건에 대한 전표입니다. 아직 입금이 되지 않고 있습니다"라고 설명했다. 하지만 고객은 자신이 도장을 찍어준 전표가 아니므로 경리 담당 직원을 불러 확인할 생각도 하지 않았다. 그런 전표라면 외상 매입 대금으로 올라가 있지 않을 게 뻔했기 때문이다. 내가 "저희 회사 제품을 부품으로 사용하셨지요?"라고 묻자 "예, 사용하기는 했습니다. 하지만 전표가 없으니 어쩔 수 없네요. 언제 몇 개나 납품되었는지 정확히 알아야 경비로 처리할 수 있거든요"라고 대답했다. 개중에는 전표에 적힌 물건을 쓴 적이 없다고 주장하는 회사도 있었다. 정말 큰일을 당하고 말았다.

영업 사원은 마음이 약해 고객에게 전표에 도장을 찍으라고 강요할 수 없었다고 했다. 그냥 고객이 하자는 대로 둔 것이 결국 회사에 큰 손해를 끼치고 말았다. 이처럼 조직에 지나치게 마음이 약한 사람이 1명이라도 있으면 어처구니없는 일을 당하는 수가 있다.

이 일을 계기로 납품할 때마다 전표에 확인 도장을 받게 하는 일대일대응 원칙을 무엇보다 중요하게 여기게 되었다. 사람이든, 물건이든, 돈이든 회사 안의 모든 자원이 들어오고 나갈 때마다 반드시 전표도 따라다니게 해야 한다. 전표는 나중에 모아서 처리하는 것이 아니라 반드시 그때그때 일대일로 대응시켜 처리하도록 원칙을 정해놓아야 한다.

특별한 예외란 없다

교세라의 규모가 꽤 커진 뒤 있었던 일이다. 거래처인 대기업에서 "지금 불황이니 외상 대금 3억 5,000만 엔 중 먼저 5,000만 엔만 이달에 지불하겠다. 다음 달에도 5,000만 엔을 지불할 테니 그렇게 처리하도록 해달라"라는 연락이 왔다. 교세라는 그 회사의 반도체, 텔레비전 제조 등 여러 부문과 거래하고 있었다. 따라서 우리가 그 대기업의 여러 부문에 외상으로 납품한 대금을 모두 합하면 3억 5,000만 엔이라는 뜻이다.

나를 찾아온 영업 담당자는 "이달에 5,000만 엔, 다음 달에 5,000만 엔을 지불한다고 합니다"라고 보고하며 그대로 처리하려 했다. 하지만 내 생각은 달랐다.

"잠깐 기다려보게. 이달에 지불하겠다는 5,000만 엔은 어떤 물품에 대한 것인가?"

"그런 건 정하지 않고 전체 외상 대금에서 5,000만 엔부터 갚겠다는 말입니다."

나는 교세라의 원칙을 되새겨주는 수밖에 없다고 생각했다.

"우리 회사는 납품한 항목 하나하나에 대해 돈을 지불받아 하나씩 지워가는 일대일대응 원칙을 따르고 있네. 그런데 5,000만 엔을 받으면 무얼 어떻게 지워야 할지 생각해봤는가? 고객 입장에서도 발주 대금을 지불한 것으로 처리해야 할 텐데, 과연 어떤 항목을 처리하겠다는 건가? 채산을 맞추기 어렵지 않겠나? 그러니 어떤 항목에 대한 지불인지부터 확인하게. 정확히 어떤 항목에 대한 것인지 일대일로 확인할 수 없는 지불금은 받을 수 없네."

이 말을 전해 들은 대기업 관계자는 처음에 화를 냈지만 우리 쪽의 사과와 설명을 듣고 결국 납득했다. 당시에는 불황이었으므로 우리로선 돈을 조금이라도 빨리 받고 싶었다. '5,000만 엔이라도 좋으니 우선 받아두자'라고 생각하는 게 더 상식에 가까웠을지도 모른다. 하지만 그렇게 하면 일대일대응 원칙이 무너진다. 특례를 하나씩 허용하다 보면 원칙을 지키기 어려운 법이다. 교세라에서는 하나의 예외도 허락하지 않고 오늘날까지 일대일대응 원칙을 철저하게 지켜오고 있다.

일대일대응은 기업의 투명성을 높이고 부정을 막는다

한 유명한 상사의 간부에게서 다음과 같은 이야기를 듣고 깜짝 놀랐다.

결산 달인 3월이 되면 각 사업 부장들은 예정된 매출과 이익을 달성하기 위해 머리를 짜낸다. 그 와중에 몇몇 사람은 단골 거래처에 "매출 실적이 안 좋아 곤란합니다. 미안하지만 좀 도와주세요. 그쪽에서 3억 엔 정도 매출을 올려준 걸로 해주시겠습니까?"라고 부탁한다.

3억 엔 매출을 올려준 것으로 해도 물품을 받은 적이 없으므로 그 후엔 도대체 어떻게 되는 건가 궁금했다. 이야기를 좀 더 자세히 들어보니 이러했다.

거래처는 구입 전표를, 자신은 납품 전표를 끊고 제품을 출하한 것으로 한다. 4월 중순이 되면 이번엔 반품 전표를 끊는다. 즉, 결산하는 달엔 보여주기 위해 서류를 조작하고 다음 달엔 원래대로 돌려놓기 위해 서류를 조작하는 식이다.

이 이야기를 듣고 정말 어이가 없었다. 상대편과 짜기만 하면 전표 하나로 못 할 게 뭐란 말인가? 이런 일이 여기저기서 이루어지고 있다면 발표되는 매출 수치도 결국 거짓이라는 말이 된다. 물품 없이 거래가 이루어지면 경비도 발생하지 않으므로 매출은 100퍼센트 이익으로 계산된다. 따라서 이런 조작은 매출뿐만 아니라 같은 양의 이익까지 조작하는 결과를 만들고 만다.

나는 경영 숫자란 경영자가 만들어내는 것이라고 생각한

다. 하지만 부정한 방법이 아니라 매출을 올리고 싶다는 경영자의 의지와 노력으로 쌓아 올린 것이어야 한다. 그런데 전표를 조작해 자기 형편에 좋을 대로 만들어내며 분식결산을 하는 사람들이 있다니 안타까울 따름이다.

물품 없이 전표만 오가는 일은 결코 있어선 안 된다. 또 분식결산도 절대 용납해선 안 된다. 그래서 나는 더더욱 일대일 대응 원칙을 꼭 지켜야 한다고 호소한다. 설령 경영자라 해도 부정을 저지르지 못하도록 미리 막기 위해 일대일 대응 원칙을 꼭 지키는 회사 시스템을 마련해야 한다. 이렇게 하면 주변의 다른 기업들도 '아, 저 회사는 공정한 결산을 하는구나'라는 생각을 하게 되고, 이런 풍토는 기업 투명성을 증명하는 기초가 된다. 기업 경영의 투명성을 높이기 위해서라도 일대일대응 원칙은 아주 중요하다.

일대일대응을 이익률 변동으로 확인한다

일대일대응이 지켜지는지를 즉시 확인할 수 있는 방법이 있다. 어느 회사든 매출과 이익은 매월 변한다. 그런데 매출 변동은 어쩔 수 없다 해도 매출 이익률은 잘 변하지 않는다. 그런데 이 수치의 변화가 갑자기 너무 커졌다면 일대일대응 원칙이 잘 지켜지지 않는다고 보아야 한다.

예를 들어 지난달 매출이 10억 엔이고 이익률은 5퍼센트였다고 하자. 그런데 이번 달을 살펴보니 매출은 8억 엔인데 이익률은 그대로 5퍼센트다. 이런 회사는 일대일대응이 잘 이루어진 것이다.

하지만 지난달 매출이 10억 엔이고 이익률이 5퍼센트였는데 이번 달엔 매출이 8억 엔으로 떨어지고 이익률은 갑자기 적자가 났다. 이것은 어딘가 문제가 있다는 뜻이므로 일대일대응이 잘 이루어졌는지부터 살펴보아야 한다. 이익률 변동은 일대일대응이 잘 이루어지고 있는지를 보여주는 척도이기 때문이다.

관리를 확실하게 하지 못하는 회사는 대부분 일대일대응이 이루어지지 않으므로 반드시 이익률 변동 폭이 클 것이다. 그런 경우 상반기나 하반기처럼 어떤 전 기간을 통틀어 보았을 때에는 이익이 나지만, 그것을 세분해 월별로 보면 좋았다가 나빴다가 들쑥날쑥 변동이 심하다. 이런 상태라면 회사 상태가 좋은지 나쁜지 확실히 알 수 없다.

현지 법인에서도 일대일대응을 확실히 한다

오래전 교세라가 미국 실리콘밸리에 진출했을 때 이야기다. 반도체 산업이 실리콘밸리에서 시작된 지 얼마 되지 않을 때라 아주 바빴다. 교세라 본사에서 직원 2명을 파견했는데, 그중 이공계 출신인 젊은 사원에게 영업과 경리 일까지 모두 맡겼다.

물론 아직 미국식 경리 시스템을 잘 모르기 때문에 샌프란시스코 주재 일본인 공인회계사에게 한동안 회계 업무를 자문해주도록 부탁했다. 그리고 젊은 직원과 나는 스탠퍼드대학교 도서관에 가서 경리에 대해 가장 간단히 설명해놓은 책을 빌려다가 같이 공부했다. 당시 "미국에선 이런 식으로 전표를 처리하는구나" 하고 중얼거리며 둘이서 공부하던 기억이 지금도 선명하다.

그 후 그 직원도 성장하고 회사도 점점 발전하며 규모를 키워갔다. 어느 날 내가 현지로 출장을 갔더니 그가 "사장님, 실적이 이렇게 올랐습니다" 하며 자료를 보여주었다. 자세히 들여다보았더니 어떤 달은 이익이 많이 났고 어떤 달은 큰 적자가 났다.

"일본 교세라가 만든 물건을 수입해서 판매만 하는 것 아닌가? 인건비가 드는 것도 아니고 그 외 다른 경비가 들어갈 일도 없는데 도대체 왜 이렇게 큰 적자가 났지?"

내가 캐묻자 그 직원은 "공인회계사의 조언대로 한 것입니다"라고 대답했다.

사정을 자세히 들어보니 공인회계사는 이공계 출신인 우

리 직원이 이해하기 쉽도록 경리 업무를 복식부기가 아닌 단식부기로 가르쳐주었다고 한다.

현지에서 빨리 출하해달라고 팩스로 일본 본사에 연락하면 일본에선 항공편으로 샌프란시스코까지 제품을 보낸다. 샌프란시스코에 제품이 도착하면 수화물 처리 업자에게 부탁해 재빨리 통관 검사를 받게 한 뒤 직원이 그것을 싣고 인텔과 같은 거래처로 달려가 납품했다.

그는 일본에서 항공편으로 물건을 몇 개 보냈다는 연락을 받은 뒤 곧 전표를 작성해 붙여 납품했다. 그러면 이때 매출은 오르지만 일본에서 물건을 산 비용은 아직 처리되지 않은 상태였다. L/C(신용장)에 의한 거래를 하기 때문에 은행을 경유해 일본에서 청구서가 도착할 때까지 10일 정도 걸린다. 즉, 미국에서 물건을 팔아 매출을 올려도 그 물건을 일본에서 들여온 비용은 아직 발생하지 않은 상태가 된다.

매출을 올린 뒤 매입원가가 발생하는 이런 시스템 때문에 월말쯤 물건을 팔면 문제가 생겼다. 이번 달에는 매출이 오른 만큼 전부 이익으로 계산된다. 하지만 다음 달 초가 되면 이 매출에 대한 매입원가 청구서가 일본 본사에서 날아온다. 매출이 없는 상태에서 그것을 지불해야 하므로 결국 큰 적자가 나고 만다.

"이래서는 일대일대응이 아니지 않은가? 매입이 없는데

매출이 생겼다는 것은 물건이 없는데 팔았다는 말과 같은 뜻이야. 말이 안 되는 소리지. 이럴 경우 일본에서 청구서가 오기 전에 자네가 임시로 매입 전표를 써서 매출과 일대일로 맞추어놓아야 해. 그렇게 하면 이달에는 흑자였다가 다음 달에는 적자를 보는 일은 없지 않겠나?"

이때부터 미국 현지법인도 철저하게 일대일대응으로 맞춰서 경리 시스템을 꾸려가기 시작했다. 그 후 드디어 교세라가 상장을 하게 되었다. 이를 위해 어느 감사 법인의 회계 전문가에게 회사 경영 상태에 대한 감사를 부탁했다. 그는 내가 이공계 연구원 출신이니 당연히 회계에는 어두울 것이라고 생각한 것 같았다. 게다가 회사를 세운 지 얼마 되지 않았는데 상장을 하니 경리 면에 큰 문제가 있지 않을까 의심하는 듯했다. 그래서 처음엔 교세라의 감사 법인을 맡지 않으려다가 간곡히 부탁하자 마침내 수락했다.

이 회계사가 처음에 눈길을 준 것은 해외의 현지법인이었다. 국내에선 감시가 철저하니 제대로 하는 기업도 해외에선 엉망인 경우가 많기 때문이다. 그래서 처음에 현지법인부터 감사해보려는 것이었다.

그런데 막상 자세히 들여다보니 경리 전문가도 아닌 이공계 출신 사원이 매출과 매입 관련 서류들을 일대일대응으로 잘 정리해두고 있었다. 그는 "놀랐습니다. 그렇게 빈틈없이 서류를 정리해둔 경우는 처음 봅니다" 하며 감탄했다.

일대일대응 원칙은 부정을 일으키지 않는 동시에 깨끗하고 투명한 경영을 가능하게 한다. 부디 사람, 물건, 돈 등 모든 것이 움직일 때 반드시 전표가 붙어 다닌다는 원칙을 철저히 지켜주길 바란다.

이중 확인 원칙을 지킨다

> 사람은 누구라도 실수를 하는 법이다. 때로는 해서는 안 되는 줄 알면서도 마귀에 홀린 듯 부정을 저지르기도 한다. 이런 실수와 부정을 막으려면 서로 다른 부서와 담당자들이 관여하는 이중 확인 시스템이 작동해야 한다. 예를 들어 물품 구입이라면 구입 부서와 검수 부서가 이중으로 확인하고, 공인 날인이라면 날인자와 보관자가 이중으로 확인하고, 숫자 계산이라면 서로 다른 두 사람이 이중으로 검산해야 한다.
>
> 특히 금전 관계나 물품 확인 문제에 대해서는 이중 확인을 철저히 해서 실수와 부정을 막는 체제를 갖추어야 한다.

예전에 한 중소기업의 경리 담당자가 회사 공금을 10년 동안이나 개인적으로 쓰다가 적발된 사건이 있었다. 회사 금고에서 몰래 빼내 쓴 액수가 굉장히 커서 사회적으로도 큰 충격을 주었다. 그런데 지금도 여전히 이와 비슷한 문제가 일어나 가끔씩 언론을 시끄럽게 한다.

회사가 아주 작을 때부터 혼자 경리를 보아온 여자 직원이 있다고 하자. 이 직원은 그동안 부정을 저지르지 않아 회사 안팎에서 큰 신뢰를 받고 있었다. 어느 날 이 여성에게 애인이 생겼는데, 좀 질이 나쁜 인간이었다. 멋진 외모와 말솜씨로 여자의 마음을 녹인 뒤 돈을 갖다 바치게 만드는 재주가 보통이 아니었다. 처음에 여자 직원은 남자에게 월급을 바치다가 결국 회사 공금에 손을 대기 시작했다.

몇십만 엔으로 시작한 돈이 점점 커져 나중에 발각되었을 때에는 몇억 엔에 이르렀다. 물론 남자 경리 직원 중에도 몇십억 엔에 이르는 공금을 유용했다가 걸려들어 뉴스를 장식하는 경우가 가끔 있다. 그럴 때마다 피해를 당한 기업의 경영자들은 인터뷰에서 "10년 넘게 성실하게 일해오던 사람이라 믿었는데, 충격입니다"라고 말한다.

엄청난 돈이 든 금고를 통째로 맡아 마음대로 꺼낼 수 있게 되면 아무리 성실한 사람이라 해도 욕심이 생긴다. 마귀에 홀린 듯 부정을 저지르지 않을 것이라고 누구라도 확신하기 어렵다. 심지어 이런 경우도 있다. 집에 일이 생겨 갑자기 돈이 필요한데 어디 빌릴 만한 곳을 찾기 어렵다. 그때 문득 잠깐이라면 회사 금고에서 돈을 꺼내 써도 아무도 눈치채지 못할 것이라는 생각이 든다. 곧 월말이고, 월급을 받아 메꾸어놓으면 되니 별 문제가 없을 것이다.

처음엔 그렇게 잠시 빌린다는 생각으로 회삿돈을 꺼내 쓰기 시작한다. 하지만 아무도 알아차리는 사람이 없자 돈을 메꾸지 않고 필요할 때마다 꺼내 쓰고 액수도 점점 커진다. 이런 돈이 10년 넘게 쌓이자 거액이 되고, 성실하기만 했던 경리 직원은 공금횡령 사건의 범인으로 전락하고 만다.

사람은 누구나 우발적으로 잘못된 마음을 먹기 쉽다. 따라서 그런 마음을 먹을 만한 환경을 만들어준 관리자에게도 책임이 있다. 부정을 저지르려 해도 저지를 수 없는 시스템을 만들면, 멀쩡한 사람을 범죄자로 만들 확률은 줄어들 것이다.

물론 이런 생각은 성악설을 기초로 한 것이 아니다. 인간이 원래 악한 존재이므로 악을 저지르지 않도록 이중 확인을 해야 한다는 주장은 아니다. 그보다 인간은 워낙 유약한 존재라 선한 사람이라 해도 악에 쓰러지기 쉽다는 관점에서 나온 것이다. 따라서 선한 사람이 죄를 짓지 않도록 이중 확인 장치로 보호해주어야 한다.

대표자 도장을 다룰 때도 이중 확인을 한다

내가 처음으로 만든 이중 확인 시스템은 계약서 날인과 관련된 것이었다. 나는 사장이라 회사의 어음과 수표를 비롯해 서류에 도장 찍을 일이 많다. 하지만 자주 현장에 나가 개발 중인 제품도 들여다봐야 하고, 생산 중인 물건이나 기계도 손봐야 하고, 영업처도 돌아봐야 한다. 사장실에 앉아 도장만 찍고 있을 수는 없다. 생각해보니 지금까지 내가 직접 도장을 찍은 횟수는 손에 꼽을 정도로 몇 번 되지 않는다.

이렇다 보니 도장 찍는 일은 주로 총무 부서와 경리 부서 사람들에게 맡기게 되었다. 하지만 내 인감, 즉 회사의 공인公印만 있으면 돈을 인출할 수 있으므로 마음만 먹으면 악용될 소지가 많았다. 그렇다고 아무도 믿지 못해 도장을 내가 전부 끼고 있다면 바쁘게 돌아가야 할 회사 업무가 마비되고 말 것이다. 그래서 인감이 찍힐 서류를 만드는 일과 인감 찍는 일을 각각 다른 사람이 하도록 해두었다.

예를 들어 경리부장이 사장의 도장을 가지고 있다고 하자. 한 직원이 서류를 내밀며 "인감을 찍어주세요"라고 말했다. 경리부장은 서류 내용을 검토하고 도장을 찍을 만한 것인지 판단한 뒤 도장을 찍는다.

이때 서류는 절대로 경리부장이 만든 것이어서는 안 된다. 동시에 인감을 보관하는 금고에는 잠금장치가 되어 있고, 그 열쇠는 경리부장이 아닌 다른 직원이 보관하고 있어야 한다. 경리부장이 그에게 "이런 서류에 도장을 찍으려 하니 인감을 주게"라고 하면 담당 직원은 서류를 검토하고 금고에서 도장을 꺼내 준다. 이처럼 이중, 삼중으로 대표자 도장을 취급하는 시스템을 만들어두면 직원들이 실수하거나 범죄를 저지르지 않도록 막을 수 있다. 회사에 끼칠 큰 손해를 미리 막는 길이기도 하다.

상황을 단순하게 파악한다

> 사람들은 누구나 상황을 실제보다 복잡하게 파악하려는 성향이 있다. 하지만 상황의 본질을 파악하려면 실제로는 복잡한 것이라 해도 단순하게 바라봐야 한다. 상황을 단순하게 바라볼수록 그것이 지닌 본연의 모습, 진리에 가까워지기 때문이다.
>
> 얼핏 복잡해 보이기만 하는 경영도 끝까지 파고들면 '매출을 극대로, 경비를 극소로'라는 단순한 원칙이 전부다. 교세라의 시간당 채산제도 이처럼 단순화하여 사물을 파악하는 사고방식을 기초로 생겨난 것이다.
>
> 문제를 해결하기 위한 사고방식과 발상을 하는 데 무엇

> 보다 중요한 것은 어떻게 하면 복잡한 것을 단순하게 파악
> 할 수 있을까 하는 관점이다.

나는 이공계 출신 기술자이자 연구자다. 나처럼 연구하는 사람들은 실험 과정에서 일어나는 현상을 치밀하게 관찰해야 한다. 그리고 이 과정에서 중요한 진리를 발견하고 깨닫는데, 이것은 발명이나 발견으로 이어진다.

실험을 하다 보면 여러 가지 복잡한 현상이 일어난다. 그런데 복잡한 것을 복잡한 대로 두면 뭐가 뭔지 종잡을 수가 없다. 수학 문제를 풀 때도 변수가 많을수록 복잡하게 되어 답을 구하기 어려워지는 것이나 마찬가지다.

복잡한 현상을 단순하게 파악하려면 일단 관점부터 바꾸어야 한다. 복잡한 현상은 그렇게 보이는 것일 뿐, 핵심은 언제나 단순하다는 것을 알아야 한다. 복잡한 현상을 일으키는 원천이 무엇인지를 생각해보면 아주 단순한 문제에서 출발했음을 알 수 있다.

교세라를 창립할 때 나는 경리나 회계에 대해 전혀 몰랐다. 직원이 손익계산서와 대차대조표를 보여주면서 "이만큼 이익이 났습니다" 하고 설명해주어도 잘 이해가 되지 않았다.

"대차대조표 왼쪽 자산 칸에는 유동자산이나 고정자산이

라는 항목을 적고, 오른쪽 자본 칸에는 내부유보內部留保(기업의 순이익 중 세금, 배당금 등 사외로 나간 금액을 뺀 나머지 - 옮긴이)를 적는다 이거군. 왼쪽은 현금이고 오른쪽은 자본금과 이익을 적었으니, 양쪽을 더하면 우리 회사가 가진 자금이 되는 건가?"

내가 이렇게 말했더니 직원은 어이없어하며 대꾸했다.

"무슨 말씀이십니까? 왼쪽은 차변이라 하고, 자산을 적습니다. 오른쪽은 대변이라 하고, 부채와 자본을 적습니다. 부채와 자본을 더한 것이 자산과 일치해야 합니다."

"여기 분명 자본금이라고 되어 있지 않은가? 자본금이 어떻게 부채와 같은 칸에 있나?"

"후유, 초보자에게 설명하려니 너무 힘듭니다."

"그렇다면 좋아. 결국 경영이란 매출을 올리고 거기서 경비를 뺀 나머지를 벌어들이는 것 아닌가?"

"그건 맞는 말씀입니다."

"아, 그럼 굳이 까다로운 설명은 필요 없겠군. 어쨌든 매출을 최대로 하고 경비를 최소로 하면 되는 것 아닌가?"

단순하지만 가장 근본적인 대원칙 '매출을 극대로, 경비를 극소로'는 이렇게 해서 생겨났다. 나는 그 후 계속 이 원칙에 따라 경영을 해왔다.

에디슨과 같은 뛰어난 과학자는 복잡한 현상을 단순하게

보는 직감력 혹은 분석력을 가지고 있다. 내 생각에 이런 능력은 이공계 연구자에게 특히 중요한 것 같다. 사내에서 회의를 할 때 가끔 "이건 정말 복잡한 문제입니다"라고 이야기하는 사람들이 있다. 그러면서 복잡한 것을 더욱 복잡하게 설명한다. 특히 많이 배운 사람일수록 단순한 것도 복잡하게 설명하는 경향이 강하다. 단순한 것을 단순한 그대로 설명하면 대단하게 보이지 않으니 일부러 복잡하게 설명하며 학식을 자랑하려는 건가 싶을 정도다.

하지만 정말 머리 좋은 사람은 복잡한 것도 단순하게 설명할 수 있다. 복잡한 것을 횡설수설 장황하게 설명하면서 "어차피 초보자들은 이해하기 힘듭니다"라고 얼버무리는 사람이 있다. 사실 본인도 그 내용을 잘 모르거나 핵심을 제대로 이해하지 못하고 있을 가능성이 크다. 나는 아무리 복잡한 것이라도 항상 단순하게 파악해서 핵심과 본질을 이해하려고 노력했다.

요소를 더해 복잡한 현상을 단순화한다

세계적으로 유명한 수학자인 히로나카 헤이스케 선생과 이야기를 나눈 적이 있다. 그는 누구도 풀지 못했던 어려운 문제를 풀어 수학계의 노벨상으로 불리는 필즈상을 받았다. 어떻게 그런 문제를 풀 수 있었는지 물어보았더니 "쉽게 말하자면 2차원에서는 풀 수 없는 문제를 3차원으로 가져가 풀었습니다"라고 대답하며 몇 마디 덧붙였다.

"예를 들어 평면교차로가 있다고 합시다. 그런데 교차점에 신호가 없습니다. 지금 이곳으로 사방에서 차들이 몰려듭니다. 좌회전하려는 차도 있고 직진하려는 차도 있습니다. 금방 대혼란이 일어나 차들이 뒤엉킵니다. 그런데 이곳에 입체교차로를 만들면 문제가 해결됩니다. 제가 문제를 풀 때 한 일도 바로 그런 것입니다. 위에서 볼 땐 단순한 십자로로 보이지만, 아래를 달리는 길과 그 위를 육교처럼 넘어가는 길이 교차하기 때문에 신호가 없어도 차들은 엉키지 않고 달릴 수 있습니다."

복잡해서 풀지 못하는 문제를 2차원 문제로 단순하게 바라보는 데서 풀이가 시작되었다. 그리고 한 발 더 나아가 그 문제를 3차원으로 가져가 입체적으로 바라보자 엉킨 부분을 해결할 실마리를 찾을 수 있었다. 이처럼 가끔은 새로운 요소를 더하면 현상을 단순화하기가 더욱 쉬워진다.

마음을 가라앉히면 사물의 진수가 보인다

현상을 단순하게 볼 수 있는 능력은 어떻게 키워야 할까? 가장 중요한 것은 마음이다. 마음을 가라앉히면 된다. 마음에 잡다하고 어수선한 생각이 가득하면 복잡한 현상을 단순하게 파악할 수 없다. 하지만 좌선을 할 때처럼 마음을 가라앉히고 차분한 눈으로 사물을 보면 본질과 핵심이 눈에 들어오기 시작한다. 보통 이 순간 마음의 눈이 열린다고 한다.

나는 매일 아침 하쿠인 선사가 쓴 《좌선화찬座禅和讃》을 소리 내어 읽는다. 읽다 보면 마음이 가라앉아 하루를 차분하게 시작할 수 있다.

적어도 하루에 한 번은 마음을 가라앉히고 사물을 차분하게 바라보는 시간을 가져야 한다. 나는 하루 중 이 시간을 그 어느 때보다 중요하게 생각한다.

머리가 좋고 능력이 뛰어난 사람이 온 힘을 다해 경영하면 확실히 기업은 성장한다. 하지만 그것만으로는 부서지기 쉬운 모래성과 같다. 언젠가는 좌절할 일이 생기고 나락으로 떨어지는 듯한 충격과 마주할 일도 생긴다. 경영자가 파도처럼 덮치는 이런 위기를 헤쳐나가려면 마음을 가라앉히고 상황을 단순하게 볼 줄 알아야 한다. 그래야만 신중하게 문제의 핵심을 찌르는 경영을 해나갈 수 있다.

경제계든 정치계든 리더가 된 사람이라면 복잡한 상황을 단순하게 보고 핵심을 파악할 줄 알기에 그 자리에 올랐을 것이다. 만약 그런 능력이 없는데도 요행으로 리더가 되었다면 결코 그 자리를 오래 유지할 수 없을 것이다.

이로써 〈교세라 필로소피 수첩〉의 내용을 살펴보는 기나긴 작업이 끝났다. 많은 독자가 이 책을 통해 주옥같은 지혜를 얻어 일과 경영 현장에서 살려나가길 바란다.

이나모리 가즈오의 교세라 필로소피

2025년 11월 28일 초판 1쇄 발행

지은이 이나모리 가즈오　**옮긴이** 유윤한
펴낸이 이원주

책임편집 고정용, 최연서　**표지디자인** 진미나　**본문디자인** 정은예
기획개발실 강소라, 김유경, 강동욱, 박인애, 류지혜, 이채은
마케팅실 양근모, 권금숙, 양봉호　**온라인홍보팀** 신하은, 현나래, 최혜빈
디자인실 윤민지　**디지털콘텐츠팀** 최은정　**해외기획팀** 우정민, 배혜림, 정혜인
경영지원실 강신우, 김현우, 이윤재　**제작실** 이진영
펴낸곳 (주)쌤앤파커스　**출판신고** 2006년 9월 25일 제406-2006-000210호
주소 서울시 마포구 월드컵북로 396 누리꿈스퀘어 비즈니스타워 18층
전화 02-6712-9800　**팩스** 02-6712-9810　**이메일** info@smpk.kr

ⓒ 이나모리 가즈오(저작권자와 맺은 특약에 따라 검인을 생략합니다)
ISBN 979-11-24070-00-0 (03320)

- 이 책은 저작권법에 따라 보호받는 저작물이므로 무단전재와 무단복제를 금지하며, 이 책 내용의 전부 또는 일부를 이용하려면 반드시 저작권자와 (주)쌤앤파커스의 서면동의를 받아야 합니다.
- 잘못된 책은 구입하신 서점에서 바꿔드립니다.
- 책값은 뒤표지에 있습니다.

쌤앤파커스(Sam&Parkers)는 독자 여러분의 책에 관한 아이디어와 원고 투고를 설레는 마음으로 기다리고 있습니다. 책으로 엮기를 원하는 아이디어가 있으신 분은 이메일 book@smpk.kr로 간단한 개요와 취지, 연락처 등을 보내주세요. 머뭇거리지 말고 문을 두드리세요. 길이 열립니다.